臺灣研究叢刊⑬

臺灣開發史研究

尹章義 著

獻給杜老師維運

目次

臺灣開發史的階段論和類型論——代序……………………………… 1

臺北平原拓墾史研究 (1697-1772)…………………………………29

臺灣北部拓墾初期「通事」所扮演之角色與功能…………… 173

新莊巡檢之設置及其職權與功能

　　——清代分守巡檢之一個案研究……………………… 279

閩粵移民的協和與對立

　　——客屬潮州人開發臺北與新莊三山國王廟的

　　　　興衰史……………………………………………… 349

新莊縣丞未曾移駐艋舺考………………………………… 381

臺北設府築城考…………………………………………… 397

臺灣地名個案研究之一——臺北…………………………… 421

老字據與臺灣開發史研究………………………………… 441

族譜羣效用 (Genealogy group utility) 與族譜之

　　史料價值

　　——以臺灣發展史之研究爲例…………………………… 469

清修臺灣方志與近卅年所修臺灣方志之比較研究………… 477

臺灣↔福建↔京師
  ──「科舉社羣」對於臺灣開發以及臺灣與大陸
關係之影響……………………………………………… 527

臺灣開發史的階段論和類型論──代序[1]

壹、臺灣開發史的特殊性格

貳、臺灣開發過程的五個階段

叁、臺灣開發過程中的族羣與語羣關係

肆、開發臺灣的各種經營形態

伍、臺灣開發時期的土地所有權制度

陸、結語──臺灣開發史的成就

---

[1] 本文為總論性質,不一一註明史料來源。請參考本書所收各文以及下列各書或論文:

甲、〔新莊發展史〕,臺北縣新莊市公所,民國69年7月。

乙、〔新莊志卷首──新莊(臺北)平原拓墾史〕,臺北縣新莊市公所,民國71年1月。

丙、〔張士箱家族移民發展史──清初閩南士族移民臺灣之一個案研究(1702-1983)〕,臺北縣樹林鎮啓智街張方大紀念堂內張士箱家族拓展史研纂會,民國72年7月。

丁、「方志體例的創新與新史料的運用──以新莊志為例」,〔漢學通訊〕3卷3期,民國73年7月。

戊、「『非父系血親繼祠制度』初探──以族譜學為中心所作之研究」,〔第二屆亞洲族譜學術研討會會議記錄〕,民國74年12月。

己、「臺北盆地的開發」,〔漢聲雜誌〕,第20期(民國78年3月)。

庚、「高雄發展史」,〔漢聲雜誌〕,第21期(民國78年6月)。

辛、「臺南開發史」,〔漢聲雜誌〕,第22期(民國78年9月)。

　　「開發」原來的意思是指把荒地開墾成熟田，一般人也用來指一地由蠻荒到文明的歷程，包含文化、社會、經濟、行為模式的變遷。

　　日本學者尾崎秀真為連橫〔臺灣通史〕一書作序，認為研究臺灣史「以撫墾拓殖最為偉觀」。其實不止臺灣一地如此，世界各地皆然。人們離開自己的故鄉，到一個新天地去開創事業，當然會產生一些悲歡離合、可歌可泣的故事。在無垠的荒野裏樹立起一片基業，自然也給人一種雄渾壯闊的感覺。

　　研究臺灣開發史除了「偉觀」之外，也有學術上的意義：

　　一、臺灣開發雖晚，卻是漢人比例最高、漢化最快的邊區，可以提供完整的開發經驗。再以臺灣和內地的雲南、貴州或沿海的海南島作比較研究，更是極有意義的題材。

　　二、由於臺灣各地開發時間多半不及兩、三百年，臺灣海峽兩岸來往頻繁，現代式的產權登記制尚未形成，加上逃稅的「隱田」又多，地主必須保存大量「上手契」以證明其產權，因此臺灣留下大量開發時期的老字據、檔案和族譜等信度、效度高的直接原始史料，可供深入且廣泛的探討臺灣開發史。

壹、臺灣開發史的特殊性格

　　十七世紀以前，臺灣先住民文化幾乎完全沒有受到中國、印度、阿拉伯和基督教文明的影響。極少數漁民、商人、漂流者到臺灣來，也沒有定居的打算。被迫定居下來的人數既少，文化水平又低，因而對先住民文化沒有產生明顯的影響。

　　明天啟四年（西元 1624），荷蘭人被迫從澎湖轉據臺灣，1635年以後才招請住在爪哇巴達維亞（今天印尼雅加達）的華僑領袖，以福建同安人蘇鳴崗為首的幾個中國頭人，從大陸招徠農民，在今天的臺南一帶栽培甘蔗和稻米。這是漢人東渡定居開拓之始，蘇鳴崗等人也正是臺灣墾首制度的濫觴。

　　閩、粵是南洋各地和臺灣移民的主要移出區。移出區相同，移民海南島和南洋各地遠比移民臺灣為早，遠在荷蘭人占據臺灣之前，菲律賓的馬尼拉早已建立華人聚落，華人也數以萬計，最早為荷蘭人推動臺灣殖民計畫的還是爪哇的中國頭人，何以臺灣在清代已經形成漢人社會，而馬尼拉、爪哇和南洋各地至今仍為僑區呢？要答覆這個問題，必須要了解臺灣移民開發史的特殊性格。

　　永曆十五年(1661)四月，鄭成功率眾來臺把荷蘭人趕走。清康熙二十二年 (1683)，施琅率軍東渡，消滅了鄭氏的「延平王國」，二十三年五月，清廷將臺灣正式納入中國版圖。鄭氏的東來，帶來一個仿照明朝中央官制(吏、戶、禮、兵、刑、工六部)——「六官」皆備的「類中央政府」，追隨鄭氏東來的也是文化水平相當高的王侯、官僚和軍人集團，他們在臺灣除了從事開墾之外，也積極發展文教事業，並且開科取士。清朝沒有經歷過渡期，直接在臺灣設一府三縣，並循鄭氏之例，在臺灣設立學校，招考生員（俗稱秀才）。另外清朝更致力於漢番關係的改善。鄭氏的東來和臺灣收歸中國版圖，為臺灣的移民開發史注入了決定性的因素：政府的干預和士族的參與。

　　臺灣開發史的特殊性格，我們可以歸納成以下四點：

　　第一、在臺灣設置與閩、粵兩省一樣的行政區，實施同樣的法令規章，而移民也來自閩、粵兩省。臺灣在開發之初就與閩、粵一樣在同一行政、法律和文化系統之下，使移民有法紀可循，受舊有道德、習俗的規範，也使臺灣這個地區，迅速的與中國本土一體化（或稱之為內地化）。

　　第二、臺灣設學校、置學額也是南洋各地所沒有的條件。除了農、工、商各階層人士和游民之外，科舉制度延伸到臺灣，也吸引閩、粵的讀書人到臺灣來投考。在傳統社會中「士族」的經濟條件較一般農、工階級為高，能吸引讀書人到臺灣，也等於是吸引閩、粵的人才、技術、資金到臺灣來參與臺灣的開發。南洋各地很少能吸引傳統的知識分子前往，因為在南洋沒有參與科考的機會。

　　科舉制度規定考生必須在籍貫所在地參加考試，使得大陸來臺的知識分子要留在臺灣比較長的時間，人與土地的關係也更為密切，加速了移民的「土著化」（定著於土地，不再是「流民」）。到福建考舉人、到北京考進士、選拔貢、入太學以及官吏要廻避本籍等科考、仕宦的規定，臺灣的知識分子因而分發到北京或大陸各地任官，也使得定居於臺灣、生活小康的移民，產生追求功名，參加科考的念頭。讀書的人日多，相對的也提升了臺灣的文化水平和人民的經營能力。

　　第三、政府厲行「護番保產」政策，並設專門的機構保護先住民的生計，緩和民族間的衝突。無論是荷蘭人、鄭氏延平王國或清朝政府，只要先住民表示服從政府的命令，按規定繳納稅捐，政府就像保護漢移民一樣的保護他們。清朝本身是由中國的

邊疆少數民族──滿人入主中原，他們保護少數民族的政策比中
國歷代政府都來得縝密合理。

　　康熙中期曾經擔任臺灣知縣，後來升任臺灣道，又升任福建
巡撫的陳璸曾經說：「內地人民輸課，田地皆得永爲己業而世守
之，各番社自本朝開疆以來，每年既有額餉輸將，則該社尺土皆
屬番產，或藝雜籽，或資牧放，或留充鹿場，應任其自爲管業。
且各社毗連，各有界址，是番與番不容相越，豈容外來人民侵
占？」

　　陳璸肯定先住民的「原始所有權」，認爲番民「既有額餉輸
將」，當然是「天朝赤子」，生存權和財產權應當受保障。這是
清代「護番保產」政策的理論基礎。

　　臺灣先住民各社的草地、鹿場、山林、埔地在原始經濟漁獵
耕牧兼營的時代都相當遼濶，而且都是「立地條件」比較優良的
地方，一經田土化或水田化之後，單位面積的生產量便大爲提
高。各社的人口都很少，不適於經營耗用大量人力的農業。學習
漢移民的農業技術，他們的人力也僅足以開墾小部分的田園，因
而得以容納大量外來人口──漢人移民。

　　政府規定番地只許租與民人耕種收納「番租」，如果有私買、
侵耕等情形，一經告發，田卽歸番。是以整個清代在臺灣雖然
曾有侵耕、奪產的事件發生，經過一定的司法程序，都能物歸原
主。政府也屢次實施清丈政策，務使番產歸番。根據淡水同知曾
日瑛（乾隆十一──十三年）的批斷而立的「奉　憲分府曾批斷
東勢田園歸番管業界」石碑，如今仍然豎立在士林石牌派出所旁邊
南的庭園裏。

　　乾隆三十三年(1768)政府專設「臺灣北路理番同知」於彰化
護番保產，以免日漸漢化的先住民流離失所（至於臺灣南部則由
臺灣府海防捕盜同知兼任）。乾隆五十一年（1786）的林爽文事
件，因為各社協助官兵平亂有功，清廷更模仿四川的「屯練」，
在臺灣實行「番屯」制度。政府在臺灣各社挑選屯丁，設置屯
餉、屯地解決經費問題。總計屯丁四千人，「養贍埔地」收租充作
屯餉的約有三萬九千多兩，田園一千六百餘甲。這些餉和地，直
到清光緒十五年(1889)，臺灣巡撫劉銘傳清丈土地的時候，大抵
仍然保持完整，也就是說各社仍有番租、屯租、屯餉等各項收
入。居住在平地的先住民雖然近乎完全漢化，由於他們的「社
籍」仍存，他們仍然享有政府的福利與保障。因此整個臺灣漢番
之間族羣的衝突並不算激烈，更遠不及漢移民各語羣之間的衝突
來得強烈。因而臺灣先住民的漢化也比較迅速而順利。

　　第四、臺灣的開發具有強烈的「農業資本主義」傾向。從荷
蘭時代開始以蘇鳴崗等人為首的「墾首」，就已經占有廣大的田
土，「經營」、投資土地以取得利潤的取向極強，從事農耕以求
溫飽的取向極弱。尤其是種蔗取糖對外輸出，正與西方資本家經
營「熱帶栽培業」無異。

　　清代全面開發臺灣，「墾首」取得拓墾權之後，分與其他人
開墾可以收取權利金，成為「業主」之後，上繳的田賦與所收「
大租」之間的差額成為龐大的利潤。小租戶向佃耕農所收的「田
租」遠比大租還多，經營小租的利潤更大於大租。投資者成為「
金主」、「遙領地主」、「墾首」、「大租戶」、「小租戶」都
有厚利可圖。若投資於水利事業，築壩、開渠、鑿圳，使旱田林

園迅速水田化，則可以收受龐大的「水租」。

　　無論拓墾權、大租權、小租權或水租權，都可以自由買賣、轉讓，因而成為一種商品、一種資產，商人、富農、官僚、士族競相投資，這也是臺灣能夠迅速開發的主要誘因。

　　清代到臺灣從事開發的移民，百分之九十八以上來自閩、粵兩省，其中百分之四十五來自唐宋以來的世界名港——泉州，百分之三十五來自工藝發達的漳州，兩地也都是農業發達、科名鼎盛、文化水平相當高的地區。臺灣除了有良港和肥沃的田野之外，還彙有前述與大陸一體化的行政、法律、文化系統，科舉制度由大陸延伸到臺灣，加上投資於土地、農業、水利事業又有厚利可圖，更能吸引泉、漳的人才、資金和技術到臺灣來參與開發，加上政府力行「護番保產政策」，使得臺灣不僅開發得較快，民族關係較為融洽，臺灣與大陸的一體化也進行得較快，而且較為順利。

貳、臺灣開發過程的五個階段

　　臺灣各地區的開發由於地理和人文條件的不同，而多多少少有些差異，這是「區域性」。各區域開始開發和完成開發的時間也不盡相同，這叫做「時差性」。開發之前是先住民社會，開發完成後是漢人社會。臺灣的開發、漢人定居社會的形成和先住民的漢化，可以說是呈現同軸同步發展的現象。基於「互動」的觀點，我把臺灣各地區「從先住民社會過渡成為漢人社會」的完整過程，也就是先住民漢化的過程或各地區開發的過程，分為五個

階段：

　　一、番人社會（番人漁獵粗耕社會穩定狀態時期）

　　二、番人優勢、漢人劣勢期

　　三、番漢均勢期

　　四、漢人優勢期

　　五、漢人社會（漢人農業社會穩定狀態時期）

　　其中，第二、三、四期也可以稱之爲「轉型期」。

　　第一個階段是「番人社會」，又可稱之爲「番人漁獵粗耕社會穩定狀態時期」。這時期的先住民和外來移民還沒有發生密切的關係，譬如在荷蘭人入據臺灣之前的臺灣全島、吳沙等人入墾前的宜蘭。先住民自然是選擇立地條件較佳的地區居住，各族或各社之間像其他地區的民族或居民關係一樣，也有友好或征戰，合作或衝突。但各族、各社都有大致的活動範圍，「遷社」（全社遷村）盡量在本族、本社的領域內，縱使流徙也盡量不妨害他族、他社。荷蘭人在臺灣調查各番社製成的「戶口表」就足以顯示這種各社均衡散布的現象。前引陳璸所說的「各社毗連，各有界址，是番與番不容相越，豈容外來人民侵占？」不但描述了這種均衡的「番人社會」，也指出了早期移民必然要面對先住民的挑戰，或必須得到先住民接納的困境。

　　第二階段是「番人優勢漢人劣勢期」。也就是移民初至，打破番人社會的穩定、平衡狀態的時期。先住民人多勢眾，地形熟習，又因「先占」的因素，對於「立地條件」較佳的地區，擁有「固有的土地所有權」，後到的漢移民自然處於劣勢。

　　漢人初至，如果能得到適當的「通番」人才（會說番話，了

解先住民風俗習慣的通事，或和番人貿易的「番割」以及草地醫師等）溝通，在以先住民爲主體的狀況下，給予相當的利益，移民才能定居下來。若溝通不良，或漢人自恃人多、勢眾、力強而冒進，必然遭受先住民的抵抗甚至殺害。

荷蘭時期不少漢人遭先住民殺害。乾隆末年（1790前後）吳沙率眾進墾噶瑪蘭（今宜蘭），噶瑪蘭番「傾其族以相抗拒」，吳沙不得不退回三貂嶺，並想辦法結好先住民。嘉慶元年(1796)再次率眾入蘭，除了與先住民交情不錯的幾個「番割」，還帶了「善番語者二十三人」一起去，情勢才稍微緩和，直到嘉慶四年漢番媾和之後，漢人才逐漸安定下來。

漢番接觸的最初經驗是否融洽，大量移入時是否透過適當的媒介人物，以及某地區、某族、某社的先住民是否強悍好戰等，大抵都能決定轉型期漢番關係是否和諧。

第三階段是「漢番均勢期」。均勢的形成通常是由於漢移民人數或勢力的增長，生產技術、急難救助能力與組織能力的發揮，以及政府的干預等因素所造成。鄉保組織的成立，塘汛、巡檢、縣丞等基層官署的設置，防隘、城圍、土牛堆、漢番界址碑的建立，番產、番租的清釐，番漢衝突、番漢互控案件的處理和理番衙門的設置，番漢之間互助、依賴關係主客體的易位等等，都可作爲由番人優勢期發展到番漢均勢期，或由番漢均勢期發展到漢人優勢期的指標（也就是臺灣社會轉型期的指標）。

第四階段是「漢人優勢期」。漢人的比例和社會組織生產力都占絕對的優勢，漢番之間互助、依賴關係主客體也易位，先住民的權益必須依賴法律和政府的公權力來維持。

　　第五階段是「漢人農業社會」完成期。此時期的先住民幾乎完全漢化，只殘留少許宗教禮俗 。 達到此期的地區 ， 與大陸的閩、粵兩地的移出區也沒有什麼不同了。

　　五個階段的長短 、 開始以及完成的時間 ， 各地區都不盡相同。

　　以今天的臺南一帶為例，整個荷蘭統治期都屬番人優勢期，鄭氏延平王國時代和康熙中期屬於漢番均勢期，康熙末期漢移民大量湧入才進入漢人優勢期。而今天的臺北盆地，在康熙三十六年(1697)郁永河到淡水探硫的時候，仍然沒有漢移民到此拓墾，康熙五十年代以後卻大量湧入，到了乾隆初期，整個臺北平野已經全部墾闢，就連盆地邊緣附屬「角盆地」——今天的景美、木柵、新店都已經開發。但是，與新店僅有一線之隔——隔著新店溪的出山口——直潭、灣潭、塗潭等曲流區河階臺地，卻要遲至一百五十年之後才容許漢人進入開發[2]。

　　嘉慶元年(1796)吳沙率眾入墾噶瑪蘭，嘉慶十七年(1812)設置噶瑪蘭廳。 影響所及，十七年李享 、 莊找率眾入墾祈來 （又稱奇萊，今花蓮、吉安 、 壽豐一帶）[3]。二十一年淡水同知張學溥也給予告示，准許黃朝陽等人設隘入墾前述的新店溪中游曲流區。而由閩、粵合作開發新竹東南北埔一帶丘陵區的「金廣福」

----

[2]　筆者在〔新店志〕的撰寫過程中，研究助理陳君愷在新店直潭發現一份嘉慶二十三年 (1818) 墾戶黃朝陽等六人和馮金定等四個「結首」所簽訂的「同立招墾合約字」，很詳細的記載了開發的原始過程。研究助理黃春照先生又在青潭、直潭、屈尺、廣興一帶發現大量老字據，對於新店屈尺河谷盆地的開發史的後續發展有更深入更清晰的了解。

[3]　參見曾一平，「漢人在奇萊開墾」一文，刊於〔花蓮文獻〕 1卷1期 （花蓮，民國42年3月）。

墾號，更遲至道光十五年(1835)才由淡水同知李嗣業所促成。

再以林杞埔（竹山）和鄰近的埔里為例，林杞埔早在鄭氏時代（康熙初期）就已經有漢人進入開發，而埔里直到一百多年之後的嘉慶二十年(1815)，才有郭百年等人受到宜蘭開發的影響而率眾入墾，隨即又被官方逐回。咸豐年間(1851-1861)鄭勒先通番成功，漢人才大量入墾埔里。林杞埔深入濁水溪上游，而濁水溪中、下游，今天彰化、雲林一帶某些地區的開發，也比林杞埔為晚。

臺灣的開發並不是以今天的臺南為中心，移民先集中到臺南再列隊分別向南、北循序開發，也不是西部開發完成之後再開發東部，更不是沿海開發之後再向內陸伸展。移民對於登陸港和拓墾的目的地有選擇的機會，一地不滿意也可以遷徙移墾他處。因此，臺灣各地開發的先後，是移民根據人文和地理條件選擇的結果。

是否有水源？可耕地如何？水陸交通是否方便？才是移民是否定居開發的先決條件。因此「勢高而近溪澗淡水」，具備「天泉水堀」的「易開平原」或山腳坑口，就成為移民優先選擇的對象。選擇的資訊依賴了解番情像通事、番割之類的人。有了目的地，也需要合適的媒介人「通番」，因為能否和先住民和睦相處是移民必須考慮的另一項先決條件。康熙五十六年（1717）出版的〔諸羅縣志〕中，極少數記載「有漢人耕作其中」的梅仔坑（嘉義梅山）、林杞埔（南投竹山）、關仔嶺（臺南白河）等地，都具備了前述條件。臺北平野的開發較臺中為早，彰化平野較雲林平野為早，而李享、莊找等入墾東部的花蓮，也比黃朝陽等墾

戶開墾臺北新店鄰近的青潭，金廣福墾號開墾新竹東南丘陵，鄭
勒先入墾埔里爲早，都是只問開發條件不問南北、西東的明顯事
例。而林杞埔、斗換坪（苗栗頭份南莊丘陵區）之開發，則顯示
如有通番良才，縱使在淺山深谷也可以比平原區更早開發。

叁、臺灣開發過程中的族羣與語羣關係[4]

　　從康熙二十三年至光緒十三年（1684-1887），臺灣一直是福
建省轄下的一府。假定日本人針對西元1926年底（昭和元年），
臺灣漢民族祖籍所做的調查，大抵能反應清代移民的祖籍分布情
況的話，漢移民百分之九十八以上來自閩、粵兩省。將近百分之
四十五來自泉州，百分之三十五來自漳州，百分之一來自汀州，
百分之二來自福州、永春、龍巖、興化等福建省轄下其他府區。
另外還有百分之十五點六來自廣東省的嘉應、惠州和潮州三府。
按照當時的戶籍條例，百分之十五點六的粵人是爲「隔省流寓」。
隔省流寓的粵人無論在行政上、科舉名額上和開發土地的實利上
都是分享了閩人的權益，對閩人構成威脅，加上福佬和客家兩個
不同的語系，彼此溝通自然不及同語羣的人來得方便。

　　因此，開發時期的臺灣，除了先住民和漢移民之間的民族關
係之外，福佬、客家兩語羣的關係也是臺灣社會整合過程中的主
要變數。至於同屬福建省籍並且同屬閩南語系的泉州人和漳州人
之間，由於泉州人占移民的百分之四十五，漳州人占百分之三十

4　參見註一所示各文以及筆者指導的碩士論文：卓淑娟，「清代臺灣中部漢番
　　關係之研究」，東海大學歷史研究所，民國77年6月，第五章漢番關係發展
　　之類型。

五，都遠高於廣東省三府總合的百分之十五點六，泉、漳成爲相對多數的兩大集團，在臺灣社會的整合過程中，由於利害的衝突，在某些地區或時段也形成「府」屬甚至「縣」屬的籍貫衝突。

基於互動的觀點，我以下圖表示從先住民社會演變成漢人社會的整合過程中，漢番關係以及漢人中各語羣關係發展的三個基本類型：

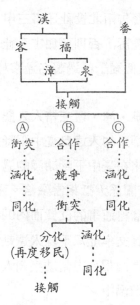

開發之初，土曠人稀，需要大量勞動力和農業技術，所以，移民中的福佬和客家二語系以及先住民大抵都是雜居共處，合作開發，因此多半呈現A型的狀況。某地開發殆盡以後B型漸次出現。譬如臺北新莊平野的漢番福客關係原屬A型，乾隆至道光期間，福客關係轉呈B型發展，導致道光年間新莊客家語羣的大遷

徙。嘉慶年間吳沙率三籍人入墾宜蘭，其中福客關係屬於Ｂ型，而番漢關係則兼具Ｂ型和Ｃ型。光緒朝的開山撫番時代，則Ｃ型爲多。

前述族羣關係發展的三個基本類型多半不是單純存在。乾隆十六年(1751)，在今天臺中平野南部的柳樹湳及內凹莊發生兵民二十九人的「番害命案」。深入調查之後，原來是漢人監生簡經向北投社通事葛買奕購地，因抗繳番租而產生控官事件，簡經妻舅北投社番巴臘巫義警告南北投社通事三甲（漢人葉順之子、葛買奕養子）不得再提控訴，否則要加害全社。三甲憤而請出內山生番，助陣殺人。這個案子經過著名通事林俊秀、張達京二人的調查才水落石出。

再以宜蘭爲例，泉、漳、粵三籍人入墾，漢番和語羣、籍貫關係原已相當複雜，卻又加入遠自臺中平野遷徙而來的「流番」，使情況更加複雜。原來在臺中平野開發的過程當中，由於通事張達京等人的媒介，番漢關係大抵相當融洽。嘉慶初年，臺中平野上的岸裏等九社番因爭奪總通事的位置而內鬨。嘉慶九年(1804)，粵籍監生鍾與雅勸潘賢文率社眾千餘人遠赴宜蘭開墾，成爲「流番」，又與粵人、噶瑪蘭番合力幫助泉州人與漳州人對抗，因而捲進宜蘭分類械鬥的漩渦中。

漢番以及語羣之間，首先考慮的是利害關係，其次才是羣體關係，前舉三甲、潘賢文的例子相當普徧。這種複雜的羣體關係形成制衡作用，降低了番漢衝突，而凸顯出漢移民語羣衝突的過激性格。

漢番之間的接觸可分爲危難救助、貿易和番、婚嫁養繼和業

佃關係等四個基本類型。

　　漢人遭風船毀、人漂流至臺灣，爲先住民所救而留活於番社，是最早期漢人受先住民救濟而建立漢番關係的基本型。至於略通藥理的草地郎中，在疾疫流行的時候幫助先住民，更是建立良好番漢關係的觸媒。張達京因此而與岸裏等社關係友善密切，吳沙第二次率眾進宜蘭開墾，也因爲幫助先住民而使番漢關係轉趨緩和。

　　貿易和番遠在荷蘭人據臺之前已開始。荷、鄭時代向先住民各社收取「社餉」等稅目，以及將各社之貿易權標售給「社商」包辦的「瞨社制度」，加上政府在行政和治安上的需要，使得臺灣出現了許多具有行政權責的「通事」和無權責的「番割」（早期的社商），他們幾乎都「通番語、識番情」，往往成爲漢人開發某地的先鋒和最佳媒介人物。成功的通事不但可以使番漢關係融洽，往往自己也成爲重要「墾首」和大地主，像臺中平野的張達京，臺北平野的賴科、林秀俊等都是。張達京、林秀俊名氣尤其大，乾隆十六年(1751)閩浙總督喀爾吉善的奏摺中曾指稱二人「充北路通事數十年，田園、房屋到處散布……勾結民番，盤剝致富」。張、林子孫至今人多勢眾，在臺中、臺北都有相當影響力，是其中最著名的例子。先住民和漢人接觸較多之後，才逐漸出現「通漢語、識漢情」的番通事來取代漢通事的地位。通事制度不僅終清之世未嘗斷絕，日本人開山撫番也充分利用了通事的功能。

　　通事、番割與先住民各社都有「聯姻」關係，有的甚至仿照漢人結義的模式結爲兄弟。前舉北投社通事三甲的例子，三甲是

漢人葉順的兒子，也是前任通事葛買奕的養子。與三甲他們對立的漢人監生簡經則娶番婦爲妻，妻舅北投社番巴臘巫義也是社中的有力分子。這樣錯綜複雜的親屬關係，在早期漢番雜居的地區相當普徧。

前述三種類型幾乎都和番社有業佃關係——番人是業主，漢人須取得「墾批」（開墾許可書），繳納「番租」。但是多數的番漢業佃關係則由前述三類型的人擔任仲介，而發生漢番接觸。

族羣或語羣之間的合作有土地和水利開發、地方事務、維持治安三個基本類型。

漢番或三籍人合作開發土地的情況，此處不再贅言。而水利的開發如鑿井、築陂、開圳，則比土地開發需要更高的技術、更多的資金和更強的組織、管理能力，大規模的灌漑工程尤其如此。由於開發水利以供灌漑可以大幅增產或收受「水租」，是獲利率較高的投資，許多人因而積極參與。一般的情形是先住民提供水源、土地，漢移民則提供資金、技術，這種「以地易水」的合作方式是臺灣常見的現象，留下來的合約紀錄也不少。

在番漢雜居的情況下，要維持「莊社各守相安」，「地方事務」的合作是必不可免的，不但通事、土目、社丁和墾首、保甲、族正、耆老們要合作應付政府交辦的「公事」，如遞送公文，踏勘土地、災情，報告地方特殊情況（如漂流至各地的外國人），辦理軍工大料之外，地方上修橋、舖路、整修圳路、賑濟災荒也要大家合作。至今仍能看到的是在「社口」、「舊社」等以番社爲名的地方，其地的廟宇往往也是番漢合建。其中最著名的則是淡水通事賴科，於康熙五十一年(1712)，糾合民番建「干

豆門靈山宮」──今天臺北關渡的媽祖宮，是虎尾溪以北最古老的寺廟。也就是說，在宗教信仰上也是彼此合作相容。至於閩、粵各籍民合建奉祀觀音、關公等全國性神祇和媽祖的廟宇也相當多。至於在晚近泉州人或漳州人占絕大多數的市鎮，如鹿港、淡水、新莊、彰化、臺南等地有三山國王廟或鄞山寺之類客家語羣所建立的廟宇，也足以顯示漢移民的不同語羣在開發初期的歲月裏，也曾長期的彼此協洽合作過。

　合作維持治安不僅有事實上的必要，也是番漢在法律上共同的義務與責任，不但要防止盜匪，更要預防、阻止糾衆持械互鬥，若有亂事，則要協助政府平亂。林爽文之役先住民協助政府平亂有功而設四千屯丁的史事已如前述，某些特殊的治安工作也派屯番處理。譬如今天臺北市北投一帶的硫磺礦是製造火藥的原料，政府卽指定屯番把守。至於借助漢化的「熟番」之力來防止生番，也是「番害」較少的原因之一。嘉慶年間宜蘭的民番合作防阻海盜蔡牽、朱濆的侵擾盤踞，不僅是番漢三籍人合作的表現，更是促成噶瑪蘭地區設廳而收歸版圖的有力因素。

　族羣和語羣之間的競爭與衝突，可分為政治型、經濟型、羣體對立型、偶發型和複合型。臺灣的民變多半由於支配與反支配的政治因素所造成的，民變發展的過程中卻由於經濟、羣體對立等因素而使民變複雜化。如朱一貴事件中夾雜著閩、粵械鬥，而林爽文事件則是由械鬥轉變成民變，都是著名的例子。荷、鄭和清代的番亂和征討番社事件的政治意義雖然相當強烈，其中也夾雜著經濟利益衝突和羣體對立的因子，也就是說，往往是由於先住民維護自己的土地與水源所造成的。分類械鬥則多半由於經濟

衝突轉變成羣體對立。觸發長期羣體械鬥的直接原因，則往往是犬牙雀角的偶發事件。當經濟權益（尤其是土地、水源、保甲經費和寺廟經費）的對抗，哄抬了羣體對立的氣氛而產生焦慮時，小小的偶發事件卽可釀成血流成渠的械鬥。在這裏要特別指出，無論民變、番亂、械鬥，其間不同族羣和語羣往往形成錯綜複雜的合縱連橫關係，這種關係在事件過程中，由於利害的轉變也有相當大的變化。

「整合」原指從一均衡社會演變成另一均衡社會的過程，在臺灣開發史上的特徵是消除族羣、語羣差別，使其一體化。「涵化」的特徵是指不同文化羣體中的個體，由於不斷接觸而導致各族原來的文化模式產生變遷的現象。「同化」則指其中之一的文化模式產生變遷的現象。用於清代臺灣的漢番關係，涵化指番人漢化而漢人也多多少少番化的現象。對於福客二語羣而言，則是彼此遷就、妥協的現象。同化在漢番關係而言，是指番人受強勢漢文化影響而漢化的現象。就福客二語羣而言，則是客家人福佬化成為「福佬客」，或福佬人客家化成為「客福佬」，甚至達到喪失母語和各自的習俗的現象。就臺灣各族羣、語羣的整合過程而言，涵化是同化的轉型期、過渡現象。強勢的漢文化加上政治的優勢，使得同化成為終極狀態。

「分化」是指各族羣或語羣之一，為避免激烈衝突而離開現住地的現象。分化的活動可分為先住民遷徙和漢移民再移殖兩種類型。先住民因遷徙而擴大生存空間，多半的族羣或社羣原有「遷社」的習俗，原來的意思是追求更好的環境。荷蘭人到臺灣之後，原居安平附近的赤嵌、蔴豆、歐汪、大目降等四大社首先受

到影響，而遷往今天臺南的東山、白河、左鎮和高雄的甲仙、杉
林等地，最遠的曾經遷往臺東方面。前述潘賢文因爭任通事失
敗，由於漢人的建議而率岸裏九社番千餘人到宜蘭。留在臺中平
野的岸裏九社番，有部分也於道光三年(1823)在漢人勸誘下遷到
埔里。今天雲林、彰化境內洪雅、巴布薩二族各社，也有不少人
遷至埔里，少數人遷至宜蘭。埔里、宜蘭都是漢移民積極開發而
又恐懼政府干涉的地區，先住民的參與不僅加速開發，也可減少
衝突。噶瑪蘭有若干番社也遷到今天花蓮去開發，岸裏九社流
番也有一些人再度遷徙隨之前往。由於政府力行護番保產政策，
他遷的社番只要不將土地私賣，都仍然可以繼續在原住地收取番
租，這方面的史料普徧的留存在各社的原居地。

　　漢移民東渡臺灣也是爲了追求更好的生存環境，對一地不滿
意自然會再遷徙。現存的族譜史料中顯示移民再遷徙的情況也不
少。若干人以爲日本人所做的「臺灣在籍漢民族鄉貫別調查」（
1928 年刊行）的資料所顯示的閩、粵、泉、漳各分畛域而居情
形，是清初至日據初期始終未變的現象。其實開發初期如前所
述，都屬雜居狀態，經過長期械鬥之後，各語羣發生大遷徙，同
語羣聚居一處，直至咸豐、同治年間，才出現比較明顯各分畛域
的現象。

　　無論先住民或漢移民經過遷徙或再移殖，甚至再三遷徙，仍
然要面對和其他族羣或其他語羣接觸的問題。

肆、開發臺灣的各種經營形態

　　就開拓者的出身和組織而言，我以下圖來說明開發臺灣的各
種經營形態：

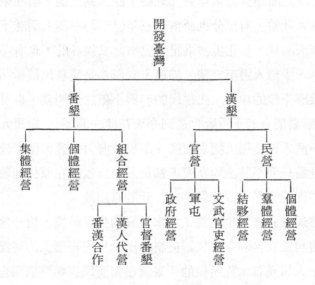

　　番墾是指由先住民自行經營，可分爲集體經營、個體經營和
組合經營三類。保持先住民原來的組織以社羣爲單位經營屬集體
經營，若先住民族羣原來就是「私有制」的土地所有權制度，自
然沒有集體經營的問題。脫離社羣獨立開墾或經營的情況也相當
普徧。

　　組合經營可分爲番漢合作、漢人代營和官督番墾三個基本類
型。番漢合作由番人提供土地、人力，漢人提供資金與技術。開
墾土地之外以開發水利資源、開鑿灌漑渠最爲常見。漢人代營則
多由番社委託漢通事或社記、管事等代爲經營。官督番墾則以乾
隆五十三年以後的番屯制度爲主。

　　漢墾可分爲官營和民營 兩大類型 。官營可分爲 政府機構經營、軍屯和文武官吏經營三項。政府經營是荷蘭和鄭氏時代土地經營的主要形態。清代由於民間的力量強大，除了收入版圖初期極力招徠之外，政府並沒有積極經營。無論接收鄭氏的土地或新開墾的土地，官方經營的土地清代都稱之爲「官莊」，官莊的田租多做爲官吏養廉銀或兵餉使用。清末開山撫番時，爲了開發山後臺東、花蓮等地，也曾由政府在閩、粵各地招佃來臺，給予種籽、牛隻從事開發東部的工作。

　　軍屯是鄭氏時代開發 的主要類型 ，清代在臺灣駐防 的各武營，在「營盤」附近也多半就近開發，俗稱「營盤田」或「營盤園」（實爲軍屯）。至於專爲戍兵恩賞撫邮經費而設置的「隆恩租地」，也有不少是由軍方主持開發，一部分則是購買已熟土地收租。「番屯」制度下的田畝，也可以歸在這一類。

　　鄭氏時代的文武官吏，只要將開發目的地「具圖來獻」並「薄定賦稅」，便可自行圈地開發。因此，文武官吏經營拓墾業也是鄭氏時代的主要拓殖類型。康熙年間駐臺的官吏也積極參與，規模最大最著名的是總兵張國、藍廷珍在大肚溪中游經營的「藍張興莊」。雍正以後官吏營墾爲中央政策和法令所禁止，文武官吏多半化名與人合資經營，規模也較小。

　　民營可分爲結夥經營、羣體經營和個體經營三大類型。民營是清康熙中葉以後，開發臺灣絕大部分土地的主力，基於契約關係的結夥經營則是民營的基本型。

　　陳賴章、陳國起、戴天樞三墾號合夥開墾大佳臘、淡水港、蘇少翁社東勢（臺北），陳和議墾號合夥開墾海山、內北投（臺

北)、坑仔口（桃園），胡林隆墾號則合夥開墾與直莊(臺北)，林天成等人合夥開墾五個莊園（臺北），張吳文墾號開墾海山莊（山鶯走廊和樹林），六館業戶合夥開墾臺中，吳沙率三籍人開墾宜蘭，李享、莊找等率三籍人開墾花蓮，黃朝陽等開墾新店溪中游，金廣福墾號開墾新竹東南丘陵等，都留下大量的合約史料。

　　漢移民結夥開墾，多半由能「通番」的通事和投資的文武官吏、士族、商人、富農合夥。投資者一部分人在大陸或郡城，成為純粹的金主或遙領地主，一部分人在現地經營，實際從事開發的工作，成為名副其實的「墾首」。

　　漢移民的羣體開發以家族拓殖和同鄉拓墾並行，因開發當時的條件而有所偏重。臺灣有不少地方以大陸祖籍的地名為地名，而呈現其地緣關係。也有不少地方在姓氏後加上「厝」、「寮」、「屋」、「坑」為地名的，也顯示其同宗或血緣關係。彰化的施長齡、雲林的張士箱都是閩南士族以家族的力量從事拓墾事業的著名例子，他們是投資者也是經營者，佃農也多半是來自大陸的族親和同鄉。

　　由於經營開發事業從通番、申請墾照、籌資、招募人手以至備辦種籽、農具等等相當繁雜，需要複雜的社會關係和龐大的資金，因而個體經營相當困難，縱使是侵墾、私墾也只能避免請照、升科的手續，像資金的籌措和協和番漢關係尤不可免，不如追隨一個墾首來得方便，因此個體墾戶留下紀錄的事例不多。

任、臺灣開發時期的土地所有權制度

　　荷蘭時代引進少數漢人，貸予耕牛、種籽，墾熟後收取租息而形成「荷蘭東印度公司——佃墾者」二重土地所有權制，就是後人所謂的「王田」。荷蘭人請爪哇的僑領到大陸招徠漢人開發臺灣，同時解決了語言隔閡、人力不足和徵收地租的問題，而形成「公司——墾首——墾佃」三個階層的經營模式和所有權制度。墾首繳納押金（後人所謂的磧地銀或埔底銀）負起招佃、管理以及交稅的責任，所收租額和稅額之間的差額，則成為墾首的利潤。「墾首制度」於是形成。

　　鄭氏入臺，荷蘭東印度公司原有產業成為王田，王田之外則為「土民及百姓現耕田地」。鄭氏的開發以文武官吏招佃和軍隊屯墾為主，不納入這兩個系統而自由墾殖的情況很少。施琅東平臺灣時，鄭氏移交的田土清冊中只列入「官佃」、「文武官田園」兩項，並沒「軍屯」的數目。或許軍屯的生產是用來維持軍需、軍餉，不是政府稅收對象的緣故。

　　清代所開發的土地遠比荷、鄭時代多得多，開發的條件也不同，情況比較複雜。

　　由於清代力行護番保產政策之後，先住民的土地只能「租與民人耕種」而不能賣給漢移民，墾首代番社繳納「番餉」給政府，並納地租給番社而取得「墾批」，墾首再招佃開發。因為番社既已向政府繳納番餉，番社名下開墾的土地不再另繳田賦，於是造成四個階層的經營模式。直接向番社取得土地的，則仍然是三階層的經營模式。

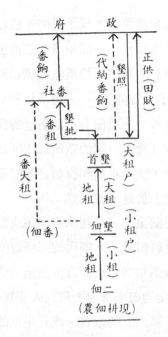

　　凡是未向政府取得墾照，未向番社取得墾批的拓墾，通稱「私墾」。取得墾照、墾批而向既定界限之外拓墾的稱爲「侵墾」。勸誘番社違禁典賣土地則稱之爲「私典」或「私賣」。以詐取、霸占、僞造文書等非法或不義手段取得土地，則稱之爲「奪產」。

　　政府禁令施行日久而漸趨鬆弛，私賣、侵墾、奪產的情形也日增，一旦訴諸於官，經過審理、清釐，大抵都可以「斷還」而物歸原主。今天我們所知道的私賣、侵墾、奪產等例子，多半也是政府「斷還」時所留下的證件所呈現的。

　　荒地開墾成熟田之後，應當要將地點、四至和面積申報給政府，按照田地的面積和等級收取田賦（或稱正供、錢糧），這個程序叫做「升科」。臺灣升科的田園很少，大多數都沒有報請升

科，這種情況稱之爲「隱田」。清末的升科田只有六萬多甲，劉銘傳局部清丈，竟然丈出四十二萬九千餘甲。日本人更清丈出七十七萬餘甲，約是原來升科田數量的十三倍。「隱田」之多，由此可見。因此，利用官方升科田的資料來研究臺灣開發史，往往「差以毫釐，謬之千里」。

　　開墾的時候是墾首和墾佃的關係，開墾成熟之後，向政府報升而取得土地所有權的墾首稱爲「業戶」或「業主」。墾首若將墾權或業主權轉讓，則不再是墾首或業主。墾佃則稱「佃戶」。佃戶若不自耕而再招佃耕作則稱爲「二佃」。佃戶向二佃所收的田租相對於業戶繳給政府的田賦，稱爲「小租」，田賦就稱爲「大租」。因此一般人也稱業戶爲「大租戶」，佃戶爲「小租戶」，二佃成爲「現耕佃農」。小租戶所繳給大租戶的「大租」和大租戶所繳給政府的「田賦」之間的差額，就成爲大租戶的利潤。而「隱田」所收的「大租」，則盡入大租戶之手。這是臺灣墾首制度和大租戶制度發達的主要原因，也是臺灣土地迅速開發的主要誘因。通常我們把「業戶（大租戶）──佃戶（小租戶）──二佃（現耕佃農）」的土地所有權和耕作權的關係稱爲「一田二主」，這種情形在大陸許多地區也普徧的存在著。如果將原始地主──番社計入（一般情形並未計入），就成爲「一田三主」。理論上若一再轉佃，可能出現一田四主甚至五‧六主的局面──只要土地的產能足以負擔層層重重的租額。實際上一田三主的負擔就够重了。日治時代「臺灣舊慣調查會」出版的〔臺灣私法〕報告書中，收錄了一份卓蘭地區「孝子會」於同治年間出賣了「三佃水田」的古契，三佃水田的轉賣，顯示出三佃對於該

田產擁有處分權，正是說明「一田四主」的情況最好的證明[5]。

　　大租權的取得多半在拓墾初期，小租權稍晚。經過相當時日而土地又一再轉佃，則大租戶往往不知道誰是現耕佃農。另一方面，大租權和小租權都可以轉賣，下層地主轉賣時則要得到上層業主的允諾。這種一田多主的情形，不但土地買賣不方便，而且容易發生產權和田租的紛爭。因此劉銘傳清丈土地的同時，也希望由小租戶直接繳交田賦，而取消相傳數十甚至兩三百餘年的大租權，可惜成效不彰。日治時代發現臺灣的耕地仍有六成以上掌握在大租戶手中，於是便發行公債，收買大租權和「水租權」，才解決臺灣土地所有權制度史上的大難題。

陸、結語──臺灣開發史的成就

　　荷蘭時代結束時(1661)，臺灣的漢移民大約是兩萬五千人左右。鄭氏延平王國覆亡前(1683)，大約是十二萬人。嘉慶十六年(1811)的人口調查，全臺人口將近兩百萬。光緒十九年(1893)，全臺人口兩百五十四萬餘。一九〇五年日本人第一次在臺灣從事比較科學的「戶口普查」，全臺人口是三百一十二萬。

　　漢人在臺灣開發的土地面積有多少呢？荷蘭時代末期大約是一萬甲，鄭氏結束時大約是三萬餘甲。清代隱田太多，繳交田賦

5　臨時臺灣舊慣調查會第一部調查第三回報告書：〔臺灣私法〕附錄參考書第一卷下（明治四十四年三月）第五節宗教的主體第三二例同治乙亥年詹昭現杜賣盡根水田字及第三三例明治三十六年孝子會杜賣盡根水田字。一般古契只寫明番租、大、小租關係，很難斷定為三個四主，像本契這樣說明買賣「三佃水田」的文件很少，實際上應該也不少。參見卓淑娟前揭文第四章第五節討論佃權分化部分。

的升科田只有六萬多甲。劉銘傳爲籌措建設臺灣的經費而「就地
清賦」，北部地區清丈較嚴，中南部相當草率，結果丈得四十二
萬九千餘甲，多出三十六萬餘甲。日本人占據臺灣之後，全面實
施「土地調查」，從西元 1898 年到 1903 年間清丈完畢，臺灣耕
地面積達到七十七萬七千餘甲，是清末升科田的十三倍。以劉銘
傳時代清丈較嚴的臺北地區爲例，臺北城內外再增九成，樹林、
鶯歌一帶竟然增加了百分之一百二十八，臺灣中、南部也以相當
的比例增加。日本人爲什麼繼劉銘傳之後還能清丈出這麼多耕地
呢？其一是測量得比較精準，其二是隱田盡出，人民不敢隱瞞，
以免土地所有權消除。日本人清丈的七十七萬七千餘甲耕地，正
是漢移民努力開發臺灣的主要成就。

　　臺灣從一開始就顯露出開發的潛能。郁永河說：「臺土宜
稼、收穫倍蓰……爲買販通外洋諸國、財用不匱。」(1697)藍鼎
元說臺灣「糖、米之利甲天下」(1722)。〔廈門志〕「臺運略
序」云：「臺灣內地一大倉儲也……三熟四熟不齊。」[6] (1832)
臺灣的農產品以米、糖爲主，晚清增加丘陵、淺山區的茶和樟
腦。經濟作物、農產加工品的大量外銷，促進了臺灣商業的發展
與社會的繁榮，也經常支援福建及其他省分的軍需民食。臺灣的
開發更帶動大陸沿海口岸的繁榮。清末，臺灣是最積極推行現代
化運動的一省，各省有什麼災荒，常在臺灣設置「協募公所」，

6　道光「廈門志」周凱自序、高澍然序。凡例第七則載：「廈門政事之大者，
　莫如船政、臺運、海關三者。」卷六「臺運略序」云：「臺灣，內地一大倉
　儲也。」卷十五「風俗記・俗尚門」亦云：「自臺灣既入版圖，則內地一大
　倉儲也，穀食仰於臺運。」

無不募得鉅款，「臺灣富庶、海內艷稱」[7]（1879）。臺灣的開發史不僅「偉觀」，也富裕了數以百萬計的移民，對於中國大陸的回饋，也極為豐碩。研究臺灣開發史，實在是非常有意義的事。

　　　　　　　　──本文原刊《漢聲》第19期（民國七十七年十二月出版）

_____

[7]　光緒五年十二月初六（1880.1.17）〔申報〕附登「全臺協募晉賑公所」致臺北知府陳星聚書（〔臺灣文獻叢刊〕，第247種，〔清季申報臺灣紀事輯錄〕第7冊，頁927-928）。

臺北平原拓墾史研究 (1697-1772)

壹、臺北平原的發現

貳、鄭氏的北臺策略與拓墾傳說

　　一、鄭氏的北臺策略與拓墾傳說

　　二、鄭氏拓墾傳說試析

叁、北臺拓墾初期的方略與業績

　　一、方略未定時代的紀錄

　　二、陳璸的北臺方略

　　三、阮蔡文、周鍾瑄、陳夢林與藍鼎元時代的
　　　　紀錄

肆、臺北平原的拓墾

　　一、小引

　　二、陳賴章、陳國起、戴天樞三墾號與大佳臘
　　　　墾荒告示

　　三、賴科、胡詔與陳和議、胡同隆兩墾號

　　四、胡焯猷與胡林隆墾號

　　五、郭宗嘏與施茂墾號

六、林天成、林成祖、林三合三墾號與何周沈
　　墾號

七、楊道弘

八、劉和林、劉承纘與萬安圳

九、張廣惠、張廣福與永安圳

十、金順興、金合興與大坪林圳、青潭大圳（
　　瑠公圳）

十一、小墾號與拓墾者的零星紀錄

十二、番耕、番墾與番仔圳

伍、結論

壹、臺北平原的發現

　　凱達格蘭族平埔人是臺北平原上有文字紀錄的最早的居民。
「狩獵」是他們主要的生產方式；農業採簡單的休耕法，農具只
有簡陋的鋤頭[1]，他們的人口不多，農墾面積亦少，在1632年以
前更不為外人所知。

　　元、明以來，中、日兩國人民的海上活動日趨活躍，朝鮮、
琉球以及中南半島「海外諸夷」也雜處其間。其後，葡萄牙人、
西班牙人、荷蘭人和英國人相繼東來，東、南亞的海上活動更形

---

[1]　參見林英彥，「臺灣先住民在狩獵時期之經濟生活」，〔臺灣經濟史〕11
　　集（臺灣研究叢刊第131種，臺灣銀行經濟研究室，民國63年），頁1-16。以
　　及拙著，〔新莊發展史〕，第一章「最早的新莊人」（新莊市公所，民國69
　　年）。

複雜，鷄籠、淡水遂以航向標幟、良港，堪供淡水、硫、煤而漸
爲人所熟知[2]。

天啓四年(1624)荷蘭人自澎湖轉據安平，兩年後西班牙人亦
進據鷄籠與之抗衡，又二年(1628)占領淡水。崇禎五年(1632)三
月，一個由八十餘人組成的探勘隊：

　　在暗夜得不可思議的啟示，逆淡水河而上，順武勝灣發
　　見現在的臺北平原。

這段文字節自賴譯中村孝志所撰「十七世紀西班牙人在臺灣
的佈教」一文[3]。筆者不識西、荷文字，對於西、荷占領時代的
臺北平原，無法運用原始資料從事研究，中村氏所依據之原始資
料，想當爲臺北平原見諸文字之較早紀錄。

西班牙人在此傳教，並以鷄籠爲中繼站，欲重振對中、日的
貿易和傳教事業；由於日本實行鎖國政策，東來的中國商船又遠
比預計的少，西人遂於崇禎十一年(1638)撤淡水兵、毀城，縮減
鷄籠守備。荷蘭人乃乘機奪取鷄籠，領有全臺[4]。

荷人在臺灣從事傳教、貿易和熱帶栽培業；崇禎十五年（
1642）取得鷄籠之後，著重探採金、煤、硫等礦業，直到1655年
才派傳教士到此地來[5]；雖然荷蘭人似乎並不熱衷北臺的拓墾，

---

[2]　參見拙著，「湯和與明初東南海防」（〔國立編譯館館刊〕，6卷1期，民國
　　66年6月）。曹永和，「歐洲古地圖上之臺灣」（〔臺灣早期歷史研究〕，
　　臺北，聯經，民國68年），及〔流求與鷄籠山〕（臺灣文獻叢刊第196種，
　　臺灣銀行經濟研究室出版）一書所輯諸文。
[3]　中村孝志，「十七世紀西班牙人在臺灣的佈教」，賴永祥譯，輯於〔臺灣史
　　研究初集〕（譯者自印，民國59年），頁127。
[4]　曹永和，「荷蘭與西班牙佔據時期的臺灣」，〔臺灣早期歷史研究〕，頁
　　31-32。
[5]　中村孝志，「十七世紀西班牙人在臺灣的佈教」，頁141。

但允許漢人在此發展。筆者檢閱與荷人占據時代相關的譯述甚
多，僅於曹永和所撰「荷蘭時期臺灣開發史略」一文中，見到下
列記述：

> 自明崇禎十七年(1644)以來，漢人亦獲荷蘭人的准許，
> 開始從事臺灣北部鷄籠淡水地方的開墾，他們很辛勤地
> 經營，至明永曆二年（清順治五年，1648）淡水方面的
> 中國人，決心要開拓這一地方，已引進了牛數匹耕耘田
> 地[6]。

　　曹氏所依據的史料，似乎說明鷄籠方面的漢人從崇禎十七年
(1644)以後才獲准「很辛勤地經營」拓墾工作；而淡水方面的漢
人則遲至永曆二年(1648)才有拓墾淡水的決心。

　　永曆十八年(1664)鄭成功抵臺灣，荷蘭人停止了在南臺的活
動，對於北臺則時來時竄，直到清領前夕；不過，他們斷斷續續
的活動仍以鷄籠爲根據地。

　　由於西、荷人不再有機會持續統治這個地區，他們雖曾留下
贌社制度、少數建物的殘蹟、幾個識西、荷語文和基督教義的
人、以及一些傳說和故事；但是，隨著西、荷人的離去，這些也
都不再有實質的意義了。

貳、鄭氏的北臺策略與拓墾傳說

一、鄭氏的北臺策略與拓墾傳說

---

[6]　曹永和，「荷蘭時期臺灣開發史略」，〔臺灣早期歷史研究〕，頁64。

　時賢敍述北臺之拓墾，多半依據伊能嘉矩「清領以前の臺北地方」一文和〔臺灣文化志〕一書「拓墾沿革篇」中所列舉之諸事例立言[7]。

　在「清領以前の臺北地方」第4期「鄭氏統制の時代」一節中，伊能氏列舉了下列事例來說明鄭氏對於臺北地方的經營：

　1.海山口附近的營盤庄，卽是鄭氏時代營盤（原註云：卽屯田）的所在地。

　2.基隆溪畔的劍潭古寺，據傳是鄭氏時代所建。

　3.鄭成功之從父鄭長，從鹿港到八里坌，遷居於劍潭附近。

　4.永曆二十九年(1675)二月，鄭經竄洪士昌、洪士恩及楊明卿和他們的眷屬百餘人於淡水鷄籠[8]。

　其中除了第四則出自〔臺灣外記〕，而伊能氏未說明出處，只引了〔鹿洲文集〕「阮蔡文傳」中幾句話，勉強以文字比附之外，其他三則都屬傳說。

　〔臺灣文化志〕一書比「清領以前の臺北地方」一文晚出二十二年，是伊能氏半生精力所聚的皇皇鉅著，他集傳說之大成，在「制限拓殖の一期」一章中，加了一節相當長的「附記」，「附記」中有「淡水縣下の桃澗堡」、「芝蘭堡」、「基隆廳下の基隆堡」、「金包里堡」等四則與北臺相關，他已不再引述營盤和鄭經竄洪、楊二族於淡水鷄籠二例。我把述及臺北平原的「芝蘭堡」部分譯述如下：

　　7　黄得時，〔臺北市志〕「沿革志」第三節（臺北市文獻會，民國59年6月）和王詩琅，「明鄭開闢臺灣」，〔臺灣風物〕，26卷2期等，無法一一列舉。
　　8　〔臺灣慣習記事〕，第6卷第8號，頁660-661。

明永曆三十五年鷄籠城修復之後，北路總督何祐增守芝
蘭三堡的淡水港，據港北滬尾西、荷人所遺舊城故址而
守。據說，在那時期，屯弁鄭長從鹿港航抵淡水港（八
里坌），溯淡水河入芝蘭二堡。淡水廳志所謂：「淡水開
墾自奇里岸始。」據此，似乎就指後日的芝蘭二堡奇里
岸庄，同庄的慈生宮以及芝蘭一堡大直庄的劍潭古寺，
傳說也是當時創建的。（芝蘭二堡關渡庄的三將軍廟乃
康熙五十四年所築，祭祀鄭氏部將三人）[9]。

　伊能氏曾寫過一篇「盡信書不如無書」的文章，對於臺灣史
志中「把事實與傳說混同」的現象表示不滿，希望讀臺灣史志的
人要注意辨識[10]；他之所以不把這段文獻無徵而根據傳說寫成的
文字放在正文中，而以「附記」的形式，低一格刊出，顯然是把
「史實」與「傳說」分得很清楚。

　時賢經常轉錄伊能氏並不深信的傳說，且略去伊能氏所用的
疑辭，改成十分肯定的文句，以為信實之史料，後學不察，輾轉
引錄，遂使臺北拓墾史為傳說所瀰漫[11]。筆者不敏，爰就所知為
之疏解。

　欲明瞭鄭氏領臺時代對於鷄籠淡水的看法與政策，〔臺灣外
記〕康熙十九年(1680)十月條的記載最有意義；是時鄭經用兵閩
海，無功而回臺，海壇總兵林賢要飛渡鷄籠山「據為老營，漸次

9　〔臺灣文化志〕，卷下，頁278（東京，刀江書店，昭和三年，1928）。
10　伊能生，「盡く書を信ずれば書無きに如かず（臺灣の史志を讀むに要おる
　　注意）」，〔臺灣慣習記事〕，第2卷第4號，頁301-307。
11　僅以民國68年6月臺灣史蹟研究中心發行，陳三井總纂的〔鄭成功全傳〕為
　　例：李國祁所撰的第五章第一節第三目「鄭經時代的政軍建設」（頁221）、
　　黃富三所撰第五章第二節第一目「農業的發展」（頁245），皆受其影響。

用兵而攻臺灣」。馮錫範啟經曰：

> 雞籠山……前呂宋用天主教巴禮建院，與土番貿易，因
> 地生硫璜，不產五穀，運接維艱，故棄而去。迨先王得
> 臺灣，縱紅毛歸國，紅毛聽通事楊宗九謀，將所有夾板
> 駛到雞籠山……後係黃安督兵追攻紅毛……此地最難居
> 也……若遣將固守，必當運糧接應，不但運糧艱難，且
> 虞水土不服，不如遣一旅前去巡視，將雞籠山城墮為平
> 地，棄而勿守。林賢若來，使無安身之處。

林陞帶兵北巡至雞籠，見其「形勢奇秀，峯巒高聳，而且土
地饒沃、溪澗深遠，是未闢荒蕪之膏腴，暫為鳥獸之藏窟」，但
是，「硫磺所產，最盛於夏秋，故五穀不生、難以聚眾」，所以
「陞督兵士，將雞籠城悉毀為平地，而回復命」[12]。

由是觀之，「不產五穀，運接維艱」、「水土不服」和「五
穀不生、難以聚眾」，是鄭經謀臣、將領對於雞籠淡水的共同看
法。雖明知為「未闢荒蕪之膏腴」亦不敢停留。

康熙二十年(1681)十月，鄭氏得知施琅出為水師提督，可能
襲林賢故智；乃分兵澎湖與雞籠山。馮錫範「舉左武衛何祐為北
路總督」往守雞籠山。何祐與諸將踏勘地勢，仍依舊址築城[13]，
〔海上事略〕也記載了這件事並加評論說：

> 辛酉，令偽鎮何祐等北汛雞籠，驅兵負土，就舊址砌

---

12 見江日昇，〔臺灣外記〕(方豪校勘本，〔臺灣文獻叢刊〕第60種)，頁375-376。
13 同上，頁394。

築，並於大山別立老營，以爲犄角……僞鄭無定謀猶如
兒戲，鷄籠一城，始也毁而棄之，繼也築而守之；模稜
之見，徒苦生靈耳[14]。

　　由於鷄籠山駐守重兵，一切皆仰給於安平，沿途土番搬送，
無論「老幼男婦，咸出供役」，督運者以軍需方股，鞭撻過甚，
二十一年六月終於釀成平埔族大亂[15]；是年八月，鷄籠守將鄭
仁、沈誠、黃明等病歿，兵弁死者也過半[16]。

　　臺北平原平埔人對於外來者也相當拒斥，西班牙傳敎士卽有
被殺的紀錄[17]，郁永河也有親歷平埔番襲殺漢人的記載[18]。

　　綜合以上簡單的敍述，鄭氏占領時期，由於南臺宜墾地的廣
大，拓墾人力的不足，又受荷蘭人以及大陸形勢變化的牽制，他
們對於淡水、鷄籠先採放棄政策，成爲「鄭氏以投罪人」之地，
施琅籌劃征臺，鄭氏才倉皇築守，將士死亡過半，阮蔡文謂之「
常懸師而築壘，兵與將其偕亡」[19]，對於農墾似乎是無暇顧及
的。夏之芳「臺灣紀巡詩」有「笑指當年空守戍，但知深谷有烏
蠻」之句[20]，也正是寫實之筆。

14　黄叔璥，〔臺海使槎錄〕，卷4「赤嵌筆談偽鄭附略」引〔海上事略〕（史
　　語所藏，乾隆元年刊本），頁 146-150。〔臺灣外記〕中，總鎮蔡文語與其
　　評論略同。

15　〔臺灣外記〕，頁398。

16　同上，頁403。

17　參看中村孝志，「十七世紀西班牙人在臺灣佈敎」（賴永祥譯，〔臺北文獻
　　叢輯〕，第二輯，臺北縣文獻會，民國45年）。

18　郁永河，「裨海紀遊」（方豪校勘本，〔臺灣文獻叢刊〕，第44種），頁27。

19　阮蔡文，「祭淡水將士文」（〔臺灣全誌〕，第二卷本，臺灣經世新報社，
　　大正十一年），〔諸羅縣志〕，卷11「藝文志」，頁974-976。

20　夏之芳，「臺灣紀巡詩」（中央圖書館臺灣分館藏，同治十年刊本，〔淡水
　　廳志〕附錄二文徵下所收），頁59-65。

二、鄭氏拓墾傳說試析

　　根據前節所述，我們大略明白了鄭氏領臺時代北臺的情況，筆者再就伊能嘉矩所舉諸例爲之疏解。

　　1.新莊海山口營盤

　　在「清領以前の臺北地方」一文中伊能氏以爲「營盤：卽屯田」，其實楊英〔從征實錄〕載鄭成功登陸鹿耳門之夜，卽有「是晚，赤嵌城夷長貓難實叮發砲擊我營盤」[21] 的紀錄，〔臺灣外紀〕誌海壇大戰後，林陞等無處可泊，謂：「今者，邊海地方，炮臺密布，營盤扼守，舟師不得灣泊。」[22] 據此，營盤非卽「屯田」明甚。清代亦稱駐兵營所爲「營盤」，例如，嘉慶十年(1732)蔡牽事件，福州將軍賽沖阿的奏文中卽有「招夥攻擾笨港等處營盤、殺死兵勇三人」與「招夥攻擾艋舺營盤、殺死兵丁二人」[23] 的紀錄，今日新莊營盤之外，還有「營盤口」、「營盤邊」等地名，所以新莊海山口的營盤是指清代駐兵營所而非鄭氏「屯田」之地是毫無疑義的。伊能通儒，稍後知道他自己的判斷有誤，所以在〔臺灣文化志〕中便不再以此爲例了。

21　楊英，〔延平王戶官楊英從征實錄〕（北平，中研院史語所，史料叢書之一，民國20年）。

22　〔臺灣外記〕，頁368。

23　〔臺灣文獻叢刊〕，第205種，〔臺案彙錄〕辛集，刑部「爲內閣抄出福州將軍賽沖阿奏」移會案，頁99。
　　其例甚多，不一一贅舉。〔臺海使槎錄〕，「赤嵌談」卷一引「諸羅雜識」謂：「其餘鎮營之兵，就所駐之地自耕自給，名曰營盤。」（中央圖書館臺灣分館藏，乾隆元年刊，頁 23a），雖未將駐地與耕地分別說明，但亦並非營盤爲屯田。而且南臺以鄭氏屯營爲莊名者甚多，伊能氏一一列舉於此附記中，但無一以「營盤」爲名者，其爲伊能氏所誤解了無疑義。

2.鄭長入芝蘭二堡

鄭長事迹大約聞諸其五世裔孫鄭維隆。鄭維隆在明治三十三
——四年（1900-1901）之頃，曾獻延平郡王鄭成功畫像於當時的
臺北縣知事村上，明治三十五年一月刊布於〔臺灣慣習記事〕第
二卷第一號卷首。畫像說明「采訪道人：題延平王像」謂：

> 嘗聞維隆五世祖鄭長者，延平從父也……後由鹿港遷至
> 滬尾，遂家焉。子寧遠，復移居於后山坡，因世爲臺北
> 人。先是延平之在臺南也，嘗繪小像，藏之於家，其孫
> 克塽降清時，令鄭長奉其像歸里，未果，乃藏之以傳其
> 子寧遠，茲維隆以獻者卽是像也。

伊能氏先稱鄭長爲鄭成功「從父」與此同，但是，在〔臺灣
文化志〕中，他已改稱「屯弁」了；仍謂據說是在何祐北守時代
入芝蘭二堡，這又與延平郡王像的題辭不合。根據題解。鄭克塽
降清時，鄭長仍在臺南，其次，鄭長是先到鹿港、再由鹿港北
遷，家於滬尾，並沒有遷居奇里岸；鄭長之子鄭寧遠才從滬尾移
居後山陂，後山陂原屬芝蘭堡，卽今南港松山間玉成、成德一
帶，也不是奇里岸。

顯然，鄭長入墾奇里岸的傳說是無稽之談。鄭維隆也無法提
供可信的證據來說明鄭長的身分，伊能氏遂將鄭長事迹當作傳說
來處理。

民國三十九年（1950）八月方師杰人先生訪松山後山陂鄭氏，
得見鄭氏族譜，據「松山後山陂鄭氏訪問記」所載：

> 根據族譜，維隆的祖父孫靜，生於康熙己亥年卽五十八
> 年，但照字行來說，「孫」字應該是維隆的曾祖，上

面的曾祖（諱長，生於康熙甲子年卽二十三年）是高祖
之誤，不幸的是族譜沒有高祖父，只有「高祖**妣**王氏慈
慎」……[24]。

　　若然，則鄭氏族譜中記載的後山陂鄭氏遷入臺北平原的始祖
──鄭長──生於康熙甲子卽二十三年(1684)，那已是鄭氏延平
王國降亡，臺灣歸入中國版圖的次年了。伊能嘉矩在〔臺灣文化
志〕中改稱「屯弁」亦屬無稽。

　　3.洪、楊二族竄鷄籠淡水

　　伊能氏在「清領以前の臺北地方」一文，根據〔臺灣外記〕
永曆二十九年二月條，寫下關於洪楊二族竄鷄籠、淡水的事例。
〔臺灣外記〕的那條紀錄中，尚有一段鄭經責備楊明琅的話，而
以「旬後，明琅亦死於竄所」[25] 作結。可是伊能氏在〔臺灣文化
志〕中卻棄而不取。據筆者推測，伊能氏可能是在細讀〔臺灣外
記〕之後，發現當時鄭經是在泉州而不是在臺南，他似乎認爲
洪、楊二族人抵達鷄籠淡水是不可能的，故而放棄此例。

　　〔臺灣外記〕的價值是眾所周知的 [26]。筆者以爲「旬後，明
琅亦死於竄所」一語必有所本；也就是說：洪、楊二族極可能如
〔臺灣外記〕所誌，到達了鷄籠淡水。

　　〔臺灣外記〕康熙二十二年(1683)五月條中，錄了一則施琅
密陳的「臺灣可取疏」，其中有如下的說辭：

────────────

24　「松山後山陂鄭氏訪問記」（收於〔方豪六十自定稿〕上冊，頁963-965)。
25　〔臺灣外記〕，頁291。
26　方豪，「臺灣外志兩抄本和臺灣外記若干版本的研究」（收於〔方豪六十自
　　定稿〕上冊，頁881-952。)

四月初三日，有海賊鄭才等一十八名，於四月初一日從

淡水港奪破柴船一隻，前來投誠[27]。

又，同年六月亦有何祐納款獻臺的記載：

何祐守淡水，接二十二日失澎湖之報，密遣其子何士隆

從淡水港坐船往澎湖軍前[28]。

根據施琅這兩則紀錄，我們知道只要風濤順利，由淡水港到

銅山、澎湖都很迅捷，鄭才等人，首尾只費了三日工夫。

〔諸羅縣志〕也有從廈門到淡水的類似的紀錄：

廈門至淡水水程十一更，與鹿耳門等。康熙五十四年，

干豆門重建天妃宮，取材鷺島，值西風，一晝夜而達。

福州至淡水水程八更，較臺灣爲近[29]。

所謂「一晝夜而達」即是首尾二日，準此，洪楊二族旬日自

泉州至淡水實非難事。若由水路至安平，再由陸北上亦非不可

能。筆者根據〔裨海紀遊〕中郁永河之腳程計算，除卻在大甲溪

前候渡的時間外，他從臺南至牛罵頭社首尾七日，自牛罵頭社渡

河至淡水首尾四日，總共首尾十一日。而郁永河由淡水西至官塘

亦僅二日[30]。是以「旬後，琅亦死於竄所」應屬可能。

〔諸羅縣志〕卷十二「古蹟·雞籠砲城條」「附誌」也說：

「康熙十四年（1675）、鄭經入泉州，竄楊明琅等眷屬於雞籠

城。」[31] 因此洪楊二族無疑的是竄抵雞籠。

27　〔臺灣外記〕，頁410。
28　同上，頁426。
29　〔諸羅縣志〕「雜記志·外紀」（大正十一年刊本），頁1008。
30　〔裨海紀遊〕，頁17-23以及頁41。
31　〔諸羅縣志〕，頁1000。

4.慈生宮、劍潭古寺建於鄭氏占領時代與三將軍廟建於康熙
五十四年(1715)

臺北平原諸寺廟，創建最早而文獻足徵者，當屬關渡的天妃
廟（靈山廟）。

〔諸羅縣志〕卷十二「寺廟誌・天妃廟」云：

> 一在淡水干豆門，五十一年通事賴科鳩眾建；五十四年
> 重修，易茅以瓦，知縣周鍾瑄顏其廟曰靈山[32]。

同卷「古蹟」又誌「靈山廟」云：

> 在淡水干豆門，前臨巨港……康熙五十一年建廟，以祀
> 天妃，落成之日諸番並集……[33]。

〔諸羅縣志〕乃知縣周鍾瑄所倡修，臺北僅此一廟誌於志
中，並無慈生宮、劍潭古寺與三將軍廟之紀錄。康熙甲戌（三十
三年，1694），臺北大地震，郁永河誌其事云：

> 張大云：「此地高山四繞，周廣百餘里，中為平原，惟
> 一溪流水，麻少翁等三社緣溪而居，甲戌四月，地動不
> 休，番人恐怖，相率徙去，俄陷為巨浸，距今不三年
> 耳。」指淺處猶有竹樹梢出水面，三社舊址可識。滄桑
> 之變，信有之乎[34]？

康熙三十三年的大地震，使臺北平原的一部分「俄陷為巨
浸」，造成地質學家林朝棨先生所謂的「康熙臺北湖」[35]（參見

---

[32] 〔諸羅縣志〕，卷12「寺廟」，頁998。
[33] 同上，頁1005。
[34] 〔裨海紀遊〕，頁23。
[35] 〔臺北縣志〕「地理志・歷史時代臺北盆地中滄桑變化」（臺北縣文獻
會，民國49年），頁37b-93a。

附圖——雍正年間所繪臺灣古輿圖臺北大湖部分，以及康熙〔諸
羅縣志〕附圖）。假如慈生宮和劍潭古寺真的在鄭氏占領時代已
經創建，經歷康熙三十三年（1694）如此巨大的「滄桑之變」仍
能屹立不毀，〔諸羅縣志〕當大書特書豈有不誌之理？更何況〔
諸羅縣志〕「雜記志·古蹟」中誌有關於劍潭以及茄冬樹的傳說
呢？志載：

> 劍潭：在大浪泵社二里許，划蟒甲以入，登岸數百武有
> 潭，潭之畔有茄冬樹，高聳障天，圍合抱，相傳荷蘭開
> 鑿時，挿劍於樹，樹忽生皮，包劍於內，不可復見[36]。

既誌劍潭又誌潭畔茄冬樹，豈有不誌劍潭古寺之理？〔諸羅
縣志〕「古蹟誌」卷末靈山廟之後，作者有一小段小註，詠錄於
下：

> 此與龍湖岩皆近時所建，以其爲邑治名勝，附記於此
> [37]。

周鍾瑄與陳夢林都曾親履斯地，劍潭古寺與慈生宮若是早成
於靈山廟或是同時興建，他們是不會吝惜筆墨的——無論爲邑治
添一名勝或增一寺廟。

因此，筆者認爲除非有強而有力的證據出現，否則二寺之創
建，必晚於天妃廟之「以茅易瓦」以及諸羅之修志，當然〔諸羅
縣志〕中不會有關於二寺的記載。

伊能嘉矩根據傳說，認爲關渡莊三將軍廟也是康熙五十四年
(1715)建成的，筆者認爲亦如劍潭古寺、慈生宮一樣，當晚於諸

36　〔諸羅縣志〕「雜記志·古蹟」，頁1002。
37　同上，頁1004-1005。

羅修志之年。或以三將軍廟的存在，做爲鄭氏在臺北開發屯墾的佐證。姑不論鄭氏是否曾在臺北屯墾，也不論三將軍廟所祀者果爲何人，我們旣不能以遍布全島的關帝廟做爲關羽曾跨海東征踏遍全島的佐證，又豈能以三將軍廟做爲鄭氏開發屯墾的佐證呢？何況三將軍廟所祀者到底是那三位將軍仍是眾說紛紜，而三將軍廟之性質爲何？戰神？海神？焉能作爲開發拓墾之佐證[38]？

根據前述伊能氏所舉三例，伊能氏對於臺灣史志中史實、傳說混同的現象不滿，對於後人以鄭氏的人、事來附會西、荷人在北臺的事迹，像鄭氏屯田遺址、劍潭故事等等則更感困惑[39]。因此，伊能氏在「清領以前の臺北地方」一文和〔臺灣文化志〕一書中的寫作態度是相當審愼的。可是，時賢在稱引伊能氏諸文的時候，往往逕以他所錄下的傳說當作徵實的史料，遂使臺北拓墾史爲傳說所瀰漫，眞相反而淹沒不彰。筆者每讀時賢的論述輒爲傳說之喧賓奪主所苦，本節便是尋得源頭，希望根據伊能氏的文字，將這些傳說，藉著可信的史料來釐清。

伊能氏紀錄下來的各種傳說，除了洪、楊二氏流竄鷄籠一例文獻足徵、堪供採擷，營盤一則顯屬誤解外，其他數則都是無稽之談，只能反應傳說流行時代的某種心態，與傳說中的人、事多不相干。

三寺廟之創建年代，筆者着墨無多，只消極的證明不得早於靈山廟「易茅以瓦」以及諸羅修志之年，至於確實的創建年代必

38　〔臺北市志〕，卷1「沿革志」，第三節第二項，頁27。
39　〔臺灣慣習記事〕，第6卷第7號，「清領以前の臺灣地方㈡第二期西班牙人及び和蘭人占領の時代」，頁593。

需另撰一文，則請俟諸他日了。

叁、北臺拓墾初期的方略與業績

一、方略未定時代的紀錄

由於施琅的遠見和堅請，棄留難定的臺灣，終於正式收爲中國的版圖。施琅並建議在臺灣設總兵一員以資鎮守[40]。第一任臺灣鎮掛印總兵是楊文魁，熙康二十六年(1687)任滿升轉的時候，他曾「就開拓臺疆及余承乏出鎮斯土始末」勒一「臺海紀略碑」，碑文中有關鷄籠、淡水部分如下：

> 如鷄籠淡水，廼臺郡北隅要區，緣窵隔郡治千有餘里，
> 夏秋水派，陸路難通；冬春風屬，舟航莫及。兼之其地
> 有番無民，虞輓運之維艱，自關土迄今，尚乏定議也[41]。

臺灣之棄留始定，鷄籠淡水似乎又陷入棄留的困境。當然談不上什麼經營策略。

開闢之初，臺灣一府三縣，臺灣附郭，南置鳳山、北列諸羅。康熙三十六年(1697)春郁永河東渡臺灣時，諸、鳳二邑仍「寄居郡治臺邑之地，若僑寓然」[42]，對於鷄籠淡水，時人則視若絕域，聲稱「人至卽病，病則死。凡隸役聞鷄籠淡水之遣，皆欷

40　施琅，「陳臺灣棄留利害疏」，〔臺灣文獻叢刊〕第 105 種，〔重修臺灣府志〕「藝文志·奏疏」，頁611。
41　楊文魁，「臺灣紀略碑文」，〔臺灣文獻叢刊〕第 74 種，〔重修福建臺灣府志〕「藝文志」，頁526。
42　郁永河，〔裨海紀遊〕，頁30（方豪校勘本，〔臺灣文獻叢刊〕第44種）。

歔悲嘆，如使絕域；水師例春秋更戍，以得生還爲慶」[43]。 郁永河路陸北上，在〔裨海紀遊〕一書中，少有遇見漢人的紀錄，過大甲溪以後，「經過番社皆空室，求一勺水不可得；得見一人輒喜」[44]，宿竹塹社，「有人自鷄籠淡水來者」[45]，未識其人爲番或漢，「自竹塹迄南嵌八九十里，不見一人一屋」[46]，根據郁永河的紀錄，除了今天臺南縣境外，其他地區是談不上拓墾的。

是年五月初二，郁永河穿越干答門，見到了臺北平原和康熙三十三年(1694)大地震所造成的臺北大湖；十月上旬他還闔，其間五個多月的體驗，郁永河認爲自己眞是「蹈非人之境」[47]，並且肯定了臺灣府人對於鷄籠淡水的印象[48]。

在〔裨海紀遊〕中，除了他自己的採硫活動外，其他有關漢人活動的紀錄則相當少。據方師杰人先生的校勘本依出現的次序臚列在下面：

一、「淡水社長張大」。

二、「一二社棍、又百計暗撓之」。郁永河沒有說明這一二社棍是否卽包括張大。

三、「有漁人結寮港南者」。漁人爲土番射鹿之矢所傷，又能和郁永河交換經驗，當是漢人。

四、「又有社人被殺於途」。

五、「淡水城……安平水師、撥兵十人，辛牛歲一更，而水

---

43 同上，頁16。
44 同上，頁21。
45 同上，頁22。
46 同上。
47 同上，頁40。
48 同上，頁26：「臺郡諸公言之審矣。」

師弁卒又視爲畏途，扁舟至社，信宿卽返。十五年、城中無戍兵
之跡矣！歲久荒燕，入者輒死 ， 爲鬼爲毒，人無由知 。 汛守之
設，特虛名耳」。

六、「客歲有趨利賴科者，欲通山東土番，與七人爲侶，畫
伏夜行，從野番中，越度萬山，竟達東面……以小舟從極南沙馬
磯海道送之歸……」。

這一則紀錄記述甚詳，似乎是郁永河在臺南的見聞並未親遇
賴科本人。

以上這六則，都是紀錄社長、 社棍、 社人· 漁人和水師戍
兵，並沒有漢人在臺北平原從事拓墾活動的紀錄。

康熙六十一年(1722)首任巡臺御史黃叔璥著〔臺海使槎錄〕
稱引〔裨海紀遊〕處頗多，在北路諸羅番之十的附載中，引〔裨
海紀遊〕有「武勝灣、大浪泵等處，地廣土沃，可容萬夫之耕」
的紀錄[49]，亦見於粵雅堂叢書本〔採硫日記〕中[50]，方老師杰人
先生疑此節爲後人所竄入者，因此在爲臺灣銀行經濟研究室刊行
校勘本〔裨海紀遊〕──〔臺灣文獻叢刊〕第四十四種時，逕行
將此節刪去[51]。楊老師雲萍先生認爲： 假如他作〔裨海紀遊〕合
校本的話，一定以〔臺海使槎錄〕「爲校勘的第一個底本」[52]，
筆者在 〔諸羅縣志〕 「雜記志外紀」 中也見著這段文字[53]， 雖

49　黃叔璥，〔臺海使槎錄〕，卷 6，頁22a，槎作稈。
·50　郁永河，〔採硫日記〕，卷中，頁10a（粵雅堂叢書本）。
51　參見方豪，「裨海紀遊版本之研究」，收於〔方豪六十自定稿〕，頁 978-
　　988，與臺「海使槎錄與裨海紀遊」，收於〔方豪六十自定稿〕，頁 998-
　　1003，以及〔臺灣文獻叢刊〕校勘本之弁言。
52　楊雲萍，「關於臺海使槎錄與裨海紀遊」，〔臺灣風土〕第164期，民國43
　　年 3 月15日〔公論報〕六版。參見：「爲臺海使槎錄申辯」，〔臺灣風土〕
　　第166期，民國43年 3 月28日〔公論報〕六版。
53　〔諸羅縣志〕，卷12「外紀·寺廟」，頁998。

然陳夢林並未說明此節引自〔裨海紀遊〕，但由〔裨海紀遊〕一書在當時受到學者文人普遍的注意與引錄看來，〔諸羅縣志〕很可能引自〔裨海紀遊〕，是以筆者在撰述〔新莊發展史〕一書時，便已認爲這是郁永河親履臺北平原觀察所得的紀錄[54]。若然，郁永河早已發現臺北平原農業發展的潛力了。

　　郁永河筆下的「趨利賴科」，實爲臺北平原拓墾者的先驅。康熙五十一年，賴科曾鳩眾建關渡天妃廟，〔諸羅縣志〕稱他爲「通事」[55]，康熙末，藍鼎元撰「紀臺灣山後崇爻八社」一文，也紀錄了賴科招撫山後九社的事迹，稱他爲「大鷄籠社通事」[56]，稍後我們再說明他在拓墾方面的貢獻。

二、陳璸的北臺方略

康熙四十九年(1710)，陳璸任臺灣廈門道員，六月中抵臺[57]，適海盜鄭盡心自遼海南竄，陳璸奉令搜捕鷄籠淡水地區，往返一千四百餘里，自持糗糧而行[58]，又命千總黃曾榮分頭前往[59]。回臺南後，上「經理海疆北路事宜」條陳，大抵皆理番事宜，譬如：要求「寄寓如故」的諸、鳳二邑各歸本署以馭番眾。他也發現「淡水一汛卽鹿仔港汛」應令其「常川駐防，加強巡查」，並請添

54　拙著，〔新莊發展史〕，頁1。
55　〔諸羅縣志〕，頁998。
56　藍鼎元，〔東征集〕（中央圖書館臺灣分館藏，雍正十年刊本），卷6，頁12a-12b，文中藍氏自注云：「康熙三十四年，賴科等招撫歸順，原是九社，因水輦一社數年前遭疾沒盡，今虛無人，是以止有八社。」
57　丁宗洛，〔陳清端公年譜〕，（〔臺灣文獻叢刊〕，第207種），頁59。
58　〔諸羅縣志〕，卷12「外紀」，頁1016。
59　〔淡水廳志〕，卷9「名宦武職・黄曾榮傳」（中央圖書館臺灣分館藏，同治十年刊本），頁8b。

設大肚社以北塘汛，「以防番社」。不過，在「禁冒墾以保番產」一則中，建議「應將請墾番地，永行禁止」，理由是：

> 誠恐有勢豪之家，貪圖膏腴，混冒請墾，縣官朦朧給照，致滋多事[60]。

似乎已經發覺諸羅縣令頒發墾照，許民北墾的事實。黃叔璥〔臺海使槎錄〕中保存了「陳湄川中丞淡水各社紀程」，其中武勞灣和大浪泵二地都有「此地可泊船」的記載[61]，可惜筆者還沒有發現這位「親履其境」的臺灣最高地方長官對於臺北平原農業景觀的描述。

陳璸往淡水搜捕海盜鄭盡心之役，「調佳里與分防千總移駐淡水，增設大甲溪至淡水八里坌七塘」[62] 雖然水師遊巡止於南風時行之，且一過淡水、鷄籠二港，也非久泊其地；陸路設防，淡水八里坌官兵一百二十名，其中分南嵌各塘者七十，淡水實兵止五十名[63]，兵力相當薄弱，但是卻是有清一代經制兵駐防臺北之始。設防的原始動機是防止淡水成為海盜淵藪，但是因緣際會卻吸引了大批拓墾者北上。藍鼎文謂：「若安設官兵，則民不待招而自聚，土不待勸而自闢。」[64] 又謂：「地無美惡，經理則善，

60　〔陳清端公文選〕（〔臺灣文獻叢刊〕，第116種），頁15-17。條陳中稱：「近奉憲令，有搜捕之役，親履其境。」，〔陳清端公年譜節略〕條陳繫於康熙四十九年（頁63）。阮蔡文「祭淡水將士文」謂：「康熙五十年，洋盜鄭盡心自邃海竄，上命江、浙、閩、廣四省舟師搜捕，因設營汛於此。」（〔諸羅縣志〕，卷11，「藝文志」，頁974-975）。

61　〔臺海使槎錄〕「番俗六考‧北路諸羅番十‧附載」頁25b-26b。

62　〔諸羅縣志〕，卷7「兵防志‧營制‧陸路防汛」，頁788。「兵防志‧總論」，頁777，繫於康熙五十年。坌當作坌，下同。

63　〔諸羅縣志〕，卷7「兵防志‧水師防‧附考」，頁798。

64　藍鼎元，「謝郝制府兼論臺灣番變書」（中央圖書館臺灣分館藏，同治六年刊本，〔治臺必告錄〕，卷1，收〔鹿洲文集〕，頁78a）。

莫如添兵設防。」[65] 正是目睹人民競赴淡水「爭趨若鶩」之後，肯定陳璸設防八里坌的價值。

康熙五十四年(1715)阮蔡文北巡之後，曾有「淡水一汛，七塘官兵應請咨部撤回」之議，諸羅知縣周鍾瑄也有「清革流民以大甲溪為界之請」[66]，可是周鍾瑄聘修〔諸羅縣志〕的陳夢林，目睹「淡水一汛於今五年，視向者初戍之日亦大有間矣！」[67]，認為「今半縣以至淡水，水泉沃衍，諸港四達，猶玉之在璞也；流移開墾，舟楫往來，亦既知其為玉矣」，主張「規久遠之至計，增置縣邑防戍」[68]。

康熙五十四年(1715)底，陳璸於偏沅巡撫任內進京陛見，十二月初一、初四兩次召見，奏對稱旨，初五日奉旨調福建巡撫。初六三度晉見。陳璸到福建後所上的「謝恩摺」中，詳盡的紀錄了三次晉見的經過，其中一段有關「淡水地方」的君臣問答，顯示清聖祖康熙皇帝對於淡水情況的關心，對日後的淡水方略，可能有重大的影響，我把它抄錄於後：

問：淡水地方何如？

奏：南路鳳山縣地方有上淡水、下淡水，一日可到；北路諸羅縣地方有鷄籠、淡水，十數日方可到。舊時淡水地方都到不得，有瘴氣，此時水土都好了，臣都到過[69]。

65　藍鼎元，〔東征集〕（雍正十年刊本），卷 3「覆制軍臺疆經理書」，頁12b-13a。
66　〔諸羅縣志〕「兵防志・總論」，頁778。
67　同上，頁782-783。
68　同上，頁784。
69　〔陳清端公年譜〕，（康熙五十四年十二月條引），頁85-86。

　　陳璸是康熙五十四年(1715)四月去臺廈道任離臺[70]，五十五年正月就入閩接印任福建巡撫了[71]，是年五月與閩浙總督覺羅滿保合疏奏請添設淡水營[72]，康熙五十七年(1718)五月，正式核准「設立淡水營」，「移興化城守右營守備駐防淡水，於臺鎮標中營撥千總一員，臺協左營撥把總一員爲淡水營千、把，每半年輪流分防雞籠」[73]。陳璸並且推薦追隨他往淡水搜捕海盜鄭盡心的黃曾榮爲第一任「守備」[74]，不但沒有採行阮蔡文撤守的建議，反而加強了淡水的守備。

　　康熙四十九年至五十七年 (1710-1718) 陳璸任臺廈道和福建巡撫的時代，是臺灣的拓墾工作進行得如火如荼的時代，也正是臺北平原有組織、有規模的拓墾工作全面展開的時代。陳璸筆下的「勢豪之家」正是企業化拓墾臺北的先進，他所謂「縣官朦朧給照」的「墾照」也正是我們瞭解拓墾工作的難得史料。

　　陳璸知道平埔族人「不諳稼穡」、又艱於「濫派」、「塘役」，不禁與「彼非天朝之赤子乎？何輕賤踩躪至此極也」的感慨，要教化他們，保護他們，希望能「將請墾番地，永行禁止，

70　同上，頁82。
71　同上，頁91。
72　同上，頁94，繫於康熙五十五年五月條。
73　〔大清聖祖仁皇帝實錄〕，卷 279，夏五月己未條（臺北，臺灣華文書局發行影印行）。
74　范咸，〔重修臺灣府志〕，卷12「黃曾榮傳」，頁 380。「璸陞偏沅巡撫，特疏薦榮，奉旨記名，旣而調撫福建巡撫，遂與總督滿保合疏，請添設淡水營；以榮爲本營都司。相度營地，創蓋兵房，經理三月而竣。以積勞，卒於官。」淡水營初設無都司，卷 10「武備志二·官秩」（頁334）亦誤。〔淡水廳志〕，卷9「黃曾榮傳」，（頁 8b）襲自范志亦誤；惟卷 8「職官表二·武職」（頁39a）另列「原設淡水營守備」條，甚是，惟謂守備「康熙五十年設在八里坌」，亦誤，康熙五十年所設者爲分防千總，非守備。

庶番得保有常業」[75]。可是當拓墾家們取得墾照，繳納番租，代輸番餉，合法取得拓墾權；而「流民」也湧向北臺拓墾，他們也同樣是「天朝之赤子」，同樣需要保護和教化。因此，陳璸並沒有聽從諸羅知縣周鍾瑄「清革流民以大甲溪為界」之請和阮蔡文「撤回淡水一汛、七塘官兵」之議，反而「添兵設防」，使拓墾者羣聚，因此，陳璸請設「淡水營守備」，確定了清代的北臺方略，這自然是出自他的責任感，人道主義，以及對於新形勢、新需求的體認。但是，康熙皇帝對於淡水的關切，或許也使陳璸的構想因為有強力的奧援而易於實現。

三、阮蔡文、周鍾瑄、陳夢林與藍鼎元時代的紀錄

　　康熙五十四年(1715)，阮蔡文自廈門調臺灣北路營參將，與諸羅知縣周鍾瑄聲氣相投，和衷共濟。仲多，由諸羅北哨沿海至淡水，見「荒塚纍纍，問之皆西來將士」因水土不服而捐軀，故而在所著「祭淡水將士文」中，有「胡比年之狡兔兮，稱有窟之在此；爰留軍以駐防兮，誰創謀之伊始」的句子[76]，對於陳璸之設防淡水，不無微辭；也使他興起請撤官兵的念頭。他的詠「淡水」詩一首，對於當時臺北平原的景況描繪的相當詳盡；略去感懷的詩句，我把寫實的部分抄錄於後：

　　……大遯八里金，兩山自對峙；中有干豆門，雙港南北
　　匯。北港內北投（社名：原注、下同），磺氣噴天起，
　　泉流勢盛湯，魚蝦觸之死。浪泵（社名）麻小翁（社

75　〔陳清端公文選〕，「條陳經理海疆北路事宜」，頁15-17。
76　〔諸羅縣志〕，卷11「藝文志・祭淡水將士文」，頁974-976。

名），平斄略可喜……南港武勝灣（社名），科籐通
草侈。擺接（社名）發源初，湜湜水之沚；隔領南龜崙
（社名），南崁（社名）收臂指……凡此淡水番，植惟
狗尾黍；山芋時佐之，原不需大米。近日流亡多，云欲
事耘耔；苟其願躬耕，何處無桑梓，竄身幽谷中，無乃
非常理……[77]。

阮蔡文此詩說明平埔人只植黍、芋，漢人至此拓墾才種稻
米。他對於新莊平原上盛產的科籐和通草印象很深刻。他筆下「
竄身幽谷中」而日多的「流亡客」，正是日漸聚集於臺北平原的
拓墾英雄。

周鍾瑄任諸羅縣令時，陳璸已經設置八里坌千總和淡水一汛
七塘，兵米由諸羅四里按季運給。康熙五十五年(1716)，建「淡
水倉二間」「以貯淡水至南嵌兵米」[78]，周鍾瑄自謂：「建倉貯
粟，就近支給，民困既蘇，兵食亦便，已然之效可覩矣。」他自
定的設倉原則之一是「其地便於業戶之輸納而不使有轉運之難」
[79]，似乎他已見淡水新科足供兵食之用了。

周鍾瑄曾親履淡水，康熙五十四年（1715），關渡天妃廟重
建，「知縣周鍾瑄顏其廟曰靈山」[80]。由於職務上的體驗，他發
現虎尾溪以南，「番漢錯居、向皆自舉通事……應徵額餉，番自
輸官，不經通事之手」，西螺以北則不然：

唯是西螺以上，北抵淡水，去治日遠，番頑蠹益甚；又

---

[77] 同上，卷11，頁984-985。
[78] 〔諸羅縣志〕，卷2「規制志‧倉廒」，頁661。
[79] 〔諸羅縣志〕，卷6「賦役志‧附記」，頁751。
[80] 〔諸羅縣志〕，卷12「雜記志‧寺廟」，頁998。

性多猜忌，出山數里外卽瞿瞿然憂其不返。傳譯非通事
不能，輸納非通事不辦；甚而終歲衣食、田器、斧鐺、
周身布縷，非通事爲之經營預墊亦莫知所措，故西螺以
北番社之有藉於通事……亦勢使然也[81]。

這就說明了臺北平原拓墾之初，何以通事如此活躍，而周鍾
瑄也應通事賴科之請爲關渡天妃廟題額的原因。

陳夢林是眼光遠大，觀察入微的史家，素爲學林所推重的〔
諸羅縣志〕，就出自他的手筆。他曾遍遊北臺，對於臺北平原情
景的描述，散布於〔諸羅縣志〕各卷。

在「雜記志・外紀」中他紀錄了新莊平原南端拓墾的情形：

擺接附近，內山野番所出沒，東由海山出霄裏，通鳳山
崎大路。海山舊爲人所不到，地平曠；近始有漢人耕
作，而內港之路通矣[82]。

霄里在今桃園大湳、八德一帶，時屬南嵌上游[83]，鳳山崎在
今新竹鳳山溪北山崎（新豐），雖云大路，「其路崎嶇，多石難
行」[84]。內港的原意指臺北大湖，此處則指新莊平原[85]，廣義的

81　〔諸羅縣志〕，「賦役志・雜稅・附記」，頁764。
82　〔諸羅縣志〕，卷12「雜記志・外紀」，頁1008。
83　〔諸羅縣志〕，卷1「封域志・山川」，頁640。
84　同上，頁634。
85　王世慶，「海山史話（上）」，（〔臺北文獻〕，直字第37期，頁 124），
　　注 5 引〔臺灣府輿圖纂要〕，第261頁謂：「內港卽艋舺，今萬華。」
　　章義按：氏所引者爲〔臺灣文獻叢刊〕，第 181 種重排本〔臺灣府輿圖纂要
　　〕一書所輯之〔淡水廳輿圖纂要〕之〔淡水廳輿圖表〕（頁 261）之第三欄
　　「山水（附海口）」原文爲：「艋舺溪渡（名內港）。」語意難明，然其意
　　亦非以艋舺爲內港。筆者檢閱中央圖書館臺灣分館藏，朱絲欄原稿本〔淡水
　　廳輿圖纂要〕（未編列頁碼）之〔淡水廳輿圖表〕原文爲：「艋舺溪渡名內
　　港。」表以方位排列，是謂艋舺溪渡以西爲「內港」，臺銀排印本增一括弧
　　則大異其趣，令人易生誤解矣。
　　　　　　　　　　　　　　　　　　　　　　　　　（轉下頁）

內港則包含臺北大湖畔的整個臺北平原。

　　陳夢林的意思是說新莊平原南端緣溪而闢之後，臺北平原中的居民，便可以沿今日的西盛、樹林、鶯歌、大湳、八德由陸路南連竹塹，而不必再繞道八里坌走濱海線了。

　　陳夢林在「封域志・山川・淡水港」條中說：

　　　　海口水程十里至干豆門，內有大澳，分爲二港……澳內可泊大船數百，商船到此載五穀、鹿脯貨物。內地商船間亦到此[86]。

　　陳夢林以「商船」與「內地商船」對稱；范咸在〔重修臺灣府志〕規制中，也以「臺屬小商船」與每年自廈至港一次的「社船」對稱[87]。「內地商船」似乎就是指制度化之前的「社船」。至於江浙商船這時也偶有到淡水港來的[88]。

　　在「雜記志・外紀」中另有展望臺北平原發展的一則：

　　　　武勝灣、大浪泵等處，地廣土沃，可容萬夫之耕。廈門

（接上頁）

又：同書〔淡水廳輿圖〕註說「北路諸溪水海口」節「滬尾溪口」（未列頁碼，重排本頁 279，滬尾溪海口作滬尾港海口，誤）條云：「在龜崙嶺之北，艋舺之西，離城一百四十里，港內分南、北、中大溪，名曰內港。」

又：同舘藏朱綠櫊原稿本〔臺灣府總圖纂要〕（即排印本：〔臺灣府輿圖纂要〕，「山川」節，淡水廳「滬尾港」條云：（未編頁碼）「一名內港，在艋舺西……港周百餘里航艙雲集。」是知內港即指臺北盆地。

又據末任臺澎道臺南知府唐贊袞的〔臺陽見聞錄〕（中央圖書館臺灣分館藏，光緒十八年刊本），卷上「全臺水利」（頁2a）云：「比之淡屬之內港新莊，彰屬之內山大洋，則所出穀不相上下。」則唐氏亦以內港冠諸新莊矣。

86　〔諸羅縣志〕，卷1，頁640。
87　范咸，〔重修臺灣府志〕（〔臺灣文獻叢刊〕，第105種），頁89。
88　〔諸羅縣志〕，「兵防志・總論」載：「淡水一港則閩省內地商船及江浙之船皆至焉。」頁778。

> 至淡水水程十一更，與鹿耳門等……福州至淡水水程八
> 更，較臺灣爲近。若半線置縣設營而分兵五百於淡水，
> 因爲立市廛，通商賈於福州、廈門，不數年淡水一大都
> 會矣[89]。

　　他認爲擁有良港和三大平原的臺北，與廈門、福州交通方
便，只要分兵守備，短期內不難形成「大都會」。

　　陳夢林洞察了拓墾者由諸羅北向的趨勢，也了解臺北發展的
條件，所以他在「兵防志‧總論」中主張「割半線以上別爲一
縣，聽民開墾」，又主張「於半線別置遊擊一營與北路營汛聯
絡，鎮以額兵一千，分守備五百人，設巡檢於淡水」[90]，他認爲
如能設治守備則「招徠益眾，戶口益滋，田野益闢；漢人墾番地
爲田者計值代番輸餉，於賦既增，於番亦甚便也」[91]。

　　郁永河首先發覺臺北平原農業發展的潛力；陳夢林不僅認爲
臺北平原「猶玉之在璞」，更進一步了解臺北平原在商業與都市
化方面所具備的條件，如擇一佳處「爲立市廛」，「不數年淡水
一大都會矣」！他的預測與日後歷史的發展正相符合。「淡水一
大都會」果於雍正至乾隆初年在新莊平原——今天的臺北縣新莊
市址上形成，乾隆二十八年(1763)親至淡水興直保（新莊）勘察
明志書院院址、學田的淡水同知胡邦翰曾有如下的記載：

> ……北爲峰子峙山、南爲龜崙山、東面擺接山、西枕八
> 里金山，四面環繞，平原廣澗，水田肥美，實爲臺北要

89　〔諸羅縣志〕，卷12「雜記志‧外紀」，頁1008。
90　同上，卷7「兵防志‧總論」，頁786。
91　同上，頁782。

區，天然巨鎮也。中有新莊街一道，商販雲集，烟戶甚重，凡內地人民赴臺貿易由郡來北路，必至於是[92]。

捐獻明志書院院址和學田的胡焯猷則以「市肆聚千家烟火」[93]來形容這「淡水一大都會」。

藍鼎元於康熙六十年(1721)從兄藍廷珍統軍渡臺平朱一貴之亂，曾經「上窮淡水、下盡郎嬌」[94]，他們與陳夢林的關係非常密切，藍廷珍記其事云：「前此陳君修志諸羅，憂深慮遠，於臺事若預見其未然者，厥後滿公羅之幕府，旋命參予戎務。」又云：「予焦心勞思，與幕友陳君少林及予弟玉霖日夜籌謀。」[95]因此藍鼎元很受陳夢林的影響，所著〔東征集〕卷六「紀竹塹埔」一文，常爲研究北臺者所稱引，文中也主張「於半線以上，設縣添兵」對於北臺的發展曾作過如下的預估：

即使半線設縣，距竹塹尚二百四十里，不二十年，此處又將作縣，流移開墾，日增日眾，再二十年，淡水八里坌又將作縣，氣運將開，非人力所能遏抑……有官吏、有兵防則民就墾如歸市，立致萬家，不召自來，而番害亦不待驅而自息矣[96]。

對於北臺荒地，他也曾提出一些墾拓的辦法，他說：

前此，皆以番地，禁民侵耕，今己設縣治，無仍棄拋荒之理。若云番地，則全臺皆取之番，欲還不勝還也。宜

92　〔明志書院案底〕（中央圖書館臺灣分館藏抄本），頁2b。
93　同上，頁2a。
94　藍鼎元，〔東征集〕（雍正十年刊本），卷2「檄淡水謝守戎」，頁19a。
95　同上，卷首「藍廷珍序」（舊序頁2b）。
96　〔東征集〕，卷6，頁7b。

先出示，令各土番自行墾闢，限一年之內盡成田園；不

墾者聽民墾耕，照依部例，即爲業主；或令民貼番納

餉，易地開墾，亦兩便之道也……但地大需人，非民力

所能開墾，莫若合全臺文武各官，就此分地墾闢……永

爲本衙門恆產[97]……。

　其中貼番餉取得開墾權一法，襲自陳夢林，正是當時北臺拓

墾者所普遍運用的方法，筆者在下文自有比較詳實的敍述；以民

力不足而要求官墾，則不僅低估了拓墾者的能力與雄心壯志，也

忽略了未設官分守之地正是最有潛力的地區。而且，無論民墾、

官墾，對象都是番地，所以政府一直抑制「官莊」，乾隆九年（

1744）且遣福建布政使高山到臺灣「清查官莊地畝，安輯番民」

[98]。至於以一年爲限，令各番自行墾闢，不墾者聽民耕墾則是訴

諸「生存競爭」、「弱肉強食」的辦法。幸而朝廷視平埔族人亦

是「天朝赤子」，採行護番政策，番地只許租佃[99]，「不准漢佃

杜賣典贌，續後查出歸番」[100]，乾隆三十年（1765）以後淸釐番

業，「凡被漢人侵欺田園，悉斷還番管業」[101]，臺北平原上的大

墾號像劉和林、林成祖等，經官斷還歸番管業的田都以百甲爲單

97　藍鼎元，「與吳觀察論治臺灣事宜書」（同治六年刊本），「治臺必告錄」，
　　卷1所收〔鹿洲文集〕，頁68a-69b。

98　〔清高宗實錄〕，卷227，乾隆九年冬十月條。

99　〔世宗實錄〕，卷38，雍正三年十一月癸亥條。
　　〔高宗實錄〕，卷52，乾隆二年閏九月丁卯條。

100　臺灣道張珽於乾隆三十三年八月二十一日所頒告示（收於〔臺灣文獻叢刊〕，
　　第150種，〔臺灣私法〕「物權編」，頁312-313）。
　　〔臺灣私法〕，第1卷上（〔臨時臺灣舊慣調查會第一部調查第三回報告書〕，
　　頁349）節引（臨時臺灣舊慣調查會，神戶印刷，明治四十三年二月十一日
　　發行）。

101　同上引張珽告示。

位，筆者在述及諸墾號的拓墾成就時再逐一說明。

綜前所述，清領初期，由於方略未定，「猶玉之在璞」的臺北平原，幾乎難保；幸得臺廈道陳璸撥千總，設汛、塘，因而「業戶開墾，往來漸眾」[102]，康熙五十七年(1718)，任福建巡撫的陳璸，又請准設「淡水營」、置「守備」，使得臺北平原「民不待招而自聚，土不待勸而自闢」。陳夢林主張「增置縣邑防戍」，其書未布，陳璸已於淡水奏設重防，而其「割半線以上以別為一縣」的主張，也由目睹「業戶開墾，往來漸眾」的首任巡臺御史黃叔璥奏請，於雍正元年，增設「彰化」一縣[103]，「八里坌巡檢」也於雍正九年(1731)三月由巡臺御史夏之芳奏准[104]，而他心目中企盼的「淡水一大都會」也於雍正、乾隆間在新莊平原上今天的新莊市址形成[105]。從此以往，臺北平原的發展更為人所重視，終於取代臺南的地位，成為臺灣的首善之區了。

肆、臺北平原的拓墾

一、小引

「開墾執照」、「墾號合約」、「番墾字」和其他土地權移

---

[102] 首任巡臺御史黃叔璥語，見〔臺海使槎錄〕卷2「武備」，頁10a。

[103] 〔臺海使槎錄〕，卷1「賦餉」，頁24b，自注云：「余奏准半線分設彰化縣，尚在經理，故仍三縣之稱。」〔淡水廳志〕，卷8「職官表·官制」謂雍正元年御史吳達禮奏設，頁1a。

[104] 閩浙總督那揭帖（〔臺灣文獻叢刊〕，第176種，〔臺案彙錄〕丙集，卷8，頁293）。
又〔世宗實錄〕，卷103，繫其事於雍正九年二月甲辰，並謂：「從福建總督劉世明請也。」蓋劉督採納夏之芳之意見奏請也。

[105] 參見拙著，〔新莊發展史〕，第三章。

轉文件都是研究臺北平原拓墾史的重要史料。

　　康熙三十一年(1692)任臺廈道的高拱乾，對於墾照的功能及其弊端有如下的描述：

　　　　臺灣地經初闢，田盡荒蕪，一紙執照，便可耕耘；既非
　　　　祖父之遺，復無交易之價，開墾止於一方而霸占遂及乎
　　　　四至，動連阡陌，希遂方圓。已完課額者雖曰急公；尚
　　　　屬拋荒者，難免壟斷。致窮民欲博一坯之土而豪強視爲
　　　　世守之業[106]。

　　請墾的可耕地若是荒蕪的鄭氏領臺時代的延平王田、文武官田、屯田等，自然是「一紙執照，便可耕耘」。但是，由於農業人口稀少及其他因素鄭氏時代的耕地，大抵止於長治、永康、善化等二十四里，並向附近地區拓墾，次及虎尾溪流域，南向鳳山方面墾殖，而且也都是番多民少。其他漢人足跡罕至之區，卻都散布著平埔族各社。因此，請墾的土地就涉及「番產」問題，那就不是一紙墾照所能解決的了。

　　陳璸的「經理海疆北路事宜」條陳中，「禁冒墾以保番產」一條，對於平埔族各社的土地所有權的看法如下：

　　　　內地人民，輸課田地，皆得永爲己業而世守之，各番社
　　　　自本朝開疆以來，每年既有額餉輸將，則該社尺土皆屬
　　　　番產，或藝雜籽，或資牧放，或留充鹿場，應任其自爲
　　　　管業。且各社毗連，各有界址，是番與番不容相越，豈
　　　　容外來人民侵占[107]。

106　高拱乾，「勸墾皆示」（〔臺灣文獻叢刊〕，第66種，周元文，〔重修臺灣府志〕，卷10「藝文志」，頁312）。
107　陳璸，「條陳經理海疆北路事宜」（〔陳清端公文選〕，頁16）。

這種視番民爲天朝赤子，肯定納稅輸餉即擁有土地所有權以及保護番產的思想，正是護番政策的理論基礎。另一方面，平埔人爲了維護自己的生活資源，自然也不容許外人侵犯。因此拓墾者必須取得「番社」、「番人」或「番業戶」的允諾，取得「墾字」，輸番餉，納番租，才能合法的從事拓墾，才能避免民番衝突。

請領墾照，往往是「有力之家，視其勢高而近溪澗淡水者，赴縣呈明四至，請給墾單，召佃開墾」[108]，劉銘傳雖謂「全係紳民包攬」，「墾首遞稟承攬包墾，然後分給墾戶」[109]，其實並不如此簡單：與平埔族人打交道亦非「紳民」和「有力之家」所能自辦，往往要透過「通事」的奔走才能進行。大鷄籠通事賴科活躍一時，就是扮演這種角色。

劉銘傳認爲「墾首不費一錢，僅遞一稟，墾熟之後墾首年收一成，名曰大租」[110]，其實也不然。

墾首請得墾照之後，必須「招股」籌得資金，「召佃」從事開墾。有身家產業的農民安土重遷，畏難觀望；游手好閑之徒又不耐勞苦，是以有「招勇則易，招農則難」之嘆[111]，因此佃墾者必定是能耐勞苦、富進取心，對於未來滿懷希望與憧憬的篤實農人，故鄉的耕地已不足以展露他的才能，亟思到海外樂土來發

103　尹秦（雍正五年巡臺御史），「臺灣田糧利弊疏」（中央圖書館臺灣分館藏，同治十年刊本，〔淡水廳志〕卷15附錄一文徵上，頁6a）。

109　劉銘傳，「量田清賦申明賞罰摺」（光緒十二年四月十八日）（〔臺灣文獻叢刊〕，第27種，〔劉壯肅公奏議〕，卷7「清賦」略頁）。

110　同上。

111　〔臺灣私法〕「物權編」（〔臺灣文獻叢刊〕，第150種），第一節「土地開墾之沿革所錄南路招墾委員之稟呈」，頁2。

展；而一個耕地不足的家庭，留下老弱無力者耕織而讓年富力強、反應敏銳、有進取心的成員向外發展亦屬人之常情。

募得佃墾者之後，必葺屋爲寮，結厝爲莊，預備耕牛、種子、農具、和糧食。始墾之際「墾首」負擔的比例較大。若是「易開平原」，每墾一甲地，「約須人力一百工」[112]　開墾三年後才能勘界定租，若遇洪水沖崩，一切又得重新開始，這當然需要龐大的資金，若不是有遠見、有魄力的「有力之家」孰能備辦？假若要開鑿坡、圳，其工本更鉅，牽涉更廣，更需要具備組織長才和今人所謂「企業化經營」能力的人才。

有的墾首「離莊窵遠」，筆者稱之爲「遙領墾首」，既得招股、招佃，籌措資金和拓墾工具，也得擔當成敗的責任與風險。有的墾者則與佃墾者同駐墾莊，筆者稱之爲「在地墾首」：

> 其勤樹藝也，雖荆棘草萊，必鋤而夷之，其籌灌漑也，
>
> 雖迂廻阻隔，必視而通之[113]。

他們對於臺北平原的田土化與水田化過程，更有無比的貢獻。

始墾之區必「勢高而近溪澗淡水」，但是具備「天泉水堀」之利的土地終究不多，偌大的平原若盡是仰賴天時的看天田而不能得水田之利，自非「墾首」和佃墾者所能忍受。臺北平原的拓墾者既是梯山航海，渡越千里，挾智慧、勇氣、勤奮與資金而至的健者，他們在開鑿陂、圳灌漑工程方面的成就亦自不凡，因

112　同上，頁1。這是光緒二年臺灣中、南部的情形。康熙末期，遠涉臺北，其工本當不止於此。

113　〔淡水廳志〕，卷11「風俗考」，頁1b-2a。

此，臺北平原上的「水田化運動」也值得我們注意。

　　康熙三十六年(1697)郁永河駐在北投時，臺北平原尚無明顯的拓墾跡象，康熙四十九年(1710)陳璸到臺灣後，發現拓墾者請領墾照北來拓墾的事實，又因備禦洋盜鄭盡心之便，在北臺置分防千總和一汛七塘之後，臺北才有經制兵駐防，「民不待招而自聚」；拓墾者紛紛到臺北平原來，他們或來自閩粵，或來自南臺；或以家族、鄉親爲中心，組成拓墾集團──墾戶，或以幾個墾戶組成大「墾號」，茸屋爲寮，結厝爲莊，而他們的墾莊，往往散布在臺北盆內各平原之上，互助合作、共負成敗的責任；另一方面，一個平原上，往往也有不同的墾戶在競墾，因此，本文的敍述是以墾戶爲中心而不以地區爲主。

　　此外，「墾照」、「番墾字」或「墾號合約」、「契字」等雖然能呈現許多有關拓墾的消息，但是，它們通常只能顯示拓墾權的取得和投資意願；不是已經遂行的拓墾行爲。吾人必須細審其內容或參酌其他史料詳加考證，才能了解事實的眞相。

二、陳賴章、陳國起、戴天樞三墾號與大佳臘墾荒告示

　　今人所知有關臺北平原的拓墾文件，當以康熙四十八年（1709）陳賴章墾號請得的「大佳臘墾荒告示」爲最早。

　　「大佳臘墾荒告示」原件藏於艋舺洪文光氏，原文刊布於明治三十五年（光緒二十八，1902）二月出版的〔臺灣慣習記事〕第二卷第二號上，編者謂：「若證明該古文書果爲眞本，那就是世間稀有的古文書了。」[114]直到於今，猶未見早於此者，關係新

114　〔臺灣慣習記事〕，第 2 卷第 2 號，「臺北地方開墾に關する古文書」，頁35。據稱：告示原件寬三尺長五尺餘，上有諸羅縣印。

莊、臺北平原拓墾史至爲緊要，茲全錄如後：

> 臺灣府鳳山縣正堂紀錄八次署諸羅縣事宋，爲懇給單示
> 以便墾荒裕課事，據陳賴章稟稱，竊照，臺灣荒地現奉
> 憲行勸墾，章查上淡水大佳臘地方，有荒埔壹所，東至
> 雷厘、秀朗，西至八里分、干脰外，南至興直山腳內，
> 北至大浪泵溝，四至竝無妨碍民番地界，現在招佃開
> 墾，合情稟叩金批給單示，以便報墾陞科等情，業經批
> 准行查票著該社社商通事土官查勘確覆去後，茲據社商
> 楊永祚、夥長許聰、林周、土官尾帙斗謹等覆稱：祚等
> 遵依會同夥長土官，踏勘陳賴章所請四至內高下不等，
> 約開有田園五十餘甲，並無妨碍，合就據實具覆各等情
> 到縣，據此，合給單示付墾。爲此示給墾戶陳賴章，即
> 便招佃前往上淡水大佳臘地方，照四至內開荒墾耕，報
> 課陞科，不許社棍閒雜人等騷擾混爭。如有此等故違，
> 許該墾戶指名具稟赴縣，以憑拿就。該墾戶務須力行募
> 佃開墾，毋得開多報少，致干未便，各宜凜遵毋忽！特
> 示。
>
> 康熙肆拾捌年柒月　　　日給　　發淡水社大佳臘地方張
> 掛[115]。

---

[115] 同上，頁36。〔清代臺灣大租調查書〕，第一章第一節「墾照」（三）錄此告
示，實則此乃墾荒告示，非墾照。筆者校勘大租調查書與慣習記事不同者如
下：懇給單示，作墾給單示。雷厘作雷匣。合情稟叩作合亞澀情稟叩。斗謹
拜覆作斗謹等覆，（疑拜當作等）。示給墾戶作示仰給墾戶。爭鬮混作騷擾
爭，爭鬮混語意難明，依〔大租調查書〕改。給示年月之下，〔大租調查書〕
有二十一日。〔慣習記事〕未斷句，此處爲筆者所加，與〔大租調查書〕之
標點亦多異。

這份示文有幾點值得吾人注意：

一、請墾「四至」分別涵蓋了郁永河、陳夢林所謂的武𣵀灣（新莊平原）和大浪泵（狹義的臺北平原，下同）兩處可容萬夫之耕的平原；但不包括奇里岸、蔴少翁（士林平原）。

二、奉署諸羅縣事宋永清行票查勘的只有社商、通事、土官，並無鄉保族正。顯然漢族農民社會尚在形成階段。

三、請墾四至內已「約開有田園五十餘甲，並無妨碍」，這些田園開在何處才無妨碍呢？這告示是「發淡水社大佳臘地方張掛」，又指定墾戶陳賴章「卽便招佃前往上淡水大佳臘地方」去開荒，都避開了新莊平原和士林平原，五十餘甲田園自以開墾於上述二平原始克「並無妨碍」。

四、此區尚有其他社商、通事或其他漢人競墾。

五、宋永清認爲陳賴章墾戶有「募佃開墾」不力的可能。

六、四至涵蓋至廣而開墾標的止於大佳臘某一地區，正具有高拱乾所謂「開墾止於一方而霸占逐及乎四至」的企圖。

告示在〔臺灣慣習記事〕上刊布的次年，伊能嘉矩所撰〔臺灣蕃政志〕中認爲這是「康熙四十七年(1708)初，泉州人開墾臺北平原時，署理諸羅知縣宋永清所發給的諭示」[116]。後之作者遂以「墾戶陳賴章」[117]爲「泉州人陳賴章」，連橫在臺北平原拓墾者的傳末云：

> 康熙四十七年，泉人陳賴章始墾大佳臘之野，爲今府治

116　伊能嘉矩，〔臺灣蕃政志〕（臺灣總督民政部殖產局，明治三十七年三月），頁76。

117　如昭和八年（民國22年，1932）出版的〔板橋街誌〕，頁15卽謂：「泉州の人陳賴章。」

近附而舊志不載，故老又不能言，惜哉[118]！

對於陳賴章事迹的不彰，深感惋惜。

伊能氏在〔臺灣蕃政志〕中，引錄「大佳臘墾荒告示」，頒發告示的年代是康熙四十八年(1709)，紋述時由於筆誤，寫成「四十七年」，連橫於感慨之餘也逕以「陳賴章墾戶」為「泉人陳賴章」，年代亦襲伊能氏的筆誤，近人穿鑿附會，更有「陳賴章」之傳記出現[119]。

「大佳臘墾荒告示」一紙，據筆者訪問耆宿先進，似乎無人曾見其真本，或已毀於天災人禍。後之作者輾轉抄錄，往往誤此告示為「墾照」（〔臺北市志沿革志〕即是）亦無人似〔臺灣慣習記事〕的編者，有求證其真偽的慾望。

筆者撰述〔新莊志〕，在新莊平原從事田野工作。探訪賴麗卿小姐於民國六十九年(1980)十月二十九日上午，訪得乾隆初開圳拓墾南新莊平原的大租戶——「張廣福」之後裔張翠霞女士及張澄河先生，發現由張夫人許梅女士所寶藏的一批原始文件，包括合約、墾照、賣契、鬮書、契尾稅據等百餘件，筆者稱之為〔張廣福文件〕，其中年代最古的是康熙四十八年(1709)十一月的一份合約，筆者將這份編號為 1A1-1 的合約誃錄於後：

> 同立合約戴岐伯、陳逢春、賴永和、陳天章，因請墾上
> 淡水大佳臘地方荒埔壹所：東至雷匣、秀朗，西至八里

---

[118] 連橫，〔臺灣通史〕（中央圖書館臺灣分館藏大正九年刊本），卷31「列傳·三林、胡、張、郭列傳」，頁906。

[119] 王詩琅，〔臺北市志稿〕，卷9「人物志」（臺北市文獻委員會，民國51年），第五章「拓殖」，頁90。又：王詩琅所著〔臺灣人物誌〕（〔王詩琅全集〕，卷7，高雄，德馨出版社，民國69年），頁110亦錄此傳。

崙、干脰外，南至興直山腳內，北至大浪泵溝，立陳賴
章名字。又請墾淡水港荒埔壹所：東至干豆口，西至長
頸溪南，南至山，北至滬尾，立陳國起名字。又請墾北
路蔴少翁社東勢荒埔壹所：東至大山、西至港、南至大
浪泵溝，北至蔴少翁溪，立戴天樞名字。

以上叁宗草地，俱于本年柒月內請給墾單叁紙，告示三
道，茲相商旣已通同請墾，應共合夥招耕，議作五股公
業實爲友五人起見，而千斯倉萬斯箱爲吉兆矣。則凡募
佃以及創置農器等項，照股勻出，所謂通力合作。至于
收成粟石納科之外，又當計得均分，毋容紊亂，一有涉
私以及遇事推諉不共相爲力者則擯而逐之，各無後悔。
總以同心協力共成美舉、相期永遠于無替耳。

所有墾單告示陸紙，各收壹紙，開列于後，今欲有憑，
公立合約，各執爲炤。

今開

戴岐伯收蔴少翁墾單壹紙
陳憲伯收上淡水港南墾單壹紙告示壹紙
陳逢春收大佳臘告示壹紙
陳天章收大佳臘墾單壹紙
賴永和收蔴少翁告示壹紙　　　　　　　　　陳天章

康熙肆拾捌年拾壹月　　　　　日同立合約陳逢春

　　　　　　　　　　　　　　　　　　　　　賴永和

　　　　　　　　　　　　　　　　　　　　　陳憲伯

　　　　　　　　　　　　　　　　　　　　　戴天樞

合約長約47公分，寬約44公分。各人名字之下有花押，約尾有部分騎縫字為最右部分，當屬最右邊一份。又有騎縫朱印一方，印文約略可辨者，一為篤字，一為忠字，一僅餘「言」邊，揆其文義或為信字。（參見原件影本）

這件合約可能是今存拓墾史料中年份最早的原件。它顯示了以下幾點：

一、「大佳臘墾荒告示」是此合約中所著錄的六分文件之一，而陳賴章是墾戶的名字，不是人名。

二、康熙四十八年(1709)柒月有三宗或三宗以上的請墾案，而這三宗請墾案原來可能造成激烈競爭，然而彼此衡量情勢發現「既已通同請墾，應共合夥招耕」，故而「議作五股公業」「通力合作」共籌資金、募佃，共負成敗的責任。

三、請墾的時間早於簽合同，簽妥合同之後才「募佃以及創置農器」，實際開墾的時間當晚於此。

四、墾戶陳國起的「港南墾單」墾地在關渡口以西，依山面水的荒埔，惟「西至長頸溪南」則筆者尚未考得其為當今何地，而長頸溪是否即長豆溪之誤？亦無可據。

五、墾戶戴天樞的墾地，由其四至觀之是蔴少翁社址也就是在今天士林平原東部。

筆者認為同立合約的五個股東所具之名，可能又代表某些合夥人所立的名字（或業戶），譬如，約首所列的戴岐伯，在約末簽署時卻用了蔴少翁墾戶戴天樞的名字。這些「業戶」在地方建設方面，往往是既出錢又出力，因此筆者積極地覓讀與各寺廟院、路、橋相關的古碑。首先在樹林鎮濟安宮內、如今尚存的道

光丙申年（十六年，1836）重修捐銀碑中，發現「業戶張必榮」、「貢生賴成長」各捐銀四十大員，「業戶賴永和」則捐銀二十四大元，排行第三。陳天章則見於臺南開元寺嘉慶六年(1801)「新修海靖寺殘碑」[120]及興濟宮嘉慶二年(1797)「重修興濟宮碑記」[121]中。陳逢春則見於乾隆六年(1741)的「三益堂碑記」[122]和道光十六年(1836)的「捐題義倉碑記」中[123]。

　　至於陳憲伯名字，則見於張廣福文件2-B1-2雍正元年(1723)陸月黃彥夫賣股契中，茲摘錄其相關內容於下：

　　立賣契黃彥夫有先年用銀同陳憲伯・周瑞生合本當官承

　　坐得施茂上淡水草地叁所，土名俱登載墾單告示內，黃

　　彥夫伍分得壹，歷同收租輸課無異……其草地照墾單告

　　示內界址伍分得壹，無論青熟田園盡付銀主前去掌管，

　　永爲己業，……其租課康熙陸拾壹年以前係彥夫收理，

　　雍正元年起係銀主收理，……（參見原契影本）。

　　契中所謂「草地叁所」乃得自施茂墾號（施茂墾號的拓墾情形詳述於後），似乎與前敍陳頼章等三墾戶直接請墾者不同，像陳憲伯這樣多目標投資的情形在當時是相當普遍的。

三、賴科、胡詔與陳和議、胡同隆兩墾號

120　〔臺灣南部碑文集成〕（〔臺灣文獻叢刊〕，第218種），頁547。

121　同上。

122　同上，頁 230。本合約上陳逢春亦作陳逹春。碑文集成之「三益堂碑記」作陳逹春。

123　〔明清臺灣碑碣集〕（臺灣省文獻會，民國69年），頁 252。古碑原字迹多漫漶難識，若干碑文中有疑似者皆未採，筆者請詹素美小姐往南臺訪碑，亦以此無功而返。

　　陳和議墾號是康熙五十二年(1713)由賴科和王謨、鄭珍、朱
焜侯所組成的。他們在諸羅縣分別請墾了位於海山庄、內北投和
坑仔口的三處草地。坑仔口庄在今桃園縣蘆竹鄉，這也顯示大南
灣在拓墾初期的重要性。雍正二年(1724)鄧旋其收購了王、朱二
人的股份，成爲「海山庄業主」[124]，由於無力開鑿灌溉陂圳、旱
田的收成有限，乃邀請同安烈嶼人胡詔[125]參與，乾隆八年(1743)
三月賣一股給胡詔，要求胡詔「預先墊出資本，開圳以成田園」，
立約以後的成敗當然是共同擔負，而新莊平南南端雖然水患頻
生，開墾不易，由於接近水源，仍然值得投資，契中又有「如或
不敷，公議照股攤出還項，以免一人受累」[126]字句，雖屬常例，
但也反映出投資者的心態。

　　胡詔入股的時候，賴科已死，他的堂弟將他的股權賣了二分
之一給徐閩。是年十月，賴科之子賴維偕叔賴伯謙來臺，決定單
獨經營北投一庄，彼此同意分理，由胡詔與鄧旋其、徐閩等七股
掌理海山、坑仔口兩庄[127]。

　　胡詔所代表的墾戶稱爲「胡同隆」，承繼了陳和議的拓墾、
開圳工作，投入大量心血與資金而且頗著成效。但是，鑿渠開圳

124　樹林大租戶灌溉圳渠的開鑿者，「業戶張必榮」的後裔張祿壽氏家藏〔永泰
　　淡水租業契總〕（抄本）「乾隆四十四年十月鍾榮宗絕賣海山庄潭底水田
　　契」所列上手墾單有「乾隆四年十月張映波用銀三兩向海山庄業主鄧旋其給
　　墾青埔單」。

125　〔永泰淡水租業契總〕，「乾隆二十年十一月胡詔之子胡思審找絕契」云：
　　「祖居同安烈嶼。」

126　〔永泰淡水租業契總〕，「乾隆八年三月鄧旋其賣陳和議戶四分之一股予胡
　　詔契」。

127　〔永泰淡水租業契總〕，乾隆八年十月的合約，立約人除了賴維、賴伯謙外
　　有胡詔、鄧旋其、徐閩和鄭策。

的工作是那樣龐大，所需資金過鉅，股友陸續將股權賣給胡詔。乾隆八年(1743)鄧旋其也不堪賠累出賣一股給胡詔，九年又典予一股[128]，胡同隆墾戶已經等於是獨資經營海山庄了。由於資金難籌，乾隆十六年(1751)八月，胡詔不得不忍痛將自己擁有的七股中的三股半賣給「張吳文」墾號，十七年(1752)又將其子胡思睿兄弟的一股賣給張方大（日後的張必榮戶），賣半股給吳洛（日後的吳際盛戶），而胡詔也不勝賠累心力交瘁，因而齎志含恨以歿。胡思睿將海山庄公館等產業一概賣予「張吳文」之後，才「奉母命搬運父柩回家」[129]。

乾隆二十年(1755)十一月「張吳文」盡買海山庄田業的契約上記載著：「海山庄業七股就四至界內田園、荒埔、館厝、竹園、水圳、一土一木睿等兄弟先後已賣過張吳文番銀八千九百一十兩」。

再加上貼銀六百五十兩[130]，共達九千五百六十兩之鉅，這是「張吳文」取得海山庄所有權所投資的數目，而胡詔所代表的胡同隆墾戶所投下的資金，當不止於此。

賴科是活躍於全臺的大雞籠通事，他個人的活動，為我們在北臺與東臺開拓史上留下動人的紀錄，他主持今日北投一帶埔地的拓墾[131]，興築關渡媽祖廟，他的兒子賴維、弟弟賴伯謙也明智

128　〔永泰淡水租業契總〕，「乾隆二十一年十二月鄧旋其之子鄧光實洗貼找絕契」。

129　〔永泰淡水租業契總〕，「乾隆十九年六月胡思睿、胡思湯將鄧旋其二股將典與張吳文契」。

130　〔永泰淡水租業契總〕，「乾隆二十年十一月胡思睿立找絕盡契」。

131　〔臺北縣志〕（臺北縣文獻會，民國49年），「人物志·開闢列傳·王錫祺傳」（頁12）載：「王錫祺，里籍不詳，舉人。永曆末至淡北，墾哄里岸之野……淡北開闢，實鄭長及錫祺肇始。」誤也。鄭長開墾哄里岸之傳說實屬無稽之談，說詳本書第三章第二節。王錫祺為諸羅縣籍康熙五十年舉人，見於〔諸羅縣志〕，卷9「人物志·選舉·舉人」（頁897）。康熙五十九年「重建府學大成殿記」碑末立碑人名單如下：「康熙五十九年舉人王錫祺、施世榜、李清運……。」（〔臺灣南部碑文集成〕，頁19），〔臺北縣志〕亦誤。王詩琅，〔臺灣人物誌〕，頁89全襲此傳，同〔臺北縣志〕誤。

的保持原有的業績，放棄了新莊平原的拓墾權，他們的子孫繁衍
至今，仍是北投、石牌一帶的鉅族[132]。

　　胡詔何時到新莊平原來拓墾，於今文獻難徵，乾隆八年(1743)
他繼鄧旋其掌理海山庄之前，無疑的已有相當基礎，雖然他的壯
志未能全部達成，但是海山柏樹林地區，（今天新莊市後港、西
盛、瓊林一帶）和三角埔地區（今樹林三多一帶），都在胡同隆
墾號和佃墾者努力下鑿成圳渠，開成水田了。乾隆十八年(1753)
正月劉偉近絕賣海山庄柏樹林水田契載：

　　　先年向業主胡同隆承贌海山柏樹林埔地一所，墾成水田

　　　經丈六甲三分，內踏出三甲八分併帶水分九厘[133]。

　　柏樹林就是今天後港、西盛、瓊林一帶，水分九厘即可灌田
近四甲，則其全數必相當可觀。
乾隆十年(1745)劉坡賣三角埔水田契載：

　　　……自置水田一處，坐落土名三角埔……並帶坑陂水分

　　　十六分之內四分灌溉，業主已前經丈。

　　抄本上註明有「業主胡印」[134]，劉坡的田埔乃乾隆六年買自
鄧辛伯，鄧辛伯的賣契上說：「有自置水田帶青埔一處。」[135]他
既不是鄧旋其的繼承人鬮分而得，也不是「自墾」荒埔，無疑的
是購自胡同隆墾號[136]。

132　承曹永和先生告知北投、石牌一帶賴姓族人甚旺。
133　〔永泰淡水租業契總〕，「乾隆十八年正月劉偉近絕賣海山庄**柏**樹林水田
　　契」。
134　〔永泰淡水租業契總〕，「乾隆十年劉坡賣與吳添壽三角埔田埔契」。
135　〔永泰淡水租業契總〕，「乾隆六年九月鄧辛伯賣三角埔田埔契」。
136　〔樹林鎮志〕（〔樹林鎮志〕編纂委員會編印，民國 62 年），第四章「開
　　闢」，頁88云：「三多里，以舊三角埔莊得名，乾隆六年鄧辛伯所闢。」誤
　　也。

　　胡詔能够先鄧旋其等人的海山庄取得「勢高而近溪澗淡水」
的土地來開墾，他到達新莊平原拓墾的年代當在康熙五十二年（
1713）以前。他能開圳灌溉、又能繼承海山庄的拓墾、開圳事
業，對於三角埔、後港、西盛、瓊林一帶南新莊平原的開拓有無
比的貢獻。

四、胡焯猷與胡林隆墾號

　　汀州貢生胡焯猷是最常爲人所稱道的拓墾者。他的第一項壯
舉是乾隆十七年（1752）獻地建大士觀於興直山西雲岩[137]。興直
山原稱八里坌山，因八里坌社而得名。由於林口臺地與新莊平原
的相對高度，令時人稱之爲「平頂山」，加上「雄偉傑出」的八
里坌山看似一橫一直，漢人移民或許就以此稱之爲「橫直山」，
雍正年間的臺灣輿圖上便是以「橫直山」名之[138]，此外又有「新
直山」[139]和「興直山」[140]各種同音字或經美化的各種名字，胡焯
猷獻建奉祠觀音菩薩的大士觀之後，人們就逐漸習稱八里坌山爲
觀音山了[141]。

　　乾隆二十五年(1760)胡焯猷又在新莊米市倡建關帝廟[142]，二

137　余文儀，乾隆三十年〔續修臺灣府志〕（〔臺灣文獻叢刊〕，第121種），頁
　　650。陳培桂，〔淡水廳志〕，卷13「古蹟考·寺觀」，頁7b。
138　〔北臺古典圖集〕，（臺北市文獻委員會，民國54），頁9。
139　余文儀，〔續修臺灣府志〕「雜記·寺廟」，（頁650）「大士觀在新直山
　　西雲山巖」。
140　前引陳賴章墾戶的「大佳臘告示」謂：「南至興直山腳內。」
141　朱景英（乾隆三十七年淡水海防同知），〔海東札記〕（乾隆三十七年侯官
　　謝曦寫刊本，中央圖書館臺灣分館藏），卷1「記巖壑」（頁8b）：「淡水
　　港，港南有觀音岩，極高峻，相傳凌絕頂可瞰澎湖。」〔淡水廳志〕，卷2
　　「封域志·山川」（頁6b及12a）已逕稱之爲觀音山。
142　同治七年「捐建武廟碑」云：「自乾隆二十五年間，董事長胡焯猷等建立武
　　廟一間於米市，此權輿託始之意也。」碑今存廟內。〔淡水廳志〕，卷6「
　　典禮志·祠祀」，頁7a。

十八年(1763)三月廿四日又呈請捐獻水田八十甲零和平頂山腳的莊園、房舍、水塘等[143]，創辦了「明志書院」，七十年後，北臺才有第二間書院。

　　乾隆三十四年(1769)，另一位拓墾功臣郭宗嘏也捐了大宗產業給明志書院。乾隆三十年(1765)以後歷任的淡水同知，相繼謀求將明志書院遷往他們的駐在地——竹塹，四十六年 (1781) 事成。道光二十三年(1843)，艋舺也成立了學海書院。光緒十八年(1892)兩地的縉紳之士，爲了爭奪胡、郭二人的捐獻而大打官司，「控爭興直、擺接、八里坌等處應收書院租穀」的結果，爲我們保存了胡焯猷等開拓新莊的重要紀錄。如今，臺北圖書館仍保存著自乾隆二十八年捐建明志書院直到光緒二十一年正月 (1763-1895)，割讓臺灣給日本前的全部檔案——〔明志書院案底〕的抄本。我們根據這〔案底〕才能進一步了解胡焯猷的成就。

　　〔案底〕中錄有胡氏呈文，自謂：「青年創業，已荏苒乎七旬；白手成家，實經營乎半世。」[144]，半世是個概的數詞，無法採得確實的年代。接受他的捐贈並實地踏勘他的田宅的彰化知縣胡邦翰說「興直莊貢生胡焯猷」：「以四十餘年手創基業，不私於子孫。」[145]，假若我們不計尾數，自乾隆二十八年(1773)逆推四十，正是雍正元年(1723)，也就是說，胡焯猷是康熙末年到新莊拓墾的，從他拓墾的位置，擁有「天泉水堀」看來，他大約是與胡詔同時，都在陳和議號呈請海山莊墾單之前。

143　中央圖書館臺灣分館藏，〔明志書院案底〕（臺灣總督府圖書館抄本），頁29-36。
144　同上，頁26。
145　同上，頁16。〔臺北縣志〕「人物志·胡焯猷傳」、〔臺灣省通志〕「胡傳」皆襲自連橫〔臺灣通史〕，卷31「胡焯猷傳」，惟來臺年代連氏作乾隆初（頁811），〔臺北縣志〕（頁13b）作乾隆中。

胡焯猷和林作哲、胡習隆三人合組「胡林隆戶」,他所捐出的「瓦屋一進五間,旁有廂房十二間,前鑿池塘,上接山水,下落庄田」[146],以當時的水準而言頗具規模。

胡焯猷捐水田八十甲零給明志書院做維持費,可收租六百零六石九斗多,他留下做為生活費的水田,可收二百一十多石的租[147],換算成水田,將近二十八甲,合起來是一百零八甲,這還不包括他對於大士觀和關帝廟的呈獻,這些水田只是胡焯猷所擁有的三股之一,僅以一股一百零八甲計,胡林隆號開墾的水田已超過三百二十四甲。胡焯猷所獻的八十甲水田上的佃農,有胡旭盧等二十七戶[148],總計三百二十四甲水田的佃農當在一百一十戶以上。

胡焯猷他們拓墾的土地,大略散布在今成子寮、水碓、山腳、貴子坑、坡角、營盤一帶,正是林口臺地與新莊斷層的交接處也正是擁有「天泉水堀」的易墾地。

相傳新莊平原通往桃園臺地的山路也是胡焯猷開鑿的[149],惟

---

146 同上,頁36。
147 同上,頁69。
148 同上,頁13b。
149 昭和十八年(民國32年,1943)四月二十五日第八次民俗採訪會黃得時氏講稿(刊於〔民俗臺灣〕,第3卷第6號,東都書籍臺北支店,昭和18年),頁46。未說明其資料來源。又謂胡焯猷將樹林地方的經營權「讓子張、吳、馬」,將胡焯猷與胡詔混而為一。其實胡焯猷是汀州永定人,胡詔是同安烈嶼人,二者的拓墾區也不同。
廖漢臣,「臺北市的開發」(〔臺北縣文獻叢輯〕第一輯──臺北縣文獻會,民國42年)承襲黃說,亦誤。該文又確定龜崙嶺道的開鑿為雍正十一年(1733)(頁30),亦未說明其根據。
黃福壽,〔樹林鄉土誌〕(樹林信利購販組合,昭和十三年(1938)十一月)頁2載:「雍正十一年置八里坌巡檢,其後,開鑿南方龜崙道山路。」廖氏或據此而略其「其後」二字。〔臺北縣志〕,卷1「大事記」(頁9b)沿襲廖說。

缺信實可據的證據來證實。

五、郭宗嘏與施茂墾號

　　乾隆三十四年(1769)十二月,監生郭宗嘏繼胡焯猷之後,也捐獻了龐大的產業給明志書院,今存的發佃執照較多,其中批給佃戶陳闊的執照,仔細地紀錄了郭宗嘏當時的產業:

> 照得長道坑、滬尾、八里坌等莊田園,係監生郭宗嘏自置施茂戶郭林莊業,乾隆四十三年十二月內,據該生赴前道憲蔣呈請,願將自己田園內除出一百零一甲一分八釐零、園四甲三分,共徵租六百二十石,內番租二十石,餘租穀六百石留為自己養贍外,所有長道坑、八里坌等莊,計田一百六十一甲六分零,計園二十九甲二分,每甲田徵租六石,每甲園徵租三石,共徵租一千五十七石二斗九升九合六勺,悉充學租……所有各佃承耕田園,合行給發佃批[150]。

　　這是乾隆三十六年(1771)任北路淡防分府的宋學灝所頒的佃照。佃照中顯示,郭宗嘏在乾隆三十四年(1769)底捐獻產業為學田時所擁有田達二百六十二甲七分八釐,園有三十三甲五分。八里坌在今臺北縣八里鄉濱海,長道坑亦屬八里鄉在林口臺地上。

　　郭宗嘏在乾隆二十二年(1757)將原本要設立租館的一片土地

150　〔臺灣私法〕「物權編」(〔臺灣文獻叢刊〕,第150種),第四章第三節「學事」,第十一「執照」,頁1412-1413。
　　郭宗嘏捐了一千五十七石九升九合六勺的學租,胡焯猷原捐六百零六石九斗零,合計一千六百六十四石餘,但是二地縉紳控爭的學租卻只有九百餘石(見〔明志書院案底〕,第二冊,頁16)似乎其中弊端甚多。

——寬四丈八，長三十六丈，捐獻為福德祠的基地，為了福德祠的香火，他將興直堡中港厝莊「有憑官給戳開墾成地一所」、「自莊頭起至莊尾，逐年應收地租銀八兩二錢整」全部獻給福德祠，且強調「保此業係宗嘏自己開墾之地」[151]。二十七年(1762)他覺得福德祠「歷年祭祀之資尚多不足」，又將興直保七嵌仔莊「自七坎起至莊尾止，逐年應得地租銀六兩八錢整」獻給福德祠。他也強調「保此業係宗嘏自己開墾之地」[152]，二宗土地都署名「業主郭宗嘏」而且都附了「地租佃戶名簿」，惟今已佚逸無考，只有在乾隆二十二年的獻地契上有莊耆余光曠和董事李三省議立福德祠的記載，二人當是中港厝庄佃墾者的領袖。

　　拓墾中港厝莊和七坎莊，加上長道坑、滬尾、八里坌等地二百六十二甲多田和三十三甲五分園。這只是「施茂戶郭林莊業」的一半「業主郭宗嘏」的成就。

　　施茂墾戶的另一位林姓業主是誰呢？雍正元年黃彥夫出賣五分之一股權的賣契上說：

　　　有先年用銀同陳憲伯、周瑞生合本當官承坐施茂上淡水草地叁所[153]。

　　似乎那林姓業主在康熙末年就將他那一份的「草地叁所」出賣而退出了拓荒工作。從這個賣契上的記載看來，郭宗嘏也是康熙末期到新莊平原來拓墾的，而且他是「在地墾首」，親自參與開荒工作，所以他可以很自傲的說：

151　〔清代臺灣大租調查書〕，頁881，郭宗嘏喜獻祠地及租字。

152　〔臺灣私法〕「物權編」（〔臺灣文獻叢刊〕，第150種），頁137-138再喜獻地租字。

153　〔張廣福文件〕2-B1-2「雍正元年 (1723) 六月黃彥夫賣契」。

保此莊業係宗蝦自己開墾之地。

六、林天成、林成祖、林三合三墾號與何周沈墾號

連橫〔臺灣通史〕對於林成祖有如下的記載：

> 林成祖，福建漳浦人……雍正十二年來臺，居大甲貸番
> 田而耕之……乾隆十五年，復墾擺接、興直二堡……野
> 番出沒，諸佃患之，成祖稟准淡防廳，自備餉糈，設隘
> 寮，東至秀朗溪，西至擺接溪，南達擺突突，北及武勝
> 灣，早夜巡防，害稍戢。而成祖亦移深圳莊，爲今枋橋
> 城外。所墾之田：曰新莊，曰新埔，曰後埔，曰枋寮，
> 曰大佳臘……林爽文之役，彰、淡林姓多株連，成祖亦
> 逮京訊問，次子海門素有才，携巨金，入京謀救，漳浦
> 蔡新爲太子太傅方重用……旣歸，年老猶日課農業與眾
> 同甘苦，復墾里族之野……卒年七十有二……[154]。

其傳甚長不全錄，〔臺北縣志〕及〔臺北市志稿〕「人物
志·林成祖傳」[155]因襲之。

筆者所得〔張廣福文件〕中，與林成祖墾號相關者甚多，茲
據〔張廣福文件〕及其他文獻述林天成與林成祖墾號事迹如下：

關於林天成的最早紀錄，見於〔張廣福文件〕3-B1-3 乾隆
二年(1737)二月的林天成、陳鳴琳、鄭維謙三人爲興直庄配股而

154　連橫，〔臺灣通史〕（中央圖書館藏，大正九年刊本），卷 21「林、胡、
　　　張、郭列傳」，頁904-905。
155　〔臺北縣志〕「人物志」，卷27「開闢列傳」，頁 12b-13a。〔臺北市志
　　　稿〕，卷 9「人物志」，頁91-92。

立的合同中。合同中也呈現了康熙、雍正年間中臺北平原拓墾的
一些情況，我將它迻錄於後：

　　同立合同林天成、陳鳴琳、鄭維謙因康熙伍拾玖年合同
　　陳夢蘭、朱焜侯、陳化伯公置北路淡水大加臘、八芝連
　　林、滬尾、八里坌、興直等處五庄草地。其大加臘四庄
　　經巳節次開墾，惟興直一庄未暇整理，是以致外人有請
　　墾之舉，而陳與鄭在廈，林在淡，不忍袖手，出頭招佃
　　開圳墾耕，貼納餉課，仍與楊、許互控多年，一肩獨
　　任，計費有銀壹仟貳百零壹錢貳分。但楊許互控之案亦
　　經憑公勸處冰釋，而興直應得之庄，林亦不甘歸己，兩
　　相推讓，遂于本月初貳日，置酒會請公親會議，將興直
　　五大股之庄，作為拾小股，每股各得一分，其餘五分以
　　酬林為數年勞苦費用之資，則此拾分之庄，林自得其柒
　　分，而陳得拾分之貳，鄭得拾分之壹，各照議約掌業
　　……三面議定同立合同叄紙各執為炤。

　　內朱焜侯一股茲林稱與朱承買，倘有不明林自抵當，不
　　干他人之事。（筆者註：陳鳴琳買陳夢蘭一股、鄭維謙
　　買陳化伯一股文句相同，略省）

　　　　　　　　　　　　　　　公親　林楚白

　　　　　　　　　　　　　　　　　　陳達生

　　　　　　　　　　　　　　　　　　藍登雲

　　　　　　　　　　　　　　　　　　陳鳴陽

　　　　　　　　　　　　　　　代書　李宇任

乾隆貳年貳月　　　　　　日　　同立合同　林天成

陳鳴琳

鄭維謙

　　原件長約47公分５公厘，寬約47公分，各人姓名之下有花押，文件中有「至」字樣，似爲騎縫字「同」之中間部分，此文件當爲三紙合同之中間一份。（參見原合同影本）。

　　這份重新配股的合同，有幾點值得我們注意：

　　一、朱焜侯也曾參與陳和議墾號，雍正二年(1724)他與王謨將海山庄的股分賣與鄧旋其。這股他又賣給林天成。

　　二、合同中未說明墾戶的名字，可是在康熙五十九年至雍正年間(1720-1735)，他們已「節次開墾」了散處於大加臘、八芝連林、滬尾、八里等地的四庄。

　　三、重要股東陳鳴琳、鄭維謙在廈門是典型的「遙領墾首」，只有林天成常期駐在淡水主持，「一肩獨任」「開圳墾耕」的工作，支出銀千餘兩，並因爲與楊、許二姓競墾興直庄而互控。

　　四、林天成出錢、出力，重新分配股權，林天成得十分之七，陳鳴琳得十分之二，鄭維謙得十分之一。

　　林與楊、許互控，又謂「是以外人有請墾之舉」。請墾興直草地的，在雍正五年（1727）還有貢生楊道弘，其請單原文尚存[156]，楊道弘於雍正八年(1730)請得「莊佃毋許窩容奸匪、鄰莊不得侵越混冒」的「告示」「發貼興直掛諭」[157]。足證林天成與楊道弘彼此相鄰因競墾而互控，是在雍正五年至八年(1727-1730)間。林天成進行「招佃、開圳、墾耕」，他們所擁有的興直庄無疑

---

[156]　〔清代臺灣大租調查書〕，第一章第一節「墾照」，頁5。
[157]　同上，頁7-8。此乃禁示，非墾照。

的也是在這期間。但是，「許」爲何人則待考。

林天成聘請林鼎光在莊中代爲「幫督匠工，開築埤圳」原議酬銀五十兩，乾隆七年(1742)埤圳完成，改撥水田十甲。乾隆九年(1744)，三人「將此庄田甲照股丈分，隨人自管」[158]（參見4-A1-4原件影本），〔淡水廳志〕「水利志‧雙溪圳」條載：「在芝蘭堡……雍正年間業戶鄭維謙同佃所置，其水自大坪七星墩引入，灌溉芝蘭一派各田甲。」[159]

又〔士林溫古誌〕載「鄭維謙小傳」云：

> 鄭維謙，福建省漳州府海澄縣三都永昌保官宅社人。康熙四十二年率漳州府民到淡水來，開墾了芝蘭保。乾隆十二年將墾務交予長男鄭淇生而歸故里。死於乾隆十七年[160]。

鄭氏大約專注於今日臺北市士林區士林平原雙溪、臨溪、芝山、蘭雅一帶的拓墾工作，而未實際參與新莊平原的拓墾。

林天成他們的興直庄在新莊平原上到底開墾了多少田地呢？乾隆十三年（1748）六月，鄭維謙的二子一侄——鄭六國、鄭八溢、鄭旭光——因爲乏銀完項，出賣他們所有的「承父祖鬮分興直庄佃田貳拾甲」，賣契上還有「知見胞兄嵩生、崑生」的名字

158　〔張廣福文件〕4-A1-4，乾隆年九陳爲魯、鄭維謙贖典分丈收管契。原件長48.5公分，寬47.5公分，上有「業主鄭維謙記」朱印二（參見原件影本）。

159　〔淡水廳志〕，卷3「建置志‧水利」，頁35b。

160　轉引自楊雲萍先生所撰〔士林先哲傳記資料初輯‧鄭維謙傳〕（〔民俗臺灣〕，1卷6號，昭和16年，頁2）。原爲日文，由筆者譯成中文。據雲萍先生相告，〔士林溫古誌〕爲未刊稿本。又據〔士林先哲資料初輯〕引〔鄭氏生庚忌辰簿〕謂鄭維謙「生於康熙十八年己未元月十五日午時，卒於乾隆十七年壬申五月初五日子時」。

161（參見 5-A1-5 原件影本）。鬮分至少當有兩份，假若鄭六國等所賣的土地是鄭維謙在興直庄產業的二分之一，那麼鄭氏一股四十甲，全庄當在四百甲之上。但是，在「胞兄嵩生、崑生」之上，鄭維謙另有 「長男鄭淇生」162， 則鄭氏一股可能鬮分爲三份，那麼全庄墾田當在六百甲以上了。

　　林天成與陳、鄭分丈後，另立「林成祖墾號」拓墾擺接、大加蚋和溪洲地區。據乾隆十七年(1752)「淡水擺接新庄業主林成祖」批給林子欽的佃照說：

　　　　業主林成祖有課一所，莊名擺接，東至秀朗溪，西至擺

　　　　接溪，南至擺突突，北至武勞灣163。

　　四至幾乎包括整板橋、中和、永和南勢角平原（以下簡稱板橋平原），高拱乾所謂：「開墾止於一方而霸占遂及四至。」之語，對於「林成祖墾號」而言是不適宜的。根據他們日後的業績看來，他們不僅在板橋平原上墾田鑿渠，且拓達新店安坑和臺北市內湖地區。

　　林天成在臺北平原上的成就如何呢？

　　明治三十八年（光緒三十一，1905）臨時臺灣土地調查局出版的〔臺灣土地慣行一斑〕一書第一章「開墾の沿革」（頁六）中「加蚋堡」條，節錄了一則雍正十三年(1735)九月某氏控告林

161　〔張廣福文件〕 5-A1-5，乾隆十三年六月鄭五國、鄭八溢、鄭旭光等賣與
　　　直庄佃田契。原件長 48.5公分，寬47.5公分，上有「業主維謙記」朱印
　　　二。契中有「另帶新庄拾股得一店地」之句，值得研究新莊街者注意（參見
　　　本原件影）。

162　楊雲萍，〔士林先哲傳記資料初輯・鄭維謙傳〕按語謂「長男鄭淇生の
　　　淇，○家の「生庚忌辰簿」によれば、「棋」に作る」。

163　〔臺灣私法〕「物權編」（〔臺灣文獻叢刊〕，第150種，頁208），乾隆十
　　　七年 (1752) 四月擺接新莊業主林成祖給林子欽佃照。

天成「橫奪草地」的訴狀，筆者迻錄於下：

> 這佳臘草地是康熙四十八年陳賴章向擺接社蕃土管蕃眾
> 購的，每年代納餉課，若是侵佔蕃地，蕃丁豈肯無一
> 言，實是五十六年功加招夥向陳賴章承買，現現有墾單
> 告示，求看驗」。

筆者遍覓原件原文皆未獲，只得引用〔臺灣土地慣行一斑〕
所錄之文，顯而易知的別字、重字皆未更動。這節訴狀上的文字
對於瞭解當時南臺北平原的情況有很大的助益，茲列述於下：

一、「佳臘草地」原屬擺接社。

二、佳臘草地於康熙五十六年(1717)由陳賴章墾號讓渡予「
功加」及其夥友。本文前引〔張廣福文件〕康熙四十八年(1709)
十一月之拓墾合同中所列「陳逢春收大佳臘告示壹紙」以及「陳
天章收大佳臘墾單壹紙」皆已移轉新主，為草地所有權的證據。

三、陳賴章墾號僅取得「佳臘草地」的拓墾權，但未積極開
墾，是以「功加招夥向陳賴章承買」的仍是「草地」，既非園，
亦非田，更不是「水田」。因此以「陳賴章」墾號為拓墾臺北平
原之始祖是否適宜，就頗值得商榷。因為康熙四十八年至五十六
年間 (1709-1717)，「佳臘草地」仍是拓墾合同中所謂「叄宗草
地」之一的「草地」，並無開墾的迹象，更沒有水田化的迹象。

四、林天成在「佳臘草地」上的競墾行動所引起的控案，晚
於林天成墾號在興直庄與「楊、許」互控的時間。

五、訴狀中謂：「若是侵占蕃地，蕃丁豈肯無一言。」似反
訴之語。此訴狀當為反控林天成並提出「墾單」和「告示」兩件
證據，證明「這佳臘草地」其由來有自，並非「侵占蕃地」。這

也是互控案件。

又據乾隆二十九年(1764)林成祖墾號給佃人周向的墾批執照
載：

> 立墾批人大加蚋莊業主林成祖，水佃人周向觀承買一十
> 三甲八分……埤水佃人自築灌漑，每甲納粟四石……惟
> 匣口圳溝埔地一所無力墾耕，茲因公項之費，將埔地一
> 所有六甲，託中引就與佃人周向邊費出番劍銀四十八元
> ……付佃人向前去用力開築爲業，此地水無定額，田園
> 雖有的租，業主願貼佃人工力，以資國課……[164]。

由「埤水佃人自築灌漑」的態度及「此地水無定額，田園雖
有的租，業主願貼佃人工力」的描述看來，林家對於臺北平原上
「鑿圳立匣」的工作並不積極，不像他們對於新莊平原和板橋平
原所投注的資金、心血是那樣的鉅大，對於新莊平原和板橋平原
的田土化與水田化運動的貢獻也大。

林家將臺北平原上的部分土地讓予周向，也是由於「公項乏
費」，或許就像林家逐漸放棄新莊平原上與直莊的經營權一樣，
也是由於他們在板橋平原上的拓墾、鑿渠工作太艱鉅，資金週轉
不易，在〔張廣福文件〕中，也有一份乾隆二十八年(1763)以其
孫林策光具名的一張典契 7-A1-7-1；契首載：「立典契人林策
光，今因公項乏用，託中將祖父自置與直莊戶名林成祖田業對佃
撥出租粟貳百石向張宅出首承典。」[165]（參見原契影本），這

164　〔清代臺灣大租調查書〕，第二章「漢大租」，頁75，「大加蚋莊業主林成
　　　祖給周向觀墾批」。
165　〔張廣福文件〕7-A1-1，「乾隆二十八年 (1763) 三月林策光向張宅典借
　　　契」。原件長47.5公分、寬46公分。上有「淡水保業主林成祖圖記」朱印
　　　十一，「擺接管事連昆山記」朱印一，契上除原典契外，尚增添二底再借附
　　　註，乾隆二十八年 (1763) 十二月再批云：「連前共銀陸百壹拾叁員，共對
　　　收利租谷貳百肆拾伍石陸斗壹升陸合。」（參見原件影本）

份契約首次出現了「張宅」，林、張兩家發生了直接關係。同
時，此契也稱興直莊戶名為「林成祖」。但是，能够進一步說明
林天成和林成祖之間的關係的是乾隆三十一年(1766)二月的「林
海籌找借契」8-A1-7-2：

> 立找契人林海籌有承父置興直莊林天成戶內租粟壹千貳
> 百餘石，緣擺接庄林成祖戶欠完公項然措，經胞姪策光
> 于乾隆貳拾捌年，將林天成戶內庄租分割佃租貳佰肆拾
> 伍石陸斗壹升陸合與張宅典出番劍銀陸百壹拾叁員……
> 因擺接曾萬發、張協順等延今尚欠供粟錢糧，告借無
> 門，期比莫應[166]。（參見原件影本）

　　曾萬發、張協順是擺接林成祖戶下的拓墾者、小租戶。這個
契約說明了林策光是林海籌的胞姪，也說明了林天成不是人的名
字，也是戶名。而林策光所謂的「興直庄戶名林成祖」就是林海
籌所謂的「興直庄林天成戶」。林海籌所承受的興直莊林天成戶
內租粟壹千貳百餘石，依當時水田每甲收租八石的常例而言，只
是一百五十餘甲水田的租粟，與前文根據鄭維謙戶的產業所作的
推論相差太遠。

　　乾隆三十五年(1770)十二月的林瑞錦賣地契 12-A1-10 則有
如下的紀錄：

> ……林瑞錦有承父原戶林天成……前典與林鼎光租田拾
> 甲應聽父原向贖，永為己業，續因錦父故後之銀費用，
> 隨將所典林鼎光田內撥出壹甲壹分伍厘賣與郭宅掌管

---

[166]　〔張廣福文件〕8-A1-7-2，「乾隆叁拾壹年 (1766) 貳月林海籌找借契」。
　　　原件長 47.3 公分、寬 46 公分。上有「淡水保業戶林成祖圖記」朱印四（參
　　　見原件影本）。

……[167]。（參見原件影本）

據此則林瑞錦是林海籌的兄弟，而立契時，他們的父親已經身亡了。從〔張廣福文件〕中顯示乾隆二十七年(1762)起，興直莊林天成戶的產業就逐漸以「林海籌同胞侄林登墀」名義典賣給傅蘊玉、張廣福等戶（參見 9-A1-8-1 以及 13-A1-11 原件影本）[168]，有時甚至不得不以大租爲質向小租戶借錢[169]，籌措資金致力於擺接地區的拓墾工作了。

乾隆四十四年(1779)四月的「林海籌同胞侄林登墀杜絕洗貼契」（參見 19-A1-17 原件影本）更簡要地說明了林天成、林成祖在新庄平原上新莊地區的變遷，也說明了「張宅立戶張廣福」繼續經營新莊拓墾灌溉事業的經過，筆者把主要部分引錄於下：

> 立杜絕洗貼契林海籌、林登墀緣父、祖林成祖有原買林天成興直庄地並帶源水埤圳灌溉……前年海籌等之銀輸納擺接庄供課公項，將父遺林鄭各租業托中出賣與張宅上爲業，租額銀價登載賣契，並付對佃收租明白。叁拾伍年，又托中再向洗貼銀叁百員，續立洗找契付據，並

167　〔張廣福文件〕12-A1-10，「乾隆叁拾伍年拾貳月林瑞錦賣地契」。原件長48公分、寬45.6公分，上有「林瑞錦印」朱印三，契後附佃戶名單（參見原件影本）。

168　〔張廣福文件〕，乾隆三十二年十一月編號9-A-8-1，以及附件 10-A1-8-2，「林海籌同胞侄林登墀分割林天成戶下興直莊業出典傅蘊玉、張廣福契及附粘林天成糧額數單」。其中傳宅部分為「乾隆貳拾柒年額貳拾捌年出典」。又，乾隆三十五年十二月編號13-A1-11「林成祖典擺接庄佃租契」（參見原件影本）（筆者未見與傅蘊玉相關之其他史料未詳其為何許人）。

169　〔臺灣私法〕「物權編」，第二章「物權」（頁280），第62，光緒二十八年十月林會友等杜賣盡根大租莊業契字。產業在擺接堡員林莊，佃戶是呂君用、呂永德等。

經張宅立戶張廣福推收在案，……又另有攤接苧蕉脚社
水租粟壹佰玖拾壹石零，前已憑中立契賣與張宅……因
積欠攤接等庄公項，奉文清追，無力完繳，因赴　憲轅
具控，幸蒙分憲成仁憫貧戶積欠無可措完，諭勸張宅幫
助完公之資……[170]。

此契說明了林天成與直莊已經開妥了「帶源水埤圳」以資灌
溉（其圳名未能考得），而林海籌在攤接也鑿成了灌溉渠，得以收
受「水租」，由於在攤接諸莊的開銷太大，不得不將與直莊的經
營權逐漸轉讓給張廣福。次年，林海籌又與「胞侄林登墀林彤
雲」向張廣福找洗，契中載：「有承祖、父開置上下溪洲旱園荒
埔等處，前年因欠銀完課，已將此項物業盡賣與張宅管掌，聽其
招佃開耕」[171] 21-A1-19（參見原件影本），都顯示林海籌等不得
不進一步放棄攤接苧蕉脚社和上下溪洲的產權。此外，同契在三
十五年（1770）再找洗之前，有「將父遺林、鄭各租業托中出賣」
的句子，此契與林瑞錦的賣契一樣，也說明了他們的父親在乾隆
三十五年（1770）就去世了。但是，連橫的林成祖傳卻有林成祖涉
及林爽文事件，被逮進京，並渲染出次子海門入京聯蔡新，蔡「
妻以女」而救其父難的故事。人死多年還涉案被逮，情屬荒誕，
其有乖史實明顯可知。

筆者訪得林路香先生寶藏的〔漳浦盤龍社林氏宗譜〕在十二

---

[170]　〔張廣福文件〕19-A1-17乾隆四十四年四月林海等、林登墀再向張廣福洗
　　　貼控憲得銀再立杜絕洗貼契」。原長46.5公分、寬44.5公分，上有「淡水保
　　　業戶林成祖圖記」朱印五（參見原件影本）。

[171]　〔張廣福文件〕21-A1-19「乾隆肆拾伍年（1706）伍月，林海等找洗斷根
　　　洗絕字」原件長46.5公分、寬44.7公分，上有「淡水保業戶林成祖圖記」朱
　　　印二（參見原件影本）。

世秀俊公項下有如下的紀錄：

> 十二世秀俊公，號成祖，字茂春，乳名王。生於康熙三
> 十八年己卯潤七月十五日未時，卒於乾隆三十六年辛卯
> 五月十四日午時，享年七十有三。葬在新里族粉寮（港
> 墘）坐東。

又載：「前在唐娶宋氏……生一子，海廟」

又載：「后在臺娶妻潘氏……生二子，海籌、海文，共二妻
三子，長子海廟，後埔館；次子海籌，新埔館；三子海文，深坵
館。」[172]

我在前文中推論論林海籌所繼承者僅與直莊林天成戶水田一
百五十甲，依攤接地分三處之例，那麼與直莊林天成戶股份的水
田當在四百五十甲左右，這與與直莊全部的墾地在六百甲左右的
推測也很接近。林氏宗譜又載：「十三世海廟公……卒於乾隆廿
一年(1756)……」[173]，則「瑞錦」似卽林秀俊三子林海文之字號
。而「海門」一名則未見於宗譜中。

在林瑞錦和林海籌等的契文中，林秀俊卒於乾隆三十五年
(1770)，但是宗譜所載則為三十六年(1771)，筆者以為宗譜所謂
的卒年當是覓得佳城吉時後下葬的時間，宗譜上說林秀俊享年七

---

[172] 林路香先生所藏〔宗譜〕，頁 22-23。譜末林氏次子瑞碧合案照上有「民國
五十六年七月二十九日」。民國五十八年九月興文出版社出版林汀洲主編的
〔西河林氏大族譜〕（頁 172），林成祖沿革襲其文。故知其宗譜當編錄於
二者之間。
　　省文獻會出版，廖漢臣編著之〔臺灣省開闢資料續編〕，頁 33，「林成祖
傳」錄〔西河林氏大族譜〕，舷錄林成祖卒於乾隆三十六年，林成祖涉及林
奧文事件在京訊問事件亦照錄，而不察其文實乃將信實可靠之宗譜與荒誕之
連橫「林成祖」傳剪輯而成。

[173] 林路香〔宗譜〕，頁25。

十有三便是以此爲依據的。

　　筆者必須說明，林天成等戶在興直莊拓墾，曾經取得武勝灣社的認可。乾隆三十五年（1770）十二月絕賣缺上手契約字 14-A1-12（參見原件影本）上很明白的紀錄著有「番約一紙」[174]。

　　林成祖墾號在板橋平原上拓墾的成就又如何呢？

　　乾隆三十六年(1771)雷朗社土目東義乃給佃墾者楊切名下「溢額田」的佃批執照載：

> 緣漳和永三莊奉憲清丈，溢出田二百四十七甲零……現蒙恩移廳憲議詳歸番在案。茲永豐莊溢額各佃，經同業戶林成祖與乃等議約，永豐莊埔地原係磽瘠，且成祖同佃人開鑿埤圳工本浩繁，因是酌以每甲田納大租六石，內乃番等收園租三石，業戶林成祖收水租三石，永遠定例……早晚二季車運至枋寮館各半完納[175]。

　　林家和佃墾戶們合力把磽瘠的土地變成豐饒的水田，他們「開鑿埤圳」對於板橋平原「水田化運動」的貢獻太大了。〔淡水廳志〕「水利志」記載了他們的成就：

> 大安陂圳……圳長三里餘，一帶旱溪，轆陂植樹顧圳，業戶林成祖等鳩佃所置。其水自三叉河二甲九至鷗鴒山下，透九芎林，引入大陸門至轆陂下，分圳寬二丈四

174　林天成戶興直庄業納番租也貼番餉。〔張廣福文件〕（14-A1-12），「乾　　　隆叁拾伍年拾貳月林成祖賣興直庄林天成、鄭維謙二戶課業缺鄭原契先交林　　　契之約契」（原件長 47.7 公分，寬 45.5 公分，上有「淡水保業戶林成祖圖　　　記」朱印三，「林瑞錦印」朱印一）。契末云：「卽日先交過林天成賣契壹　　　紙番約壹紙共貳紙合廳批照。」（參見原件影本）
175　〔清代臺灣大租調查書〕（〔臺灣文獻叢刊〕，第152種），「番業戶給墾　　　字」，頁545-546。

尺，長十餘里，灌溉大安寮至港仔嘴莊等田一千餘甲
……。永豐陂圳……圳長五里餘，業戶林成祖等鳩佃所
置。其水鑿石孔穿尖山，自暗坑口接青潭大溪水，流至
南勢角枋寮莊，灌溉田一百九十餘甲[176]。

　　大安陂灌溉板橋平原西部，永豐圳則灌溉板橋平原東隅，淡
水廳中的甲數是水的單位，並不是田甲。日領之初，山田伸吾調
查臺北的農業情況，明治三十二年（光緒二十五年，1899）所發
表的〔臺北縣下農家經濟調查書〕對於大安圳有較爲詳細的紀
錄：

　　大安圳是灌溉擺接保大半水田的一大水圳，是乾隆年間
本地墾首林成祖所開鑿的……水源在媽祖田口的一大深
淵，以堅固的突堤，流經頂埔、大安、貨饒、土城、
柑林陂、冷水坑，滋乳這一帶的水田。至四汴頭庄分枝
四流，跨越廣福、新埔、陂仔港、上下深丘、港仔嘴、
溪圳、內外員山、埔墘、芎蕉腳、水尾、牛埔、山腳、
二十八張各庄，細渠縱橫，灌溉水田約千餘甲，圳寬二
丈四尺，圳長二十里，兩岸遍植相思樹護堤，其設計之
週到、結構之壯大爲島中所罕見[177]。

　　大安圳、永豐圳開鑿的年代〔淡水廳志〕失載。乾隆三十七
年(1772)七月雷朗社土目東義乃和番業戶大生給佃墾者江有濱的
佃批執照載：

176　〔淡水廳志〕，卷3「建置・水利」，頁33b-34b。

177　山田伸吾，〔臺北縣下農家經濟調查書〕（明治三十二年八月臺灣總督府民
　　政部殖產科發行）「水利篇」，第二章「各地水圳の實況」，頁105-106。原
　　爲日文由筆者中譯。

緣漳和永三庄，乾隆三十二年奉文查丈，溢出永豐一庄
田貳佰肆拾柒甲陸分伍厘零……查該庄昔圍田……至三
十一、二年間，方陸續成田，是以每田一甲，照言庄
例，酌納大租陸石，番愿收園租叁石，其水租議歸該戶
抵補開鑿工本，田仍給還各原佃耕種……隨蒙分憲宋發
給佃册……178。

查丈土地旣在乾隆三十二年(1767)，批照中也明言「至三十
一、二年間，方陸續成田」，則大安圳、永豐圳當在乾隆三十二
年(1767)以前鑿成。

至於暗坑圳，據〔淡水廳志〕載：

暗坑圳在安坑莊……長二里餘，與永豐圳毗連。業戶杜
登選等鳩佃所置，其水自青潭大溪引入，灌漑安坑莊田
六十餘甲179。

廳志謂鑿圳者爲杜登選，連雅堂謂：「三子海廟，海廟子登
選亦開暗坑渠。」180，前引林氏宗譜謂海廟爲長子，又謂海廟
早逝，海廟之子登選來臺繼承他的產業181；暗坑圳又「與永豐圳
毗連」，以當時的情況而言，林家必不容許一「杜」姓者毗鄰鑿
渠的182，是以「杜登選」當卽「林登選」之誤。

178　〔中和庄志〕第三章「開墾蕃業戶佃批實例」(中和庄役場，昭和七年)，頁
　　21-22。
179　〔淡水廳志〕，卷3「建置‧水利」，頁34a。
180　連橫，〔臺灣通史〕，頁904-905。
181　林路香〔宗譜〕，頁26。
182　中央研究院歷史語言研究所藏〔臺灣公私藏古文書影本〕，第二輯，編號爲
　　09-05-1-551 者爲嘉慶二十五年萬安、大安、永安三圳業主爲抵制他人於上
　　游鑿圳，「勢必鳴官究辦」、「需費亦必公出」、「三股均攤」的合約。萬
　　安圳與永安圳競鑿的情形則詳次章。

　　筆者檢讀中央研究院史語所藏王世慶輯：〔臺灣公私藏古文書影本〕第二輯，發現編號 09-03-1-545 的卽是乾隆六十年（1795）九月所立之開鑿「暗坑圳」時分配資金與約定水租的合約，茲節錄於後：

> 仝立請約人漢業主林登選觀曁赤塗嵌外五張五十六分併溪洲□□佃人林運觀、林璜觀、王鑾振、蘇西觀、曾久觀等，緣業主同眾佃承管該地產業開墾有年，因之水灌溉，不能成田……台眾公議請□工首張仲裔觀就青潭口原圳地築埤開圳，由赤塗嵌外五張至九甲三直至到溪洲等處引水灌溉，付眾等開墾成田……。

　　約字上有「擺等庄業主林成祖孫登選圖記」朱印兩方。又同輯編號 09-03-02-546 的是同年十一月的一份合約，筆者也摘錄其部分於後：

> 仝立請約字人暗坑仔外五張赤塗嵌溪洲佃人林運、王桃、蘇西、沈都、吳發、林璜等，緣我暗坑莊昔年有向番潤福給出埔地開墾成園，十作九荒……爰托張仲裔觀引運等同到擺接保向林頭家登選觀依照永豐庄例，業三佃七鳩出工本銀元，募工卽就登選觀先祖父于乾隆十八年遺存之故圳，再行開築……。

　　這分合約不僅說明了暗坑圳的投資比例，同時也說明了這是「依照永豐庄例」；更重要的是它也說明了林成祖墾號至少在乾隆十八年(1753)前便已在板橋平原上從事鑿渠的事業了。同輯編號09-04-01-550的則是嘉慶元年(1796)二月的一份乇君仁墾號「杜賣圳路」以便開鑿暗坑圳的契字：

立杜賣圳路契人王國香、許君嚴卽黃君佐等，緣昔年香
等各夥仝立戶名王君仁，奏憲給墾暗坑仔埔地一地，經
丈九甲三分，茲業戶林登選官開築水圳，付外五張眾佃
灌蔭埔田，收取水租，茲欲再分一條灌漑溪洲、十四
份、店頭曆等處埔地……托中向香等買出九甲三內埔
園，踏出圳路一條，面約：長不論丈闊兩丈，任從林登
選官償工開築……。

　　同輯 09-03-03-547 號是安坑莊眾佃范廷輝、王國助、范元
生、林園、周百鳳、曾何九、王大便、陳眞、廖前、廖再、周陣
與保圳長林响等請賴發管理圳務的「請約字」，編號09-03-03-
547 的則爲賴發所立的「承領修理保固字」。兩件契字都是嘉慶
陸年(1801)十一月所立，契面上各有「安坑庄業主林登選圖章」
朱印一。由此可知「暗坑圳」當鑿於嘉慶元年至六年(1796-1801)
間，林登選因而也有了獨立自主的事業。暗坑地名美化爲安坑，
無疑的也始於林登選。

　　林秀俊葬在「新里族粉寮（港墘）」，連橫認爲他從京師釋
回後「復墾里族之野」。林秀俊死於乾隆三十五年(1770)，自不
可能涉及林爽文事件，他與今日臺北市內湖區的拓墾又有什麼關
連呢？

　　〔臺北縣志〕「開闢志」第九章敍述內湖鄉之開闢，多稱乾
隆初所闢，且不歸何士蘭則歸諸林成祖[183]，筆者於〔臺灣公私藏
古文書影本〕第一輯中，檢得編號 02-05-26-216 明治三十四
年（光緒二十七年，1901）八月林家三大房同立之「招耕贌耕合

---

[183]　〔臺北縣志〕，卷5「開闢志」，頁14a-15a。

約字」云：

> ……三大房公共承祖先林海廟林海籌林海文公號卽林三
> 合，自嘉慶年間開築水田一所，址在芝蘭一堡里族內湖
> 粉寮庄山仔脚……。

此約說明林家開墾粉寮莊山仔脚的年代晚至嘉慶年間，而且是以林秀俊三子的名義，另立「林三合」墾號，就像林秀俊墾新莊平原立「林天成墾號」、墾板橋平原與臺北平原另立「林成祖墾號」一樣，林三合墾號的出現，正顯示這是林家拓墾事業的新階段，而又與林登選在安坑莊的發展正處於同一時代。

筆者在〔臺灣公私藏古文書影本〕第三輯中檢得編號02-01-06-11 曹和於乾隆二十二年(1757)十一月所立之「根盡賣田契」，節錄其部分於後：

> 立根盡賣田契人，自承置有水田壹所坐落土名搭搭攸內
> 湖庄，田經頭家明丈叁甲伍分……經帶大埤圳水貳分伍
> 厘……立根盡賣田契壹紙併上手契拾紙共拾壹紙……。

契面有「內湖庄業主周沈圖記」朱印一。

據此則乾隆二十二年(1757)已前，內湖庄已然確立，且具有完好之灌溉設施，旣云「置有」，又載有「上手契拾紙」，顯然在此之前屢經轉手，則內湖庄之拓墾在乾隆初年或更早於此。

楊老師雲萍先生〔士林先哲傳記資料初輯〕錄〔士林溫古誌〕云：

> 何士蘭：漳州府詔安縣人，乾隆六年率同縣人來此，卜
> 居今內雙溪，開墾了坪頂庄、菁礐庄、內雙溪和內湖
> 庄。

又引〔臺灣土地慣行一斑〕云：

> 芝蘭一堡、大直、北勢、內湖等地，係何、周、沈三姓
> 墾於乾隆初，其後周、沈二姓窮於支應，讓予何姓，由
> 何士蘭開墾……[184]。

筆者據咸豐六年(1856)張肇、張三茂、張文貴兄弟所立之合約：

> 今據先人與何周沈合股開闢錫口庄，嗣後分戶張國珍，
> 歷年大租穀並田園、厝宅、竹圍等項前經分拆明白……
> [185]。

又可以推定「何周沈」墾號曾與張氏合作開墾今日臺北市松山一帶。筆者所寓目與「何周沈墾號」相關之史料尚少，對於此一墾號在臺北平原東北區與士林平原上的活動與業績的全般考察與敍述則請俟諸他日了。

根據本節前段的引證與敍述，林家與鄭維謙等合作拓墾盆地內諸平原上的五莊，林家似乎把資金和精力投注在新莊平原和板橋平原上；為了拓墾板橋平原，且不惜放棄新莊平原的經營權，士林平原的經營也委諸鄭維謙，對於臺北平原的拓墾也無力照應，因此，乾隆中葉以前林家積極拓墾內湖區的可能性並不大，這一點也可以從「內湖」之地名，源於「何周沉」墾號的莊名，且為林家所沿用得到佐證。

---

184 楊雲萍，〔士林先哲傳記資料初輯〕（〔民俗臺灣〕，1卷6號，頁2）原
     文為日文，筆者轉譯。原刊誤排詔安為紹安，率作卒，遁改。楊先生所引〔
     臺灣土地慣行一斑〕一則，出自該書第一章「開墾の沿革」，頁6，「芝蘭
     一、二、三堡」條。
185 〔臺灣私法〕「物權編」（〔臺灣文獻叢刊〕，第150種），第四章第六節
     「公業」，頁1631，「第五五合約字」。

又據光緒三年(1877)八月一份署名「林成祖」的契據載：

> 立補給墾批字人里族莊業主林成祖，自開闢以來，有建
> 立觀音佛祖給去廟宇，並及田園與渡舟頭一小處，坐落
> 土名石壁潭，東至石壁爲界，西至塚埔橫路透港爲界，
> 南至大港爲界，北至林家厝後爲界，四至明白，迄今歷
> 管無異，玆因墾字及廟宇與渡舟頭，自咸豐三年間被分
> 類失落毀壞，當日安茂等再向業主給出墾批……立補給
> 墾批字人林成祖自筆[186]。

此墾批字說明林成祖是「里族莊業主」，但未示明開闢的年
代。

此據與前引「林三合」公號的合約所說的史實略有不同，若
得較多史料，則可進一步說明內湖的拓墾與林家的關係，此則尚
有待吾人之努力。

七、楊道弘

貢生楊道弘是雍正五年(1727)春在彰化縣請墾的，他的墾單
是說明當時拓墾情況的好資料，玆抄錄於後：

> 特簡州正堂管彰化縣正堂張 ，爲請墾荒埔，以裕國課
> 事。據貢生楊道弘具稟前來……弘查興直埔有荒地一所，
> 東至港，西至八里坌山脚，南至海山山尾，北至干荳山
> ，堪以開墾。此地原來荒蕪，旣與番民無礙，又無請墾
> 在先，玆弘願契借資本，備辦農具，募佃開墾……弘得
> 招佃闢荒，隨墾陞科，以裕國課等情。據此，飭行鄉保

186　前書，第一章第三節「物權之得失」，頁161，「第四五補給墾批字」。

通事查明取結外，合就給墾。爲此單給貢生楊道弘卽便
照所請墾界，招佃墾耕，務使番民相安，隨墾隨報，以
憑轉報計畝陞科，供納科粟，不得遺漏，以及欺隱侵佔
番界，致生事端，凜之，愼之。……

雍正五年二月初八日給[187]。

這份墾單有幾點值得我們注意：

一、發給墾單之前，曾經「飭行鄉保、通事查明取結」，與
康熙四十八年（1709）大佳臘墾荒告示所謂：「著該社社商、通
事、土官查勘」者大不相同，此時臺北人口漸衆，漢人社會已形
成，鄉治制度已然確立，進入漢番均勢時代。

二、新莊（臺北）平原上「勢高而近溪澗淡水者」，以及能
擁有「天泉水堀」者早已拓墾殆盡，留下高亢乾旱的埔地，康熙
五十九年林天成等請墾的興直莊也因而拖延未墾，楊道弘在興直
莊與林天成墾戶爲鄰競墾，迫使林秀俊全力以赴，迅速開埤圳，
終於在乾隆初年墾成水田。

三、楊道弘請墾的四至包括整個新莊平原，但是他所能開墾
的所剩無幾，只有介於七崁莊與今慈祐宮之間的地區而與興直莊
爲鄰[188]。

四、官方關心供納課粟，也關心民番是否能和諧相處。

五、楊道弘請得墾單後必須「糾借資本，備辦農具，募佃開
墾」。

由於與林天成競墾而導致「互控」，雍正八年（1730）九月

187　〔清代臺灣大租調查書〕，第一章第一節「墾照」，頁5。
188　參見拙著，〔新莊發展史〕，頁23所作的分析。

楊道弘向武勝灣社取得荒埔贌墾合約，每年貼餉銀五十兩，番社
要求「莊社各守相安，不准莊人擅入番厝交番，亦不許縱放牛隻
越界踐踏圍埔」[189]，同月又以「離莊窵遠，照顧弗及」為由，向
彰化縣取得「佃人務須恪遵功令，毋許窩容奸匪，及鄰莊不得侵
越混冒」的告示[190]，都足以說明佃墾者積極拓墾並與鄰莊林天成
墾戶發生衝突的情形，但我們也可以確定貢生楊道弘是「遙領墾
首」，並不駐在墾鄉──新莊。

八、劉和林、劉承纘與萬安圳

　　劉和林、劉承纘父子是拓墾北新莊平原的拓墾者，也是灌溉
新莊平原的功臣。

　　日人領臺後兩、三年(光緒二十三、四年，1897–1898) 山田
伸吾奉命調查臺北縣的農村經濟，他所寫的〔臺北縣下農家經濟
調查書〕[191]，為我們留下相當數量關於劉氏家族拓墾北新莊平原
的原始文件，其中乾隆四十三年(1778)劉世昌與武勝灣社番所立
的合約敍事最詳，甚至當時北新莊平原的地理形勢，都有最精詳
的描繪，是了解古代北新莊平原的重要史料，筆者將它節錄於後：

　　　　同立合約字南港通事貴天、萬宗、加里珍，業戶劉世昌
　　　　等曰昌祖劉和林，雍正年間，明買社番君孝荒埔一所，
　　　　座落土名武勝灣，東至頭重埔嵌下古屋庄角瀉水溝為界，
　　　　西至興直庄為界，南至搭流坑溪為界，北至關渡為界，原

189　〔清代臺灣大租調查書〕，頁5–6。
190　同上，頁7–8。
191　山田伸吾，〔臺北縣下農家經濟調查書〕。明治三十二年八月臺灣總督府民
　　　政部殖產科發行。

價補償銀兩，載明契內，年納社番銀叁拾兩，番租粟伍
十石，二次報陞共開五十甲零，乾隆二十六年，昌父承
繽費用工本，開築埤圳灌溉，至三十二年墾成水田，昌
叔承傳遂首請前分憲段丈明，繽報田一百九十二甲，詳
報陞科，因先後互控，蒙前府憲鄒恤番至意駁議，將繽
報一百九十一甲零歸番，原報五十甲零歸傳，經前分憲
宋割佃分收，並蒙前道憲奇判佃、課內之田，傳按甲收
大租水租共八石，歸番之田，番收旱租，傳收水租，經
取其二比依結繳詳在案，但契界內尚有中塭、舊塭，其
中塭田、番收旱租，傳收水租，舊塭田止食水尾，餘按
甲番收三石，傳收三石，契界尚有河墘新浮沙埔水窟，
自樹林頭庄背古屋庄角瀉水溝，至洲仔尾、關渡一片，
乃係水沖沙湧之地及傳兄弟用工本開築堤岸，招佃耕種
地瓜什物，無議貼租，二比又在前憲任內互控，但該處
實係水沖沙湧之地，三冬一收，溪埔眾番共見，原屬傳
契界內之地，茲章等眾番情願，將樹林頭庄背古屋庄角
瀉水溝至洲尾關渡一片埔地，歸還承傳管業，時有時
無，不堪丈報，懇蒙淡分憲兼理番憲成明斷，傳之姪世
昌，每年加貼番租四十石，永為定例，……
乾隆肆拾叁年拾貳月　　　　　　日[192]。

這份合約告訴我們以下的事實：

192　前書，耕地篇，第四章第五節「北臺大小租、蕃租、水租之起因」所附參考
　　資料(一)頁41-43，承繽作承瀆，土目作土用。
　　伊能嘉矩，〔臺灣蕃政志〕，第三章第二節「審蕃租給字第四例」，頁437
　　亦錄此合約。承繽作承鑽。

一、劉和林是雍正年間(1723-1735)到達北新莊平原的,他在雍正與乾隆初年間陸續報陞五十甲。乾隆二十六年(1761)其子續承「開築埤圳灌溉」,至三十二年(1767)報陞水田一百九十二甲。

二、樹林頭庄 (在今五股興珍村) 以北至洲仔尾、關渡一片,原屬「水沖沙湧」、載沉載浮的河埔新生地,經劉承傳兄弟「開築堤岸」之後 , 可以種「地瓜什物」,但仍然是「時有時無」不堪丈報。當然,今天的蘆洲與三重市的部分地當時仍是「臺北大湖」的湖底了[193]。根據「淡水加里珍等庄業主劉和林」給佃戶劉美山的佃批中,繳納租粟須「任業主調撥車運至公館或本庄各處港口交納」[194]的說明,似乎僅劉氏的墾區即有港口多處。

三、墾號與社番間地權之爭,若無番契爲依據,雖然「詳報陞科」,亦難抵擋社番的控訴,雖然劉氏屢次反訴,歸番之田,番仍得收旱租。

筆者研究臺灣拓墾史,往往以只知墾首而實際佃墾戶或小租戶不爲後世所知而引以爲憾。由於劉氏與武勝灣社爭奪大租權,乾隆四十三年(1778),雖經淡水同知兼北路理番同知成履泰命他們「立碑定界」,但是由於大租分收方式繁雜,他們在乾隆四十

---

[193] 安藤靜,「北部臺灣に於ける浮洲及び海埔に關埔する舊慣」(〔臺灣慣習記事〕,第3卷第9號,明治三十六年九月),頁6云:「興直堡港墘庄,同安厝庄、大竹圍庄、長泰庄、泰尾庄等庄的淡水河浮洲,根據傳統習俗,由每地的業主取得。」

光緒十八年前後的芝蘭二堡圖 (〔文獻叢刊〕,第197種,〔淡新鳳三縣簡明總括圖冊〕,頁20) 今蘆洲當時稱爲河上洲庄,與中洲庄、浮洲庄皆爲淡水河浮洲,屬芝蘭二堡,與興直堡三重埔庄僅以極少部分相連。

又,根據臺灣日日新報社出版,臨時臺灣調查局於明治三十七年 (光緒三十年,1904) 所繪製的〔臺灣堡圖〕原圖滬尾四號所示水湳庄尚依徬於和尚港。

[194] 〔中和庄志〕 (中和庄役場,昭和七年發行) ,第三章「開墾佃批實例(二)」,頁16。

五年(1780)八月，又同立一合約，說明分收方式，約末附有全部
佃人名單和他們擁有的土地面積，現在我將這份名單迻錄於後：

　　　　李光成課田一甲

　　　　劉佐廷田番四甲二分六厘七

　　　　曾宗、劉託課田八分三厘

　　　　劉子忠歸番田八甲〇二厘七毛五

　　　　葉山林課田四甲一分二厘

　　　　劉元齡課田一甲

　　　　黃世道課田一拾一甲三分二厘

　　　　鍾飛麟課四甲四分七厘

　　　　劉向日課田九甲二分一厘

　　　　朱潮歸番田二甲五分

　　　　唐惠葵、李禮生課田一甲

　　　　劉士度課田三甲

　　　　鼓永來課田三分七厘五毫

　　　　劉尚璋課田二甲六分八厘

　　　　林木桂課田一分八厘四毫半

　　　　黃彰沛歸番田四甲四分三厘

　　　　林英開課田一分六厘半

　　　　劉子作歸番田一拾二甲五分

　　　　劉承祖課田一甲二分

　　　　劉承宗歸番田五甲一分

　　　　劉延厝課田一甲二分

　　　　劉仁軒歸番田四甲六分

盧吳氏課田六分

劉春山歸番田六甲二分〇五

夏堯哲課田三甲二分

劉爲山歸番田十七甲五分

陳贊課田三甲三分二厘

黃寔歸番田四甲七分六厘八

郭連生、高富課田六分九厘六毫

劉美山歸番田十二甲

劉立承歸番田四甲三分

劉立上、劉如盤歸番田六甲三分四厘

劉仲木歸番田二甲零五厘

林琚歸番田五甲二分五厘

黃志學歸番田一甲七分四厘九

沈楚、張蔭歸番田八甲七分五厘

劉協恭歸番田四甲二分三厘二

何珀石芝歸番田四甲六分厘五毛

陳贊歸番田四甲三分四厘半

黃彩彰歸番田四甲六分一厘二五

劉奇珍歸番田四甲六分四厘

劉普照歸番田四甲九分

劉如盤、劉煥平歸番田四甲二分二厘

柯登歸番田一甲七分五厘

盧文岳、盧廣福歸番田四甲六分七厘

柯福歸番田三甲九分

劉子信歸番田二甲五分

王天息歸番田三甲九分

鄭學輝謀田五分一厘五

莊魏歸番田三甲九分

劉擔謀田六分七厘

陳朝、梅蓆歸番田三甲九分

趙隆盛歸番田四十七甲一分八厘

黃文錦、馮捷歸番田三甲九分

詹巳明歸番田四甲二分五厘[195]

　　所列共有佃墾者六十四人，其中劉姓者多達二十六人，每戶最多四十七甲八分八厘，最少的僅一分六厘半。從雍正年間至乾隆四十五年(1723-1780)，其中必有一些佃戶已然歷經轉手而不是原墾者，但是他們大多是對於水田化運動有功的拓墾者是毫無疑問的。劉氏原墾佃戶最高者僅擁有十一甲三分二厘；鑿渠之後的新佃戶趙隆盛卻擁有四十七甲一分八厘，與劉氏原來報陞的田幾乎相等，「鑿渠之利最溥」由此可知。雖然鑿渠投資額頗鉅，風險也大，卻能兼利公私，富家財而又有眼光有組織能力的人當然躍躍欲試。

　　劉和林所墾位於今五股的加里珍等庄，所所需水量既大，距離水源既遠，所需圳地亦鉅，又得跨越多條溪澗和他人所鑿的圳渠，工程之浩大可想而知，他的長子劉承纘積極準備開圳。乾隆二十四年(1759)八月內山洪水泛濫，將海山莊東南勢一帶田園沖

195　山田伸吾，〔臺北縣下農家經濟調查書〕，頁43-45。

崩二百餘甲，石頭溪因而改道[196]，由於當時的八里坌巡檢包融曾屢次諭令各業戶開圳灌田，劉承纘認爲這是絕佳的機會，便向包融具呈，請得開圳許可告示[197]，就在石頭溪頭潭底莊界內[198]「率眾數百人壅水築圳[199]。當時海山莊管事洪克篤，莊佃劉此萬、蕭氏、姚氏等佃戶與小租戶心有未甘，便到八里坌巡司去控告劉承纘，並和他發生衝突。包融既然鼓勵業戶鑿灌溉渠，劉承纘又曾得到他的許可，便在「業戶張必榮的」狀紙上批：「爾等沖失之田，可成水道，或以價買，或以田換，則當成人之美，愼勿忌而阻之」[200]，在莊佃劉此萬的狀紙上批：「已經沖廢不能墾復處所，聽人引水灌溉，令彼以田折半對換，庶幾兩有裨益」[201]。張必榮上告於淡水廳同知，也被歷任淡水同知擱置[202]。劉和林父

196　〔永泰淡水租業契總〕，附抄錄〔水圳原由便覽〕，第二紙，「乾隆二十六年二月十七日劉此萬告狀稿」。惟第一紙二月七日由張必榮戶管事洪克篤代表張必榮狀稿則稱「田園計失數十甲」。

197　〔水圳原由便覽〕第三紙，乾隆二十九年二月，「分府夏堂訊讞語」（淡水同知夏瑚二十五年署、二十八年回任）云：「乾隆二十六年三月間承纘給示開築水圳……蕭日帛等與劉承纘互毆，經控八里坌司。」第一紙「業張必榮告狀稿」云：「承纘窺包憲愛民如赤，各業戶蒙諭開圳，念切諄諄，乘此嘉會將開圳大名目，不思有無害人妄奔赴具呈瞞詿包聽……伏乞包憲太爺電察。」第二紙「劉此萬告狀稿」云：「二十四年八月間遭洪水沖崩……田失二百餘甲，男女慘亡數十餘人，經蒙前憲楊篤勘詳報……包憲愛民若赤，屢蒙疊諭開水圳……萬等于二月初七日赴包憲具呈。」
　　　章義紥，〔淡水廳志〕，卷8「職官表‧八里坌巡檢」條乾隆二十四年無楊姓巡檢，二十六年亦無包姓巡檢，顯然漏列。但有「包融，順天大興人，兵部効力，十六年任」之紀錄。筆者遍查〔文獻叢刊〕第84種，據同治十年〔重纂福建通志〕所輯之〔福建通志〕，「臺灣府‧職官志」與〔淡水廳志〕「職官表」，上起總督、下至書吏，除包融外，僅包德墉，浙江鄞縣人，一人爲包姓，曾於嘉慶四年任「經歷」（頁566），而包融於乾隆十三年亦曾任鹿仔港巡檢（頁635）故乾隆二十六年之包姓八里坌巡司當卽包融。

198　〔水圳原由便覽〕，第四紙「三十年十二月劉承傳水圳稟公覩和息稿」云：「遵查承傳乾隆二十六年就張源仁潭底庄界內開鑿圳道。」

199　〔水圳原由便覽〕，第二紙「劉此萬告狀稿」語。

200　〔水圳原由便覽〕，第一紙所錄包融批語。

201　〔水圳原由便覽〕，第二紙所錄包融批語。

子就全力進行鑿圳的工作，劉承纘毅然以高價買斷蕭、姚的小租權，減少鑿渠的阻力[203]。開鑿一段之後，因為乏資，幾乎停滯。眾佃戶集資支援，終於在乾隆二十八年(1763)鑿成，定名為「萬安坡大圳」，圳成之日，劉和林和眾佃人立下了合約，茲迻錄於後：

> 同立合約字人，業主劉和林，同頭、二、三、汴眾佃人
> 等，因林在石頭溪開築糧埤壹座，灌蔭我庄中課田，要
> 開圳路，歷來工本費用多寡，不能開透至加里珍庄，林
> 卽招出眾佃人公同相議，眾皆喜悅樂從，備出佛銀貳千
> 陸百大員，開築成圳，透至加里珍庄，通流灌漑之日各
> 業各節分汴定規，其萬安坡大圳水計共貳百六十甲，抽
> 出六十甲付與山下佃人，餘剩貳百甲通流至頭汴，撥出
> 陸拾四甲付與張家，餘剩壹百叁十六甲，分出六甲陸付
> 與小汴八寸四分四佃人食水，又分出七甲水付與八寸九
> 分陸佃人食水，後剩百貳拾貳甲四分，水圳濶壹丈貳尺
> 捌寸，通流至第二汴，分出十七甲付與二尺壹寸七分陸
> 佃人食水，又分出四甲付與伍寸壹分貳佃人食水，後剩
> 壹百零壹甲四分，通流至第三汴，分出十八甲付與貳尺
> 四寸叁分佃人食水 ，又分出陸甲付與八寸壹分佃人食
> 水，後剩七十七甲四分正通流灌漑，此係上流下接，永
> 遠定例，不得爭佔寸尺，亦不得增多尅減滋事，但恐有

202　〔水圳原由便覽〕，前「撥歸三股內水租契約條目第三紙夏瑚〇語，乾隆二
　　　十九年二月二十二日下註云：『此按，互控三載，未經訊斷，至是年月日，
　　　蒙分憲夏堂訊結案。』
203　〔水圳原由便覽〕，第三紙「乾隆二十九年二月夏瑚歟語」。

相碍水道之事，務必業佃公同相議，或致控公廷費用銀
員，照田甲均攤，不得臨時推諉，如違公議，嚴罰不
遵，呈官究治，永不寬情無反悔，恐口無憑，同立合約
字壹樣二紙，業主執壹紙，佃人執壹紙，永遠爲照行。

			代書人	劉鴨之
乾隆貳拾捌年十一月	日同立合約字人業主			劉和林
劉士和			詹旣明	劉珍祐
劉道立	張　蔭		劉如盤	劉重慶
劉子忠	劉爲山		黃志學	劉和重
盧伍福	劉盤龍		劉湧亭	劉和參
頭汴佃人	第二汴佃人劉前漢			
	第三汴佃人劉立上			劉武略
劉向日	劉　是		劉美山	趙隆盛
趙隆盛	劉承宗		劉敦吉	劉霈軒
黃兆炳	劉高氏		劉長發	劉路盛
夏堯哲			劉飛泉	劉如盤[204]

　　劉家賣八分之一的水給中港厝庄[205]，又賣六十二分水給以鄧
文光、陳謝、陳時興、張華日等人爲代表的二重埔諸番佃，讓他
們鑿私圳灌溉[206]。

　　萬安圳在頭汴就撥出六十四甲的水量給張家，可是張、劉二

---

[204]　〔臺北縣下農家經濟調查書〕「水利篇」，第二章「各地水圳之實況‧附錄
　　　(二)」，頁126-127。
[205]　〔水圳原由便覽〕，第九紙「乾隆三十七年十二月陳時興鄧文光等認佃字」。
[206]　同上以及第七紙「同年同月劉承傳撥二重埔番佃水租合約字」，第八紙「同
　　　年同月劉承傳二重埔水租退佃字」。

家控案未了，而且未來是否有新的控案也難以預料，所以約中又
有「或致控公廷費用銀員，照田甲均攤」的規定。乾隆二十九年
(1764)，張家得新中舉人張源仁之力，由淡水同知夏瑚堂訊。張
家所存的〔水圳原由便覽〕錄存了夏瑚的讞語，他說：「……復
又呈催前來……劉承纘開掘水圳，輒于貢生由中藉取水道，迨至
涉訟，又不靜候審斷，私向蕭、姚氏承買小租，竟置張貢生之大
租於不問，利己妨人，莫此為甚，本應押令填塞水圳……實為一
鄉水利……殊屬可惜……約估此圳可灌田三百甲，年令劉承纘完
納張貢生水租粟六百石，向後劉承纘或自行續開墾或將水流分賣
給人，灌田不止三百甲者，其水租總以六百石為準……」[207]。夏
瑚雖然認為劉承纘不理會張貢生少量的大租為「利己妨人，莫此
為甚」，對於填塞水圳卻止於「殊屬可惜」，然而卻也不得不承
認劉承纘等所鑿的萬安圳為「一鄉水利」[208]。

　　夏瑚說「約估此圳可灌田三百甲」是為了減少劉家付給張家
的水租粟石數，使劉家易於接受而如此低估的。然而合約中又有
「二百六十甲」之說，又如何解釋呢？林成祖所鑿的大安圳長僅

----

[207]　〔水圳原由便覽〕，第三紙「乾隆二十九年二月夏瑚讞語」。
[208]　筆者在撰述〔新莊發展史〕時，見〔淡水廳志〕稱劉厝圳為乾隆二十六年劉
承纘所置。而余文儀〔續修臺灣府志〕卻未見記載，而是書修於乾隆二十九
至三十年間。修志時余為臺灣知府，幫助他修志的是干從濂、夏瑚二人，其
中干從濂乾隆二十五年至二十七年任淡水同知，夏瑚於二十五年曾署淡水同
知，二十八年又接替胡邦翰任淡水同知，所以筆者認為三個人都沒有不知道
新莊原開鑿圳渠的理由，更沒有知道開鑿圳渠而不紀錄的理由。因此說：「
我認為〔淡水廳志〕所志，劉厝圳開鑿於二十六年可能是三十六年之誤。」
現在，筆者讀到夏瑚的堂訊讞語，才發現癥結所在，對於夏瑚不辨是非，又
為掩飾己非而使〔續修臺灣府志〕蒙羞一事頗為不滿。對於〔淡水廳志〕將
他入「名宦列傳」，稱他「善治獄」（頁2a，下註云：「節自〔臺灣縣志〕
。」）更覺荒唐。

十餘里，已灌田千餘甲[209]；萬安圳長二十里許，南起漳底石頭溪，北達二重埔、加里珍、洲仔尾，貫穿了整個新莊平原且水源充足，可灌田甲之數必不止於此。

其實合約中所謂「其萬安坡大圳水計二百六十甲」的「甲」，並不是土地面積的單位，而是在圳頭分流處分流水量的單位。根據流速、深淺和上下流位置的不同，通常以分流口的寬度一至二寸，得灌溉五甲田地的水量爲一「甲」[210]，這就是合約中稱「圳水計二百六十甲」而「致控公廷費用」卻要「照田甲分攤」的原因。我們以一與五的比率換算二百六十甲，劉厝圳的灌溉面積當在一千三百甲左右，這與大安圳以及後日的後村圳灌溉區相較，才顯得比較合理。而合約中所列的佃人名單，既不包括「山下佃人」、「張家佃人」也不包括「水尾佃人」，他們的田甲或早已墾成水田報陞，而換用劉厝圳水灌溉[211]，或由他人報陞，當然都不算在劉氏報陞的田甲之內。我們明白了劉厝圳灌溉田甲數和佃戶數的眞相，才能瞭解劉氏對於新莊平原農業發展的貢獻。

嘉慶八年(1803)業主劉建昌與諸佃人重理大租權與水租又同立了一份合約，約中之詞，相當於一篇對鑿渠者的頌辭，筆者謹節錄於後：

> 緣我加里珍及中港厝、古屋庄、樹林塭、新舊塭、更寮
> 庄各等庄，原係旱荒埔地，水導不通，稻田不植，惟有

209　二圳資料俱詳於〔淡水廳志〕「建置志・水利」，頁32a-32b。

210　〔臺北縣下農家經濟調查書〕「水利篇・水量之單位」，頁103-104。又，道光十七年淡水廳同知〔永安陂示禁碑文〕（〔樹林鄉土誌〕，頁95引）云：「每甲水立汴，以魯班尺式一寸四方鑿孔。」

211　〔淡水廳志〕「建置志・水利」十八分埠條載：「今浮坍成田……各甲已換帶別圳水租。」（頁33b）。

栽種地瓜、蔬荳、什物，全無地利之收，共興曠野之
嗟。兹有業主劉建昌目睹時艱，不惜巨資用銀購地開鑿
水圳，由海山保楛莽腳大溪起直至洲仔尾止，開成大圳
一條，於分小圳、引水通流灌漑，俾各庄旱荒之地俱爲
良田，經圳水到田之日，卽請業主劉建昌丈明甲數，歷
年向業主劉建昌完納租，由頭汴起至四汴止每甲納水租
四石，由五汴起至八汴止每甲納水租三石以貼業主劉建
昌開圳損壞自己田園及購地買他人圳地並開鑿工費等款
之資……[212]。

劉厝圳到了乾隆末期已將三大汴諸小汴擴充爲八汴，而二重
埔山下人、張家都自約中消失，那是大租與水租權的轉移，並不
是劉厝圳的功能減低了。

九、張廣惠、張廣福與永安圳

拓墾南新莊平原，對於二重埔、三重埔和南新莊平原的水田
化運動貢獻最大的是海山張氏。

張家是「耕讀」兩方面的表現都很卓越的「士族」。

今據三芝張均田先生所藏〔鑑湖張氏譜系〕與〔省齊公派下
譜系〕以及中央研究院歷史語言研究所藏〔晉江縣志〕（乾隆三
十年(1765)刊本）卷八「選舉志」，中央圖書館臺灣分館藏〔福
建通志〕（同治十年(1871)刊本）「選舉志」（卷 164），將張
氏遷臺始祖張士箱以下，從事舉業的成就略述於下：

---

[212]　〔臺北縣下農家經濟調査書〕「耕地篇」，第四章「耕地及其關係者附錄
　　　㈢」，頁45-46。

晉江遷臺的始祖張士箱（康熙四十二年〔1703〕郡庠，四十八年〔1709〕廩生，雍正十年〔1732〕貢生）和他的四個兒子方高（康熙五十七年〔1618〕諸羅廩貢）、方升（雍正七年〔1729〕拔貢廷試一等）、方遠（例貢）方大（乾隆十二年〔1747〕例貢）都是貢生。

乾隆二十五年至三十五年（1760-1770）間，張家產生了六個舉人，他們分別是乾隆二十五年(1760)庚辰恩科的張源仁（方高次子），二十七年(1762)壬午科的張源德（方高長子），三十年(1765)乙酉科的張植發（源德長子），乾隆三十三年(1768)戊子科有張源俊（方大長子）與張植華（源德次子）[213]叔姪二人，乾隆三十五年(1770)庚寅恩科的張源義（方高三子），科第之盛，冠絕全臺。

「耕讀」是傳統士族的主要活動，士族主持拓墾又是臺灣拓墾的傳統。張士箱舉家遷臺時，臺灣的拓墾運動正如火如荼的推展著。張家先在在臺南、鳳山一帶拓墾，隨卽逐漸北向諸羅、彰化、淡水發展，南起鳳山，北抵淡水，都有他們拓墾的成績，南新莊平原也是他們的主拓墾區之一[214]。

張家首先到新莊平原來的是張方大，他在彰化拓墾，成績裴然，因而與吳洛、馬詔文等結夥北上創業，自乾隆十六年(1751)

---

213 陳漢光，「臺灣方志中之選舉表」（〔臺北文物〕，6卷1期），謂「張植華（又作值發）」誤。王詩琅，〔臺灣人物表論〕，清代臺灣舉人人物表叢之，亦誤。

214 張氏一族的拓墾史，自非本書敍述範疇，筆者研究新莊拓墾史得張氏之助獨多，所獲原始資料尤多。昭和十三年張福壽先生撰〔樹林鄉土誌〕一書，記載詳實，乃當代鄉鎮方志之典範，是書為樹林信利購販組合創利二十週年之紀念事業之一，扉頁上有黃純青「敬恭桑梓」的題辭。民國六十二年出版的〔樹林鎮志〕，古史部分卽以是書為底本。民國四十九年出版的〔臺北縣志〕「開闢志」也充分利用了該書。

起，陸續買進已具規模的海山莊的拓墾權，交由洪克篤管理，由
張沛世幫辦。經乾隆二十年(1755)十一月，胡詔之子胡思睿「一
盡歸賣找絕」[215]，次年十二月鄧旋其之子鄧光寶「洗貼找絕」
[216]，各立絕契之後，海山莊與他人再無瓜葛。乾隆二十三年（
1757）十月，馬詔文退股，分得柑園、石頭溪以南至今三峽隆恩
埔地區，賣給彰化北路協副將為「隆恩息業」，派員收租，作為
遠戍臺灣的兵弁們的邮賞費用[217]。吳洛分得彭厝庄、山仔腳一
帶，而柑園、石頭溪、潭底、麀仔寮、三角埔地區則屬於張方
大，二人仍共請洪篤使（即洪克篤）管理，張沛世幫辦。乾隆二
十五年(1760)十月，張吳分立，吳立戶名「吳際盛」，張立戶名
「張必榮」[218]，分戶後，洪、張仍為張必榮戶之管事及幫辦，由
此可知「張吳文」之經營自始即以張氏為主。二十六年(1761)劉
承纘開鑿萬安圳時，洪克篤表現不佳，張氏又發現他有舞弊之嫌
疑，不久乃以張沛世任管理[219]，此後張家拓墾、鑿渠工作大抵皆

215　〔永泰淡水租業契總〕，「乾隆二十年十一月胡思睿一盡歸賣找絕契」。
216　〔永泰淡水租業契總〕，「乾隆二十一年十二月鄧光寶洗貼找絕契」。
217　〔淡水廳志〕，卷3「建置志・廨署」（頁12a）：「一隆恩息莊公館三座
　　……一在海山堡彭厝莊，彰化北路協副將設……每年各派一弁駐此，監收
　　租息。」同書「武備志・邮賞」載：「（雍正）八年總鎮王郡奏准：發給帑
　　銀，就臺郡構置田園、糖廓、魚塭等業，歲收租息，以六分存營，賞給兵丁
　　遊巡及有病革退者與夫拾骸扶櫬一切盤費；以四分割兌藩庫，賞戍兵家屬吉
　　凶事件，此即隆恩莊之始也。」
　　王世慶，〔海山史話〕謂：「為解決北部兵糧，撥款購買大租數千石，稱之
　　為隆恩租。」（〔臺北文獻〕直字第37期，頁54）實誤。
218　〔永泰淡水租業契總〕，「合置海山庄分股立戶始末序」。
219　〔永泰淡水租業契總〕，乾隆二十二年正月洪天祐贌耕字後四十一年邱伯附
　　字：「洪天祐係篤使子，早年篤使作張吳文管事時，侵漁租數。」又乾隆二
　　十七年十一月陳崗官兄弟埔園賣契後，邱伯又附筆：「土地公宮後，竹園一
　　所，十年前沛舍僱工栽種龍眼，將園許耕無稅。」又四十四年十月鍾榮鼎賣
　　契後有「補列：海山公館西勢頭有竹園一宅……乾隆四十年間沛舍將此宅另
　　贌洪仁哥」，是知張沛世繼洪克篤為管事。

由張沛世實際推行。

張方大原以「廣惠」為號，後來也用「張必榮」為戶名；方高則以「廣福」為號[220]，代表「張廣福」到新莊的可能是張源仁，今存與張廣福的拓墾直接相關的最早文件是〔張廣福文件〕91-A1-56，乾隆十八年(1753)十月擺接社番土目茅飽琬給「漢業戶張廣福卽張仁豐」的墾承荒埔字，茲節錄其內容如下：

> 有荒埔地壹所，址在興直庄土名海山頭了亮埔，東至橫車路為界，西至車路下小港溝為界，南至小港溝為界，北至石路下蘆竹濫為界，四至界址明白……張仁豐前來給墾招佃，開闢成田，納租課永為己業，卽日仝中三面議定墾批禮銀肆佰大元……。

原件長、寬各四十八公分，上有「理番分府朱」所頒「給擺接社土目茅飽琬記」朱印二，手掌印一，「清賦驗訖」朱印一。（參見原件影本）

了亮埔可確定在海山頭，根據「北至石下蘆竹濫為界」，則又在今新莊路以南，再以灌溉不易至乾隆十八年(1753)尚未開墾成田，以及張廣福公館的位置來判斷，了亮埔大約就是今天新莊路、新泰路以南的那片埔地。後來張廣福又逐漸收購了林天成與直莊的「帶源水埤圳」四百甲以上的田產。

由於張家和各佃墾者的努力，不但南新莊平原墾遍，連山腳庄、牛埔庄、下店仔、麀仔寮、三角埔等處的「崙濫埔崛」也開墾一盡。乾隆二十六年(1761)清丈新墾地，被清丈的佃人，正是各庄的拓墾者。在山腳有古士玉、陳錫耀、李九超、徐殿忠、朱

---

[220] 三芝張均田先生寶藏，〔張東興記歷代目錄〕。

瑞旭、廖應昇、徐相山、廖子斌、羅泰山、蔡辛伯、徐權柱、林
用成、馮卓越、徐瑞耀等人。在牛埔庄、下店仔、鹿仔寮、三角
埔等莊有吳瑞甲、沈啟、劉爲山、黃立熙、張欽相、張欽爵等人
[221]，後來他們更向龜崙嶺山區進墾，因而與龜崙社番衝突，乾隆
四十八年(1783)九月，張必榮與龜崙社分定山界，取得龜崙嶺以
東的大批「山畬之地」[222]才把問題解決。這正顯示張家已將南新
莊平原上的可耕地都拓墾已盡而不得不向山區發展了。

　　張家擁有興直、海山兩莊，繼續經營細部拓殖的工作。但
是，這不是張家北墾的原意，像張家這樣的士族，並不以這樣的
成就而自滿，尤其是海山一莊，自王謨、朱焜侯、鄧旋其而胡詔
數代拓墾者的艱辛歷程，眞稱得上是崎嶇坎坷，張家繼胡詔而拓
墾海山莊，就是看上了石頭溪豐沛的水源，可以鑿大渠灌溉千頃
良田，乾隆二十二年(1757)十月「張吳文」拆夥，馬詔文將海山
莊第一、二股草地賣爲「隆恩息業」的時候，便曾在契內說明水
源的使用權：

　　其大溪坹水源，隆恩灌溉二股田畝外，其餘俱係通庄之
　　水，如張吳夥記欲開剩支圳，隆恩不得阻截，此係當官
　　議定……[223]。

　　根據這節文字，在乾隆二十二年（1757）以前，張吳文已然
開成了灌溉渠，〔淡水廳志〕「水利志」載：「福安陂在海山堡

<hr/>

221　〔永泰淡水租業契總〕，乾隆二十六年六月海山庄業主張必榮與佃人清丈合
　　約字。
222　〔永泰淡水租業契總〕，乾隆四十八年九月用銀壹佰伍拾元與龜崙社土目有
　　明等立杜絕分定山界字。
223　〔永泰淡水租業契總〕，節錄馬紹文乾隆二十二年十月闆拈海山庄第一、二
　　股草地賣爲隆恩息業契內約聲明不累夥記抄簿存底。

……圳長八里許，業戶張必榮、吳際盛合佃所置，其水自二甲九分擺接溪源至樹頭陂引入，後因大水沖壞……。」[224]當卽指此圳。

　　乾隆二十四年(1759)八月內山洪水氾濫釀成巨災，「沖崩高阜田屋變爲卑下條溪」，「田失二百餘甲，男女慘亡數十人」[225]，石頭溪因而改道，「打歸擺接庄地」中間形成一大片「大溪沙泥漲溢」而變成的埔地[226]。能造成石頭溪改道的洪水，自非張家所能抗禦；海山莊東南勢一帶這樣龐大的田屋流失區當如何復元呢？「豐沛的水源」與「洪水氾濫」只是表現強度的是否適度而已。我認爲這正是胡詔開拓三角埔至後港、瓊林一帶成功，而拓墾此區卻齎志以沒的原因[227]。

　　乾隆二十六年(1761)二月，劉承纘等率眾數百人，竟然「就此溪頭壅水築陂」、「引流水注爲大埤潭」，開起大圳來，自然引起滿懷悲憤的張家和佃墾者的不滿[228]，屢次抗訴又不得要領，劉家萬安圳終於鑿成。這對張家的聲望與成就，不啻爲另一次重大的打擊。乾隆二十五年(1760)的新科舉人張源仁不得不親自出面處理這件大事。乾隆二十九年(1764)監生出身的淡水同知夏瑚諭：「年令劉承纘完納張貢生水租粟六百石。」[229]但是劉承纘大

224　〔淡水廳志〕「建置志・水利」，頁32b。

225　〔永泰淡水租業契總〕附抄錄〔水圳原由便覽〕第一紙「張必榮狀稿」及第二紙「劉此萬等狀稿」。

226　〔永泰淡水租業契總〕，乾隆四十四年十月海山庄佃鍾榮宗兄弟退還大圳外溪新浮田園字。

227　〔永泰淡水租業契總〕，乾隆二十年十月海山庄佃劉此萬有三角埔崁下水田二甲六分退佃根字載：「于乾隆二十七年間被洪水沖壓，盡成沙堆。」足見三角埔也有洪水沖毀問題，只是不若海山庄東南勢一帶災情慘重。

228　〔水圳原由便覽〕，第二紙「庄佃劉此萬等狀稿」。

229　〔水圳原由便覽〕，第三紙「乾隆二十九年二月二十二日蒙分府夏堂訊獻語」。

圳通流，氣候已成，萬安陂大圳合約又備有「致控公廷」均攤費
用的專款，自然不服淡水同知的判決，就向護理臺灣道的臺灣府
知府蔣允焄抗告。張源仁認爲這個問題既然無法善了，又發現劉
家雖然賣了水分六十二分給武勝灣社二重埔莊番業，但不足以灌
溉二、三重埔的全部番業，就聯合武勝灣社於乾隆三十年(1765)
開鑿「海山大圳」，由通事瑪珯具名開鑿「新莊街草店尾」以北
至二重埔的水圳，如此一來[230]，在競墾之外又形成了「競鑿」，
兩圳都源於「張源仁海山庄界內」[231]，潭底莊石頭溪大埤潭，而
新鑿的「永安陂」「水道有經過劉承傳界內、圳內，應築浮圳、
水梘致傳爭阻」[232]，如此一來，不但張家大圳鑿成，爲新莊平原
增一大水利設施，張家與劉家也才有談判講和的條件。乾隆三十
年(1765)十二月，雙方議和，劉家答應照付夏瑚所裁定的每年六
百石的水租，原來劉家賣六十二分水給瑪珯二重埔莊佃年收水租
二百四十石改由張家收租，另一方面瑪珯新圳議貼水租三百五十
二石給劉承傳，也由瑪珯代納給張家，合起作便是六百石。「
二家圳水就張源仁埤頭溪底立汋對半均分，各灌各業，不得混
爭」[233]，到了乾隆三十四年(1769)底，三重埔番業主君納的莊
佃，請求延長海山大圳至三重埔境內灌田，張廣惠（必榮）後裔
張福壽先生家藏抄本〔永泰淡水租業契總〕中附有〔水圳原由
便覽〕，錄存了許多水租契約，其中也包括三重埔庄佃的求水灌

230　〔水圳原由便覽〕，第六紙劉承傳具遵依字載：「又于瑪珯新開圳在新庄街
　　　草店尾水圳撥出水三甲付傳灌溉頭重埔己業。」
231　〔水圳原由便覽〕，第八紙「陳時興、鄧文光、張華日等認納水租字」。
232　〔水圳原由便覽〕，第四紙「乾隆三十年十二月劉承傳水圳案和息稿」。
233　同上。

田合約，茲節錄於下：

> ……三重埔庄開墾埔園。因溪洲下處，屢被洪水淹沒，歷年失收，上誤國課，下荒埔地，茲幸有水主張廣惠等，因銀開築海山大圳，經與二重埔庄佃人灌溉成田，餘有水分，欲與三重庄灌溉，眾佃協同向業主相議，求水灌園耕田……。
>
> 乾隆三十四年十一月　日全立合約字人：林節、莊碧、翁平、郭高、周亨、顏眾、葉燕、陳時、余汴、翁岱、陳虞、林剪、蔡掛、林接、佘標、葉謔、余光成、林尚忠、林存、張躬林、黃晚、楊榜、陳存、郭興、林媽[234]。

三重埔段的大圳於乾隆三十七年(1772)鑿妥，永安圳才算全部完成[235]，〔淡水廳志〕誌「永安陂圳」云：

> 圳長三十里，乾隆三十一，業戶張必榮捨地，張沛世出資合置；相傳為沛世。……灌溉海山庄及擺接堡之西盛、柏仔林、興直堡之新莊頭、二、三重埔等田六百餘甲[236]。

根據前面的敍述來驗證這一段文字，顯然撰述者並不知道張沛世是張必榮戶的管事，更不知道張厝圳是從乾隆三十年到三十七年 (1765-1772)，經過八年之久才陸續完成。至於所謂的沛世陂則在今土城境內，並不是永安陂的別稱。

234　〔水圳原由便覽〕，業主君納三重埔庄佃葉燕等求水灌田合約。
235　〔水圳原由便覽〕，乾隆三十九年三月葉坤山繳退約字一紙。
236　〔淡水廳志〕「建置志‧水利」，頁32a。

十、金順興、金合興與大坪林圳、青潭大圳（瑠公圳）

　　民國六十九年(1980)出版的〔瑠公創業二百四十週年專刊〕中「瑠公沿革」部分，對於今日新店市大坪林平原與臺北平原的水田運動，有相當詳細的描述，略謂：

　　1.大坪林合興寮石空頂圳：

　　此圳係郭錫瑠所開設，郭錫瑠別名天錫，前清康熙四十四年十二月二十五日生於漳州府南靖縣……初住彰化，乾隆初年始遷臺北……開拓興雅庄一帶之地……認為自新店街南方向東流而匯合於新店溪之小溪流（即青潭溪）得以利用，當即計畫在新店溪東岸建築防堤，截堵坑水沖瀉，而導入於圳路，於是雇工興辦，挖掘地道，經數年始告完成。

　　2.大坪林圳，即瑠公圳：

　　大坪林合興寮石空頂圳完成後……決意直接導出青潭大溪之水，匯合於既成之圳路……乾隆五年興工，然於工程進行中，曾因資金短絀，遭受挫折，幸有林安、蕭月等人，於乾隆十七年出資，予以襄助，工程乃於乾隆之二十五年告成……乾隆三十年間，水災大作，此暗渠竟被沖破……積憂成疾於乾隆三十年十一月十八日逝世……子郭元芬毅然繼承父志……乾隆三十二年着手變更圳頭，將取入口設於大宅庄，築成現今瑠公圳取水口……從此，大坪林圳取入口稱頂埤（現文山水利委員會取水口），瑠公圳取入口稱下埤……同年架設跨越景尾

溪之水橋……[237]。

據文末附註所誌，本文原載於民國四十二年(1953)十一月紀念創立二百一十週年之〔瑠公水利〕。文山水利委員會於民國四十五年(1956)十一月已合併於瑠公水利會，而文中尚存（現文山水利委員會取水田）之字句，足見〔專刊〕作者之勇於剿襲而疏於校讀。此文亦爲〔臺北市志〕卷六「經濟志・農林漁礦篇」第三章「水利之所本」[238]。

筆者初讀此節文字，頗覺其雜亂矛盾，如旣云「大坪林圳卽瑠公圳」，又云：「大坪林圳取入口稱頂埤……瑠公圳取入口稱下埤」，一圳乎？二圳乎？再加上所謂「大坪林合興寮石空頂圳」則更形紊亂難以理解了。〔淡水廳志〕「水利志」則將大坪林圳與瑠公圳分列，且「大坪林圳」條云：「莊民所置。」[239]則「瑠公沿革」一文並〔淡水廳志〕亦未曾參閱了。

山田伸吾在明治三十一年（光緒二十四，1898）調查臺北縣下的農家經濟時，曾訪得乾隆三十八年(1773)三月大坪林圳的五莊合約，約中記述大坪林圳與靑潭大圳（瑠公圳）開築的經過甚詳，其約甚長，筆者節錄其有關史實者於下：

　　仝立公訂水路車路合約字人大坪林五庄、墾戶首金合興
　　卽蕭妙興，股夥朱畢、曾鎮、王綸、簡書、陳朝誇、吳
　　德昌、江游龍、林棟材等切爲先前墾戶首金順興，卽郭

237　臺北市瑠公農田水利會，〔瑠公創業二百四十週年專刊〕（臺北，民國69年），頁22-25。
238　臺北市文獻會，〔臺北市志〕卷6「經濟志」（臺北，民國54年），頁16-17。
239　〔淡水廳志〕，卷2「建置志・水利」，頁34b-35a。

錫流，自乾隆五年，前來青潭口，破土鑿陂圳，無如地
險番猛，樹林陰翳，屢次興工損失不安，因遲之悠久，
延至乾隆十七年再行開築均未得成功。妙興思圳不成，
與荒陂無異……爰率業主與流相商，情願將大坪林地界
聽流開鑿圳路，通流灌溉外庄，併指獅山邊大潭設立陂
地，付流防築，以補元前作事謀始之奇功，流亦青潭所
創陂地交興等續接，實為兩便，興欲合眾人之力，卽
將墾首金順興改為金合興，是日也，向官稟請告示牌
照，給定圳路，率股夥深入其境……擇日興工，設流壯
為護衛，倩石匠以開鑿……自乾隆十八年續接，日與血
戰，多歷年所，至乾隆二十五年圳路穿過石腔，石匠鐘
阿傳等，卽將乾隆二十五年刻字泐石圳傍，以垂萬世不
朽……興有憂焉，憂之惟何，兩邊岸界，未定耳……幸也
清丈田賦秋、胡二委員來矣，興率股夥朱舉等乘勢將兩
邊圳岸，稟官定界，蒙本廳憲李批准在案，親臨到此，
率同二委員至青潭口闖視指界，畫地分管，自青潭坑口
起直透至獅山外止，依山一邊圳頂十丈，留樹木以衛圳
路……水流入圳者，均歸合興寮界管；；依溪一邊，圳
岸斜灣至牛角、按崙尾比齊，俱至大溪為界，定十丈留
樹木以衛圳岸……分庄大車路自首至尾每條二丈濶……
公圳圳底一丈四尺濶，兩邊圳岸各五尺，私圳圳底，定
一尺半，不論何人田地均照式開圳通流。卽先前草創寮
地，今再邀請明師林濃，擇日翻建，革故鼎新，今恐其
久而差也，故將開闢事情而筆之於書，凡我世世子孫，

共守承于勿替云爾，口恐無憑，爰率股夥，仝立公訂水
路車路，合約字……

一批明五庄，公立合約五紙，分恭、寬、信、敏、惠爲
記，恭字十四張庄，朱翠、吳德昌、陳朝誇收存，寬記
二十張庄，蕭妙興收存，信記十二張庄曾鎮收存，敏記
七張仔庄王綸收存，惠記寶斗厝江龍、林棟材收存。批
照：其告示一紙，官照一紙，共二紙，懇戶首蕭妙興自
收……

一批明大坪林五庄，共水份四百六十甲，自青潭口陂頭
起至獅頭山脚首汴止，水末入庄，實咽喉重地，陂長當巡
視，其兩邊官定十丈留樹木及寮地，前後左右界內，不
許外人亂掘戕傷敗壞地理，俱交陂長守顧……自首汴以
下水流入庄者，每庄各設圳長，照顧分管水路，照田定
甲，照甲定汴分水……其東南山脚畏番，田開未成，西
南近溪，界外田亦未開，日後二處若田開闢，不得混
奪我等水源，如有前來對合興寮補給水甲者，即聽照汴
分流……

一批明其圳路，經已請官定界存案，自青潭口起，至獅
頭山外止，依山一帶，圳頂水流入圳者，均歸合興寮界
管，依溪一帶圳岸俱至大溪爲界，與牛角垵崙尾比齊，
亦均歸合興寮界管，續後倘敢違約混佔，如有破費，五
庄水甲攤出……

一批明我庄……今日削平土宇，除劍戟以鑄農器，宜讀
孔聖遺書，守朝廷聖訓，日後地靈人傑，各庄出仕，則

人群自至……

一批明蕭妙興，蔭水份六甲，田在二十張庄，曾鎮卽曾振聲，蔭水份四甲，田在十四張庄，朱擧蔭水份一甲五分，田在十四張庄，簡書蔭水份壹甲，田在十二張庄……乾隆三十八年季春三月日，仝立公訂水路車路合約字人，墾戶首金合興卽蕭妙興（福）股夥簡書、朱擧、曾鎮、王綸、王奇勳、林棟材覞筆、吳德昌、陳朝誇、江游龍[240]。

由於立約之初，蕭妙興等就恐後人遺忘開闢之艱苦，有意藉此合約將開闢事迹留傳下來，所以此約不僅對於股夥間的權利義務有詳細的約定，對於大坪林圳與青潭大圳（瑠公圳）的關係也有翔實的紀錄。筆者據以校讀「瑠公沿革」一文，知道通行的「瑠公沿革」不僅將大坪林圳與瑠公圳混而爲一，且將大坪林圳斷裂爲二，所記興築開鑿的經過情形僅郭氏生卒年或另有所本，其他事迹則多屬穿鑿妄臆。

筆者據此合約將二圳開鑿事迹依時序條列於下：

一、郭錫流所代表的「金順興號」原擇青潭坑口（今新店市青潭斗門頭）爲入水口，鑿陂開圳，乾隆五年（1740）起，屢次興工，由於「地險番猛」損失頗鉅而事不成，遂擱置多年。

二、乾隆十七年（1752）再行開鑿，「均未得成功」。

三、大坪林平原上，十四張庄、二十張庄、十二張庄、七張庄、寶斗厝等五庄的拓墾者，在蕭妙興的領導下，合組「金合興

240　山田伸吾，〔臺北縣下農家經濟調查書〕（明治三十二年臺灣總督府民政部殖產課刊行），頁112-117。

號」——鑿圳時「草創寮地」稱「合興寮」，圳成後「翻建鼎新」稱「合興館」，爲金合興號之公館。

　　四、「金合興號」以「大坪林地界，聽流開鑿圳路」以及「獅山邊大潭」（今新店市碧潭）「設立陂地，付流防築」爲交換條件（卽瑠公沿革）中所謂：「乾隆三十二年(1767)著手變更圳頭……入口設於大宅庄。」者也，「瑠公沿革」一文之荒謬由此可知）取得青潭口陂地的使用權與鑿大坪林圳的權利。「瑠公沿革」一文混兩圳爲一，旣昧於史實，更疏於實地考察，是以致誤。

　　五、自青潭坑口至今新店市舊市區光明街口之首汴一段，圳路所經，必須鑿石穿山，工程艱鉅，且得防範「埋伏截殺」，故自乾隆十八年(1753)起至乾隆二十五年(1760)石堤、石腔工作始克完成。二十五年(1760)之後，繼續進行大坪林平原上公圳與私圳的開鑿工作。「瑠公沿革」一文誤「石腔」爲「石空」，又未能區別「金順興」與「金合興」爲不同墾號，合興寮卽指「金合興」號，逐將大坪林圳上游誤爲他圳。且此圳郭錫瑠屢試而無功爲合興寮蕭妙興等所鑿成，蕭妙興等擔當艱鉅，厥功至偉。

　　六、大坪林圳灌溉五庄，共有水分四百六十甲，於乾隆三十八年(1773)全部完工。當時「東南山腳」與「西南近溪」尙未開闢。

　　此約對於大坪林平原的拓墾與大坪林圳開鑿始末敍述甚詳，對於大坪林圳金合興號與郭錫瑠金順興號間的瓜葛也交代得很清楚，然而乾隆十八年(1753)以後郭錫瑠之鑿圳工作，則此約未能及也。

〔淡水廳志〕「建置·水利·瑠公圳」條載：

> 瑠公又名金合川圳，在拳山堡 …… 業戶郭錫瑠鳩佃所
> 置，其水自大坪林築陂鑿石穿山，引過大木梘溪仔口，
> 再引至挖仔內過小木梘，到公館街後拳山麓內埔，分爲
> 三條：其一由小木梘至林口庄及古亭倉頂等田，與霧裏
> 薛圳爲界；其一由大灣莊至周厝崙等田，水尾歸下陂頭
> 小港仔溝；其一由大加臘東畔之六張犂、三張犂口過梘
> 直至車罾、五分埔、中崙前後上搭搭攸等田，水尾歸劍
> 潭對面犂頭標，入北港大溪。灌溉田一千二百餘甲[241]。

志謂圳稱「金合圳」，誤。又謂瑠公圳「自大坪林築陂鑿石
穿山」，實則瑠公圳穿越平野，避開了「地險番猛」之境鑿石穿
山的是大坪林五莊圳，雖有大、小木梘工事之難，但無「埋伏截
殺」番害之憂也。〔淡水廳志〕於瑠公圳完成之年亦付諸闕如。

筆者在〔臺灣公私藏古文書影本〕第二輯中，發現編號02-
04-02-192乾隆四十二年（1777）九月雷裡社土目東義乃給馮珍的
佃批執照，足資說明瑠公圳完成的時代，茲迻錄於下：

> 立奉憲給批雷朗等社土目東義乃緣內埔仔庄原係該社番
> 業，乾隆貳拾陸年典于郭錫瑠收租。其甲數經蒙　憲委
> 丈明白，玆奉　理番憲朱准處諭給佃批，今佃人馮珍名
> 下田……每甲遞年納番租肆石……其埤圳水係各佃出資
> 開鑿灌漑，社番不得藉以水租之說，情願只收埔底……。

郭錫瑠於乾隆二十六年始取得內埔仔庄的大租權，則瑠公圳
之完成當在是年前後，　批照中謂「其埤圳水係各佃出資開鑿灌

241　〔淡水廳志〕，卷2「建置志·水利」，頁34b。

溉」則〔淡水廳志〕所載與之相符合，並非郭某獨資開鑿。

又，同書第一輯，編號02-01-28-043嘉慶十年(1805)九月林復山等所立之「杜賣盡根契」則載：

> 林復山、榮錦等有承父祖開墾闔分遺下水田貳段毗連併谷程在內，坐貫土名大灣庄……帶大坪林青潭大圳水貳甲貳分……
>
> 批明；承給墾單計連壹紙，係族伯良與收存……。

契面有業主「大加臘業主王尙崇圖記」朱印。

據此契，我們可以瞭解，在嘉慶以前，瑠公圳亦稱「大坪林青潭大圳」，是以筆者亦以「青潭大圳」名之。

瑠公圳的全部完成，約在乾隆二十五年至三十年(1760-1765)之間，對於臺北平原的水田化產生無比的貢獻。

「瑠公沿革」所述瑠公圳轉讓的經過情況亦誤，惟非本文所當言及，故置而不論。筆者惟將相關文件中，對於大坪林青潭大圳的瞭解略有幫助者節錄於下：

據郭光祥「杜賣水租契」載：

> 立杜賣水租契業戶郭光祥，卽郭光烈全姪章球兄弟等，有承父祖闔分遺下應得水圳管收水租庄業一所，址在大加臘內埔仔庄……引就與林安邦承買……繳告示一道，合約字壹紙、租佃簿一本……[242]。

本件說明青潭大圳之水租權經闔分而未能集聚爲一，契中所謂「告示」、「合約」若能得見，則青潭大圳開鑿之史實當可大

---

[242] 臨時臺灣土地調查局，〔臺灣舊慣制度調查一班〕（明治三十四年發行）「引水權の性質參考資料」第一件，頁156。

白。本件契尾文字，原編者無法辨認而略去，是以立契時代無法
確定。

又據道光二十五年(1845)十二月「蘇簡記」所立「退股歸管
字」載：

> 立退股歸管字人蘇簡記，于道光貳拾年，田蘇合德字號
> 同陳祥記股內各備出資本貳千五百元，合亦承買郭清和
> 青潭溪全份埤圳水甲並大小梘埤頭通引水源，灌漑大加
> 蚋保田段千有餘甲，原作二大股合辦，簡記應得半股……
> 退歸與林益川前去自行管理……前立合約字壹紙，歸就
> 字壹紙又上手約字壹紙共三紙存前陳祥記處……[243]。

此契字謂蘇記所承買者爲「郭清和青潭溪全份」，又云「灌
漑大加蚋保田段千有餘甲」則青潭大圳時人亦稱之爲「青潭溪」，
同治年間所修之〔淡水廳志〕所謂「瑠公圳」之名，道光時猶未
得見也。郭家將瑠公圳賣出的時間，當在道光二十五年前後。

臺北平原上另一條較爲著名的灌漑渠是「霧裏薛圳」，〔淡
水廳志〕載：

> 內湖陂，又名霧裏薛圳……在拳山堡，莊民所置，其水
> 由內湖溝仔口，鯉魚山脚築陂鑿穿石門過梘尾街後，溪
> 仔口，公館街後通流灌漑大加臘西畔古亭、倉頂、陂仔
> 脚、三板橋、大灣庄、下陂頭及艋舺街一帶等田七百餘
> 甲，至雙連陂爲界[244]。

「霧裏薛圳」其名似源自平埔族語，關於此圳之傳聞甚多，

243　同上第二件頁157。
244　〔淡水廳志〕，卷2「建置志·水利」，頁35a。

筆者以其無一堪供覆按查考，皆不錄，異日得見相關史料而足資探源溯往者，當另撰一文爲之疏解。

十一、小墾號與拓墾者的零星紀錄

北臺拓墾之初，墾權的取得由於治安、賦稅諸般因素以及原住民土地所有權的認定，除了一般「先占」原則外，必須由足資信賴的縉紳之士，向政府請得墾照，再與原所有權——先住民平埔族人洽商，取得墾單，然後籌資、備器，招佃開墾。因此，拓墾的執照契據都掌握在墾首或墾戶、業主或日後所謂的大租戶手中。這是土地所有權的原始依據，也是我們瞭解拓墾過程的主要史料。土地若歷經移轉手續，我們也可能在鬮書、契字中獲得一些拓墾者以及他們的拓墾業績的消息。小租戶、佃墾者的拓墾史料則往往附在墾首的墾批、契字或合約中，正似本書中筆者所列佃戶名單一般。像楊道弘這樣小規模的墾號，在那種環境之下，由於風險太大，往往合夥經營而成爲另一大墾號，這些合夥者的合約與鬮書，也是我們研究臺北平原拓墾史的重要史料，是以本文卽以墾號爲敍述的重心。

除卻前述大墾號之外，臺北平原上還有一些小墾號，以及零星的拓墾者，他們或自行拓墾，或爲墾佃變成的拓墾者，或是晚至的山谷墾者，對於臺北平原的田土化運動都有積極的貢獻。他們所遺留下來的史料較少而且零星分散，本節卽就此零星史料，就臺北盆地內各平原分區敍述。

首先說明板橋平原的情形：

板橋平原除了林成祖之外，還有「李餘周」墾號在此主持拓

墾事業，據乾隆十三年 (1748) 九月李餘周墾號給楊端的佃批執
照載：

> 立給佃批擺接庄業主李餘周，有請墾課地坐在里末埔，
> 東至秀朗溪，西至海山溪，南至擺突突，北至武勝灣
> 溪。今有佃人楊端就本庄界內土名龜崙蘭庄，認墾犂分
> 半張，分半張，出自資本，前去砍伐樹木墾耕……俟開
> 成水田，聽業主清丈……後來開築大圳，工力浩大，業
> 佃公議幫貼……[245]。

龜崙蘭庄在今永和市。據此，當時龜崙蘭庄樹木叢生，與康
熙年間新莊平原上「科藤通草侈」者自然景觀並不相同。而李餘
周墾號亦有意於板橋平原上開築大圳，故執照中有「業佃公議幫
貼」的約定。

李餘周同時也主持今南勢角一帶的拓墾事業，其乾隆十三
年(1748)十月給呂德進的佃批執照載：

> ……今有佃人呂德進，就本庄界內土名南勢山下庄，認
> 墾得犂分半張，東至江印埔，西至游鼎榮埔，南至山，
> 北至坑為界，自出資本前去砍伐樹木墾種……因乾隆拾
> 叄年開築陂圳，係佃人自備費用工本，不干業主之事，
> 俟開成水田之日，照依擺接庄篤清丈……[246]。

此照顯示李餘周墾號拓墾的範圍，涵蓋了今永和一帶大部
分的土地，但是對於開築南勢角一帶陂圳的興趣並不濃厚，是以
林成祖墾號至板橋平原競墾並積極從事水田化運動，在此區開鑿

245　中和庄役場，〔中和庄志〕（昭和七年十一月），第三章「開墾佃批實例
　　　(一)」，頁13-14。
246　同上「佃批實例(二)」，頁15。

了永豐圳，其成就遂凌駕於李餘周墾號之上。

又據乾隆二十四年(1759)二月番業主大生給佃人劉金福的佃
批執照載：

> 立佃批雷朗社等庄番業主大生，今有蒙憲斷舊還番承管
> 劉有仁侵佔番一所，庄名雷朗社角，東至虎吼，西至雷朗
> 坎，南至尖山下水溝，北至龜崙蘭溪，今有佃人劉金福前
> 來認佃，經明丈過實開水田貳甲貳分……旱園……[247]。

雷朗社角在今中和秀山一帶，此照顯示乾隆二十四年(1759)
劉有仁拓墾此區已有相當成就。

〔臺灣公私藏古文書影本〕第一輯編號 02-01-3-018 陳慶悅
兄弟所立的絕賣契內，也顯示了今日中和市與板橋土城接境地帶
昔日四十張庄的拓墾情形：

> 立絕賣田契字人陳慶悅瑤河兄弟，有自己開墾水田壹
> 處，座落土名東保擺接廣福庄四十張刀分內，頭家經丈
> 田甲貳合壹分玖厘，原帶大埤灌溉……。

立契日期爲乾隆二十二年(1757)十一月，上有「擺接庄管事
連昆山記」朱印一，「北路淡水捕盜同知關防」大印一。連昆山
爲林成祖墾號擺接管事，見於〔張廣福文件〕7-A1-7-1 乾隆二
十八年(1763)林策光所立之典契。故陳氏兄弟所謂之頭家當即指
林家。據此契則此區不僅在乾隆二十二年（1757）以前已墾成水
田，其「大埤」也已完成。板橋平原南偶之丘陵亦於乾隆二十年
代開墾。乾隆二十七年(1762)九月擺接社土目茅飽琬給林天生的
山批執照載：

247　同上「舊業戶佃批實例㈠」，頁20。

> 立給山批攦接社土目茅飽琬，有承管山塲一處，坐落石
> 壁湖……兹有漢人林天生前來出首承墾……木斬挖石、
> 開圳築埤，任憑開墾成業……[248]。

石壁湖在今土城碑塘村南山谷中，必須「斬木挖石」，其拓
墾工事自比在坑口、平原者爲難。

又，李成招夥約字載：

> 立招夥約宇人李成，緣有備銀壹拾陸員向土目東義乃給
> 出山塲一處，坐落橫路坑尾，土名石門……小崙、小窩
> 以及天泉水堀俱歸掌管，但開創之始，工程浩大，用度
> 非輕，成自揣力微，不能獨勝其任，兹招陳以明出本合
> 夥……陳以明得壹股，成得叁股……現應設造隘寮，倩
> 丁把守……[249]。

此約錄自昭和七年（民國二十一，1932）〔中和庄志〕，約
尾無日期，未審其爲漏排抑或原件所闕。筆者於第六節中，曾引
錄乾隆三十七年（1772）七月東義乃署名，因丈出漳和永三庄溢
田後與林成祖分收園租與水租，而立給楊切的佃批執照，故此
約字可能亦立於乾隆中期。約末知見爲「呂匡時、呂潮桔」，代
筆堂弟爲「呂靁雲」，旣云堂弟，則立約者當姓呂，則「李成」
亦一墾號名。橫路坑在頂南勢角之西南，山谷深入，故有「應設
造隘寮，倩丁把守」之語，此區南臨「生番」故不得不然耳。

以上二約顯示，乾隆中期板橋平原上拓墾已近飽和，拓墾者
已不得不深入山谷丘陵了。

248　同上「蕃業戶山批實例」，頁23。
249　同上「招夥字實例」，頁17-18。

　　板橋平原濱臺北大湖部分，爲「秀朗、海山、武勝灣三溪」
交匯之處，地形變化極遽，時有舊地沖崩及埔地新生的滄桑之
變，故溪洲、浮洲等區之墾殖時代較難確定。

　　乾隆三十二年(1767)三月，雷朗社番君孝給張直篇的墾照有
如下之記載：

> 立招墾字雷朗社番業戶君孝仔，有承祖遺下番口糧埔地
> 一段，坐落大坪林溪中，土名溪中央中州樹林，埔地
> 一所，東至溪頭，西至溪尾，南至大溪，北至溪仔，
> 四至界址明白，今因眾番口糧無資，無力開墾，議招漢
> 人張直篇前去，自備工本伐木墾種……後來恐遭洪水漂
> 流，大租穀孝不敢討取……立招墾雷朗社番君孝[250]。

　　契中所云：「溪中央中州樹林。」即今臺北市景美區萬盛之
溪洲。

　　〔臺灣公私藏古文書影本〕第四輯編號爲 02-03-02-137 乾
隆五十四年(1789)四月秀朗社番業戶潤福與保生的一份「給補墾
字」不僅對於此區的情況有更詳實的敍述，對於秀朗社與雷朗社
的關係也有明確的交代，茲節錄其大要如下：

> 立給補墾字，秀朗社番業戶潤福、保生仝眾番等承祖父
> 遺管溪洲埔一所，坐落秀朗社前，土名中洲仔埔，東、
> 西、南三面俱至大小溪水乾爲界，北至下山坎番圍爲
> 界，每年約納大租谷二石二斗正，以爲祭祀本社福德爺
> 之用，前年……給付陳玉貞、陳光鴻等前去用力開墾耕

250　〔清代臺灣大租調查書〕第三章「番大租」，第四節「番業給墾字之十一」，
　　　頁545-546)。

種……因遭洪水漂流,中圍沖陷不堪耕種,而近水一帶,
又浮有沙埔可以墾補,因社番沙其里等十四向墾耕種,
致陳貞、陳鴻等到社投阻,福、保等同到查看,社番新
耕埔地,果是原日所給墾批四至內之額……茲再約明,
洲埔四圍盡至水蹬爲界,……不得以甲聲廣狹爲憑……。

　　墾字末業主潤福名下有「業主土官君孝圖記」朱印一,業主
保生名下有「淡水雷朗四社業戶君孝仔記」朱印一。據前引張直
篇墾照,君孝仔卽君孝,秀朗社亦卽雷朗四社之一。契中所謂「
中洲仔埔」當卽「溪中央中州樹林」之俗省稱。

　　乾隆四十八年(1783)八月番雅生等給連生榮的墾批執照載:
「立給墾批龜崙蘭社番雅生、目擬等,今有遺溪埔,坐落土名秀
朗芉林庄,在連生榮田尾。先年被水沖崩,新浮溪洲一所……
遵例招得漢人連生榮觀前來承贌開墾……如遇洪水沖壞,租粟抹
銷……。」[251]

　　溪埔在「秀朗芉林庄」,芉林庄在今秀朗何地,尚未考得,
惟其地既在秀朗,給墾批執照者又爲「龜崙蘭社番」,則其埔地
當在今永和之東北隅。

　　明治三十八年（光緒三十一,1905）臨時臺灣土地調查局所
出版之〔土地調查提要〕一書之「附錄」第五十五號爲同治十年
(1871)十一月李朝英所立之「歸就補墾契字」之原件影本,茲節
錄於下:

　　仝立歸就補墾契字人雷裡社番土目兼業戶李朝英暨眾屯
　　番……等有承祖遺置社地被水沖崩再行浮復一所,址在

251　〔中和庄志〕「番業戶墾批實例」,頁24。

下溪洲浮洲仔，卽現今綽號土名雷裡渡頭浮洲仔……東
至大溪爲界，西至大溪爲界，南至溪洲公竹圍腳□□□
圓夬爲界，北至大溪爲界…同治元年……出墾歸就與份
內本社生員潘陳宗卽滸水處墾出……邇年來浮洲埔地成
沃土……托中齊向與滸水處再行補墾……一批明此浮洲
埔地……係是該社公業，抽起潘景星壹份不在墾內，其
餘埔業曁行盡墾，其福星壹份應管聽其照踏抽起，自行
開闢掌管……。

契面有「理番分府給雷朗社業戶李朝英□行記」朱印一，「
淡水分府向給擺接保加蚋仔董事楊鵬飛戮記」朱印一，以及「清
賦驗訖」朱印一。另有大印二方模糊無法辨識。

契中「下溪洲」在今永和鎮下溪里一帶，「浮洲仔」之東、
西、北三面皆臨大溪，則其地當在永和鎮下溪里以北地區。

根據以上幾件古契執照，我們知道新店溪與景美溪匯流後，
由於兩溪洪水的激盪，使得今永和市一帶原本低窪的地區，時生
滄桑之變，不僅拓墾事業的進行艱難，面對浩蕩的洪水，欲長保
拓墾的業績，更要有人定勝天的毅力。

新店溪下游的埔墘、江子翠地區，拓墾工作進行得也相當
晚，〔臺灣公私藏古文書影本〕第三輯編號 02-03-03-247 乾隆
四十七年(1782)武勝灣新社番其山玤給陳萬生的墾批執照適足以
說明這一點：

> 立給批墾字武勝灣新社番其山玤，有承祖遺下空地荒埔
> 壹所，貫在擺接新埔埔墘車路下埤仔邊，與陳萬生田毗
> 聯……卽給付陳萬生前去開墾築壅田園……與社寮內及

　　別蕃無干……。

　　契上有「灣社港仔嘴番甲頭其山抈記」朱印一，，（契文作珥，印文作抈）。

　　武勝灣新社在今板橋市江子翠，舊社社址在新社之東南。其新社濱臨新店溪與大漢溪匯流處，其地易爲洪水沖崩，然浮洲亦載沉載浮，今日往江子翠濱河區一行，尙得略窺所謂「開墾築壅田園」之情也。

　　次及臺北平原：

　　如本文第五節所述，陳賴章墾號已於康熙五十六年(1717)將臺北平原上的拓墾權出讓，繼有者於雍正十三年(1735)與競墾者林成祖墾號爲了所有權而互控，而互控的目標地仍是「草地」，不是田園，更不是水田。

　　此外，筆者所見最早的原始文件，是乾隆四年(1739)八月武勝灣社番業主買那等所立給林騰的佃批執照，其原文如下：

> 立給佃批武勝灣番買那、老萬、嗒母約招得漢人林騰老
> 前來開墾擺接里末坎下柳樹湳、犁分兩張，四至明白爲
> 界，時收犁頭銀卽番珠咬老廣共叁拾伍粒正，歷年言約定
> 業主大租粟壹玖伍抽的，如恐有開成水田者，照例納租，
> 其係佃人自備牛、犁、種子各件。立佃批壹紙付執爲炤
> 乾隆肆年捌月　　　　日　　　立佃批番業主　嗒母約
> 　　　　　　　　　　　　　　　　　　　　　買　那
> 　　　　　　　　　　　　　　　　　　　　　老　萬

　　原件長47公分，寬45公分，「上有淸賦驗訖」朱印一。番業主名下各有墨指印各一。「在見」下有「淡水武勝灣社記」朱印

一。「爲中」下有「淡水武勝灣社土官歐灣圖記」朱印一。（參見影本原件，原件由張木養收藏）

執照中所謂「擺接里末坎下柳樹湳」在今臺北市龍山區顯然武勝灣社的領地有相當大的面積於康熙三十三年崩陷爲臺北大湖。漢人林騰老以「番珠咬老廣叁拾伍粒」爲犁頭銀易得犁分兩張之拓墾權，且說明係「佃人自備牛、犁、種子」，對於拓墾初期番漢關係以及當時交易情況提供了相當翔實的說明。其次爲乾隆五年(1740)十月雷裡社番婦魯物氏給陳悸的佃批執照：

> 立給批雷裡社番婦魯物氏，有祖遺應份埔園一大段，坐落土名雷裡社後‧東至林家園，西至番東義乃園，南至番甲兵園，北至陳雄官園……情願將此埔園托中送就與誠實漢人陳悸觀前來承去佃耕……此園奉文清釐，丈過七分五釐……[252]。

雷裏社在今雙園區，此執照顯示附近尚無墾成水田的痕迹，但曾經官方清釐。其次爲乾隆七年(1742)二月雷裡社瓜匣土官大武臘等所立之贌耕執照：

> 立招贌墾淡水雷裡社瓜匣番土官大武臘、咬龜難等，茲有荒埔一所，坐落土名加臘仔，東至林永茂園爲界，西至港仔爲界，南至社爲界，北至芒州尾爲界，四至明白。今因耕種不及，誠恐侵佔之弊……是以告知夥長，公同眾招鄭文明、黃宗、林宗華、林振馨、林士暖、徐士和，自備犂、耗、牛工、種子前去開墾荒地耕種。所

252　〔清代臺灣大租調查書〕第三章「番大租」，第三節「番人給墾字之四」，頁446-447）。

收粟石五穀，其首、次年俱係一九抽，三年以後，照庄
例一九五抽的，倘有開成水田，照例丈明，按甲收租…
…倘有別番眾及漢民爭執者，係大蚋、龜難等抵擋……
立贌耕字一紙，帶一手印契一紙……

　　　　　　　　知見爲中人夥長　鄭進使
乾隆七年二月　　　日　立招。墾耕人雷裡社瓜匣土官
　　　　　　　　　　　　　　　大武朥
　　　　　　　　　　　　　　　咬龜難[253]

　　「加臘仔」在今臺北市雙園一帶，贌墾字中謂「西至港仔爲
界，北至苧州尾爲界」，無疑是西臨臺北大湖，北抵艋舺溪南。
此照顯示乾隆四年至七年（1739-1742）間，南臺北平原亦有相當
多的漢人來此競墾，唯仍以通事之夥長爲首，則漢人社會形成較
新莊爲晚。

　　乾隆二十九年（1764）十月瑪珓給邱待的墾批執照也說明了大
浪泵（臺北市大同區）的大致情況：

立給墾批人業主瑪珓，今有番佃邱待老原佃墾大浪泵社
埔地一所，坐址本厝後……佃人自築陂圳，經已陸續開
墾，頗成下則田園……本年六月內，蒙分憲夏票差請
查，着珓充當業戶，呈報陞科……玆明丈過，○○○分
下水田○段，共○○○甲○分……遞年大租穀○○石○
斗○升，合園一段，共○○○甲三分○釐……大租穀一
石二斗○升○合……倘再開陂圳係佃人自出工本……

253　〔清代臺灣大租調查書〕第三章「番大租」，第二節「番社給墾字之十二」，
　　頁340-341）。

254 。

執照中謂「自築陂圳……頗成下則田園」則開墾業績必甚爲
可觀。然清丈田園數目，執照中卻爲「○」號。瑪珯曾任通事，
是以夏瑚「著珯充當業戶」，亦曾與海山張氏張源仁等合鑿永安
圳。筆者初讀排印之前契，頗感迷惑；近日購得乾隆三十年（
1765）七月瑪珯給二重埔芎蕉腳溪洲崁下莊鄭榮錦等人之佃批執
照始恍然大悟，原來瑪珯所給之執照，爲刻板印刷者，地名、人
名、四至、面積、租課數皆留白，使用時塡寫卽可。（筆者所藏
瑪珯批照上有「清賦驗訖」朱印一，「二重埔等庄番業戶瑪珯圖
記」朱印六，長48.5公分，寬45.5公分，參見原件影本）大浪泵
墾批執照當同屬刻板印刷品，旣然墾批執照必須刻板印刷，則大
浪泵的拓墾者亦必不少。

筆者在〔臺灣公私藏古文書影本〕第二輯中，也發現一份與
「通事瑪珯」有關的墾批執照02-04-01-191：

> 立給墾批人字，峯仔峙社土目來氏承祖遺下有埔園一
> 處，坐落土名搔老準，因先年無人支理，具兼合社不
> 諳，是以故通事瑪珯代給墾單，招得漢人吳家珍前來承
> 耕，今來氏蒙分憲李准充土目，清理本社口糧……因番
> 無力耕種修築陂圳，自願減租貳石，以貼個人修築陂圳
> 之資……
>
> 乾隆叁拾柒年叁月

契面有「清賦驗訖」朱印一，「理番分府李給峯仔社土目來

254　〔清代臺灣大租調查書〕第三章「番大租」，「番業戶給墾字之八」，頁
542-543）。

氏記」朱印一。

　　峯仔峙社在今臺北縣汐止一帶，「搔老準」爲汐止何地則待
考。

　　此約可以看出，峯仔峙社原來由瑪珗代理，乾隆三十七年（
1772）來氏任土目後才自行經理。

　　〔臺北縣下農家經濟調查書〕中也錄了一則來氏付與黃神智
的「佃墾批字」

> 立給墾佃批字，峯仔峙社土目來氏同眾番等，有承祖遺
> 管林埔，坐落土名舊社后，前年經給出犁分五張，付與
> 黃神智開墾，填築陂圳，已成水田，清丈二十五甲，配
> 納口糧大租一百石無異，四界附近，尚有林埔、約丈犁
> 分二張，前神智官之子，黃溫仲官，爲人誠實，此埔又
> 與前給之地相連，仍將此埔林二張，給與黃溫仲前去開
> 墾田園，永爲己業……
>
> 乾隆四十三年二月　　　　　　日給墾佃批峯仔峙社土目
> 　　　　　　　　　　　　　　　　　　　　　來氏[255]

　　舊社后在今汐止北山、北峯一帶。此照顯示，黃氏父子所墾
水田在三十五甲以上。在狹隘的基隆河中游河谷兩岸，應當是很
可觀的成就。

　　山田伸吾〔臺北縣下農業經濟調查書〕謂灌溉今汐止街後康
誥坑、上下寮地區的康誥圳於乾隆四十二年至四十八年（1777-
1783）間由業戶陳芳泰所獨資開鑿[256]，〔淡水廳志〕「水利志」

---

[255]　山田伸吾，〔臺北縣下農家經濟調查書〕，「耕地篇」，第四章「熟番與民
　　　　人之佃批之一」，頁53-54。
[256]　同上，「水利篇」，第二章「各地水圳の實況」，頁107。

未載。乾隆四十四年(1779)八月「里族社」老閩老林給蔡滿的墾
單可略窺當時的情況：

> 立杜盡根墾單字里族老閩老林，有承祖父遺下接管山林
> 荒埔一所，併帶本坑澗水通流灌溉，坐落土名水返腳康
> 誥坑更寮崙，東至山岐林家山為界，西至坑底，南至林
> 家山坑溝為界，北至更寮崙岐余家山為界……招得漢人
> 蔡滿觀出首承墾……自備工力，砍伐樹木築成埤圳……
> [257]。

　　墾單中並未顯示康誥圳正在開鑿的迹象，但是卻說明基隆河
岸有「澗水通流灌溉」的地區幾乎都墾遍了。

　　乾隆四十七年(1782)正月錫口社番如來給漢人陳連招的「山
埔墾字」對於樟樹灣地區的拓墾情形也作了相當詳細的描述：

> 立給山埔地墾字錫口社番如來，承祖遺下有山埔一所，
> 址在樟樹灣番婆坑庄……西至坑底石門圳頭為界，南至
> 崙中張家山……與漢人陳連招身上出首承買……前去耕
> 種，開築成田……[258]。

　　墾字中「石門圳頭」或即今所謂「溪洲寮圳」，唯於史也難
徵，姑誌於此以待來茲。

　　今臺北市南港地區的山林埔地，也在乾隆四十年(1775)前後
開闢；乾隆四十一年(1776)四月土目高力給吳清的墾照載：

> 立給墾永耕字里族社土目高力，緣承祖遺下有新莊仔埔

257　〔清代臺灣大租調查書〕第三章「番大租」，第三節「番人給墾字之三
　　　十」，頁462-463。

258　〔臺灣私法〕「物權編」第一章第三節「物權之得失」，第三十一例「給山
　　　埔地墾字」（〔文獻叢刊〕第150種），頁142-143。

　　頂地坵一塊，土名前山，茲有漢人吳清前來給墾永耕
　　……自給墾後，凡四至內，任憑銀主開墾田園，栽植雜
　　物，併作墳起蓋……[259]。

　·新莊仔埤鄰於後山，前山卽今南港中南里一帶。

　　乾隆四十三年(1778)八月，土目高力又將「林埔地一所坐貫
土名新莊仔埤尾前山」者交給陳伯墾耕[260]，乾隆五十年(1785)八
月，里族土目珍稟益給陳曄的「山批字」則顯示開墾日益深入：

　　立給墾山批字里族社番土目珍稟益，有承祖父遺下山林
　　埔地一所，貫在土名三重埔埤尾山，東至南港仔大崙爲
　　界，西至坑底爲界，南至大山橫崙爲界，北至淶狼財官
　　埤爲界……茲漢人陳曄官到社，向求給山林埔地前去開
　　墾，砍伐樹木耕種雜子作爲活生，以及自山坑泉日後開
　　築成田，照例抽的大租……[261]。

　　陳曄所墾地區「東至南港仔大崙，西至坑底」當卽昔日後山
莊，今日麗山里一帶。

　　乾隆三十八年(1773)十月錫口社番里骨氏等給漢人周廷瑞等
人的賣契亦說明了乾隆中期今日松山區的部分拓墾情況：

　　立絕賣埔地契，錫口社番里骨氏、己力氏，有承祖遺業
　　埔地一所，坐落土名南勢，東至溝，北至溝，南至瓦石
　　圍……托中送賣與漢人周廷瑞、廷陰、廷章承買……前
　　去掌耕，永爲己業……

259　〔清代臺灣大租調查書〕第三章「番大租」，第一節「番大租之起原之三十
　　八」，頁370。
260　同上之四十，頁372。
261　同上之四十五，頁377。

　　　　　　　　爲中人　番瓦石
　　　　　　　　　　　鄭白觀
　　　　　　　　　……
　　　　　　　　　　　　　　262

　　「南勢」爲今松山何處則待考。

　　新店、木柵、景美一帶，乾隆時皆屬拳頭山堡，大坪林五庄
與溪洲前已敍及，景美區於乾隆二十九年(1764)，余文儀的〔續
修臺灣府志〕中已有興福庄與萬盛庄[263]的記載，筆者於〔臺灣公
私藏古文書影本〕第三輯中，發現編號 02-1-07-012 乾隆二十六
年（1761）十月胡辛甲之賣契，對於當時興福庄，今日景美區興
福里、興德里一帶的拓墾工作也有相當的描述：

　　　立社賣□斷根田契人胡辛甲，今有自置水田壹號，坐落
　　　土名興福庄，原計正租壹甲叁分……實納官租粟石玖斗
　　　……東止山爲界，西止山爲界，北至林家爲界，南止胡
　　　家爲界……托中引到錢亦之、羅克勤二位前來出首承當
　　　……
　　　批明坡塘貳口係貳家相共，原以積水灌漑蔭田，不得私
　　　霸固執……
　　　批明林家圳尾水二家均分不得固執……。

　　契面有「北路淡水捕盜同知關防」大印一。知見人林布生，
在見人胡汝瑤、胡之熾，當卽契中所謂「林家」與「胡家」。

　　胡辛甲旣云「自置」而不曰「自墾」，則必購自墾者，興福

────────────────
262　〔清代臺灣大租調查書〕第三章「番大租」，第三節「番人給墾字之十
　　　九」，頁461-462。
263　余文儀，〔續修臺灣府志〕卷 2「規則志・坊里」，頁77。

庄之開拓，當不晚於乾隆初年。所謂「實納官租」者，據同輯編
號 02–01–020–025 乾隆四十八年(1783)十二月羅觀送等之杜賣斷
根田契，亦即胡辛甲賣契之下手契，契面上有「分府焦給拳頭山
官庄□保賴奇泉記」朱印一，則此地屬拳頭山官庄地面，故納官
租。

　　前引〔淡水廳志〕「水利志」謂內湖陂：「其水自內湖溝仔
口……。」是知木柵地區南段乃古之內湖庄，乾隆四十二年（
1777）七月鄭克王之「杜盡賣契」對此區的拓墾情形也有相當翔
實的描繪：

　　　立永杜盡賣契人大功弟克王，有承父旱園壹所出賣，土
　　　名霧裏薛內湖庄，東至溪，西至山，南至高家田，北至
　　　張家田……厝壹座伍間，竹圍、菜園、草子等項……經
　　　官丈叁甲捌分零，年微□官租壹拾石伍斗……今因欲回
　　　內地，托中送就與大功兄四祺上出首承買……
　　　再批明：此業係王父乾隆□□□□買的貳拾壹王父回內
　　　地，將此業交寄族叔鄭騙管耕，因遭兇番危害，廢耕多
　　　年，致彙欠官租……[264]。

　　此契所示之地亦屬拳頭山官庄之地。鄭克王之父於乾隆二十
一年(1756)回內地，則其地開墾必早於此，「因遭兇番危害，廢
耕多年」則為筆者所見史料中，僅次於大坪林圳開鑿時之番害。
契中云：「東至溪，西至山。」則當位於景美溪西岸，惟其確實
所在則無考。此契以霧裏薛冠於內湖庄之前，則霧裏薛或即今木

264　〔臺北文物〕，（臺北市文獻會藏），第 5 卷，第 2 、 3 期合刊本「會藏古
　　　文書選輯」，頁126引錄。

柵--帶之古地名之番語音譯。

次敍士林平原：

據士林神農宮前，乾隆五十七年(1792)林鐘山、吳家壁等所立之「芝蘭廟碑記」載：

> ……我蘭林雖僻處海隅，于康熙四十八年開闢草莽，人
> 得安居……[265]。

與本文前舉賴永和等人康熙四十八年(1709)十一月拓墾合同之時間約略相符。

據乾隆二十七年(1762)閏五月毛少翁土目義生給漢人楊君略的「補出墾單」載：

> 立補出墾單毛少翁社番業 主土目義生，有承 父山林一
> 所，坐落土名毛少翁石角勢山坡塘面，東至水喹，西至
> 圳頭，南至陂塘，北至山頂……乾隆十八年，招得漢人
> 楊君略，自備人工，墾伐栽種……君略因五月二十三日
> 夜被盜所搬，家伙物件併墾單一盡洗空，今再補出墾單
> 一紙……[266]。

又據楊雲萍所撰〔士林先哲傳記資料初輯〕引〔楊氏族譜初稿〕：

> ……君略……此祖於乾隆十五年間來臺，向番給墾雙溪
> 庄小地名水空土地山場一場……[267]。

---

[265] 曹永和，「士林の古碑」（〔民俗臺灣〕，第6號「士林專號」），頁20所錄碑文。

[266] 李騰岳，「士林雜纂」（〔臺灣風物〕，4卷5期「士林專號」），頁37所錄。

[267] 楊雲萍，「士林先哲傳記資料初輯（〔民俗臺灣〕，第6號「士林專號」），頁3，楊君略傳引。

石角卽今芝山岩。據此可知士林平原的拓墾，大約在乾隆初年卽已完成，乾隆十年以後已向山場坡地進墾了。

次敍新莊平原：

〔張廣福文件〕中有「墾戶胡瑞銓」的紀錄，〔張廣福文件〕16-A1-14 許鳳信、黃士雄乾隆四十一年 (1776) 正月拆夥分地字載：

> 乾隆三十七年冬合本買得黃阿門、黃阿強兄弟手內前向
> 業主胡瑞銓在興直山脚大窩裏，承墾有樹林埔地壹所
> ……。

原件長46公分，寬44.4公分。上有業戶「胡瑞銓記」朱印及「清賦驗訖」朱印一。（參見原件影本）

又據本契之上手老契〔張廣福文件〕6-A1-6 乾隆二十八年 (1763)十一月胡新福賣契載：

> 胡新福有自置樹林埔地壹座，坐落土名興直庄楓樹下大
> 窠尾，坐至伯公窠壹所，西至山崗爲界，南至坪頂埔，
> 北至大溪唇高坎爲界……送與黃拔朝前來出首承買……
> 其樹林埔地開承田園，子孫永園管業……。

原件長44公分，寬23.9公分，乃破損殘片，其左邊空白部分斷失；上有業主朱印一方印文字體與前件稍異，當卽另一方「胡瑞銓記」之印記。又有「清賦驗訖」朱印一。（參見原件影本）

根據前引的兩件〔張廣福文件〕，我們知道楓樹下大窠尾的開墾者當爲黃拔朝、黃阿門、黃阿強父子，業主則爲胡瑞銓，胡瑞銓與胡焯猷同時存在，或非焯猷之繼承人。

搭寮坑及三角埔之鄰近搭寮坑部分（今新莊、樹林與桃園交

界處），又有謝同老、林獻伸等作細部墾殖。乾隆二十四年（
1759）四月謝同老向「業主張四相公」認墾三角埔原爲牛埔的園
埔一片開荒[268]；林獻伸在搭寮坑口也有「自墾埔一所」「零星不
成片斷」賣與張家[269]，二人墾成的田共有四甲一分，其中五分爲
林獻伸所墾零星田地，謝同老則墾成三甲六分[270]。像這類的細部
拓墾事例必定不少。

　　乾隆二十四年(1759)的洪水所造成的溪中漲溢埔地，乾隆三
十年（1765）張家開鑿永安陂大圳以後，圳外的新生地也易於開
墾，由鍾榮宗、鍾榮崎、鍾榮崙兄弟於三十二、三年開鑿成水
田[271]。

十二、番耕、番墾與番仔圳

　　平埔族原來的生產方式是兼營漁獵與粗放農業，每社的人口
不多，耕地面積亦小。

　　番社的草地、鹿場、山林、埔地在原始漁獵耕牧兼營的時
代，每社的土地都相當遼濶。一經田土化或水田化之後，單位面
積的生產量提高，平埔族各社的人口本少，經營耗用大量人力的
精耕，他們的人力僅足以開墾小部分的園或田，故而得以容納大
量外來人口——漢人移民，收取拓墾權利金、番租，並由漢人代

268　〔永泰淡水租業契總〕，乾隆廿四年四月謝同老認海山庄三角埔佃字。
269　〔永泰淡水租業契總〕，乾隆廿八年十一月用銀十大元絕買得林獻伸墾埔一
　　　所坐搭樓坑口賣契。
270　〔永泰淡水租業契總〕，「乾隆廿四年四月謝同老認海山庄三角埔佃字」之
　　　契後所附部伯查實之紀錄。
271　〔永泰淡水租業契總〕，乾隆四十四年十月海山庄佃鍾榮宗、鍾榮崎、鍾榮
　　　崙等退還大圳外溪新浮田園字。

納番餉，加上政府力行「護番保產政策」，使得平埔族人終淸之
世，始終保有他們的土地所有權，偶有侵耕、奪產的情形，或控
稟斷還或屢經淸釐而物歸原主；在這種生存條件之下，番漢關係
是相當融洽的，偶發的衝突，情況旣不嚴重且易於控制，較諸漢
人與漢人間的衝突，號稱「閩、粵拚」或「漳、泉拚」的大械
鬥，焚燬廬舍、城鎮，積屍盈野，官府彈壓數年而難息，熄而復
燃的情況，相較之下又可以說是微不足道了。

　　墾入深谷且與所謂「生番」接壤的拓墾者與生番間的衝突較
爲顯著，若能講求交接之道而不強取，往往也可以避免衝突，是
以道光中任臺灣道的徐宗幹謂：

　　　　番地能爲後患者，在漢不在番[272]。

　　番地能爲後患者，在漢不在番。漢人入墾之後，平埔族人目
睹漢民犁耕、鑿渠的拓墾行動，遂興模倣學習之意，是所謂「番
墾」。

　　伊能嘉矩在〔臺灣蕃政志〕中，述及平埔族的開圳耕田，僅
引〔番社采風圖考〕說明臺灣南部地方在乾隆初年已知學習漢人
築圳、開墾[273]，述及蕃水租時，也以瑯璚上社爲例，漢人之水利
設施在蕃境者，始納部分蕃水租[274]。

　　但是，臺北平原上則不然，除卻前述張源仁與瑪珯合開永安
陂海山大圳外，番人自有番田與番仔坤。乾隆三十四年（1769）十

272　徐宗幹，「議水沙連六社番地請設屯丁書」（〔斯未信齋文編〕收，〔文獻
　　叢刊〕第87種），頁49。
273　伊能嘉矩，〔臺灣蕃政志〕，第五章「蕃人の敎化」，第四節「熟蕃の化
　　育‧開圳耕田瞭望」項，頁520。
274　前書，第三章，第二節「蕃租」，第五項「蕃水租」，頁164。

一月三重埔莊葉燕等求水灌田合約的附批載：

　　批明：所墾之小圳路係由番仔埤經過，但埤口原有消水

　　溝乃鄧謀觀引灌己田之圳……[275]。

　乾隆三十九年(1774)葉坤山邀退約字對於武勝灣社平埔人的

「埤田」有更詳盡的描述：

　　前年三重埔庄眾向就海山庄原築武勝灣永安埤水主張廣

　　惠圳中給買水源，分撥灌溉三重埔旱園成田，圳路必由

　　武勝灣北勢社邊埤田經過，並攔拾埤底田中水尾在圳，

　　屢被番社阻塞……山向社番煥章等勸解……通庄田夥各

　　皆欣悅，原將除買水主張廣惠水源甲數外，餘拾社番埤

　　田水尾源流批約付山前來出給水甲並收租費，……[276]。

　由此約中，我們可以很明確的了解：武勝灣的北勢社有自鑿

的埤圳、自墾的水田，當時新莊平原上的漢人習稱之為「番仔

埤」。永安圳無法順利的從二重埔開鑿到三重埔，可能是談判的

態度不佳或過境的條件未能談攏，北勢社既無求於人，自難輕易

讓步。

　乾隆三十八年(1773)十月錫口社土目甘武陵給林天德的「再

給墾批」載：

　　立再給墾批錫口社土目甘武陵，有承祖遺下山埔一所，

　　坐落興雅蕪內園莊三張犁柴頭埤內，因乾隆三十六年被

　　郭元芬侵界，混給與蘇華燦，賣與林宗沛、林天德等掌

　　管，迨至本年九月間，被陵控稟在案，蒙分憲宋觀勘訊

---

[275] 〔永泰淡水租業契總〕附〔水圳原由便覽〕，乾隆三十四年十一月業主君納
　　三重埔庄佃葉燕等求水灌田合約。

[276] 〔水圳原由便覽〕，乾隆三十九年三月葉坤山繳退約字。

斷歸還在案。其山埔前係林天德掌管，茲林天德托中前

來到社向給……東至蔡家爲界，西至番圳爲界，南至山

頭爲界……[277]。

此處所謂「番圳」在西，是否即指「霧裏薛圳」則難以查考。前引乾隆五年十月雷裡社番婦魯物氏給陳悼的佃批執照，其四至謂：「西至番東義乃園，南至番甲兵園。」都是番仔園。此外，臺北平原東北部里族庄也有「蕃仔圳」，大浪泵有「番仔溝」，都是番墾的遺迹。

在板橋平原上，秀朗社番沙其里等十四人更與漢人陳玉貞等競墾中洲仔埔。雷裡社生員潘陳宗也墾殖今永和市北部，而社番潘景星分內之地要「自行開闢掌管」，不願出給潘陳宗，前節已經略述其原委，不再贅述了。

總之，臺北平原上有不少番墾的遺迹，或稱番仔園、或稱番仔田或稱番仔圳等等，都顯示平埔族人對於臺北平原的拓墾有相當的貢獻，由於史料的限制，吾人目前尚無法一一爲之查考，筆者相信，只要假以時日，必能得知其大略。

伍、結論

自從西元1626年西班牙人進據雞籠與荷蘭人抗衡之後，便展開了臺北平原拓墾史的序幕。

西班牙人與荷蘭人曾先後占領雞籠、淡水，但是他們志在貿

277　〔清代臺灣大租調查書〕，第三章第二節「番社給墾字之三十一」，頁361-362。

易、淘金與傳敎，無意在此拓墾定居。延平王國視鷄籠淡水爲極邊荒徼，或棄或守，毫無主見，全視大陸形勢及淸政府對臺政策之或撫或戰而定，對此區亦無拓墾之意，是以一旦何祐北守，必須千里輸饟，竟因而激起平埔族之大亂。何祐駐此既乏糧草，其勢不可堅守，遂率先投降。

　　淸領初期，北臺策略未定，郁永河久居臺北，所見者亦僅社商、通事、漁夫之輩，亦無鄭氏逸民的紀錄。由於郁永河的探硫行動參與者甚多，加以社商、通事等的往來傳播，遂使璞中之玉的臺北平原逐漸成爲移民競趨的沃土。

　　康熙末期，傳說洋盜鄭盡心以此爲海外巢穴，更使政府重視這個地區，陳璸分撥千總巡守，設一汛七塘駐守，不但備禦洋盜，也成爲拓殖家們的保護者，所以康熙五十年（1711）以後，諸墾號絡繹而至，如陳賴章、陳國起、戴天樞、陳和議、胡同隆、胡林隆、施茂、林天成（林成祖、林三合）鄧旋其、胡詔、鄭維謙、何周沈、李餘周、劉和林、楊道弘、李成、金順興、金合興、張吳文等，以及其他小墾號，零星的拓墾者，都到臺北平原上鑿渠、拓墾。

　　這些墾號是由有魄力、有眼光的拓墾家爲首，從事請墾、籌資、招佃、拓墾，有的爲了分擔風險，幾個小墾號連成一大墾號，雖然各自主持一個或數個墾區，但彼此都擁有各墾區的股份，支援互助，共負成敗盈虧的責任。各墾號一墾數庄，往往遍布於臺北盆地內諸平原之上，墾區的選擇固然要考慮生存條件和拓墾條件，另一方面也必須顧慮拓墾權的取得與番漢關係，因此在康熙末期，凡是「勢高而近溪潤淡水」以及靠近「天泉水堀」

而能取得拓墾權的的地區，都已開墾殆盡。乾隆中葉，萬安圳、永安圳、大安圳、大坪林圳、青潭大圳以及雙溪圳、霧裏薛圳相繼鑿成，更完成了臺北平原全區的水田化，平原的農業發展乃臻成熟。自此以往，臺北平原成為全臺最重要的產米區之一，直到都市化與工業化的降臨。

論者每謂移民來臺者，多由於閩、粵山多田少、人口壓力大，時生的糧荒驅使他們往海外謀生[278]，這類訴諸生理本能的說辭，只能說明生物層面的本能行為，最多只能說明「移出區」的驅力，無法解釋移民如何選擇「移入區」，更不適宜說明拓墾行動與拓荒精神。臺北平原的田土化與水田化運動的過程，固然無法剔除這類生理本能的因素，但是根據本文的舉證，拓墾者多半是挾資、合夥而來的健者、佃墾者，或則「自備工本」，或則依照「庄例」三與七之比或二與八的比例來出資，墾者獨資反而是少見的特例。大租與水租制度使拓墾行動形成現代資本主義型企業化的經營方式，海山莊拓墾者的前仆後繼與林成祖墾號為了鑿大安圳而不得不放棄新莊平原的經營權以及郭錫瑠開鑿青潭大圳的屢次失敗，最後與大坪林圳的開鑿者合作才得以完成，都足以說明拓墾者的經營能力，本文例證甚多，不再一一列舉。

至於拓墾者的出身，無論清代的地方官或日治時代的統治者，幾乎都極力宣揚其「貧苦」、「不安分守法」，前者以此說明臺地之難治，為自己的無能開脫；後者則除此之外，更有凸顯被

---

[278] 民國六十九年十二月底出版的第30卷第4期〔臺灣風物〕上只有三篇論文，其中溫振華的「臺北高姓──一個臺灣宗族組織形成之研究」一文（頁40）和張正昌的「林獻堂的早年生活與思想淵源」一文（頁58）都如是說（雖然二者都只謂閩省者如此）。可見此說之泛濫難拒。

壓迫的臺人爲劣等民族中之劣等人之意。

　　如前所述，證據顯示大墾號、墾首需鉅資，佃墾者亦多挾資而至、「自備工本」，或按庄例投資；零星拓墾者之墾區小，荒地價廉，微資卽可；不自備資本者則罕睹。而拓墾者必刻苦耐勞，與大自然奮鬥，與平埔族交往。農事之勞苦人盡皆知，「不安分守法之輩」若不改邪歸正，焉能「安分的」參與比平常農事更艱辛的拓墾工作？

　　李國祁嘗謂豪強之士「爲臺灣移墾社會中的權力層」，他認爲：

　　　　蓋開墾於蠻荒之區，社會上所最需要的領導人物是；英
　　　　武勇猛，仗義疏財，敢於冒險犯難，能爲墾民先鋒，具
　　　　有團結羣眾力量的英雄，而非文弱書生……連雅堂臺灣
　　　　通史列傳部分所記載這時期的此類人物事跡極多。如吳
　　　　沙（宜蘭地區）、林成祖（大甲地區）、吳全（臺東地
　　　　區）、姜秀鑾、周邦正（新竹地區）、鄭勒先（埔里地
　　　　區）等均是[279]。

　　李氏忽略了臺灣鄰近中國經濟、文化發達之區，開發之初，已經設置行政區，法令規章具備，而又行科舉制度，能吸引大量讀書人東渡，並非一般「蠻荒」之區可比。

　　連橫〔臺灣通史〕之史料價值姑且不論，其筆下拓墾者諸傳中，「任俠」者亦僅吳沙一人而已[280]，鄭勒先且「從番俗，改姓

279　李國祁，〔清代臺灣社會的轉型〕（臺北市者老會談專集論著之一，臺北市
　　　文獻委員會，民國69年），頁256。
280　連橫，〔臺灣通史〕，卷32，「吳沙列傳」（臺北，衆文圖書公司影印大正
　　　九年刊本），頁949。

名」[281]。

　　如前所述，胡焯猷、郭宗嘏、楊道弘、林秀俊等人都是貢生、監生，番墾者亦有生員，〔臺灣通史〕張必榮傳謂其人乃「淡水海山堡人，力田致富」[282]，筆者考得張必榮是墾號的名字，其人實爲爲張方大，乃乾隆十二年（1747）臺灣縣學的例貢，張氏一門自乾隆二十五年至三十五年（1760-1770）間產生了六個舉人，親至新莊平原主持張廣福墾號的張源仁也是舉人。

　　「縉紳」之士在中國傳統社會中所扮演的角色早有定說，「拓墾」時代的臺灣是福建省的一府，豈有異於中國？耕讀是傳統士族的主要活動，士族是社會的領導人物，在臺灣也不例外。

　　筆者研究臺北平原的拓墾史，不但瞭解我們祖先披荊斬棘、化地爲田的艱辛，更發現拓墾者從請墾到募股、籌資、備器、招佃、拓墾、鑿渠以及與平埔族人交涉諸事件上的表現，他們所呈現的精神、能力與業績，已經不止是傳統的農民與士族，他們也具備了現代工商業經營者與企業家們所必需的智慧、能力與氣質。

民國70年3月20日凌晨完稿於新店拙廬
——本文原刊〔臺北文獻〕直字第53-54期　（民國70年4月出版）

---

[281]　同上「鄭勒先傳」，頁974。
[282]　同上「張必榮傳」，頁960。

圖版一　臺灣是「台北大湖」形成後二十三年（康熙五十六年‧一七一七）中國人所繪「台北大湖」和湖畔兩個「可容萬夫之莊」的平原。臺灣時台北平原上已是拓墾者雲集。　　　　　（本圖採自陳夢林‧‧諸羅縣志）

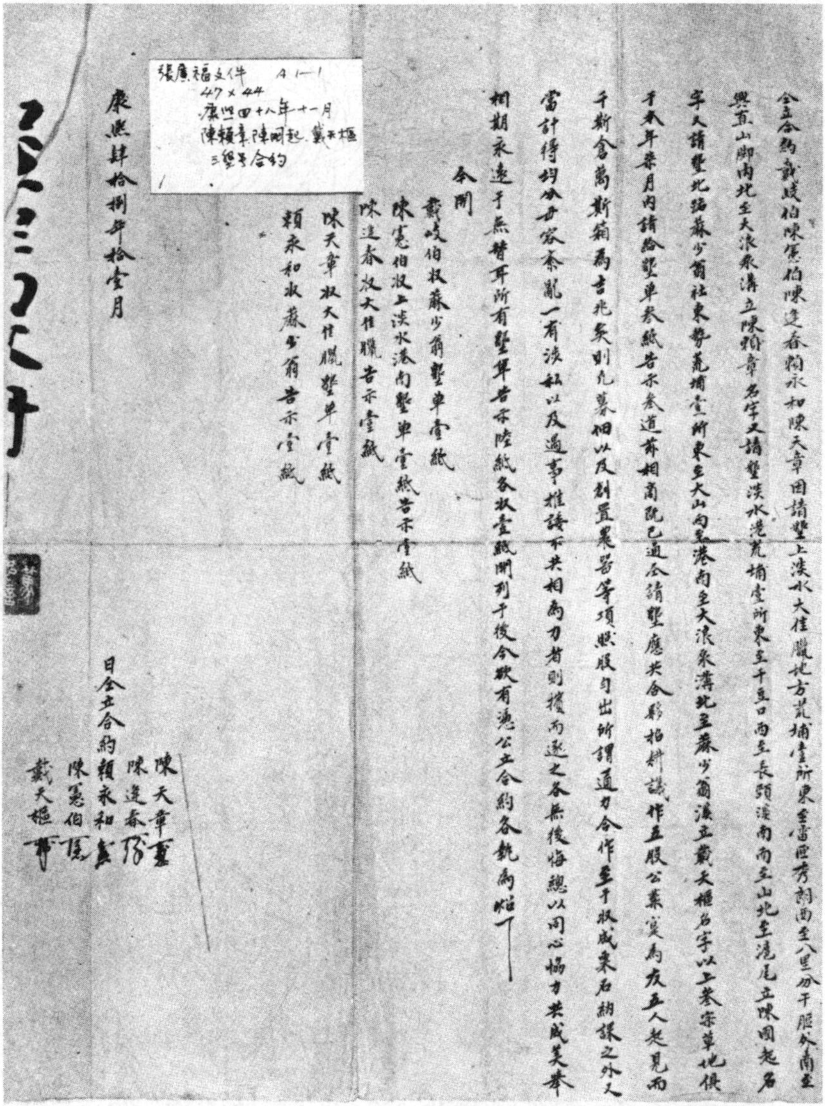

全立合約戴歧伯陳寬伯陳逸春昀永和陳天章因請暨上淡水大佳臘地方荒埔壹所東至雷里爰隔南至八里坌干脷仔南至

興雷山脚內北至大浪泵溝立陳賴章名字又請暨淡水港荒埔壹所東至大山勾虛港南至大浪泵溝北至蘇少葡洪立戴天樞名字以上荼宗草地俱

年人請暨北路蘇少葡社東勢荒埔壹所東至大山勾虛港南至大浪泵溝北至蘇少葡洪立戴天樞名字以上荼宗草地俱

于荼年荼月內請給暨單荼紙告示荼道荼相商既已道合請暨應合彩拍耕議作立股公業為友五人處分又

于新會萬荼菊為吉北矢別九喜佃以及刣置器荼等項照股勻出所謂通力合作荼于收成荼石胡謀之外又

當計得坷欢毋荼荼荼亂一有渡私以及過事推諉下共相商刀才則撥而逃之荼悔後悔應以同心恊力荼成荼荼

相期永遠于荼替耳所有暨荼吉示陰紙各收荼藏開列于後合欲有渡公立合約各執為炤丁

今開

戴歧伯技蘇少葡暨單荼紙

陳寬伯收上淡水港內暨單荼紙告示壹藏

陳逸春收大佃攤告示壹藏

賴永和收蘇少葡告示壹藏

康熙肆拾捌年拾壹月

日全立合約
賴永和馮
陳寬伯馮

陳天章重
陳逸春昀
陳寬伯馮
戴天樞軰

圖版三　　張廣福文件〈1-A1-1〉

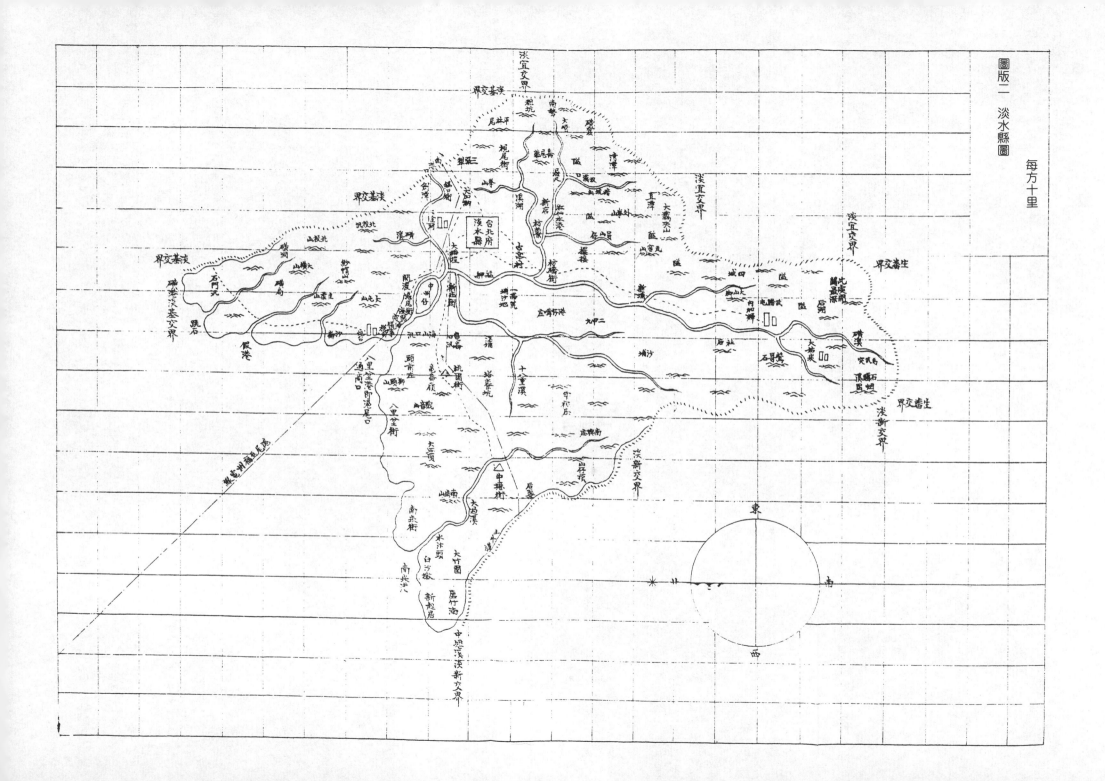

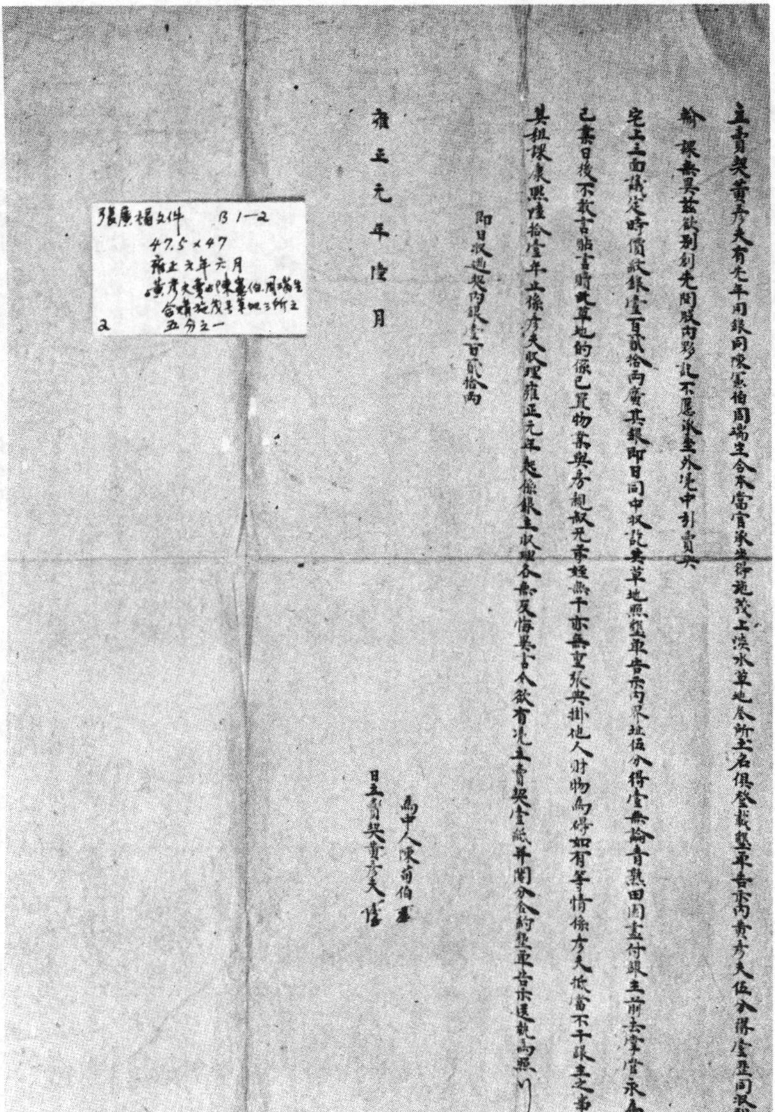

立賣契賣方天有兄弟同銀同保窶伯周瑞生今承當官承典施茂上潊水草地壹所土名俱發載堡平章圖賣方天有係合係盧里同發租

輸課典盡姑就別創先問發向彰記不愿來主外先中引賣與

宅正三面議定時價紋銀壹百貳拾兩廣其銀即日同中收訖草地照契里向界址分得壹無肉青熟田周畫付與主前去掌管承為

己業日後不欲古贴古時成草地的係已買物業與方起故死亲經為十亦無重張典掛他人財物兩得如有等情係方低當不干錄主之事

其租課系興隆拾壹年止係方天敕歷雍正元年起徐銀主收聯合俱及情界古本執有乳立賣契壹紙并閣分合坐重古示退就此照川

即日收過契的銀壹百貳拾兩

雍正元年陸月

為中人陳苟伯臺

日立賣契賣方天信

圖版四　張廣福文件〈2-B1-2〉

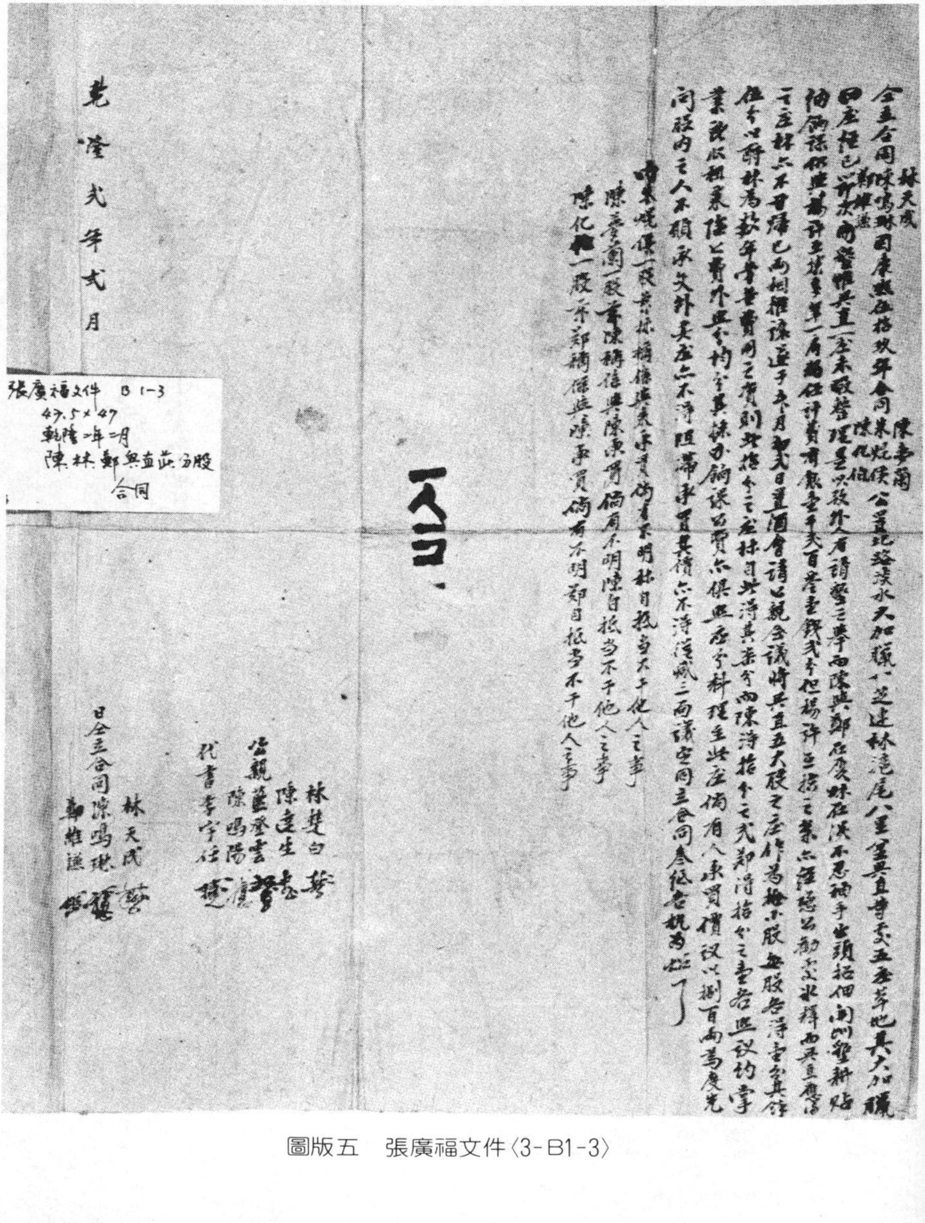

圖版五　張廣福文件〈3-B1-3〉

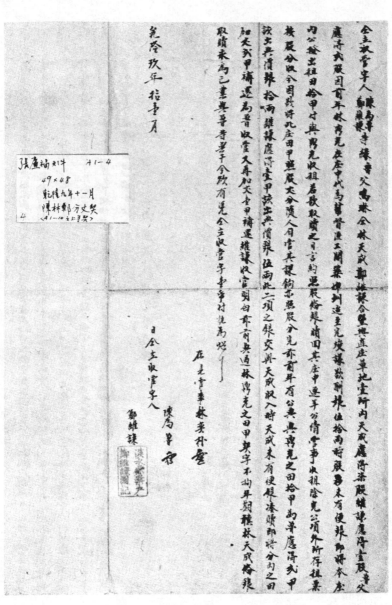

圖版六　張廣福文件〈4-A1-4〉

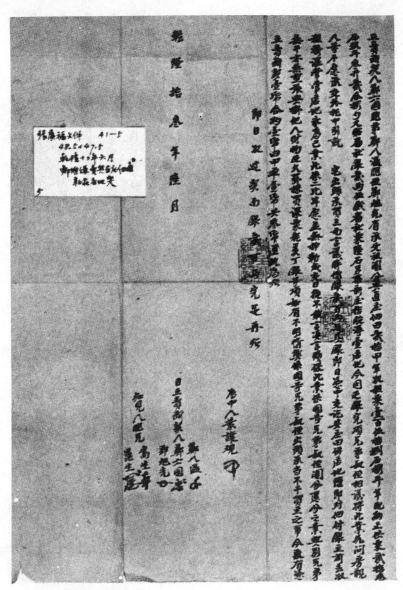

圖版七　張廣福文件〈5-A1-5〉

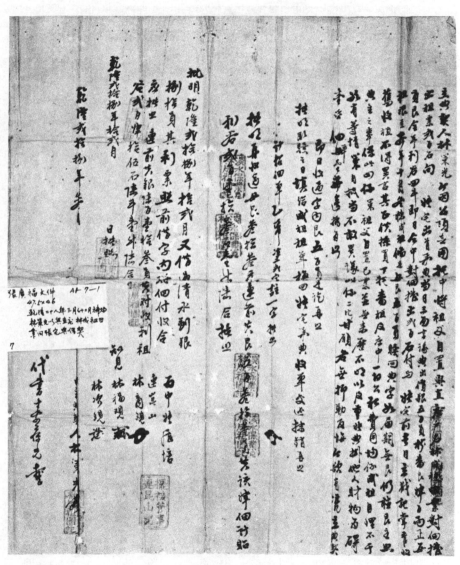

圖版八　張廣福文件〈7-A1-7-1〉

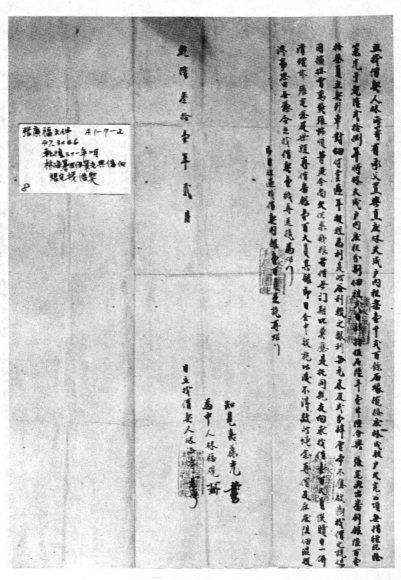

圖版九　張廣福文件〈8-A1-7-2〉

立賣貢契人林瑞腦有承父魚户林天賜前與陳鳴琳鄭維謀合墾無壹庄草地及人兼抵林昜光暫區開築埤

州護酬工銀伍拾兩同未有便雖可還當日合謀滑率庄內配課公田撥出拾甲竹與林昜光坡租約載不拘平月瞌父

問贖陳鳴琳鄭維謀愈股照放恰眾拾伍兩交歸父孫續時銀未便續撥已外內之四丈土愈甲交遷陳鄭二夥收當外約有前

典無林昜光祖田拾甲應聽歸父焔備向贖永為已業靖田歸父故後之眼賣明遍粁所與林昜光向撥出此堂內堂坑屋

賣典△鄭名字章外綠存再支心有賣田刑甲涂坋保併林昜光之子林世梅掌理尋已贖回之眼别剖門內房親服難不永外

北中引送愈　愚名出賣其賣畔當日三向言諒時俗與大元銀即日全中交訖其田螽金鋅王荆三荆恂瑞明付愈　賣孝

當取租息課系為已幸日後鄉愚手孫永不敢更言找贖此田保此田佺鋅承父自置厲一已堂與房親服勞無不承無害限與

執他人財物不明為碑如有下贅無万所當不不買主之事保兩愈矣無反物現聊份數有兄全△社貢契臺帝併鋅明土生讀鳴鄭清亭鏨

臺年併贈回林昜光前與契其全不烈市付執永遠為妈↑

御日取過契內親兇兄再妈↑

閞護田字壹亭俗收批……

乾隆叁拾伍年拾貳月

　　　　知見人林世彰

　　　　立賣杜貢契人林瑞錦

　　　　為中人章日定謀

計開

一個李嚴兄　田伍分玖分年綑租粟鋅拾柒石貳斗

一個陳榮光　田貳甲壹分年綑租粟臺拾捌石肆斗

一個李探生　田伍分伍厘年綑租粟鋅石肆斗

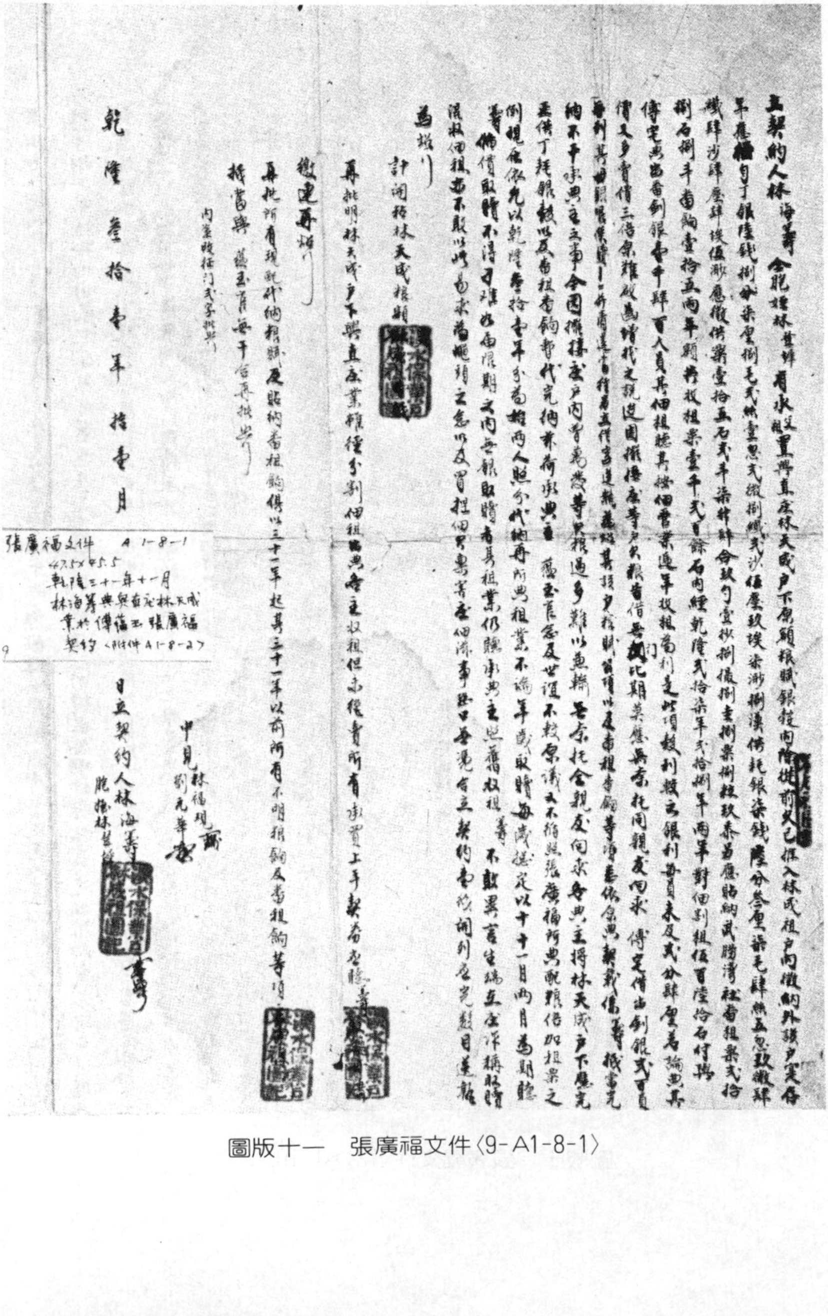

圖版十一　張廣福文件〈9-A1-8-1〉

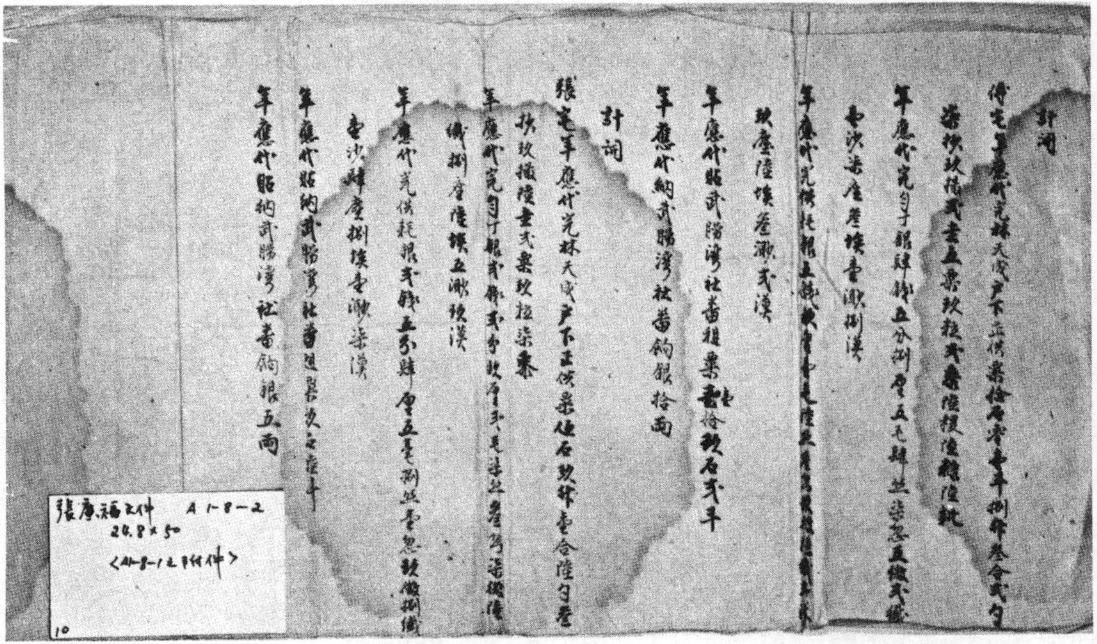

圖版十二　張靈福文件〈10-A1-8-2〉

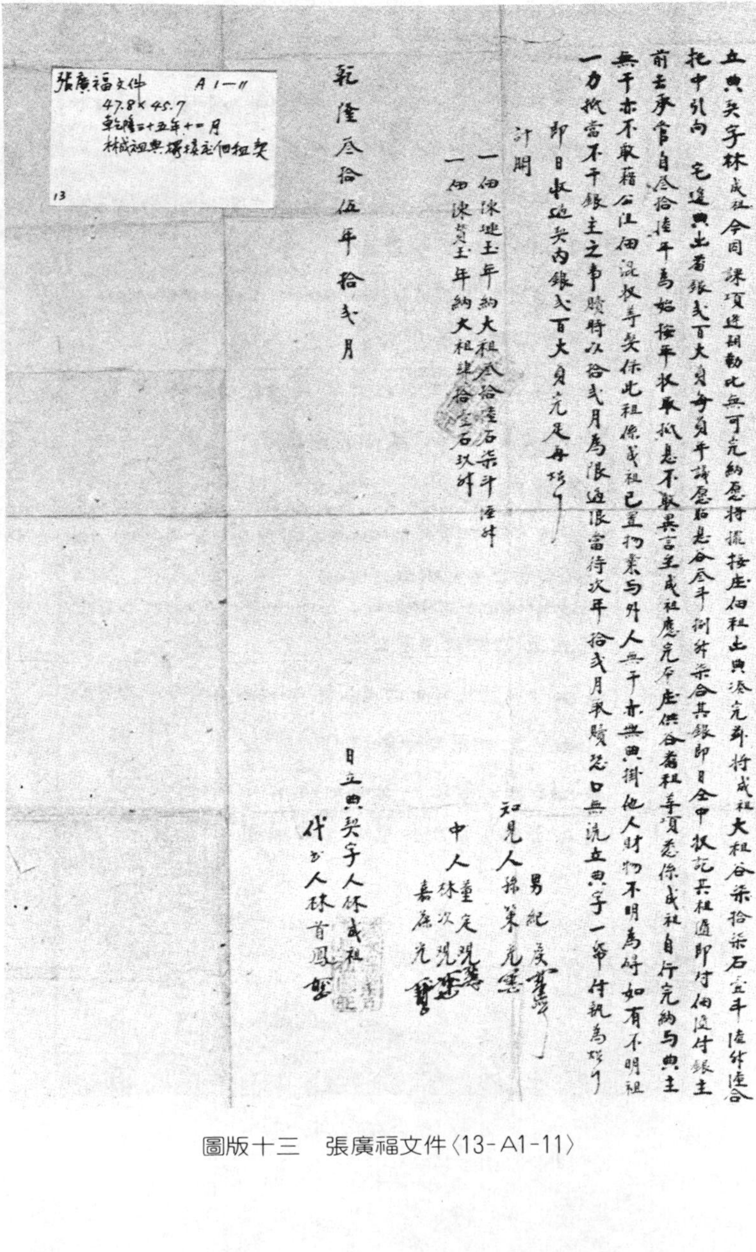

立典賣字林成祖今同謀頁遵祖勤此無可完納愿持流搭庄佃私止典添完新將戌祖大租谷柒拾捺石壹斗陸升連含
托中引向　宅遂典出蕭銀貳百大員今身平詞願起是今盡平詞許示含其銀即日全中執起其租遂即日斤完納与典主
前主承管自盡拾捺平為始後平收單抵是不取其主成祖應完斤庄佃者租谷遂者租每頁委保成祖自斤完納与典主
無干亦不敢藉公江佃流牧爭矣係此租係戌已置物業与外人無干亦無掛他人財物不明為碍如有不明祖
一力抵當不干銀主之事賒特以谷戌月為限遂限當待次平拾戌月取贖怒口無流立典字一等件執為炤

汀間
一佃泳地壹平納大租戌拾連石柒斗陸升
一佃泳壹年納大租柒石玖升
即日收過交內銀柒百大員完足每炤

知見人搖羨兆燃
男批貳萬燃
中人林次兆萎
春庭兆寶

日立典賣字人林成祖
代書人林首鳳筆

乾隆肆拾伍平拾戌月

圖版十三　張廣福文件〈13-A1-11〉

乾隆肆拾肆年肆月

立杜絕洗貼契珠海等

圖版十四　張廣福文件〈19-A1-17〉

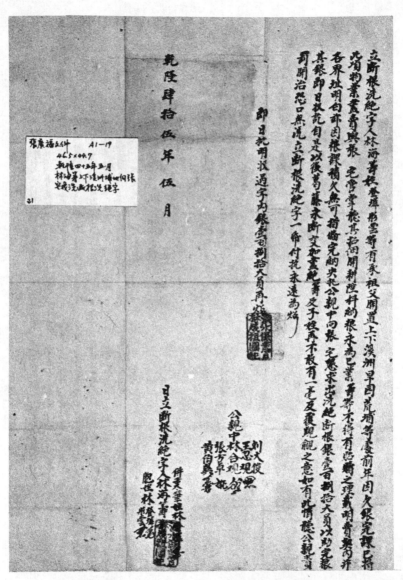

圖版十五　張廣福文件〈21-A1-19〉

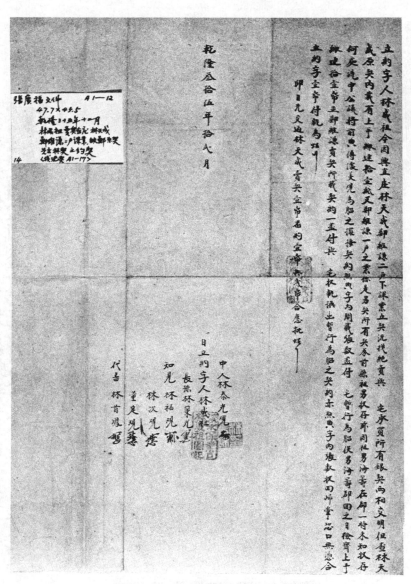

立約字人林歲租今因與立庄林天成卻繳課一户下課業立契沉代杷賣與　　毛承買所有銀兵兩相交明但查林天
成原兵内業有上手鄉建拾金貳天卻繳課一户之業付尾另兵所有兵奉前歲祖另坟孖邦同社男沲等庄卻一付本知坟孖
何茂沲中公議将司典傳歲天兒為胎之隨傳兵約就内子為閣歲緞叔孟付　　毛暫行為胎仅另沲孖等卻回之日徵賣上于
鄉建拾金卻立卻繳源貳兵所載兵約一盃付興　　毛执孔禄出暫行為胎之兵約未熙曲子内坟故执田邦掌心口無怨合
立約字立等付訖為证内

　　卯日九交迪林天成賣兵金卻君約立律兵壹邦合應批炤

　　乾隆叁拾伍年拾七月

中人林奔九兒
　　　　　　　　　　　　　　[印]
　日立門字人林歲租
　　　　長荒林案九里
　知見怀福況鄘
　　　林汝況慶
　　　　董定況慈

代吉林育禄□

圖版十六　張廣福文件〈14-A1-12〉

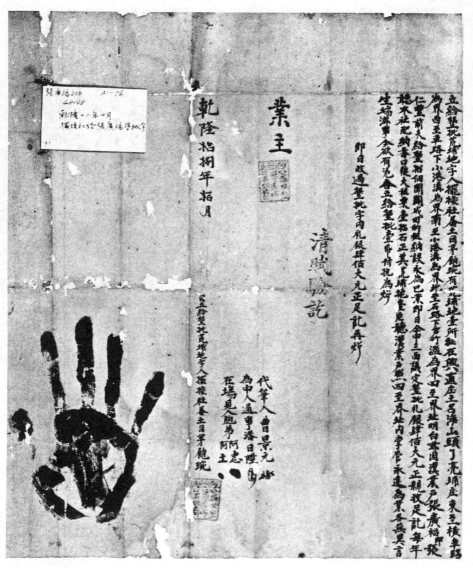

圖版十七　張廣福文件〈91-A1-56〉

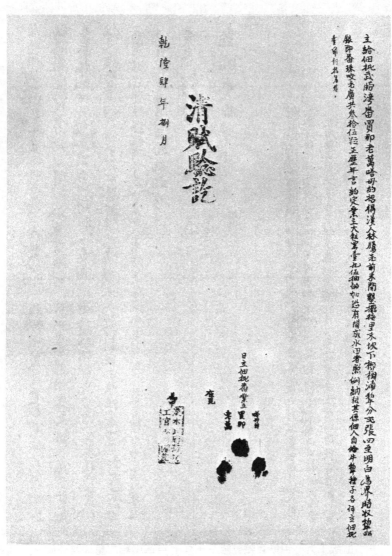

圖版十八　尹章義藏乾隆四年八月　里末崁下柳樹湳林騰之佃批

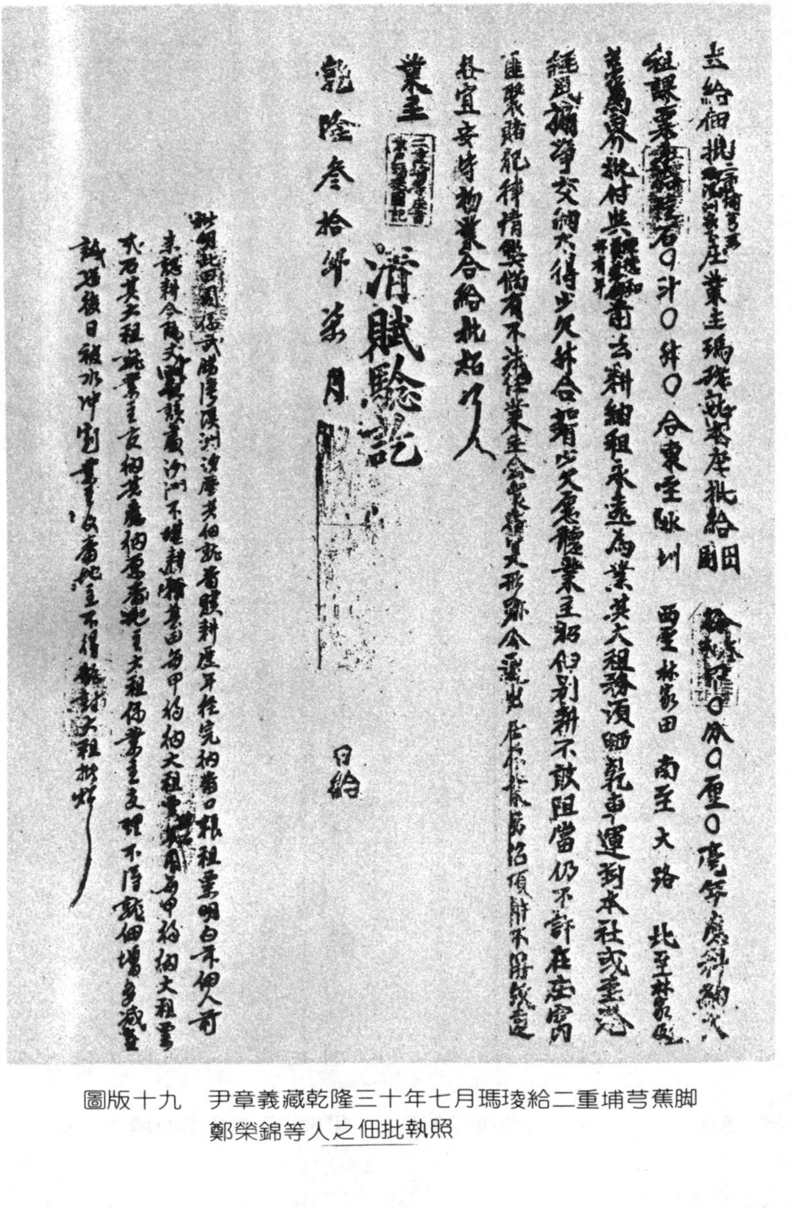

圖版十九　尹章義藏乾隆三十年七月瑪珑給二重埔芎蕉脚
鄭榮錦等人之佃批執照

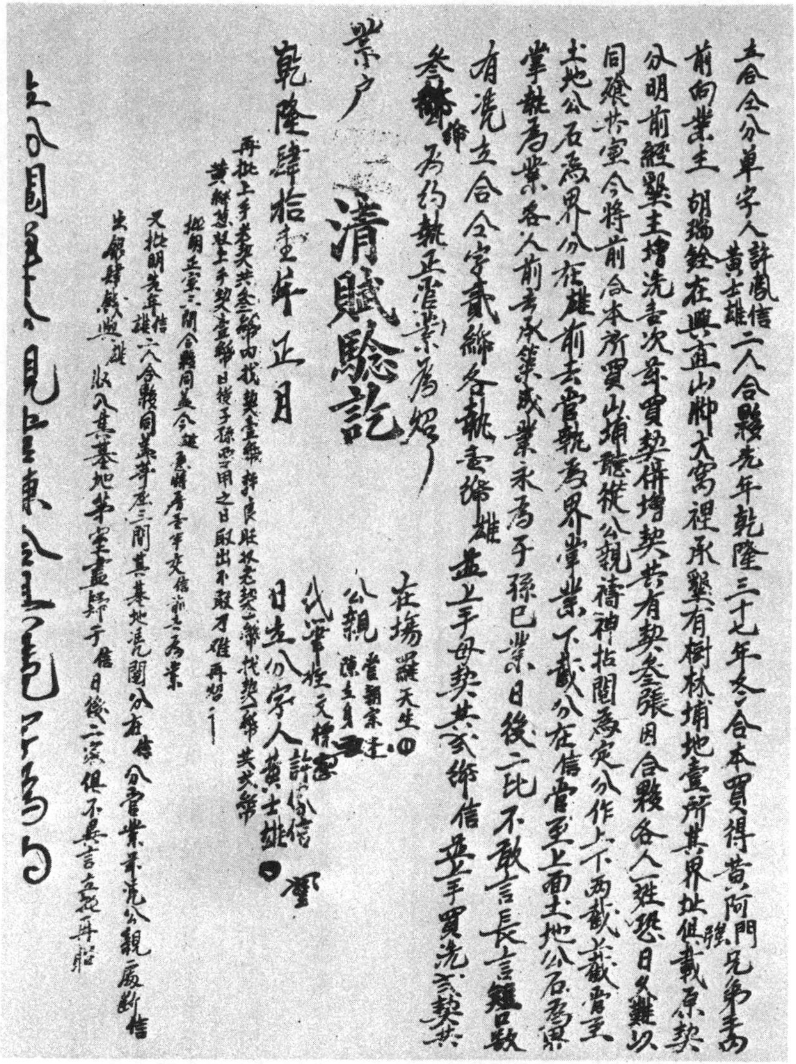

立合分單字人許嵐信二人合夥先年乾隆三十乃年冬合本買得黃阿門兄弟面
前向業主　胡瑞銓在興直山腳大窩裡承墾有樹林埔地壹所其界址俱原契
分明前經墾主增洗言次荸買契併增契費有契參張因合夥各人班恐日久難以
同發共室今將前合本買山埔聽從公親禱神拈鬮憑定分作六下而戴公實壹
土地公石為界分在雄前去實耕為界業不戴分在信管至壹而土地公石為界
掌耕為業各人前言承繼戊業永為子孫巳業日後二比不敢言長言短巳歇
有洗立合今字貳紙各執壹紙雄益上手母契共承信壹半買洗戴契契其

叁鬮　　　為約執正催業為炤

業戶　　清賦驗訖

乾隆肆拾壹年正月

在場羅天生○
公親管顏荣生
　　陳正生○
　　代筆人許保信○
　　日生代字人黃士雄○

再批上手老契共老契內找契壹紙
黃紹嵩其子黃契壹紙日後子孫世用之日啟出乎敢才難再炤
批明立合今鬮同其合差
　又批明美年借二人合夥同其年屋三間其蓋地洗園分有
出親時該炤雄批
俱入其蓋地半室盡歸于借日後二次但不差言立炤再照

圖版二十　　張廣福文件〈16-A1-14〉

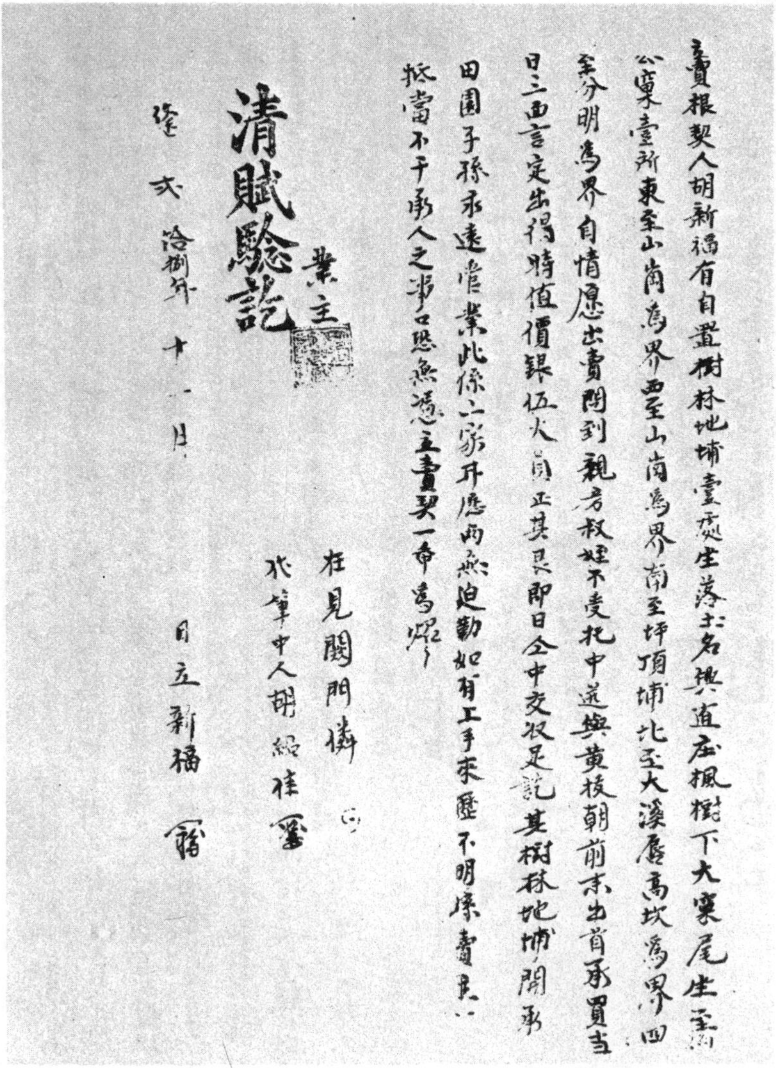

賣根契人胡新福有自置樹林地埔壹處坐落土名輿道庄楓樹下大寨尾坐至

公衆壹所東至山崗為界西至山崗為界前至坪頂埔北至大溪唇高坎為界四

至分明為界自情願出賣問到親方叔姪不受托中送與黃棪朝前來出首承買當

日三面言定出得時值價銀伍大員正其銀即日全中交收足訖其樹林地埔闢承

日三面言定出得時值價銀伍大員正其銀即日全中交收足訖其樹林地埔闢承

田園子孫承遠管此係二家甘應兩愿迫勤如有工手來歷不明保賣人

抵當不干承人之事口恐無憑立賣契一帋為炤

乾式 乾隆捌年十一月

在見闊門俤

代筆中人胡紹佳筆

日立新福（印）

圖版二十一　張廣福文件〈6-A1-6〉

臺灣北部拓墾初期「通事」所扮演之角色與功能

壹、緒論

貳、清康熙以前「通事」一職之沿革史略

叁、北臺拓墾初期「通事」與番社、政府間之關係

肆、北臺拓墾初期「通事」與漢移民之關係

伍、康熙年間有關「通事」的幾個個案

　　一、李滄獻策取金

　　二、張大協助郁永河採硫

　　三、黃申贌社致亂

　　四、淡水通事金賢撻丈人致亂

　　五、楊永祚、許聰、林周踏勘大佳臘墾地

　　六、許略、林助、劉裕、許拔等才堪偵緝山後

　　七、何某力救漳州把總於蛤仔難

陸、通事賴科與臺北平原之拓墾

柒、林秀俊之通事生涯及其與北臺拓墾之關係

捌、張達京之通事生涯及其與臺中平原拓墾之關係

玖、竹塹、後壠等社番地開闢與通事之關係

　　拾、北臺拓墾初期「通事」之角色、功能及其演變之解
　　　　析
　　拾壹、結論

壹、緒論

　　昔賢嘗謂，臺灣之史「以撫墾拓殖最爲偉觀」[1]。蓋臺灣一
島，古乃荒服之地，先人篳路藍縷，經之營之三百載，始成就其
宏規，而爲千萬人性命之所寄也。

　　筆者致力於拓墾史之研究，於拓墾之史尤申感嘆者，厥爲土
地使用權之和平轉移。漢民之移墾臺地者「全臺皆取之番」[2]，
曾任臺灣縣知縣（康熙四十一年，1702）、臺廈兵備道（康熙四
十九年，1710）以及福建巡撫（康熙五十五年，1716）之陳璸嘗
謂：「各社毗連，各有界址，是番與番不容相越，豈容外來人民
侵占？」[3]蓋番社各有界址，越界必導致嚴重糾紛也。反觀漢民
與番民，言語既不相通，風俗亦異，番民必不容漢民侵占番地
也！故漢民之東移臺灣拓墾者，除官地「一紙執照，便可耕耘」
外[4]，皆必須得番社或番人之允諾，取得番契字，代輸番餉，納

1　連雅堂，〔臺灣通史〕卷首，「尾崎秀真序」（臺北，衆文圖書公司影印大
　　正十年刊本）。
2　藍鼎元，「與吳觀察論治臺灣事宜書」（〔臺灣文獻叢刊〕──第17種；丁
　　日健編〔治臺必告錄〕，卷1所收〔鹿洲文集〕，頁61）。
3　陳璸，「條陳經理海疆北路事宜」（〔臺灣文獻叢刊〕，第116種〔陳清端
　　公文選〕，頁16）。
4　高拱乾「勸埋枯骨示」（高拱乾纂輯，〔臺灣府志〕，卷10「藝文志」──
　　方豪主編〔臺灣方志彙編本〕──頁244）。僅臺灣縣境內有少數官地，諸、
　　鳳二縣極少。

番租與拓墾權利金始得開墾 。惟番、漢因土地而涉訟者，遠少於漢移民因競墾而互控者。熟番與漢人衝突者不多見，甚至生番與漢人、熟番衝突所造成之「番害」，也遠不及漢移民間之閩、粵械鬥，「漳泉拚」、「頂下郊拚」為害之烈，更遑論民變矣！蓋番人本屬兼營漁獵與粗放農業之原始生產方式，一經田土化、水田化而改行精耕後，番社人力僅足以開墾極少部分田園，故得容納大量外來人口——漢移民之拓墾者，而漢墾者代納番餉又納拓墾權利金以及番租，更有助於番人經濟生活之改善[6]，加以政府厲行「護番保產政策」，番地只許「租與民人耕種」不得買賣，偶有侵耕、詐取，一經番人控稟即斷還歸番，政府且屢次清釐番產而地歸原主[7]。茲以光緒十二年十一月大肚堡沙轆街（今臺中縣沙鹿鎮）所立之「遷善社番勒索示禁碑」為例：

> 本堡八張犁莊與該處遷善社比連，番民雜處，每有棍番
> 相傳套語，藉以民間置買田園，無論何地，概屬番墾，
> 是以勒索習以為常，名曰社規[8]。

5　參見拙著，「臺北平原拓墾史研究（1697-1772）」，第五章第一節（〔臺北文獻〕，直字第53、54期合刊），頁52-54。

6　林資修，「臺灣開闢紀序」，（〔臺灣通史〕卷首）云：「臺灣……太古民族所跼，不耕而飽，不織而溫……無人事之煩而有生理之樂……生齒未繁乃得坐享天地自然之利……吾族適此之先，嘗傭耕於諸番，為之披荊棘、立阡陌……彼坐收什五之稅而常苦不足，終且貿其產於我，則我勞而彼逸，我儉而彼奢也。」資修乃霧峯林氏林文明次子朝選之長子（〔臺灣文獻叢刊〕，第298種，「臺灣霧峯林氏族譜」，頁335），字幼春，號南強。此序可略窺漢移民之意見及其間之榮枯消息。

7　參見前揭拙著，第八章第三節「番耕、番墾與番仔圳」（頁176-177）。以及拙著，「新莊巡檢之設置及其職權、功能——清代分守巡檢之一個案研究」，第五章「新莊巡檢的職權與功能」，第二節「輯和民番關係」（〔食貨月刊復刊〕，第11卷第9期，頁3）。

8　劉枝萬編，〔臺灣中部碑文集成〕（〔臺灣文獻叢刊〕第151種），頁116。

　　據此，則「番民雜處」兩百載，番民仍有謂「無論何地皆爲番產」之說而以索「社規」爲常者。

　　漢移民之初至臺灣也，既不識番情，復不解番語；而番民初亦不識漢俗、不解漢語，故爲兩相異而不相涉之文化，此二文化因漢移民之東渡欲墾其地而接觸，而是時之漢通事則兼識番、漢之語、俗，且爲政府與番社間之橋樑，漢、番交涉必藉「通事」爲之傳達，否則難以進行，故筆者以「邊際人」、「媒介者」視之。迨及番漢雜居既久，彼此相習，番人之任通事者漸多，有賴於漢通事者亦日替。是以本文所述「通事」所扮演之角色及其功能，自以漢通事得發揮其「邊際人」效用之「初期」爲主，而兼及其演變。

　　通事多爲漢人與原居民自然接觸而衍生者，除荷領時代外，筆者未見官方刻意培養之通事。通事或爲番親或爲番社之一分子，同時亦爲官所認可「給牌」且必依恃之「官役」，其居番社「管理一社之事」得挾官以自重，見官則因其爲官府所「勢必仰賴」而自恃，若僅就制度層面論通事則必有所偏，故本文以通事之「行爲」亦卽其功能、現象面爲解析之標的。

　　就官方立場而言，通事當貫徹政令，代表政府徵番餉，派差遣，維持番社安寧、地方治安；就番、漢關係而言，則必「勾結民番」[9]，使雙方和洽相處各盡其所能，各取其所需，爲雙方謀

9　〔大淸高宗實錄〕，卷391（臺北，臺灣華文書局發行影印本），乾隆十六年閏五月是月條錄閩浙總督喀爾吉善等奏：「通事林秀俊、張達京二人充北路通事數十年，田園、房屋到處散布，素與番社勾結……密訪林秀俊等勾結民番盤剝致富實蹟。」

福利。漢民得可耕之地而墾之，番民得其權利金與番租，並得漢人爲之納餉，學習漢人墾耕以改善其生活。然就通事自身而言，勞心勞力，周旋於官府、番、民之間，自當有利可圖，若因緣際會，適逢拓墾運動蓬勃發展之時，逐利之徒更可獲其鉅利，「田園、房屋到處散布」[10]，而成一方勢豪，其原以「儒」爲業者，且與縉紳賓禮，爲官府所重。

惟通事若不遵官方法度，或爲有司所不喜，則面臨懲罰、逐革之命運，若苛虐番民過甚，必爲番所惡、所控，甚至釀成大亂，故任斯職者，必自有其權衡在焉。

貳、清康熙以前「通事」一職之沿革史略

宋周密〔癸辨雜識〕後集「譯者」條云：

> 譯者之稱見禮記云：東方曰寄言，傳寄內外言語……西方曰狄鞮，鞮知通傳夷狄之語與中國相知……今北方謂之通事……[11]。

漢通西域，於各國遍設「譯長」[12]，司傳譯之職，即周密所謂通事。蒙元則於各級衙門設「譯史」、「通事」。譯史主傳

10　同上。

11　周密，〔癸辛雜識後集〕（臺北，大西洋圖書公司，中華古籍叢刊影印照曠閣本），頁35B。

12　〔漢書〕卷96「西域傳（上）」：「鄯善國……譯長二人。」（頁4A）（本文所引正史，非經特別說明者，皆錄自商務百衲本）。〔漢書補注〕引徐松曰：「西域凡置三十九人，猶今之通事，凡譯長二人者，蓋亦分左右。」（臺北，新文豐出版公司，斷句本廿五史影印，盧受堂王先謙〔漢書補注〕卷96「西域傳」）頁10B。

譯，乃一般行政；通事主引領、通報、傳譯為機要職，故其選用
途徑亦不一。〔元史〕「選舉志・銓法（下）」謂：「通事、知
印，從長官選用，譯史則從翰林院試發。」[13]又云：「譯史、通
事選識蒙古、回回文字，通譯語。」[14] 則識不同文字「通譯語」
為二職之共同必要條件。

　　明初設「提督四夷館」，「自永樂五年(1407)，外國朝貢，
特設蒙古……八館，置譯字生、通事，通譯語言文字」[15]。 各國
往來於中國者，亦自設通事[16]， 中國人之流落異域者往往任其職
[17]。明季鄭芝龍遍歷香山澳、日本與臺灣，習知多種語言，曾於
天啟三、四年（西元1624-1625）之間， 任荷蘭某艦隊司令古尼
李士・雷也山 (Connelis Reijersz) 之通事[18]。時值荷蘭人被迫放
棄澎湖，東遷臺灣[19]，據雷也山等在臺灣所誌， 鄭芝龍解葡萄牙
語及蕭瓏土番語[20]，對於荷蘭基地之建立，有積極之貢獻。

　　荷蘭人以臺灣為貿易基地，需要大量精通各種語言之通譯，

13　〔元史〕，卷83「選舉三銓法（下）」頁15B。
14　同上，頁16A。
15　〔明史〕，卷74「職官三・太常寺」條附「提督四夷館」條，頁3B。
16　例如〔明史〕，卷323「外國傳四・琉球傳」載：「（洪武）十三年，中山
　　來貢，其通事私攜乳香十斤、胡椒三百斤入都，為門者所獲。」頁2B。
17　〔明史〕卷325「外國傳六・滿加剌傳」載：「正德三年，使臣端亞智等入
　　貢，其通事亞劉本江西萬安人蕭明舉，負罪逃入其國。」頁9A。
18　據曹永和，「明鄭時期以前之臺灣」（〔臺灣史論〕第一輯，臺北，眾文書
　　局，民國69年）一文所述，頁64。
19　此時期的事迹，參見荷蘭東印度公司檔案〔巴達維亞城日記〕，「一六二四
　　年一月至一六二五年十一月」。（章義附議：筆者不識荷蘭語文，無法運用
　　原始文件深入研究，是一憾事。本文所引巴達維亞城日記，乃是村上五次郎
　　抄譯之パタビヤ城日誌上、中卷，日蘭交通史料研究會發行，昭和12年1月
　　）頁1-72。
20　〔巴達維亞城日記〕，上卷「一六二四年二月十六日」條引述「臺灣記錄」，
　　頁15-17。

日人濱田彌兵衞來臺貿易不遂，曾誘使新港社土番及「中國人通
譯共計十六人，回歸長崎」[21]。荷蘭人也培養傳教士[22]、教師[23]、
士兵[24]與兒童[25]學習臺灣各族土語，以便傳譯；也教土番荷蘭語、
羅馬字，甚至不惜強擄土番學習荷蘭語[26]，亦曾擬有選派新港少
年「送往祖國」之進修計畫[27]。

　惟荷蘭人據臺之前，已有若干漢人居留於番部，且得番人服
從[28]。由於漢人與荷人利害衝突，亦有漢人煽動或支持土番反抗
荷蘭人[29]，土番歸順荷蘭人時，漢人亦擔任其顧問，並作土著之

---

[21]　〔巴達維亞城日記〕中冊「序說」，頁8。

[22]　同上註，牧師甘地尤紐斯於1627年渡臺，在新港居住，學習番語之後，開始
傳教，頁22。

[23]　〔巴達維亞城日記〕，中卷「一六四四年十二月二日條」引錄臺灣之報告書
載：「為執行其職務，需要熟練通譯，乃徵得教會評議員之同意，從荷蘭人
學校教員八人中，選用三人（精通臺灣土語），其中二人派往南部，一人派
往北部。」頁36。類此者甚多，不一一列舉。

[24]　同上註，「牧師范布連已在臺灣積有經驗，故得與疾病慰問師二人及士兵六
人（為養成充教員）同在華武壠學習他羅凱（Tarrocaij）語」，頁365-
366。
　往東臺灣探金者亦然。一六四二年五月八日條引述臺灣報告云：「為實現此
有望之事實起見，長官從該地方土番希望，將博卒南覓派遣荷蘭人四人、蘇
布拉人二人、及向巴丹派遣二人，令其學習土話。」（頁275，未說明是否
為士兵）。類此者亦多，不備舉。

[25]　〔巴達維亞城日記〕中卷「一六四五年三月十一日條」引述臺灣報告云：「
臺灣之語言老人難學，因此，長官乃將稍解文字之十歲、十三歲乃至十四歲
之少年五人，派置於各村學習語言。」頁430。

[26]　〔巴達維亞城日記〕，中卷「一六四四年四月二十日條」引述臺灣報告云：
「議長派遣帆船三艘往紅頭嶼，擬令其帶領土番前來，而土番見我等即逃入
山中，僅帶三、四人至臺窩灣，擬令其學習荷蘭語，然後引誘其他土番。」
頁278。

[27]　〔巴達維亞城日記〕，上卷「一六三四年十一月九日條」引臺灣報告。此計
劃曾經實施，且產生深遠影響，惟非本文主題，不贅述。

[28]　〔巴達維亞城日記〕，上卷「一六二四年二月十六日條」引雷也生發自澎湖
之報告，頁31。

[29]　同上，頁27。又「一六二五年四月九日條」引臺灣報告。

代言人與荷蘭人交涉[30]。此等漢人非荷蘭人之通譯，乃番部之通
事也。

　　通事對於荷蘭人在臺之貿易、傳敎、採金等事業之推行，固
有其貢獻；惟洩露荷人虛實，促鄭成功東征者，亦爲荷人之通
事。據〔延平王戶官楊英從征實錄〕載：

> 臺灣紅夷酋長揆一遣通事何廷斌至思明啓藩，年願納貢
> 和港通商……（常壽寧）仍陳戶官匿賺實狀無據，亦有
> 指壽寧受賄一二款狀得實……念其嵩江世襲勳功，舉家
> 四十餘口起義勤王，被虜殺死，憐其年老，遂令幽置臺
> 灣，令何廷斌供給衣食開銷[31]。

臺灣爲鄭氏放逐罪人之所，由來久矣。

　　永曆十三年（順治十六年，1659）北伐失利，鄭氏乃有東遷
之意，楊英〔實錄〕永曆十五年（順治十八年，1661）正月條
載：

> 傳令大修船隻，聽令出征。集諸將密議……前年何廷斌
> 所進臺灣一圖……攻之可垂手得……[32]。

　　江日昇〔臺灣外記〕順治十四年(1657)五月條亦載何廷斌與
「小通事郭平」測繪鹿耳門港道以獻之事跡[33]。

　　就鄭成功命何廷斌負責逐臣常壽寧在臺之「衣食開銷」而
言，何廷斌不僅供給鄭氏有關臺灣之情報，似乎亦爲鄭氏駐臺代

30　曹永和「荷據時期臺灣開發史略」（聯經所出版〔臺灣研究叢刊〕，〔臺灣
　　早期歷史研究〕所收，頁58）此節曹氏未說明史料來源。
31　延平王戶官楊英〔從征實錄〕「永曆十一年六月條」。（國立中央研究院歷
　　史語言研究所，民國二十年影刊本）。
32　同上註，「永曆十五年正月條」。
33　〔臺灣外記〕（方豪合校本，〔臺灣文獻叢刊〕，第60種），頁165-166。

表。永曆十五年（順治十八，1661）鄭成功渡臺登陸後，何廷斌亦爲鄭成功與荷蘭人交涉之通事[34]。

永曆十六年（康熙元年，1662）三月，鄭成功「以洪旭、祁閱等十人分管社事」[35]，惟洪旭隨鄭經在金廈，遷延不行，甚至鄭經「整旅正位」，洪旭也奉命留守金廈，未嘗東渡[36]，故洪旭等人是否曾「管社事」亦未可知。

永曆十七年（康熙二年，1663）十月，施琅勇奪金廈[37]，翌年三月，鄭經率眾東引，八月，「改東都爲東寧，天興萬年二縣爲二州」[38]，又「設安撫司三，南、北路，澎湖各一」[39]，此後，「治漢人有州官，治番民有安撫」[40]，各社通事即統於「安撫司」[41]。

康熙二十一年(1882)施琅復出，籌劃東征，鄭氏乃置重兵於鷄籠。是時北臺未闢，糧餉全賴南臺饋運，土番「枵腹趨公」，不勝役使鞭撻，「遂相率殺各社通事，搶奪糧餉」[42]，番亂蠭起。鄭氏以武力平亂未果，不得不重用通事，「撫剿並用」。〔臺灣外記〕誌其事云：

34　延平王戶宮楊英，〔從征實錄〕永曆十五年四月初六日條及廿二日條。
35　〔臺灣外記〕，康熙元年三月條，頁208。
36　同上註，康熙元年九月初十日條，頁217。
37　同上註，康熙二年十月十九日條，頁228-229。
38　同上註，康熙三年八月條，頁233。
39　康熙卅四年高拱乾主修之〔臺灣府志〕，卷1「封域志・沿革門」（方豪主編〔臺灣方志彙編本〕），頁4。
40　同上註，「封域志・建置門」，頁5。
41　〔臺灣外記〕，康熙廿二年五月條：「上淡水通事李滄策取金裕國，安撫司林雲爲之轉啓。」頁408。據此則各社通事呈文需經安撫司之手轉呈。有關各社設通事則見下文所引各條史料。
4:　〔臺灣外記〕，康熙廿一年五月條，頁398。

克塽……遣各社通事往招，並令葉明等進兵谷口，撫剿
並用。通事雖奉命入山……俱不信其說……晚於各隘口
樹柵，日則帶銃手巡哨攻打，設備困之……再令通事入
山，領其眾仍回原社耕種，然後班師[43]。

番亂雖止，延平王國仍未逃敗降之命運。

康熙二十二年(1683)施琅入臺，次年(1684)四月，朝廷議定
在臺設一府三縣以治民[44]，歸化各番社則仍承襲鄭氏遺規，設通
事領之。「或數十家爲一社，或百十家爲一社，社各有通事，聽
其指使。所居環植筅竹。社立一公所，名曰公廨，有事則集」[45]，
「公廨或名社寮，通事居之，以辦差遣」[46]。通事由官方認可，
「歲一給牌」[47]，統於各縣（清代無安撫司，乾隆三十一年設
南、北路二理番同知以前無專轄衙門）。

康熙四十六年(1707)任臺灣知府之周元文嘗謂：

臺灣自開闢以來，各邑土番俱有正供粟石。因其語言各
別，不能赴倉完納，每社設有通事，代其催辦供役……
[48]。

康熙五十四年(1715)任諸羅知縣之周鍾瑄亦謂：

43　同上頁398-399。
44　〔大清聖祖實錄〕，卷115「康熙廿三年夏四月己酉條」（臺北，臺灣華文
　　書局發行影印本）。
45　黃叔璥，〔臺海使槎錄〕，卷8「番俗雜記」，馭番條引理臺末議。（〔臺
　　灣文獻叢刊〕，第4種，頁169）。
46　周鍾瑄，〔諸羅縣志〕，卷8「風俗志・番俗考・廬舍門・公廨」條（〔臺
　　灣研究叢刊方誌彙刊〕，卷6〔諸羅縣誌〕本），頁94。
47　同上，卷6「賦役志・雜稅門附論」，頁71。
48　周元文，〔重修臺灣府志〕（方豪主編〔中華大典臺灣方志彙編本〕），卷
　　10「文藝志」收「審革阿猴、搭樓等各社通事給原騙粟石審語並酌定通事辛
　　勞使費等項立木以垂永遠」榜文，頁121。

番社之餉責成于通事，猶民戶之糧責成於里甲也。然民
戶可自封投櫃，而土番……勢必不能，故民戶之里甲可
除而番社之通事不可去也」[49]。

地方官視通事之於番社猶里甲之於漢民或更甚之也。首任巡
臺御史黃叔璥亦謂：

通事一役，如不法多事，即當責革；若謹愿無過，便可令
其常充[50]。

是則通事亦屬「差役」之列，無固定任期，充、革由地方官
主之也。惟通事之功能往往因時、地之異而有別。周鍾瑄嘗誌其
任諸羅知縣時之情況如下：

鍾瑄自五十四年視事，查附近縣治諸羅山、哆囉嘓、目
加溜灣、麻豆、蕭壠、新港等六社，番漢錯居，向皆自
舉通事，每年祇予以辛勞（原注云：番每年計直以受通
事，或粟、麻、鹿脯之類曰辛勞），為登記出納完欠之
數而均其差役，應徵額餉，番自輸官，不經通事之手。
因查縣北如打貓、他裡霧、柴裡三社，均屬附近，番習
見長官……亦令自舉通事自輸。唯是西螺以上，北抵淡
水，去治日遠，番頑蠢益甚；又性多猜忌，出山數里
外即瞿瞿然憂其不返。傳譯非通事不能，輸納非通事不
辦；甚而終歲衣食、田器、斧鑷、周身布縷，非通事
為之經營預墊亦莫知所措。故西螺以北番社之有藉於通
事，又與斗六門以南各社不同，亦勢使然也[51]。

49　周鍾瑄，〔諸羅縣志〕卷6，「賦役志·雜稅門附論」，頁71。
50　黃叔璥，〔臺海使槎錄〕卷8，「番俗雜記」取番條引理臺末議，頁169。
51　周鍾瑄，〔諸羅縣志〕卷6，「賦役志·雜稅門附論」，頁71。

今嘉、南境內，番漢錯居，番人多識漢語、漢情，故而自舉通事、自輸番餉。今虎尾溪以南，斗六、民雄一帶亦漸漢化，是以周鍾瑄嘗試「亦令其自舉通事」。惟今濁水溪以北，則全然不同；漢通事不僅為傳譯，亦為官方認可、助官徵餉之「役」，且為番眾日用品之供給者，預墊資金之「貸予者」。周鍾瑄衡量形勢乃謂西螺以北番社之漢通事勢不能免。

康熙五十六年(1717)，臺厦道梁文科「行縣至淡水」，〔諸羅縣志〕「風俗志」誌梁氏「並詳革通事名色……」，並謂：「此事行文到日，賦役一卷已先刻就，附記於此。」[52] 實則梁文科革除通事一事，僅止於公文書，載於〔諸羅諸志〕；蓋通事終清之世與番社共存，始終未滅也。惟此節文字似以其事未刊入賦役志為憾，則就官方立場而言，通事之主要功能當為主理各社徵餉、輸納事宜。

叁、北臺拓墾初期「通事」與番社、政府間之關係

康熙三十六年(1697)春，郁永河東渡探硫兼作臺灣之遊，所著〔裨海紀遊〕[53]一書，對於「通事」之評述如下：

最鄭氏於諸番徭賦頗重，我朝因之……仍沿包社之法，郡縣有財力者，認辦社課，名曰社商，社商又委通事夥長輩，使居社中，凡番人一粒一毫，皆有籍稽之……此輩欺番人愚，朘削無厭……且皆納番婦為妻妾，有求必

52　〔諸羅縣志〕，卷8「風俗志·番俗考·雜俗門」，頁97。
53　本文所引錄〔裨海紀遊〕皆據〔臺灣文獻叢刊〕，第44種，方豪校刊本。

與，有過必撻，而番人不甚怨之。苟能化以禮義……遠則百年，近則三十年，將見風俗改觀……今臺郡百執事……視一官如傳舍，孰肯為遠效難稽之治乎？……又有暗阻潛撓於中者則社棍是也。此輩皆內地犯法奸民，逃死匿身於辟遠無人之地，謀充夥長、通事，為日既久，熟識番情，復解番語，父死子繼，流毒無已。彼社商者，不過高臥郡邑……社事任其播弄，故社商有虧折耗費，此輩坐享其利……即有以冤訴者……聽訟者仍問之通事，通事顛倒是非以對，番人反受呵譴……[54]。

〔裨海紀遊〕此節常為後人筆記及方志所引錄，惟郁氏議述相雜，錄引者多未分辨，且所謂「社棍」者，乃特定之人，非泛指一切通事也。至於「番人不甚怨之」一語，尤非一般引錄者所能理解。

郁永河自閩來臺，自郡邑北上，遍歷諸番社，未嘗評隲社人、通事，既抵淡水，且得「淡水社長張大」之助，始克進行採硫工作，及居淡水五閱月，「在在危機，刻刻死亡」[55]，諸給役者悉病且歸，「獨余不可去，與一病僕俱」[56]，遂自覺「絕蠻貊、蹈非人之境」[57]。尤令郁氏難堪者，闕為因言語不通而產生之挫折感。郁氏嘗謂：

一、二社棍又百計暗撓之，余既不識侏離語，與人言又

54　同上，卷下，頁36-37。
55　同上，卷中，頁27。
56　同上，卷中，頁26。
57　同上，卷下，頁40。

不解余旨，口耳並廢，直同聾啞[58]。

　　言語不通所造成之極大隔閡，旣無助抑又無可奈何，遂將採硫工作之遲緩、挫折皆歸咎於「一、二社棍」之「百計暗撓」，若然，則郁氏對於通事之評述當難得其平。後人又以郁氏所謂「社棍」之行徑，視爲通事之慣常，進而以爲通事凌屬番社之證據則尤謬矣。是以筆者就相關史料爲之疏解，以明通事與政府、番民間之關係。

　　康熙三十五年(1696)，高拱乾纂輯〔臺灣府志〕，其「賦役志·總論云：

　　　　僞鄭令捕鹿各社以有力者經營，名曰贌社；社商將日用
　　　　所需之物赴社易鹿作脯，代輸社餉。國朝……餉額比之
　　　　僞時雖已稍減，而現在番黎按丁輸納，尚有一、二兩
　　　　者……間有餉重利薄，社商不欲包輸，則又諉諸通事，
　　　　名爲「自徵」[59]。

　　自徵者，官方自行徵收也。餉重利薄，贌社無人，「社商不欲包輸」則由通事「自行徵收」。官府視「社商」爲包稅商人，而「通事」則屬於地方官治體系中之「宮役」也。

　　〔諸羅雜識〕載贌社之法云：

　　　　贌社之稅，在紅夷卽有之。其法：每年五月初二日，主
　　　　計諸官集於公所，願贌衆商亦至其地。將各社、港餉
　　　　銀之數，高呼於上，商人願認則報名承應，不應者減其

58　同上，卷中，頁26。
59　高拱乾，〔臺灣府志〕，卷5「賦役志·總論」（「臺灣文獻叢刊」，第65
　　種），頁161。

數而再呼，至有人承應而止。隨即取商人姓名及所認餉
額書之於冊，取具街市鋪戶保領……商人既認之後，率
其夥伴至社貿易。凡番之所有，番之所需，皆出於商人
之手，此外無敢買亦無敢賣[60]。

綜合以上二則所述，社商者，乃在官府投標以低價包輸餉
額，以取得番社徵餉權以及貿易專利權以謀利之商人。社商或「
率其夥伴至社貿易」，亦或如郁永河所云：「委通事、夥長輩，
使居社中。」代徵代輸也。若然，則郁氏所謂：「社事任其播
弄，故社商有虧折耗損，此輩坐享其利。」者揆之常理，恐有不
合，蓋社商贌社，正利其有利可圖，豈有任人「播弄」之理？且
通事無論自徵或代徵，若不足額，亦必須自行賠補。〔諸羅縣
志〕「賦役志·雜稅考」載：

若罟稅則原出於淡水一港，十年來，久無牽罟之人矣，
往者責賠于通事，甚無謂也[61]。

郁氏採硫於淡水港，淡水社長張大且助其採硫，惟〔裨海紀
遊〕中不及於此亦不言其自徵、代徵之勞，反謂「此輩坐享其
利」，不知其何以然也。

通事既解番語、識番情，得長居番社中，可以「官役」身分
挾官府以自重，若於雙方有利，則社商委託通事經營「贌社」事
宜，亦屬常情。贌社、通事制度歷經荷蘭、延平王國、清領三時

60　黃叔璥，〔臺海使槎錄〕，卷8「番俗雜記·社餉」條引〔諸羅雜識〕頁
　　165。〔諸羅縣志〕，卷6「賦役志·陸餉水餉雜移考」（〔臺灣研究叢
　　刊〕，第55種，頁68）謂：「每年於調社之日，輕重其餉經於贌社者之手。」
　　原註云：「調社者，年一給牌於贌社之人也。」
61　〔諸羅縣志〕「賦役志·雜移考」，頁71。

期，通事與社商之性格早經定型。惟政府旣可透過通事「自徵」社餉，社商亦可委託通事經營「瞨社」事宜，則荷蘭人所遺之「社商」制度似爲可有可無，未若通事之「勢不可免」，諸羅知縣周鍾瑄有見於此，乃於康熙五十三年(1714)「革去社商，各社止留通事一人」[62]。此後則通事獨理一切番社事宜矣。

　　郁永河謂「社棍」之來由云：「此輩皆內地犯法奸民，逃死匿身於辟遠無人之地，謀充夥長、通事，爲日旣久，熟識番情，復解番語。」〔諸羅縣志〕「賦役志·雜稅考」亦謂：「若所謂社商頭家（原注云：番稱通事亦曰頭家）者，非眞有商人於此貿易，不過遊棍豪猾，邀朋合夥，重利稱貸，以貪緣得之，而就中僉一人爲通事，是通事者，社商、頭家之別名也。」[63] 其所謂「非眞有商人於此貿易」與實情不合自無庸辭費，其所謂通事之出身則與郁氏之說相近。惟任通事必「熟識番情，復解番語」固不待辨而後知也，否則如何與番眾溝通而理其事耶？

　　通事之由來久矣，然通事之養成則匪易。鄭芝龍經商、爲盜，遍歷各地，解蕭壠土番語、葡萄牙語、日語、閩南語而任荷蘭人之通事。荷人以武力爲後盾，命荷人學習土語甚至不惜強擄土番學習荷語以培養通事人才。此外則以難民之倖存者較爲自然易存。譬如荷蘭人往東海岸探金，曾以日人九左衞門爲通事；九左衞門生於京都，慶長十三年（萬曆三十六，1608）自廣南歸航途中遇難，船員或溺死或被原住民殺害，獨彼倖免，居鷄籠三十

62　同上，卷8「風俗志·番俗考·雜俗社商」條，頁97。
63　〔諸羅縣志〕「賦役志·雜移考」，頁71。

餘年，娶番婦，生子女，通曉西班牙語及土語[64]。

藍鼎元「紀臺灣山後崇爻八社」一文誌崇爻八社內附事迹亦云：

> 山後有崇爻八社……自古以來人跡不到。康熙三十二
> 年，有陳文、林侃等商船遭風飄至其處，居住經年，略
> 知番語，始能悉其港道。於是大雞籠社通事賴科、潘冬
> 等前往招撫，遂皆向化[65]。

陳文、林侃遇難而倖存，居住經年「略知番語」，始克爲大雞籠社通事賴科通東臺灣之前驅。

至於來臺從事漁業、捕鹿、貿易之人，亦可能往來日久而「熟識番情復解番語」。郁永河〔裨海紀遊〕亦載：

> 余至之夜，其漁人結寮港南者……夜半，矢從外入，穿
> 枕上布二十八扎……一矢又入，遂貫其臂，同侶逐賊不
> 獲，視其矢，則土番射鹿物也。又有社人被殺於途，
> 皆數日間事。余草蘆在無人之境，時見茂草中有番人出
> 入，莫察所從來；深夜勁矢，寧無戒心。若此地者，蓋
> 在在危機，刻刻死亡矣[66]！

故漁人自漁人而番自番，非漁人久處卽得如通事然也。

異族溝通交往本非易事，西班牙人在北臺傳敎，傳敎士多人

64　中村孝志，「臺灣におけるオランダ人の探金事業──十七世紀臺灣の一研究」（賴永祥、王瑞徵合譯，「十七世紀荷人勘察臺灣金礦紀實」。賴永祥〔臺灣史研究初集〕，頁67。譯者自印；臺北，民國59年）。

65　藍鼎元，〔東征集〕，卷6「紀山後崇爻八社」（〔臺灣文獻叢刊〕，第12種，頁90）。

66　〔裨海紀遊〕，卷中，頁27。

爲土番所殺[67]，荷蘭遣人學習土語，遇難者亦多[68]。惟荷人亦以醫術調和彼此關係，醫師不足則遍設所謂「疾病慰問師」[69]。潮州大埔縣人張達京，因其父武舉人張仁在精於歧黃之術，自幼耳濡目染，亦識其術。康熙五十年(1711)至半線（今彰化）一帶經商，適岸裏社瘟疫流行，達京以其醫道救之，遂爲岸裏社番眾所敬重，該社土官阿莫復妻之以女。五十四年(1715)岸裏社內附，張達京遂爲岸裏社通事[70]。

綜前所述，通事雖爲「歲一給牌」由官方認可之官役，乃自然形成之番社代表，非官方得以任意僉充。康熙五十三年(1714)任諸羅令之周鍾瑄令打貓等三社「自舉通事」，「西螺以上」番政事宜則謂「非通事不能」、「非通事不辦」、「有藉於通事……亦勢使然也」。是以「內地犯法奸民」、「游棍豪猾」之輩，豈得輕任「通事」之役？

郁永河謂通事之於番社「凡番人一粒一毫、皆有籍稽之……

67　中村孝志原著，賴永祥譯，「十七世紀西班牙人在臺灣的佈教」（〔臺灣史研究初集〕，頁145附表）。

68　有「探勘者」之譽之荷蘭商務員 (Maerten Wesselingh) 馬丁‧衛西林與爲學習語言而留駐車南覓附近之通譯以及士兵二人爲他馬拉高 (Tamma-loccou) 人「厚待之後」慘殺。見「巴達維亞城日記」一六四一年十一月六日臺灣副長官向巴達維亞所作的報告，頁 320-321。通事學習土語被殺事多，不贅舉。

69　〔巴達維亞城日記〕，一六三六年臺灣長官之報告書云：蕭壠應置疾病慰問師一人（頁169）。1637 年臺灣長官發信巴達維亞：「徵求教師與敬神者數人及品行善良而適任之疾病慰問師數人。」（頁211）1644 年，臺灣長官報告牧師服務任地云：「牧師范布連 (Van Breen) 已在臺灣積有經驗，故將與疾病慰問師二人及士兵六人（爲養成充敎員）同在華武壠學習他羅凱 (Tarrocaij) 語，待諳熟之後，從事敎化自諸羅巴北方至多列那布 (Dolensp) 各村落（頁427）。

70　參見本文之「捌」。

脧削無厭」。類此之說，屢見於康熙、雍正年間之方志以及當時
人之著述，然亦未得其實。

康熙三十一年(1692)任臺廈道之高拱乾，曾有「禁苦累土番
等弊」一示，錄存於高氏主修之〔臺灣府志〕中，茲節錄於下：

> 爲嚴禁贌社需索花紅，往來抽撥牛車及勒派竹木等弊…
> 本道下車以來，訪聞有司官役於招商贌社時，需索花紅
> 陋規，以致社商轉剝土番，額外誅求，番不聊生。更有
> 各衙門差役、兵廚經過番社，輒向通事勒令土番撥應牛
> 車、駕駛往來，致令僕僕道途，疲於奔命；妨其捕鹿，
> 誤乃耕耘……至於白取竹木，以供私用；責令駝送，恬
> 不爲怪。種種奸弊，均應痛處嚴革，難再一日姑寬…
> …[71]。

康熙四十九年(1710)任臺廈道之陳璸，曾親往淡水搜捕洋盜
鄭盡心，「親履其境」，更目觀情形，細詢疾苦，亦有「經理海
疆北路事宜」之一「條陳」，摘錄其述番社疾苦之二則如下：

> 一、除濫派以安番民。番民卽吾民也，內地人民自輸納
> 正供而外，一切雜派，盡行革除，番民何獨不然？查各
> 番每年有花紅陋規，以社之大小分多寡，或二百八十兩
> ……四十兩不等，縣官索之通事，通事索之土番，日脧
> 月削……又派買芝蔴、鹿脯、鹿皮，搬運竹木，層層搜
> 括，剝膚及髓，甚爲土番苦累……
> 一、給脚價以甦番困。北路自府治起至淡水社止，計程

71　高拱乾，〔臺灣府志〕，卷10「藝文志・公移門・禁苦累土番等弊示」，頁
243。

二千餘里，往來俱用牛車。牛車俱出番社供辦，雖沿路
設塘，而上下文書皆土番接遞……強拉牛車，迫勒抬
轎，奴僕隸役，鞭箠加之……[72]。

以上二則皆出自執政之手，高拱乾且謂「均應痛處嚴革，難
再一日姑寬」；則所謂「朘削無厭」，源於官府、上司、差役、
兵弁人等，或公或私之濫派、勒迫也，令通事獨居其惡名，豈其
宜哉！郁永河自郡邑而北，以社人爲嚮導，沿途皆役番眾而不自
以爲苛，反責夥長、通事「朘削無厭」亦良可異也。

通事雖「歲一給牌」需奉上花紅，實則新縣官到任亦有「更
換通事名色」，首任巡臺御史黃叔璥謂：「設一年數易其官，通
事亦數易其人，此種費用，名爲通事所出，其實仍在社中補償。」
[73]且「新官涖任，各社土官瞻謁，例有饋獻；率皆通事、書記釀
金承辦……從中侵漁，不止加倍」，黃叔璥抵臺，「禁止派勒赴
府呈送禮物，通事輩無可生發，亦不慫恿其來也」[74]。

〔諸羅縣志〕亦載：

> 每年各社產脂麻之處，官採買而短其價；或發鹽計口分
> 番，而勒以食貴；又各色歲派鹿筋、鹿茸、鹿皮、豹皮
> 若干。于是官以通事爲納賄之門，通事得借官爲科索之
> 路[75]。

所謂「通事得借官爲科索之路」者，似略得其實，故黃叔璥

---

[72] 陳璸，「條陳經理海疆北路事宜」（〔臺灣文獻叢刊〕，第116種「陳清端
　　公文選」），頁15-16。
[73] 〔臺海使槎錄〕，卷8「番俗雜記・馭番條・黃氏議論」，頁170。
[74] 同上，「土官饋獻條」，頁166-167。
[75] 〔諸羅縣志〕「賦役志・雜稅考」，頁71。

既禁止派勒呈送禮物，通事亦「無可生發」矣！

番社之苦累可遠溯至荷、鄭時代。荷人之苛捐雜稅極多，不從者輒焚燬誅滅[76]，郁永和亦謂：

> 自紅毛始踞時……力役輸賦不敢違，犯法殺人者，勦滅無孑遺[77]。

西班牙人在淡水亦曾因稅則苛虐而遭番社之攻擊[78]。

鄭氏據臺，設安撫司領各社通事徵餉，沿荷人之故政，「於諸番徭役頗重」[79]，末年，為設防淡水，長途饋運，役使番民過甚，造成遍及北路之大番變，予晚鄭政局極大壓力[80]。清承荷、鄭之舊，是以番社之苦累依然。

以社餉正供為例，高拱乾「治臺議・議社餉」條云：

> 內地一畝之賦不過一錢，每丁徵銀多至二錢以外；番黎按丁輸餉，竟有一、二兩以至一、二十兩者[81]。

76　荷蘭人對於抗拒者殺戮焚掠極慘。〔巴達維亞城日記〕，一六三六年二月十一日條引臺灣報告：一六三五年十一月二十三日，荷人分七隊出征麻豆，恣留之男女兒童二十六人亦遭參加荷軍之新港人所殺，住屋「盡予以破壞並加焚燬」。頁150。
荷人偵伺雞籠時，「將金包里村燒燬」（一六四一年十二月十三日條引臺灣報告）。頁325。
〔巴達維亞城日記〕中類此二則者不勝枚舉。

77　〔裨海紀遊〕卷下，頁36。

78　〔巴達維亞城日記〕，一六三六年臺灣長官之報告謂：「據中國人數人對長官作事實報告謂：淡水土番，因西班牙人對於已結婚之人，每年課徵家雞二隻及米三 gautang 之稅，均極難堪，而於夜間襲擊該地西班牙人之小城，殺害西班牙人，生存者逃往雞籠，該土番等現在到處與西班牙人交戰中云。」（頁180）荷人於西人則直言其稅過苛，於南臺灣諸番社之變則諱言其稅過苛。

79　〔裨海紀遊〕卷下，頁36。

80　參見本文之「貳」。

81　周元文，〔續修臺灣府志〕，卷10「藝文志・高拱乾治臺議」（〔臺灣方志彙編本〕），頁111。

惟吾人當注意者，番人性多良善，若非苛虐過甚，則番變亦莫作。番變無論起於何時何地，首當其衝者即爲代表統治者駐社之通事；平亂必以通事爲嚮導，撫番亦必命通事孤身深入。荷、鄭時代如此[82]，康熙三十八年（1699）吞霄、淡水之番亂如此[83]，康熙六十年（1721）阿里山、水沙連番亂亦然[84]。通事既「熟識番情復解番語」，必知番變之危，縱使爲貪婪之徒，面對生命之威脅，焉有不生警惕之心者？蓋苛虐激變，於通事己身尤爲不利也。何況如郁永河所言，通事「皆納番婦爲妻妾」且「父死子續」者耶[85]？以岸裡社爲例，〔諸羅縣志〕謂之：「磴道峻折，谿澗深阻，番矬健嗜殺，雖內附，罕與諸番接……亦詭譎，或誘敵入坑塹蛭谷中。」[86]而張達京濟之以醫藥，妻土官之愛女，任岸裡社通事數十載，番社且爲之立長生祿位牌，血食至今不絕[87]，通事與番社關係之密切如此，焉有不自憐且憫眾番者耶？

康熙六十一年（1722），黃叔璥曾北巡至沙轆而廻[88]，於番情與通事之處境，所知略勝於郁永河而不及陳璸，故嘗建議不許通事「久頓番社」，略云：

　　奸棍以番爲可欺……藉事開銷……當官既經繳費，到社

82　〔巴達維亞城日記〕一六四四年臺灣評議會議長報告：「我國人經淡水出征Sotmior 受土番襲擊，遺棄七十二人而退……失敗主因爲缺乏良好嚮導所致。」（頁38）。此爲荷人運用失當之一例。
　　鄭氏運用通事述參見前章。
83　〔諸羅縣志〕，卷12「雜記志·菑祥門」（頁139），並詳下文。
84　〔臺海使槎錄〕，卷6「番俗六考·附載」（頁123）並詳下文。
85　〔裨海紀遊〕，卷下，頁36及37。
86　〔諸羅縣志〕，卷8「風俗志·番俗考·雜俗門」，頁99。
87　參見本文之「捌」。
88　〔臺海使槎錄〕，卷6「番俗六考·北路諸羅番之八·附載」，頁129。

任意攫奪，豈復能鈐管約束？因與道、府約，嗣後各社

通事，俱令於各該縣居住，社中應辦事件，飭令前往，

給以期限，不許久頓番社，以滋擾累[89]。

實則「層層搜括」之源在官而不在通事；濫派、濫差之權在
官亦不在通事。通事不過「藉事開銷」而已。尤有進者，通事之
是否「任意攫奪」，不在其是否「久頓番社」，而在於通事是否
爲「以番爲可欺」之「奸棍」，至於「奸棍」是否得以「欺番」
[90]，更在於番之是否爲「可欺」之輩也。職是之故，流移貿易之
「社棍」，偶一至社或可「欺番」而遠颺，以番社爲安身立命之
所在之通事則必爲諸番造福謀利而後可也。

通事既爲官役，「歲一給牌」，時有「調社」、瞻謁、差
遣、徵輸等事，則必往來於番社與縣治、郡邑之間，而各社之捕
鹿、收穫以及風濤順利皆各有定時，是以通事頓番社之久暫，亦
必因社而異也。黃叔璥述水沙連諸番社云：

> 水沙連社地處大湖之中……惟南北兩澗沿岸堪往來……
> 乃各社總路隘口，通事築室以居……通事另築寮於加老
> 望埔，撥社丁，置烟、布、糖、鹽諸物以濟土番之用，
> 售其鹿肉、皮、筋等項以資課餉。每年五月弔社，七月
> 進社，共計十個月可以交易完課，過此則雨多草茂，番
> 無至者[91]。

89　同上卷 8「番俗雜記・馭番條」頁170。

90　康熙五十四年任北路參將之阮蔡文「淡水」詩云：「通事老而憍，諸番雄蚳
　　弛。」（〔諸羅縣志〕，「藝文志」，頁135）。又，同書「番俗考・雜
　　俗考・雜俗門」載：「藐少翁、內北投……地險固，數以睚眦殺漢人。」頁
　　99。書中誌諸番強悍難治處甚多，不贅錄。

91　〔臺海使槎錄〕「番俗六考・北路諸羅番之七・附載」，黃氏自記，頁122。

黃叔璥又誌大甲以北諸社云：

> （大甲西社、雙寮社、後壠社、竹塹社、南嵌社各離港
> 若干里，筆者刪略）滬水社則直臨大海；各有通事，往
> 來郡治，貨物自南而北者，如鹽、如糖、如烟、如布
> 匹衣線；自北而南者，如鹿脯、鹿筋、鹿角、鹿皮、芝
> 麻、水藤、紫菜、通草之類[92]。

淡水社又有「淡水社船」，定時經營山後（東臺灣）、蛤仔
難（今蘭陽平原）等處之「贌社」貿易並發展成淡水、郡邑、大
陸間之固定航線。雍正元年(1723)，政府且不得不限制其「赴內
地漳泉造船」之數[93]。是以通事之是否「往來郡治」或「久頓番
社」，端視其實際需要及其發展而定，非巡臺御史「與道、府約
」而後一紙政令所能左右也。

番社各有土官[94]，通事駐社則土官皆聽命於通事，阮蔡文詠
「淡水」詩所謂「通事作頭家，土官聽役使」也[95]，通事居處曰
「公廨」，〔諸羅縣志〕「番俗考」載：

> 社中擇公所為舍，環諸編竹蔽其前，曰公廨（原注云：
> 或各社寮），通事居之，以辦差遣[96]。

聽差者曰「猫鄰」，「約十二、三歲外，凡未室者充之，立

92　同上，「諸羅番之九·附載」，黃氏自記，頁134。
93　參見拙著，「新莊巡檢之設置及其職權、功能──清代分守巡檢之一個案研
　　究」，第五章第一節（〔食貨月刊復刊〕，第11卷9期）。
94　高拱乾，〔臺灣府志〕，卷8「風土志·土番風俗門」載：「土官有正副，
　　大社至五、六人，小社亦三、四人。」（頁184）又，〔諸羅縣志〕「番俗
　　考·雜俗門」載：「土官之設，始自荷蘭……有大土官、副土官名目，使不
　　相統攝。」（頁97）。
95　阮蔡文「淡水」詩。（〔諸羅縣志〕〔藝文志〕）。
96　〔諸羅縣志〕「風俗志·番俗考·廬舍門」，頁94。

稍長爲首，聽通事差撥，夜則環宿公廨」[97]，其不家居者「恐去社遠，致妨公務也」[98]。

　　綜前所述，通事大抵爲兼習番、漢語言、風俗之漢人，自然成爲番社與官方交涉時之代表人，繼爲官方認可給牌而爲官「役」，主理各番社徵輸、差撥、徭役以及雜派、勒索事宜並從事聯社貿易、供應社番日用所需；維繫官府與番社之關係，維持地方治安，抑止變亂。通事往往結伴招夥，其數不一，故有社長、夥長、主賬、書記、社人等名目，主事之人則稱頭家。通事必爲「識番情解番語」之人，皆娶番婦或與番人結盟[99]，與社番之關係密切甚至利害一致、恩仇與共也。故通事必兼顧官府、番社雙方之利益，調和雙方關係，間或失職或爲官吏所不滿可能遭受懲罰或責革[100]，若苛虐過甚，爲番社所難堪則易惹來殺身之禍，甚至造成番亂。至若所謂「社棍」者猶漢族社會遊猾之輩，本非常態，惟番社因語言隔閡、風俗迥異，所謂「社棍」者立足番社，亦非易事。

97　同上「雜俗門」，頁96。

98　〔臺海使槎錄〕「番俗六考・北路諸羅番之三・居處條」，頁103。又〔東寧政事集〕：「新港，加溜灣二社爲一邑孔道。凡奉差至者……畫則支給酒食，夜則安頓館舍……臨行供應夫車，一人必坐一乘。日撥數起或二、三十起，欲槪行應付則民力可憊；抗拒，則獲罪非小。」（「北路諸羅番之一・附載門」引，頁99）。
又，「北路諸羅番之三・附載」黄氏自記云：「阿束番……蒙師謂諸童聰慧，日課可兩頁，但力役紛然，時作時輟，不能底於有成耳。」，頁109。

99　〔臺海使槎錄〕，卷5「番俗六考・北路諸羅番之六・婚嫁」條：「半線社多與漢人結爲副疊。副疊者，盟兄弟也。」（頁116）

100　同上，卷8「番俗雜記・馭番」條，黄叔璥「與道府約……通事一役，如不法多事即當責革；若謹愿無過便可令其常充，不得藉新官更換，混行派費，違者計贓議罪」（頁170）。惟筆者僅見責革通事張達京一人而已，責

肆、北臺拓墾初期「通事」與漢移民之關係

康熙二十二年(1683)，施琅復臺，首頒「諭臺灣安民生示」即有「其官兵人民去住，聽從其便」之說[101]，其題報善後事宜亦云：

> 所有鄭成功之子……鄭錦之子……偽武平侯劉國軒……並續順公下官兵家口……陸續護送，移入內地……。兵丁願入伍及歸農者聽其自便。至於江、浙、閩、粵各省被獲男婦，臣仰體皇仁，已悉令回籍[102]。

由於鄭氏部眾之安插與俘掠民之回歸，且「不禁渡臺，凡農、工、商賈來去自如」[103]，臺灣人口因而銳減，耕地拋荒者

　　　　草時張達京已七十餘歲，任通事數十載，番漢雜居已久也。詳下。

101　「諭臺灣安民生示」（〔臺灣文獻叢刊〕，第13種，〔靖海紀事〕卷下，頁54）。

102　〔清聖祖實錄〕，卷111「康熙二十二年八月二十九日條」。

103　賀長齡輯，〔皇朝經世文編〕，卷84「兵政」臺灣知府沈起元「條陳臺灣事宜狀」載：「昨聞之王鎮云：近日臺民比前加多幾倍，蓋以不禁渡臺，凡農工商賈來去自如，自禁之後，一去則不可復來，故來者不敢復去，所以禁愈嚴而人轉多。」（〔近代中國史料叢刊〕，第731種影本。臺北文海出版社）。章義按：乾隆六年劉良璧〔重修福建臺灣府志〕、乾隆十年范咸〔重修臺灣府志〕、乾隆二十八年余文儀〔續修臺灣府志〕諸志職官志，以及近人撰述皆未見「臺灣知府沈起元」其人。筆者檢閱〔雍正硃批諭旨〕（臺北，臺灣文源書局影印本），得雍正七年五月初二日福建總督高其倬奏聞事摺（第十四函第三冊），所奏皆為臺灣人事，其文云：「……新調臺灣知府倪象愷亦因丁憂給假，恐亦不無遲緩……其臺灣知府事務，臣現委興化府知府沈起元前往署理。又海防同知缺，經臣以候補通判尹士俍題補，尚未經奉旨，臣現令漳州府通判劉浴在彼署理。」故知沈起元為興化知府來臺署理臺灣府事。惟諸府志中載劉浴署海防同知卻未載沈起元署臺灣知府，其事距劉良璧〔重修臺灣府志〕僅十餘年，不知何以然也。

又，所謂「王鎮」即雍正六年任臺灣總兵之王郡。

多[104]。是以清領之初，歷任職官多以招徠爲能事[105]，「靖海將軍侯施公功德碑」謂施琅「念弁目之新附未輯也，兆庶之棄業廢課也，則又委參將陳君譚遠致者加意鈐束之、殫心招徠之」[106]。第一任臺灣總兵楊文魁於康熙二十六年(1687)任滿內轉時，曾勒一〔臺灣紀略碑〕，亦謂：「靡蕪極目，藉人耕墾始無曠土；奈阻於洪濤，招徠不易。」[107]。〔諸羅縣志〕「秩官志」列傳僅二人，其一爲首任諸羅知縣季麒光，在任踰年，以經始〔臺灣府志〕入傳；其一爲康熙二十九年至三十四年任知縣之張玿，以「見邑治

104　據1640（崇禎十三）年臺灣長官報告謂「中國人計有三千五百六十人，依此徵稅，將來可減輕築城費之支出也」〔〔巴達維亞城日記〕，頁243）。荷蘭人對於徵稅對象調查極爲詳盡，人、畜、船物皆無例外，故此數字相當可靠。

鄭氏延平王國領臺時期人口數，據施琅「盡陳所見疏」之統計，總數在六萬上下（〔靖海紀事〕，卷上，頁6）。曹永和氏認爲：「鄭經盛時，大陸移民數，似約在15-20萬之間，衡之以荷蘭時代及清康熙中葉的臺灣人口，這似爲一最近似的數目。」（氏所著〔鄭氏時代之臺灣墾殖〕，聯經〔臺灣研究叢刊〕：〔臺灣早期歷史研究〕一書所收，頁277）。則鄭氏將亡，人口已不復其盛況。就施琅之立場而言，其言誇張敵勢，故其數當亦屬近似。施琅「壤地初闢疏」附錄八閩紳士公刊原評云：「今統歸降，如出水火，各省難民，相率還籍，投誠家衆，移送歸家，較之前時民數，已減其半矣。今若賦役稍輕，從此而生聚、而教誨，安在谷可爲樂土耶？」（〔靖海紀事〕，卷下，頁69)

105　人去田荒，乃自然之勢，康熙二十四年十月沈紹宏請墾票文稱：「北路鹿野草荒埔，原爲鄭時左武驤將軍舊荒營地一所，甚爲廣濶，並無人請耕。」（〔臺灣文獻叢刊〕第152種；〔清代臺灣大租調查書〕第一章「通論」，第一節「墾照」第一例引）。是爲一例。

106　高拱乾，〔臺灣府志〕，卷10「藝文志」，頁255錄其碑文。又云：「臺之人士，感於十年之後久而彌深，羣謀勒石以效哀思。」則碑當立於康熙三十三年前後。

郁永河〔裨海紀遊〕中所誌，助其採硫之「友人顧君敷公」即「順治己亥被掠留臺，居臺久，習知山海夷險」（卷中，頁17）。又郁永河所著〔海上紀略〕亦言其「仕僞鄭」（〔臺灣文獻叢刊〕，第44種，〔裨海紀遊〕附錄，頁61），皆不諱言其事，足證施琅招徠撫綏之誠，亦見清廷不以其事爲意也。

107　〔臺灣府志〕，卷10「藝文志」，頁259。

新造多曠土，招徠墾闢，撫綏多方，流民歸者如市」入傳[108]。

招徠之初，移民東渡者多爲閩人，郁永河所謂「臺民皆漳泉
寄籍人」是也[109]。或云施琅「惡惠、潮之地素爲海盜淵藪」，
故「終將軍施琅之世，嚴禁粵中惠、潮之民，不許渡臺」，「琅
歿，漸弛其禁」[110]。施琅卒於康熙三十五年(1696)，郁永河三十
六年(1697)東渡採硫，故郁永河所見「皆漳、泉寄籍人」。

惠、潮之人東移始於康熙四十年(1701)以後，黃叔璥「番俗
六考」北路諸羅番之四載：

> 羅漢內門、外門田，皆大傑嶺社地也。康熙四十二年，
> 臺、諸民人招汀州屬縣民墾治，自後往來漸眾[111]。

「汀州屬縣民」即所謂「汀州客」，即閩籍客人，故惠、潮
之人當於此時東渡也。

康熙五十年(1711)三月，臺灣知府周元文「申請嚴禁偷販米
穀詳稿」云：「閩、廣之梯航日眾，綜稽簿籍，每歲以十數萬
計。」[112]康熙六十年(1721)藍鼎元隨兄廷珍統軍渡臺平朱一貴之
亂，曾經「上窮淡水，下盡郎嬌」「深諳全臺地理情形」[113]，其
「覆制軍臺疆經理書」云：

> 國家切設郡縣，管轄不過百里，距今未四十年，而開墾
> 流移之眾延袤二千餘里，糖穀之利甲天下……北至淡

108　〔諸羅縣志〕，卷3「秩官志·列傳門」，頁49。
109　〔禆海紀遊〕卷下，頁32。
110　〔臺海使槎錄〕，卷4「赤嵌筆談·朱逆附略」條引「理臺末議」，頁92。
111　同上，卷5「番俗六考·北路諸羅番四·附載」，頁112。
112　周元文，〔續修臺灣府志〕，卷10「藝文志」（方志彙編本），頁122。
113　藍鼎元，〔東征集〕，卷首「藍廷珍序」（〔文獻叢刊〕，第12種，頁4）。

水、雞籠，南盡沙馬磯頭，皆欣然樂郊，爭趨若鶩[114]。

黃叔璥謂：「南路淡水三十三莊皆粵民墾耕。」[115]陳夢林於康熙五十五、六年間撰述〔諸羅縣志〕時亦謂：「今流民大半潮之饒平、大埔、程鄉、鎮平，惠之海豐。」[116]顯然，康熙四十年以後始大量東渡之潮、惠移民與康熙末期之蓬勃拓墾運動有極密切之關係。

閩、粵人民何以大量東移？

筆者屢次為文說明：

> 求生的本能之外，宜墾區的廣闊，地方官的招徠、鼓勵，拓墾者的理想主義，士族的領導，通事的配合，經制兵之駐防北臺，拓墾事業之企業化等，都是北臺拓墾運動蓬勃發展的基本條件[117]。

筆者亦曾力闢「人口壓力說」之不當[118]，是說僅就人類求生本能立論，既無法解釋臺灣拓墾事業何以蓬勃發展，更不足以解釋移民何以選擇東渡臺灣一途！筆者謹就康熙中期以後，大陸大亂方止，傷夷未起，有待休養生息；而臺灣卻富庶繁榮，充滿發展之機運一端再略作說明。

114　同上，卷3，頁34。
115　〔臺海使槎錄〕黃叔璥自記語（頁93）。
116　〔諸羅縣志〕，卷7「兵防志・陸路防汛」，頁78。
117　參見拙著，甲、「新莊志卷首——新莊（臺北）平原拓墾史」，（新莊市公所出版，民國70年）。
　　乙、「臺北平原拓墾史研究（1697-1772）」（〔臺北文獻〕，直字第53、54期合刊，臺北市文獻委員會出版民國70年4月）。
　　丙、「新莊巡檢之設置及其職權、功能——清代分守巡檢之一個案研究（上）、（下）」（〔食貨月刊復刊〕，第11卷，第8-9期，民國70年11-12月）參見第二章，八里坌巡檢設置前的北臺形勢。
118　同上，列丙文第二章。

郁永河〔裨海紀遊〕曾就臺灣與大陸作一比較：

> 近者海內恒苦貧，斗米百錢，民多饑色，賈人責負檗，
> 日沸閭閻；臺郡獨似富庶，市中百物價倍，購者無吝
> 色；貿易之肆，期約不愆；傭人計日百錢，趦趄不應
> 召；屠兒牧豎，腰纏常數十金。

郁氏以爲是乃由於「王師克臺，倒戈歸誠，不煩攻圍，不經
焚掠」；兵餉散在民間；「又植蔗爲糖，歲產五、六十萬，商舶
購之以貿日本、呂宋諸國。又米、穀、麻、豆、鹿皮、鹿脯運之
四方者十餘萬」之故[119]，郁氏之結論如下：

> 臺土宜稼　，收穫倍蓰……爲賈販通外洋諸國則財用不
> 匱。民富土沃，又當四達之海，即今內地民人，襁至而
> 輻輳，皆願出於其市；雄符陸梁，孰不欲掩而有之[120]！

是則臺灣不僅爲移民競趨之地，且爲豪強所垂涎矣。

康熙三十一年（1692），高拱乾「由泉州府知府舉卓異，蒙
督、府兩院會薦，奉特旨陞補臺廈道」[121]，下車伊始，其「初至
臺灣曉諭兵民示」亦云：

> 臺灣地氣和煖，無胼手胝足之勞而禾易長畝，較內地之
> 終歲勤者，其勞逸大異……讀書之子，特設臺額，獲登
> 賢書，較內地之人多額少者，其難易不同，此臺士之足

119　〔裨海紀遊〕卷下，頁30-31。
120　同上，頁31。
121　高拱乾，〔臺灣府志〕，卷3「秩官志‧監司表」，頁570。又，卷10「藝
　　文志」刊有會薦高拱乾之兩疏。

樂也[122]。

高拱乾「臺灣賦」嘆臺民之富足亦云：

　　戶滿蔗漿兮人藝五穀……人無老幼兮衣帛食肉[123]。

康熙五十八年(1719)陳文達纂修之〔鳳山縣志〕「風俗志」載：

　　農無火耕水耨之瘁，商有冰紈虀裘之華……即厮役牧豎
　　衣曳綺羅，雖販婦邨姑粧盈珠翠[124]。

漳、泉、潮、惠之農民「因貧地寬，可以私墾，故冒險渡臺」[125]；「傭工計值三倍內地」，故冒險渡臺[126]；商賈「倍蓰、什佰、千萬之利在所必爭」，故「涉險阻而東來」[127]；士子因學額較寬，且地係初闢，文風未盛，臺郡有司且謂「寄籍不必杜，藉其博雅宏通，爲土著之切磋可也」[128]，故「內郡之不得志於有司者，羣間渡而東焉」[129]。

閩、粵之民，無論士、農、工、商，凡有志之人，遂競趨「糖穀之利甲天下」之臺灣，掀起康熙中期以後之移民潮與蓬勃之拓墾運動。

移民在南臺之拓墾活動，非本文主體，暫置勿論；茲引康熙

122　同上，卷10「藝文志」，頁239。
123　同上，頁266。
124　〔鳳山縣志〕，卷7「風土志・漢俗門」（〔臺灣方志彙編本〕）頁79-80。
125　尹泰（雍正五年巡臺御史），「臺灣田糧利弊疏」，〔淡水廳志〕，卷15上「文徵上」（臺灣銀行經濟研究室，〔臺灣方志彙刊〕卷1，頁163）。
126　〔諸羅縣志〕卷8「風俗志・漢俗考・雜俗門」頁89。又〔臺海使槎錄〕，卷2「赤嵌筆談・武備門・臺郡修船」條亦謂臺地「僱價較內地數倍」（頁37）。
127　〔臺灣府志〕，卷7「風土志・漢人風俗門」，頁181。
128　〔諸羅縣志〕，卷5「學校志・總論」，頁62。
129　同上，頁61。

五十五年陳夢林修志諸羅時所撰「兵防志・總論」，以明移民北
墾之迹：

> 諸羅自萬松、新港至斗六門，一百八十餘里，其間四里
> 九保，庄社鱗次。府治、縣治之左右上下，漢人有室家
> 田產以樂其生，諸番頗漸染政教……當設縣之始，縣治
> 草萊，文武各官僑居佳里興；流移開墾之眾，極遠不過
> 斗六門，北路防汛至半線、牛罵而止……虎尾、大肚，
> 人已視為畏途，過此則鮮有知其地理之險易者……四十
> 三年，秩官、營汛悉移歸治，而當是時，流移開墾之眾
> 已漸過斗六門以北矣。自四十九年，洋盜陳明隆稱其渠
> 鄭盡心潛伏在江浙交界之盡山、花鳥……臺灣淡水，于
> 是設淡水分防千總，增大甲以上七塘，蓋數年間流移開
> 墾之眾，又漸過半線、大肚溪以北矣。此後流移日多，
> 乃至南日、後壠、竹塹、南嵌，所在而有……巧借色目
> ，以墾番之地，廬番之居，妻番之婦……[130]。

所謂「流移開墾之眾」無論其為漳、泉或潮、惠之人，若為
豪傑前驅之士且機緣湊巧如張達京者，與生番日益友善，使生番
內附輸餉，或可自充通事，否則居停拓墾必藉通事之助也。

移民初至，不解番語、不識番情，若非通事引領、嚮導，自
無法貿貿然「孤注一擲」[131]，縱使冒險深入，各社皆有通事，通
事在「番政」系統中之地位及其與番社之關係，既如前節所述，
則移民與番社交涉，必經通事之手也。

130　〔諸羅縣志〕，卷7「兵防志・總論」，頁74。
131　同上，卷8「風俗志・番俗考・雜俗門」，頁99。

　　此外，就官治組織而言，移民欲踰大甲而北，亦必經通事之認可。蓋一切官治規制皆止於大甲以南也。茲就康熙五十六年(1717)〔諸羅縣志〕完稿時之情況臚列如下：

　　一、官署：「封域志‧建置門」載：「置縣後，以民少番多，距郡遼遠，縣署、北路參將營皆在開化里佳里興，離縣治南八十里，四十三年(1704)奉文：文武職官俱移歸諸羅山，縣治始定。」[132]惟康熙四十九年(1710)抵臺之臺厦道陳璸則云：「前督憲曾檄行諸、鳳二邑各歸本署，未幾仍寄寓如故……徒有分土設縣之名而無其實。」[133]又，〔諸羅縣志〕「賦役志‧田園賦稅門」載：「凡徵粟四萬有奇，府倉半焉。故縣令一年之間，居郡治者強半，由正供之粟多納在郡，於催科較易也。令在郡治之日多，則縣治之事必有廢而不舉者矣！」[134]諸羅知縣一年之中強半居郡治，其縣治之事「必有廢而不舉者」，其半線以北「稽察不及之鄉」則不得不「寄耳目於三、五通事」[135]。

　　二、郵傳：「勾攝公事、賫送文牒」者為「遞舖」[136]，其最北者為大肚舖，「在大肚溪墘」[137]。

　　三、陸路防汛：「兵防志‧陸路防汛門‧牛罵塘」條云：「康熙五十一年(1712)以前，塘汛至此止。」[138]陳璸建議：「應於

132　同上，卷1「封域志‧建置門」，頁32。
133　陳璸，「條陳經理海疆北路事宜」（〔臺灣文獻叢刊〕，第116種，〔陳清端公文選〕，頁17）。
134　〔諸羅縣志〕，卷6「賦役志‧田園賦稅門」頁67。
135　〔諸羅縣志〕，頁75。
136　〔諸羅縣志〕，卷7「兵防志序」，頁74。
137　同上，卷2「規制志‧郵傳門」，頁47。
138　〔諸羅縣志〕，卷7「兵防志‧陸路防汛門」，頁77。

各社之聚族處所及里數太曠遠處，添設塘汛，以南援半線，北連淡水。」[139]故增設八里坌、大甲、猫盂、吞霄、後壠、中港、竹塹、南嵌等一汛七塘[140]；惟據「兵防志・總論」載：「北路參將阮蔡文又有淡水一汛七塘官兵應咨部撤回之議。」[141]幸而陳璸任臺厦道至康熙五十四年(1715)春陞授偏沅巡撫，是年多又「改調福建巡撫」[142]，阮蔡文之議不得實行，經制兵駐防北臺始爲定案。其員額雖少，其原始動機亦爲防止淡水成爲海盜淵藪，惟因緣際會，卻吸引大量拓墾者北上[143]。

四、水師防汛：「兵防志・水師防汛門」載：「其鹿仔港以上，崩山、後壠、中港、竹塹、南嵌、淡水、雞籠七港，以水土不宜或港道淺狹，概無設防。唯於南風盛發之時，就笨港、三林港二汛之內，輪撥把總領兵駕哨船一隻，前往淡水、雞籠遊巡，北風時聽其撤回原汛。」[144]哨船一隻，遊巡鹿仔港以北沿海諸港，縱使「輪撥把總」果然親巡，其效果如何，仍不可無疑也。

綜舉前列四項，大甲溪以北實非官治體系管轄所能及，故而諸羅知縣於此亦採「封禁」政策，不許移民北上。黃叔璥（番俗六考）「北路諸羅番之九」載：

139　陳璸，「條陳經理海疆北路事宜」〔陳清端公文選〕，頁17）。
140　〔諸羅縣志〕，卷7「兵防志・陸路防汛門」，頁77。
141　同上，頁74。
142　丁宗洛，〔陳清端公年譜〕，頁74。
143　參見拙著，「臺北平原拓墾史研究 (1697~1772)」，第四章第二節，「陳璸的北臺方略」。
144　〔諸羅縣志〕，卷7「兵防志・水師防汛門」，頁79。

往年自大甲溪而上，非縣令給照，不容出境[145]。

黃叔璥與吳達禮爲康熙六十一年(1722)首任巡臺御史，二人北巡，亦至沙轆社而止，且以該社爲「廻馬社」[146]。禁止踰越大甲而北之令始於何時今已難查考，惟自康熙四十三年至四十九年(1704-1710)間三度兼署諸羅知縣之鳳山知縣宋永清[147]，在〔重修臺灣府志〕「形勢總論」中嘗謂：

> 余前署諸篆，躬履村落，備觀形勢……至是奉文改移，凡設縣安營，業於羅山雄其壁壘……自半線而外，茫然千里……徑道蜿蜒，必至窮月之力，始通於雞籠、淡水；稀疏人跡，勢將藏垢長奸，是羅山爲全臺鎖鑰，而半線又爲羅山之鎖鑰也……惟於半線謹其盤詰，嚴以哨巡，則此外無藏奸之虞；全臺之區，絕欃槍之患矣[148]！

藍鼎元謂宋永清另有「議棄郎嬌之詳」[149]，則其人乃畏葸保守、缺乏遠見之地方官，其視移民如垢如奸，亦是當時一般臺郡有司之偏見。沈起元嘗論其事云：

> 若謂渡臺者卽非良民與雖良民而臺地必不容多人，以防

---

145 〔臺海使槎錄〕，卷6「番俗六考・北路諸羅番之九・附載黃氏自記」（頁134）。又〔諸羅縣志〕卷7「兵防志・總論」亦云：「前此越境有禁，人猶冒險以瑜大甲。」（頁75）

146 「北路諸羅番之八・附載黃氏自記」，頁129。

147 〔諸羅縣志〕，卷3「秩官志」失載。卷2「規制志・城池門」載：「四十三年奉文歸治，署縣宋永清……定縣治廣狹周圍六百八十丈。」（頁40）又，「倉廒門・斗六門庄」條：「四十六年署縣宋永清建十間。」（頁41）；「社倉」條：「以上每一處各一間，康熙四十八年署縣宋永清奉文建。」（頁41）故知宋氏至少三署諸羅縣事。

148 周元文，〔重修臺灣府志〕，卷1「封域志・附形勢總論」，頁40。此書由宋永清倡議並延鳳山教諭施士嶽董其事。

149 藍鼎元「覆制軍臺疆經理書」（〔東征集〕，卷3，頁34）

異日之患，則大不然。夫即今臺地皆閩、廣流民。聞之
當日，其民風氣最淳；近稍澆漓，然終覺畏法易治。所
謂奸匪惡少，亦第如斗米之雜升穀而已，一良有司釐剔
之即善耳；此在內地亦然，不獨臺地也[150]。

宋永清既云：「謹其盤詰，嚴以哨巡。」則「封禁政策」
當早於撰文之時，或即始於宋氏初次兼署諸羅而移民潮初現之時
也。〔諸羅縣志〕「兵防志‧總論」亦謂「前此越境有禁，人猶
冒險以踰大甲」[151]。知縣周鍾瑄更有「清革流民，以大甲溪為
界」之請[152]。與周某同時之北路參將阮蔡文，北巡淡水防汛，見
「荒塚纍纍」「皆西來將士」，曾興「爰留軍以駐防兮，誰創謀
之伊始」之怨[153]，亦提議「淡水一汛七塘官兵，應請咨部撤回」
[154]。

是則，陳璸雖添兵設防於大甲溪以北；而地方政、軍長官之
眼光識見有限，皆棄大甲溪以北而不顧。於是大甲溪以北「遂為
政教不施，稽察不及之鄉，徒寄耳目於三、五通事」[155]。

既然「寄耳目於三、五通事」，則東渡移民欲取得土地拓墾
權，亦必經通事之手也，茲就大甲溪南、北各舉一例說明之：

康熙四十七年(1708)四月諸羅知縣給墾戶詹陞之墾照載：

　　……據墾戶詹陞請打貓梅仔坑寮口荒埔十餘甲……據通

150　沈起元，〔條陳臺灣事宜狀〕（〔臺灣文獻叢刊〕，第229種〔清經世文論運錄〕
　　　頁3）。
151　〔諸羅縣志〕「兵防志‧總論」，頁75。
152　同上，頁74。
153　阮蔡文，「祭淡水將士文」（「諸羅縣志」，卷11，頁74）。
154　〔諸羅縣志〕，「兵防志‧總論」，頁74。
155　同上，頁75。

事謝章等查明無礙，合行給墾。爲此單給懇戶詹陞卽便
前往所請界址內開墾輸課，給此執照[156]。

　　打貓社原址在今嘉義縣民雄鄉，梅仔坑寮當在今梅山鄉，與
諸羅縣治雖近在密邇，然其墾照之發給仍「據通事謝章等查明無
礙」而後給照。

　　康熙四十八年(1709)七月署諸羅縣事宋永清給陳賴章墾號「
發淡水社大佳臘地方張掛」的拓墾告示載：

　　　臺灣府鳳山縣正堂紀錄八次署諸羅縣事宋　，　爲懇給單
　　　示以便墾荒裕課事，據陳賴章稟稱：竊照，臺灣荒地
　　　現奉
　　　憲行勘墾，章查上淡水大佳臘地方，有荒埔一所……四
　　　至竝無妨礙民番地界，現在招佃開墾，合情稟叩金批准
　　　給單示，以便報墾陞科等情，業經批准行查稟著該社商
　　　通事土官查勘確覆去後，玆據社商楊永祚、夥長許聰、
　　　林周、土官尾軼斗謹等覆稱：祚等遵依會同夥長土官，
　　　踏勘陳賴章所請四至內高下不等，約開有田園五十餘
　　　甲，並無妨礙，合就據實具覆各等情到縣，據此，合給
　　　單示付墾。爲此示給墾戶陳賴章，卽便招佃前往上淡水
　　　大佳臘地方，照四至內開荒墾耕報課陞科，不許社棍閒
　　　雜騷擾混爭。如有此等故違，許該墾戶指名具稟赴縣，
　　　以憑拿就……[157]。

---

[156] 臺灣銀行經濟研究室編印，〔臺灣文獻叢刊〕第152種，〔清代臺灣大租調
　　　查書〕（據明治三十七年臨時臺灣土地調查局出版之〔大租取調書附屬參考
　　　書〕編印），第一章第一節「墾照」之第二例（頁2）。

此告示所顯示之請墾過程又告示下達之流程略可圖示如下：

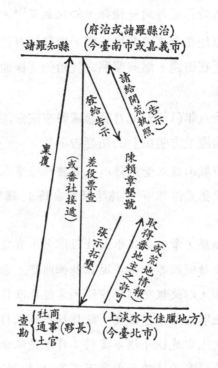

陳賴章墾號取得大佳臘荒地情報或取得番地主（番社或番
人）許可後，向駐在府治（今臺南市）或諸羅縣治（諸羅山，今
嘉義市）之諸羅知縣呈稟請領墾照及告示。諸羅知縣「批行查
票」，或由差役行查，或由番社接遞，或由通事將票到達上淡水
大佳臘地方，由社商、通事、土官「查勘確覆」，經渠等稟覆「

157　〔大佳臘墾荒告示〕原件藏於艋舺洪文光氏，原文首次刊布於明治三十五年
　　　（1902）二月出版之〔臺灣慣習記事〕第2卷第2號，編者譽之為「世間稀
　　　有的古文書」（頁35）。原件今佚。繼刊於〔大租取調書附屬參考書〕，文
　　　字略有歧異處。本文所引，乃經筆者校勘者（見〔新莊志〕卷首——「新莊
　　　（臺北）平原拓墾史」，第四章第二節，頁34）。

並無妨礙」之後，始「給單示付墾」。

綜合以上二例，取得墾照與否，皆以通事之查勘爲準。若以通事與番社之關係而言，則可墾荒埔之情報亦必經通事而後可得；「番墾字」之取得亦非通事而莫辦。故而移民之東來拓墾者，勢必得通事之折衝奔走與協助而後可也。

我國社會既重血緣關係，通事在臺基業既立，必援引兄弟戚屬，如淡水社通事賴科有堂弟賴羨在臺，張達京引其兄達朝、弟達標來臺（二人事迹詳下）。惟戚屬可數而待墾之荒埔廣潤無涯，亟需墾荒人手，則非親非故非同鄉亦至表歡迎也。高拱乾〔臺灣府志〕「風土志·漢人風俗門」謂：

> 三邑之民……宗族之親少，洽比之侶多[158]。

〔諸羅縣志〕晚出，粵民已大至，其風俗志漢俗考亦謂：「土著既鮮，流寓者無期功強近之親，同鄉井如骨肉矣，疾病相扶、死喪相助……較內地猶厚。」

又云：

> 初闢之時，風最近古，先至者各主其本郡；後至之人不
> 必齊量也[159]。

宗族之親既少，故「草地之民聞鄉音跫然以喜」也[160]。既無血緣關係，地緣關係而同姓者亦相親愛，視同一家。〔諸羅縣志〕「風俗志·漢俗考·婚姻喪祭門」載：

> 凡祭於大宗……臺無聚族者，同姓皆與焉[161]。

158　〔臺灣府志〕，卷7「風土志·漢人風俗門」，頁182。
159　〔諸羅縣志〕，卷8，「風俗志·漢俗考·雜俗門」，頁88。
160　同上，頁84。
161　同上，「漢俗考·婚姻喪祭門」，頁85。

　　東渡者既生活於番社荒埔之間，得見一漢人，縱使非親、非
故、非同鄉之人亦相親愛。「風俗志‧漢俗考‧雜俗門」又載：

　　　　失路之夫，不知何許人，纔一借寓，同姓則爲弟姪，異

　　　　姓則爲中表、爲妻族，如至親者然，此種草地最多；亦

　　　　有利其強力，輒招來家，作息與共[162]。

　　所謂「不知何許人」者，自不計其爲何地、何姓人也。

　　所謂「草地最多」者，拓荒之地有番無民也；所謂「利其強
力」者，拓墾事業需人孔亟也。通事既久居異域，長與番人爲
伴，則見漢移民之東來者，必爲之安置而效馳驅，何況通事爲之
折衷調和，得其地拓墾則通事本人亦有利可圖也。

　　周鍾瑄謂「西螺以北番社之有藉於通事……亦勢使然也」，
然就本章所論：封禁政策下，以通事在北臺之地位而言，拓墾之
初，漢人與漢人間之關係以及通事與番社之關係而言，漢移民之
拓墾者之有藉於通事者「亦勢使然也」。

伍、康熙年間有關「通事」的幾個個案

　　前文所述，乃筆者就康、雍間之遊記、方志、筆記、檔案等
當時紀錄，略考通事之由來、養成及其基本性格，說明通事與番
社、政府、漢移民之關係。

　　本章則就筆者涉獵所及，取其事迹、姓氏可考之若干個案臚
述如下，至於賴科、林秀俊、張達京等聲名較著之通事，由於其

162　同上，「漢俗考‧雜俗門」，頁89。

影響較大，不僅爲當時人所重視，筆者所獲史料亦較多，故各闢專章敍述之。

一、李滄獻策取金

康熙二十年（1681）六月，清廷知鄭經已死，羣子爭立，乃命施琅爲福建水師提督，相機進剿。鄭氏多方備禦而糧餉不足。二十二年（1683）五月，上淡水通事李滄「希受一職」，願取金自效 [163]，〔臺灣外紀〕誌其事焉。是書作者江日昇於施琅平臺次年仲冬至臺灣 [164]，所誌或「目睹」，或爲「當日所獵聞」 [165]，其略云：

> 集諸將商議戰守之策……第患糧餉不足耳……上淡水通事李滄獻策：取金裕國，安撫司林雲爲之轉啟。克塽令錫范問滄取金情由，滄曰：從上淡水坐番邦小船蚊甲，向東而行，行至方浪、石灣，轉北而南，溯溪直進，此水路也，可取金沙。陸路當從卑南覓社而入……。范允其議，啟塽，塽令監紀陳福、宣殿前鎮葉明統所部，護衛入番取金……到力蹈社，連殺數番，亦不肯指其出金之處，無奈引還 [166]。

〔諸羅縣志〕引〔陳小厓外紀〕謂：「壬戌（康熙二十一年，1682）間，鄭氏遣僞官陳廷輝往淡水、鷄籠采金，老番云：唐人

---

[163] 〔臺海使槎錄〕，卷6「番俗六考·北路諸羅番十·附載」引〔海上事略〕，頁139。

[164] 〔臺灣外紀〕，卷10「康熙廿二年十二月初一條」。全書之末云：「佘甲子仲冬至臺灣。」（頁448）。

[165] 〔臺灣外紀·凡例〕，頁16。

[166] 同上，卷9「康熙廿二年五月條」，頁408。

必有大故……。」[167]其路徑與李滄不同，亦未說明嚮導通事爲何人。荷屬末期探金，嘗以通曉西班牙語及土語，居雞籠三十餘年，娶番婦之日人九左衞門爲通事[168]。通事在臺灣探險探金史中，曾扮演重要角色。

二、張大協助郁永河採硫

康熙三十五年(1696)冬，福建省城火藥庫炸燬，「有旨責償典守者」。郁永河性好「探奇攬勝」，慨然請行[169]，乃於次年(1697)春東渡採硫，兼作臺灣之遊。氏所著〔裨海紀遊〕（即探硫日記）膾炙人口，爲研究早期臺灣史極具史料價值之一遊記。郁氏至淡水採硫，頗得「淡水社長張大」之助。茲摘錄〔裨海紀遊〕中有關渠等之紀錄如下：

1. 沿途「社人」相伴，兼作傳譯，安排行止。
2. 四月二十七日：「至八里分社……旣渡，有淡水社長張大，罄折沙際迎，遂留止其家。……爰命張大爲余治屋，余留居五日以待。」[170]
3. 「五月朔，張大來告屋成」[171]。
4. 五月初二日：「由淡水港入，前望兩山夾崎處曰甘答門，水道甚隘，入門，水忽廣，漶爲大湖，渺無涯涘。行十里許，有茅屋凡二十間，皆依山面湖，在茂草中，張大爲余

167　〔諸羅縣志〕，卷12「雜記志·外紀門·哈仔難產金」條，頁148。
168　中村孝志原著，賴永祥、王瑞徵合譯，「十七世紀荷人勘查臺灣金礦紀實」，收入賴永祥著〔臺灣史研究初集〕，頁67。
169　〔裨海紀遊〕，卷上，頁1。
170　同上，頁22-23。
171　〔裨海紀遊〕，卷中，頁23。

築也」[172]。

是乃張大督番築之，非張大自築也。

5.「張大云：此地高山四繞，周廣百餘里，中爲平原，惟一
溪流水，蔴少翁等三社緣溪而居。甲戌四月（康熙三十三
年，1694）地動不休，番人怖恐，相率徙去，俄陷爲巨
浸，距今不三年耳。指淺處猶有竹樹梢出水面，三社舊址
可識，滄桑之變，信有之乎？」[173]

張大居淡水日久故能知其詳。

6.「又數日，各社土官悉至，曰八里分……蔴里折口等二十
三社，皆淡水總社統之」[174]。

此節雖未明言，其爲張大所召致無疑也。

7.「給布眾番易土……男婦相繼以莽葛載土至……拉顧君偕
往，坐莽葛中，命二番兒操楫，緣溪入，溪盡爲內北社，
呼社人爲導……」[175]。

郁氏以布易硫土，社長、社人在傍協助；踏勘硫土產地，
亦以社人爲嚮導。

8.「居無何，奴子病矣，諸給役者十且病九矣，乃至庖人亦
病，執爨無人……乃以一舶悉歸之……一、二社棍又百計
暗撓之。余既不識侏離語，與人言人又不解余旨，口耳並
廢，直同聾啞」[176]。

172　同上。
173　同上。
174　〔裨海紀遊〕，卷中，頁24。
175　同上。
176　〔裨海紀遊〕，卷中，頁26。

郁氏探硫，皆賴社人傳譯。內外交迫、工作遲緩，郁氏乃
疑「社棍」暗撓之也。

9.「有社人被殺於途」[177]。

10.七月十九日至二十二日大風雨，「過草廬舊址，惟平地而
已」。「二十五日水既落，乘海舶出港，至張大所」[178]。

11.七月二十八日，「視舟中病者轉劇，因遣海舶急歸，余獨
留張大所，命張大爲余再治屋」[179]。

12.七月二十九日起大風雨四晝夜，「走二靈山避之」。八月
初四日「再返張大所」[180]。

13.八月十五日，「中秋節，番兒報舊址茅屋成。……走海岸
沙際遙望。午後，張大攜看核至，與余就沙際飲，抵暮而
返，不見一帆」[181]。

14.十月朔，「硫事既竣，將理歸棹」，「初四日，復出，至
張大家與別，遂登舟」[182]。

郁永河安返榕城（福州）後，「再覘城市景物，憶半載處非
人之境，不啻隔世」[183]。唯「社人」不僅爲其伴隨、嚮導，「淡
水社長張大」且爲郁氏二度「治屋」、召番取硫，社人更有「被
殺於途」者，則通事之任漢族移民之前驅長處「非人之境」者，
其處境之困難、危險、實非吾人所能想像。

177　〔裨海紀遊〕，卷中，頁27。
178　〔裨海紀遊〕，卷下，頁38-39
179　〔裨海紀遊〕，卷下，頁39。
180　同上。
181　同上。
182　〔裨海紀遊〕，卷下，頁40-41。
183　〔裨海紀遊〕，卷下，頁42。

　　郁氏屢次至「張大家」，茅屋吹毀後且依張宅而居，則張大位於淡水河口北岸，今臺北縣淡水鎮境內之「張宅」，當爲較大且較堅固之定居型建築物，與茅屋之不耐風暴而屬暫時性者不同也。中秋佳節，張大「攜肴核」與郁氏「就沙際飮」，當有治肴之人。張大自治乎？他人治乎？惜乎〔裨海紀遊〕未嘗紀錄張大是否有眷，其眷屬是否爲漢婦也。

　　又，郁氏在淡嘗見漁人結寮於港南者，略謂：

> 余至之夜，有漁人結寮港南者，與余居遙隔一水……一矢又入，遂貫其臂，同侶逐賊不獲，視其矢則土番射鹿物也[184]。

　　揆其文義，郁氏當獲見漁人，且與渠輩交談。惟漁人自漁人而通事自通事，漁人雖捕魚於此，未必能與社番溝通也。

　　〔諸羅縣志〕卷六「賦役志・雜稅門附考」載：

> 水餉雜稅之徵，多屬鄭氏竊踞時苛政……既稅其船，又稅其罟、罾、縺、罠、䌸、蠔，且稅其港，蓋一港而三其稅焉……罟稅則原出於淡水一港，十年來久無牽罟之人矣，往者責賠于通事，甚無謂也[185]。

　　則淡水一港之有港稅由來久矣，而漁人至此捕魚當不晚於鄭氏領臺時代。惟諸羅修志之前，東來拓墾者日眾而「牽罟之人」漸絕也。

184　同上，卷上，頁27。

185　〔諸羅縣志〕，卷6「賦役志・陸餉水餉雜移考」，頁71。

三、黃申瞨社致亂

〔諸羅縣志〕「雜記志·崔符門」載：

（康熙）三十八年春二月，吞霄土官卓个、卓霧、亞生
作亂。……初，通事黃申瞨社于吞霄，徵派無虛日，社
番苦之……陰謀作亂。會番當捕鹿，申約計日先納錢米
而後出草，霧等鼓眾大譟，殺申及其黨十數人，鎮道遣
使招諭，不得入，乃發兩標官兵及署北路參米常太進
剿，而以新港、蕭壠、麻豆、目加溜灣四社番為前部，
霧等阻險拒守，四社番傷死甚眾。……時岸裡番尚未內
附，乃遣譯者入說其魁……繞出吞霄山後……，霧等大
窘，將逃入內山，岸裡番設伏擒之……[186]。

黃申者，通事兼瞨社之人也；徵派為番所苦遂致亂。

鎮、道先行之以撫，繼之以番制番，再不成遂以「譯者」說
岸裡社番。譯者當解番語、識番情，何以不稱通事？蓋岸裡社雄
踞今臺中平原北部，尚未內附，不得諉委通事，故「譯者」即「
無牌」通事也。

康熙五十五年(1716)周鍾瑄任諸羅知縣時岸裡社內附[187]，遂
設通事，並將今臺中平原大部分地方給岸裡五社為養贍埔地，其
請賞稟詞云：

穆等原屬化外……幸逢老爺德澤，廣被招徠撫綏，通事

186　同上，卷12「雜記志·崔符門」卅八年條，頁139。
187　同上，卷11「藝文志」.康熙五十五年閩浙督覺羅滿保：「題報生番歸化
　　疏。」頁128。

傳譯敎導飲食起居習尚禮義倫理……[188]。

是以吞霄社之亂因通事而起，亦因通事之力而得平。通事亦
說合岸裡社平亂，通事更導岸裡社內附，其事迹則詳本文張達京
一章。

四、淡水通事金賢搉丈人致亂

〔諸羅縣志〕「雜記志・崔符門」載：

（康熙三十八年）夏五月，淡水土官冰冷殺主賬金賢等
……主賬，番社通事管出入賬者……冰冷者，淡水內北
投土官麻里卽呅番之婚姻也。麻里卽呅有女，字主賬金
賢，賢將娶之，其父憐女之幼也，弗與。告賢曰：俟長
以歸汝。賢縛丈人於樹而搉之，麻里卽呅以憖冰冷而
泣。冰冷故凶悍，怒，率衆射殺賢，諸與賢善者皆殺之
……有水師把總者巡哨至淡水……遣他社番誘以貨物交
易，伏壯士水次縛之……諸番以首惡旣誅，因通事求
撫。把總失其名[189]。

冰冷除射殺金賢之外，「諸與賢善者皆殺之」，而非殺金賢
之夥伴，則「與賢善者」當指他番也。冰冷就縛，諸番「因通事
求撫」則同時、同地尚有其他通事未爲冰冷所殺明甚。若然，
則漢人任通事與諸番交接旣久，自有與其相善者，亦有與其交惡

188　伊能嘉矩，〔臺灣番政志〕，卷下第一章第一節「熟番に對する施設」（頁
　　84）引。（臺北，臺灣總督府民政部殖產局，明治卅七年三月）。
　　又，〔中縣文獻〕——開闢資料篇一晚論公文之一」，頁1。臺中縣政府
　　發行（無發行時間之記載）。
189　〔諸羅縣志〕，卷11「雜記志・崔符門」卅八年條，頁139。

者，其關係與漢人社會之人際關係並無大異，故通事與諸番亦非
必然敵對或友善也。至於他社番助把總誘執冰冷，是社與社態度
亦不一。

五、楊永祚、許聰、林周踏勘大佳臘墾地

康熙三十八年(1699)淡水土官冰冷殺主賬金賢興亂時，尚無
漢族移民入墾淡水之記載，迨及康熙四十八年(1709)則已有漢人
至臺北平原拓墾之明確證據。

明治三十五年（光緒二十八，1902）二月，〔臺灣慣習記
事〕刊出艋舺洪文光氏家藏，康熙四十八年(1709)柒月署諸羅縣
宋永清發給「陳賴章墾號」之「大佳臘墾荒告示」，原件長三尺
寬五尺餘，上有諸羅縣印。今佚[190]。筆者在拙著「臺北平原拓墾
史研究(1697-1772)」一文中，曾就諸家刊本爲之校勘，本文亦
摘要錄於前章，此處不再贅引。

宋永清主張於半線「謹其盤詰，嚴以巡哨」，而此告示卻頒
於宋氏署理諸羅縣事時，諒非易得。惟告示中亦云：「陳賴章所
請四至內，高下不等，約開有田園五十餘甲」，顯然，在陳賴章
墾戶請墾之先，已有他人在此墾殖。又云：「不許社棍閒雜人等
騷擾混爭。」則在此區同時尚有其他社商、通事在此競墾。

六、許略、林助、劉裕、許拔等才堪偵緝山後

---

[190]　〔臺灣慣習記事〕，第2卷第2號「雜錄欄」：「臺北地方開墾に關すゐ古
文書」，頁35。編者謂收藏者爲艋舺江文光氏，當爲洪文光。參見楊師雲萍
所撰：「有關臺北市的二三古文書」（刊於〔臺北文物〕5卷1期，民國45
年4月）。

　　康熙六十年(1721)五月朱一貴倡亂，南澳總兵藍廷珍東渡，六月梢擒朱一貴，餘黨亦漸次就擒，惟王忠未獲，或云王忠率餘黨千人逃匿山後。廷珍從弟藍鼎元任記室從征，其代兄所撰「檄淡水謝守戎」云：

> 昨擒獲犛醜黃來，供稱臺灣山後尚有匪類三千……本鎮經遣弁員費徵往諭卑南覓大土官……以兵搜捕。……今惟雞籠以及蛤仔難、下抵卑南覓北界搜捕未周……查大雞籠社夥長許略、干豆門媽祖宮廟祝林助、山後頭家劉裕、蛤仔難夥長許拔，四人皆能通番語，皆嘗躬親跋涉其地贌社和番，熟悉山後路徑情形。該弁其爲我羅而致之，待以優禮，資其行李餱糧之具，俾往山後採探……該弁披肝膽以誠告之，更選能繪畫者與之偕行，凡所經歷山川疆境，一一爲我圖誌[191]。

　　四人者，當爲隨大雞籠社通事賴科往後山招撫崇爻九社（今花蓮臺東）而習知蛤仔難（今宜蘭）、山後各處情況之人。兩夥長皆許姓，不知是否爲兄弟之親。干豆門媽祖廟乃「賴科鳩眾建」，「落成之日，諸番並集」，爲漢、番之共同信仰中心，其廟祝林助亦「能通番語」，且「嘗躬親跋涉」山後等地「贌社和番」，則廟祝亦爲「識番語、通番情」之通事出身者也。

　　吾人當注意者，藍氏「檄淡水謝守戎」（淡水營都司謝周）羅致四人而不及賴科者，蓋賴氏年老體弱，已不堪馳驅[192]，惟藍

191　藍鼎元，〔東征集〕，卷2「檄淡水謝守戎」，頁25-26。
192　阮蔡文於康熙五十四年任臺灣北路營參將，仲冬、北哨至淡水，其詠「淡水」詩已謂：「通事老而懦」也。見〔諸羅縣志〕，卷11「藝文志」頁135。賴科事迹與干豆門媽祖廟之興修詳下章。

氏身在南臺，主持搜捕朱一貴餘黨事宜，何以知四人生涯如是之詳而不及賴科耶？則賴科或已因朱一貴稱亂事爲知府、知縣「弔集」於郡邑以備顧問也。至於四人果否成行則筆者未見史料之足資佐證者。

七、何某力救漳州把總於蛤仔難

何某力救漳州把總事在康熙六十一年(1722)。是年黃叔璥爲首任巡臺監察御史，所撰〔臺海使槎錄〕卷六誌其事云：

> 康熙壬寅五月十六至十八三日大風，漳州把總朱文炳帶卒更戌船，在鹿耳門外爲風飄至南路山後，歷三晝夜至蛤仔難，船破登岸，番疑爲寇，將殺之，社有何姓者，素與番交易，力爲諭止。晚宿番社，番食以麂⋯⋯借用木罌瓦釜，番惡其污也，洗滌數四⋯⋯文炳臨行犒之銀錢，不受⋯⋯兼具蟒甲以送⋯⋯[193]。

乾隆六年(1741)劉良璧纂輯之〔重修臺灣府志〕「戶役志·陸餉門·淡防廳·蛤仔爛」條載：

> 蛤仔爛社並附多羅滿社⋯⋯係淡水通事於四、五月間南風盛發，率各社番置貨物，舟載往社內貿易，年認輸餉銀三十兩[194]。

前引藍鼎元「檄淡水謝守戎」亦云：「蛤仔難夥長許拔⋯⋯

193　〔臺海使槎錄〕，卷6「番俗六考·北路諸羅番十·附載黃氏自記」，頁140。
194　劉良璧〔重修福建臺灣府志〕（〔文獻叢刊〕，第74種），卷8「戶役志·陸餉門·淡防廳」，頁203。

通番語，皆嘗躬親跋涉其他瞨社和番。」何姓者既在蛤仔難「素
與番交易」，揆諸其時之瞨社制度、通事制度以及府志、藍鼎元
所述，則何某當爲淡水社通事或其夥友輩也。

陸、通事賴科與臺北平原之拓墾

　　有關賴科事迹之記述，當以郁永河〔裨海紀遊〕爲最早，略
云：

> 野番在深山中……無敢入其境者……客冬有趨利賴科
> 者，欲通山東土番，與七人爲侶，晝伏夜行……竟達東
> 面，東番知其唐人，爭款之……又曰：寄語長官，若能
> 以兵相助，則山東萬人，鑿山通道，東西一家，共輸
> 貢賦，爲天朝民矣。又以小舟從極南沙馬磯海道送之歸
> [195]。

　　郁永河似曾晤及賴科或其夥友，且以渠等所言爲可信可探。
藍鼎元「紀臺灣山後崇爻八社」一文亦載其事：

> 山後有崇爻八社（原注：康熙三十四年賴科等招撫歸
> 附，原是九社，因水輦一社數年前遭疾沒盡，今虛無
> 人，是以止有八社）……自古以來，人跡不到。康熙三
> 十二年，有陳文、林侃等商船，遭風飄至其處，居住經
> 年，略知番語，始能悉其港道。於是大鷄籠社通事賴
> 科、潘冬等前往招撫，遂皆嚮化，附阿里山輸餉。每歲

195　郁永河，〔裨海紀遊〕，卷下，頁33。

䝰社之人，用小舟裝載布、烟、鹽、糖、鍋釜、農具往
與貿易。番以鹿脯筋皮市之，皆以物交物，不用銀錢。
一年止一往返……南路船無有過者，惟淡水社船由大鷄
籠三朝而至云[196]。

〔諸羅縣志〕「賦役志·陸餉門·阿里山社」條載：

三十四年新附崇爻……竹脚宣等九社，同前五社，共十
四社餉銀附入合徵[197]。

康熙三十二年(1693)陳文等偶然因風飄至山後居住經年，略
知番語，且帶回山後情報。賴科等前往「招撫」，據藍鼎元所
述，似爲官方所派遣，吾人細味〔諸羅縣志〕將新附九社附於阿
里山五社餉銀合徵之事而誌於「賦役志」，亦可視爲佐證。據郁
永河所述，賴科安返郡邑後，似曾建議「當事者」鑿山通道，聯
絡臺灣西部與東部。若然，則議鑿臺灣東西橫貫通道者以北爲最
早。

〔諸羅縣志〕「番俗考·雜俗門」誌崇爻社云：

崇爻社餉附阿里山，然地最遠……多生番……雖利可倍
蓰，必通事熟於地理，稍通其語言者，乃敢孤注一擲
[198]。

由於賴科等人東通崇爻諸社，他人則不敢貿貿然「孤注一
擲」，是以形成「南路船無有過者，惟淡水社船由大鷄籠三朝而
至」的情勢，加以䝰社制度的獨占性格，使得山後貿易成爲淡水

196　藍鼎元，〔東征集〕，卷6「紀臺灣山後崇爻八社」，頁90。
197　〔諸羅縣志〕，卷6「賦役志·陸餉門·阿里山社」條，頁69。
198　同上，卷8「風俗志·番俗考·雜俗門·崇爻社」條，頁99。

社通事所獨享。藍廷珍欲偵緝山後，亦必請許略、林助、劉裕、許拔等四人相助。

藍鼎元所謂之「淡水社船」，不僅爲淡水社通事、夥長、社人經營島內臊社貿易之交通工具，亦是經營臺灣與大陸貿易之運輸工具，也是乾隆五十五年(1716)八里坌正式開口之前，僅有的、合法的停泊或往來於淡水之船隻。政府爲了防止「淡水社船」過度膨脹，且於雍正元年(1723)，限定其「赴內地漳、泉」所造之海舶數爲十隻[199]。

康熙五十一年(1712)，賴科鳩眾建干豆門天妃廟，五十四年(1715)重建，以瓦易茅。〔諸羅縣志〕卷十二凡三誌其事，茲摘要如下：

一、「寺廟門」載……一在淡水干豆門。五十一年通事賴科鳩眾建。五十四年重建，易茅以瓦，知縣周鍾瑄顏其廟曰靈山[200]。

二、「古蹟門」載：「靈山廟：在淡水干豆門，前臨巨港……波瀾甚壯。康熙五十一年建廟以祀天妃。落成之日，諸番並集，忽有巨魚數千，隨潮而至，如拜禮然，須臾乘潮復出於海，人皆稱異。」[201]

三、「外紀門」載：「廈門至淡水，水程十一更，與鹿耳門等，康熙五十四年，干豆門重建天妃宮，取材鷺島，值西風，一

---

[199]　關於「淡水社船」制度之發展，參閱拙著「新莊巡檢之設置及其職權、功能——清代分守巡檢之一個案研究」一文第三章第二節以及第五章第一節。
[200]　〔諸羅縣志〕，卷12「雜記志・寺廟門・天妃廟」條，頁140。
[201]　同上「古蹟門・靈山廟」條，頁142。

晝夜而達。」[202]

　　賴科鳩眾於干豆門建天妃廟縣志三及之，知縣周鍾瑄且爲之顏額，其爲諸羅縣內之盛事殆無疑義。查縣志所載諸羅境內寺廟凡七類、十二所，其一在笨港街，其十在縣治左近或臺、諸交界處[203]，干豆門天妃廟爲當時虎尾溪以北僅有之廟宇。

　　康熙三十年(1691)，徐阿華等立旂后媽祖宮廟地開墾字云：

　　　徐阿華……邀同漁人……各蓋一草寮在旂捕魚，計共十
　　　餘家……爰是公議，既有建庄住家，未免建立廟宇保
　　　護……隨置媽祖宮一座……[204]。

　　干豆門天妃廟之建立，自然也象徵「既有建庄住家，未免建立廟宇保護」之祈求神明保護之心態，而其保護對象除卻並集的「諸番」外，當爲干豆門附近康熙五十一年(1712)前已聚居之漢族移民。通事賴科不僅爲「諸番」之「頭家」，且爲漢族移民之領袖。

　　康熙五十四年(1715)仲多，臺灣北路營參將阮蔡文北哨沿海至淡水，其咏「淡水」詩一首有句云：

　　　通事作頭家，土官聽役使，通事老而懦，諸番雄跊弛[205]。

　　賴科在阮蔡文心目中雖是「老而懦」之通事，但他仍是淡水諸社番和漢族移民的領袖。關於漢移民至臺北拓墾者，阮蔡文「

202　同上，「外紀內水程」條，頁143。
203　同上，「寺廟門」。
204　〔臺灣私法附錄參考書〕，第一卷中第一編第三章：「不動產・特別ナル物體第二節海埔溪埔第十六例」（〔臨時臺灣舊慣調查會第一部調查第三回報告書〕，明治四四年二月）頁264。
205　〔諸羅縣志〕，卷11「藝文志・阮蔡文」：「淡水」詩，頁135。

淡水」詩中亦有如下詩句：

> 凡此淡水番，植惟狗尾黍，山芋時佐之，原不需大米。
>
> 近日流亡多，云欲事耘籽，苟其顧躬耕，何處無桑梓？
>
> 竄其幽谷中，毋乃非常理[206]。

顯然，阮蔡文已發現豆干門之內，「幽谷」之中（今臺北平原），已有漢族移民從事「拓墾」事業，惟阮氏於移民之拓墾於此者似乎頗有微詞。阮氏另有「祭淡水將士文」，其序云：「寒風陰霧間，荒塚纍纍，問之皆西來將士。」其文云：「徒水土之不宜兮，致捐軀而比比……豈聖世之共驩兮，罪難辭乎竄徙。」[207]以「竄徙」者之心態衡量淡水漢族將士及移民，自然極力主張撤去淡水「一汛七塘」，而視漢移民之務農於淡水者「毋乃非常理」也。

陳夢林在〔諸羅縣志〕中，亦有漢人耕作於「海山」之記載：

> 擺接附近內山，野番所出沒，東西海山出霄裏、通鳳山
>
> 崎大路。海山舊為人所不到，地平曠，近始有漢人耕
>
> 作，而內港之路通矣[208]！

「海山」指今新莊平原南部與三鶯走廊北部。

陳氏乃眼光遠大之觀察家，視漢民入墾淡水為自然且合理之發展，而「內港之路通矣！」一語，似含歡愉之意，蓋陳夢林樂見淡水之發展與成長也。陳氏嘗論北臺之發展云：

206　同上。

207　〔諸羅縣志〕，卷11「藝文志·阮蔡文」：「祭淡水將士文」，頁132。

208　〔諸羅縣志〕，卷12「雜記志·外紀門」，頁143。

半線置縣，設營而分兵五百於淡水，因爲立市廛，通商
賈於福州、厦門，不數年淡水一大都會矣[209]。

藍廷珍嘗譽陳氏「於臺事若預見其未然者」，其預言之臺北
發展，於今觀之亦若合符節。

漢移民拓墾淡北者與賴科等通事輩之關係又如何呢？

筆者前引康熙四十八年(1709)，署諸羅知縣發給「陳賴章墾
號」之「大佳臘墾荒告示」，筆者在撰述「新莊志卷首：新莊（
臺北）平原拓墾史」時，曾發現康熙四十八年(1709)十一月陳賴
章、陳國起、戴天樞三墾號所全立之合約，顯示此三墾號乃由「
陳天章、陳逢春、賴永和、陳憲伯、戴天樞」等五股構成[210]。筆
者在臺北縣樹林鎭濟安宮今存之「道光丙申年重修捐銀碑」中發
現「業戶賴永和」捐銀二十四大元之紀錄，可能與賴科或其夥友
有密切關係。

惟筆者閱及張福壽所撰〔樹林鄉土誌〕一書，於「本地域開
拓的始祖」一節中，發現如下敍述：

　　本地開拓之始，可上溯及康熙五十二年鄭珍、王謨、賴
　　科、朱焜侯等四人合組的陳和議墾號，請墾淡水保海山
　　庄、北投庄及坑仔口庄三處草地[211]。

又承張福祿先生之助，慨然借予張氏家藏〔永泰祖業淡水契
總〕抄本一册，在「撥歸三股內大租契券」項下，第一件卽乾隆

209　同上。

210　參見拙著，「新莊志卷首——新莊（臺北）平原拓墾史」一書，第四章第二
　　　節（新莊市公所，民國70年）。

211　張福壽，〔樹林鄉土誌〕，前編，第一章第二節（樹林信利購販組和，昭和
　　　一三年），頁3。原文爲日文，由筆者中譯。

八年(1743)三月鄧旋其出賣海山庄田業予胡詔之「賣契」，茲節
錄有關部分如下：

> 立賣契人鄧旋其。緣鄭珍、王謨、賴科、朱焜侯等于康
> 熙五十二年，合墾淡水保海山庄、內北投、坑仔口三處
> 草地，公議俱立戶名陳和議，作四股均分，在諸邑作三
> 處請墾，俱有單示。四至俱載在各墾單告示內，明白爲
> 界。至雍正二年，鄧旋其憑中承買王、朱二股，歷掌無
> 異……今因田地之水，無力開圳灌溉……
>
> 　　　　　　　　　　　知見夥計　徐閩觀
> 乾隆八年三月　　　　　　日立賣契人　鄧旋其
> 　　　　　　　　　　　　　　　男瑞珍

此賣契顯示賴科與鄭、王、朱三人共四股合夥請墾海山庄、
內北投、坑仔口三處草地，且「俱有」墾單告示。

海山之拓墾，受陳夢林氏之注意，前已言及。坑仔口在今桃
園蘆竹一帶，原爲坑仔社番地，坑仔番「體盡矮短，趨走促數，
又多斑癬，狀如生番」[212]；內北投番「依山阻海……地險固，數
以睚眦殺漢人……淡水以北諸番，此最難治」[213]；海山之西南內
山亦有野番出沒，賴科等開墾此三處草地，實屬匪易，若非賴科
身爲通事與諸番友善，亦難以開闢。

〔永泰租業淡水契總〕「撥歸三股內大租契券」項下第二件
爲乾隆八年(1743)十月賴科之子賴維與鄧旋其、胡詔等所立之合
約。約中述及賴科事迹者如下：

---

212 〔臺海使槎錄〕，卷6「番俗六考・北路諸羅番十」，頁140。
213 〔諸羅縣志〕，卷8「風俗志・番俗考・雜俗門」，頁99。

康熙五十二年，有賴科與鄭珍……合墾……三所草地，
公立戶名陳合議，作四股分得，科得一股，請墾給示明
白在案。至後來夥記有經易變賣管業不一。科因不幸身
故在臺，有子賴維在內地，兼重洋阻隔，不得奔理，幸
堂叔賴羨在臺，將原得一股抽出半股，憑賣予徐宅，以
爲喪費之資，業付徐宅前去合夥墾荒。茲今同叔伯謙來
臺清理父業……情思北投一股庄約有數十里，維情愿割
歸管理，作抵八股得一之數，以爲己業……其餘……係
詔等海山、坑仔口式庄七分夥記承當，不干賴維之事
……自今之後，各愿照約，各管各業……

　　　　　　　　　　　　　　　　　　　　　　鄭策觀

　　　　　　　　　　　　　　　　　　　　　　賴　維

乾隆捌年十月　　　　　　日仝立合約人　胡　詔

　　　　　　　　　　　　　　　　　　　　　　叔賴伯謙

　　　　　　　　　　　　　　　　　　　　　　鄧旋其

　　　　　　　　　　　　　　　　　　　　　　徐　閣

　　其合約乃賴科死後數年，其弟賴伯謙帶領其子賴維東渡臺灣
「清理父業」時所簽訂。前契謂「雍正二年，鄧旋其憑中承買
王、朱二股」，是賴科是時尚存也。是以賴科當亡於雍正二年
(1724)以後，乾隆八年(1743)以前。

　　賴科之里籍不詳。惟「初闢時……先至者各主其本郡」，「
流寓者無期功強近之親，同鄉井如骨肉」[214]，則賴科之夥友可能

<hr>

214　同上，「漢俗考·離俗門」，頁88。

卽其鄉親。據胡詔之子胡思睿於乾隆二十年 (1755) 十一月所立「海山庄田業一所七股一盡歸賣找絕契」中云：「睿兄弟娶眷內外，遂竟鬮分，弟思湧住眷在祖居同安烈嶼。」[215]胡氏為泉州同安烈嶼人（卽今小金門），若賴科果為其同鄉之人，則亦或籍隸同安。

綜觀賴科一生，遠在康熙三十四年(1695)以前已為名重一時之「大雞籠通事」，是年率其朋儕招撫山後崇爻九社而為官府所重，並取得贌社經營權，其「淡水社船」原經營贌社貿易者，逐漸發展成往來府治、大陸與淡水間之船隊，雍正元年(1723)，政府且不得不限制「淡水社船」之海舶數量，以免其過度膨脹。康熙五十一年 (1712)，賴科鳩眾興建干豆門媽祖廟，五十四年(1715)更「易茅以瓦」，取材於廈門，為當時虎尾溪以北僅有之廟宇，知縣周鍾瑄為之顏額，名其廟曰靈山。〔諸羅縣志〕凡三誌其事，賴科亦為諸羅縣志中僅見之著名通事。

筆者蒐羅所及，至遲於康熙五十二年(1713)，賴科卽已與鄭珍、王謨、朱焜侯等合夥開墾海山、內北投、坑仔口等三處草地。至於陳賴章墾號雖無直接史料證明其為賴科與人合夥經營之墾號，惟以通事與官府、番社之關係而言，以通事賴科在當時之地位而言，陳賴章墾號之股夥「賴永和」或與賴科有密切之關係。

賴科卒年當在雍正二年(1724)至乾隆八年(1743)之間，死時堂弟賴羨在臺，而其子賴維、其弟賴伯謙於乾隆八年(1743)始來

---

215 〔永泰租業淡水契總〕（撥歸三股內大租契券），第六件。

臺清理其遺產，賴維割捨海山、坑仔口二莊而以內北投一莊為己
業。賴科與鄭、朱、王三氏合夥經營之海山一莊，輾轉變賣而終
歸於海山張氏，其契字張氏始終寶藏，賴科事迹因而彰顯，筆者
勤訪細求北投賴氏譜牒、史料數載而未得，其年、里未能確定，
後裔事迹難明，頗引以爲憾。

柒、林秀俊之通事生涯及其與北臺拓墾之關係

〔清高宗實錄〕乾隆十六年(1751)閏五月條，引錄閩浙總督
喀爾吉善等人之奏摺云：

> 兹臺灣鎮、道李有用、金溶因北路屢有生番戕害之案，
> 遂於通事內擇其熟識生番社目之人，令招撫各社土目到
> 郡，示以兵威，加以厚賞……通事林秀俊、張達京二
> 人，充北路通事數十年，田園、房屋到處散佈，素與番
> 社勾結；今復假以事權，更非寧邊良法，臣等一面示知
> 鎮、道，嗣後不宜如此冒昧；一面密訪林秀俊等勾結民
> 番、盤剝致富實蹟，並此次聯絡生番土目有無假權愚弄
> 之處，俟有確據，再當妥辦[216]。

林秀俊、張達京二人充任「北路通事數十年」，督撫謂之「
素與番社勾結」，則二通事與諸番社之關係當極爲密切。二通事
「田園、房屋到處散布」，則二人亦因任通事而獲致鉅利。惟二
人「田園、房屋」等產業既多，亦顯示其成就、業績不凡。筆者

---

[216]　〔清高宗實錄〕，卷391「乾隆十六年閏五月條」。

所獲有關二人之史料，較賴科爲多，且有助於吾人了解二人之「實蹟」，先述通事林秀俊與北臺拓墾史之關係如下：

　　林秀俊乃漳州府漳浦縣攀龍社兵營頂人，字茂春，號天成，又號成祖，生於康熙三十八年(1699)，卒於乾隆三十五年(1771)[217]。

　　連橫在〔臺灣通史〕一書中，對於林成祖有如下的描述。

　　　林成祖……世業農，慨然有遠大之志……雍正十二年來臺，居大甲、貸番田而耕之……家乃日殖，於是鑿大甲圳，引水以漑，歲入穀萬石，拓地漸廣。乾隆十五年，復墾擺接、興直二堡……鑿大安圳，引內山之水以入……灌田千餘甲……復鑿永豐圳，穿山導流，亦灌數百甲。當是時……所墾之田：曰新莊、曰新埔、曰後埔、曰枋寮、曰大佳臘……林爽文之役，彰、淡林姓多株連，成祖亦逮京訊問，次子海門素有才，攜巨金，入京謀救，漳浦蔡新爲太子太傅方重用……旣歸，年老猶日課農業與眾同甘苦，復墾里族之野……卒年七十有二……[218]。

　　其傳甚長不全錄，〔臺北縣志〕及〔臺北市志〕「人物志·

217　參見拙著，「臺北平原拓墾史研究（1697-1772）」，第六章第一節「林天成林成祖林三合三墾號與何周沈墾號」中有關林秀俊生平的考證（〔臺北文獻〕，直字第53、54期合刊，臺北，民國70年4月15日）。

218　連橫，〔臺灣通史〕（中央圖書館臺灣分館藏，大正九年刊本），卷21「林、胡、張、郭列傳」，頁904-5。

林成祖傳」多因襲之[219]。

此傳所誌林氏卒年、來臺年代、拓墾次第、時間、拓墾事迹，多屬無根游談，竄亂之說，與「實迹」悖離。而該傳所謂林成祖涉及林爽文事件，「逮京訊問」，尤爲荒誕，蓋林氏卒於乾隆三十五年（1770），而林爽文起事於乾隆五十一年（1786）十一月，而其次子海文亦非海門[220]。

邇年筆者撰述〔新莊志〕，在新莊地區從事田野工作，任採訪之賴麗卿小姐發現昔日大租戶張廣福之後裔張澄河所保存之大批原始契據，包含合同、賣契、鬮書、稅據等百餘件，卽筆者稱之爲〔張廣福文件〕者。其中與林秀俊相關者不少，又得林氏裔孫板橋林跳所寶藏之〔漳浦攀龍社林氏宗譜〕[221]，彙聚清代檔案、奏疏、方志、當時人之紀錄，對於林氏事迹始有較深刻認識。林氏早於康熙末卽已與鄭維謙等人合夥拓墾臺北區之「五庄草地」，遍布於今臺北平原之上，且「開圳墾耕」，乾隆初拓展至今板橋永和平原，鑿大安、永豐諸渠。其子、孫繼續開拓今

219　〔臺北縣志〕（臺北縣文獻會，民國49年），「人物志」，卷27「開闢列傳」，頁12-13。
　　　〔臺北市志〕，卷九，「人物志」（臺北市文獻會，民國69年），第八篇「墾貨林成祖傳」，頁131。
220　參見拙著「臺北平原拓墾史研究（1697-1772）」第六章第一節中有關林秀俊生平的考證。
221　又：林路香續修〔漳浦鹽龍社林氏宗譜〕（民國五十六年底至五十八年初私藏本，僅印五冊）以信實可靠之宗譜，連綴連橫荒誕無稽之林成祖傳，撰成「林成祖沿革」，乃成就一真假夾雜之林成祖新傳。民國五十八年林汀洲主編〔西河林氏大族譜〕）（彰化：興文出版社）派糸沿革志「林成祖沿革」（頁173）沿襲其文。六十六年，廖漢臣編著〔臺灣省開闢資料續編〕（省文獻會出版，民國66年）清代傳記第二十之二，又轉錄其文，皆錄林成祖卒於乾隆卅六年之原宗譜文，又照錄林成祖涉及林爽文事件、逮京訊問事迹而不察（林爽文事件發生於乾隆五十二年），惜哉！

新店安坑、 臺北內湖地區，已詳於拙著 「臺北平原拓墾史研究
(1697-1772)」一文中[222]， 若非與其通事身分 、 功能密切相關
者，則本文不再贅述。

　　林秀俊來臺充通事之確實年代今已難考，筆者所見有關林氏
事迹年代最早者，乃康熙五十九年(1720)夥同鄭維謙等集資拓墾
之合同，見於〔張廣福文件〕編號3- B 1-3 乾隆二年(1737)二月
所立之興直庄配股合同中，茲節錄於下：

> 仝立合同林天成、陳鳴琳、鄭維謙因康熙五十九年合同
> 陳夢蘭、朱焜侯、陳化伯公置北路淡水大加臘、八芝連
> 林、滬尾、八里坌、興直等處五庄草地。其大加臘四庄
> 經已節次開墾，惟興直一庄未暇整理，是以致外人有請
> 墾之舉，而陳與鄭在厦，林在淡，不忍袖手，出首招佃
> 開圳墾耕，貼納餉課，仍與楊、 許互控多年 ， 一肩獨
> 任，計費有銀壹仟貳佰零壹錢壹分。但楊、許控之案
> 亦經憑公勸處冰釋，而興直應得之庄，林亦不甘歸己，
> 兩相推讓，遂於本月初貳日，置酒會請公親會議，將興
> 直五大股之庄，作爲拾小股，每股各得一分，其餘五分
> 以酬林爲數年勞苦費用之資，則此拾分之庄，林自得其
> 七分而陳得拾分之貳、 鄭得拾分之壹 ， 各照議約掌業
> ……三面議定合同叁紙各執爲炤。

> 內朱焜侯一股玆林稱係與朱承買，倘有不明林自抵當，

參見拙著，「臺北平原拓墾史研究 (1697-1772)」第六章第一節中有關林秀
俊生平的考證。

不干他人之事。

　　（筆者注：陳鳴琳買陳夢蘭一股、鄭維謙買陳化伯一股
　　文句相同，略）……[223]。

　　重新配股合同中「陳與鄭在廈，林在淡，不忍袖手，出頭招
佃開圳墾耕，貼納餉課」一節，顯示陳鳴琳、鄭維謙兩股東雖然
投資墾荒，而其人卻遠在廈門。林秀俊則因通事之便，就近在臺
「整理」，「開圳墾耕，貼納餉課」與「與楊、許互控多年」皆
「一肩獨任」，是以重新配股時，林氏獨得其十分之七。與林互
控之「楊」乃貢生楊道弘[224]，「許」則為買受楊氏拓墾權之許
榮[225]。至於與林秀俊合股，又將股權賣予林秀俊之朱焜侯其人，
亦曾於康熙五十二年(1713)與通事賴科等人合組「陳和議墾號」
請墾海山、內北投、坑仔口等三處草地，而朱某亦將其拓墾權賣
予鄧旋其（參見前章）。可見當時資產家有兼投資於多處拓墾區
者，而林秀俊與賴科亦可能有相當密切之關係。

　　惟此合同值得吾人注意者，乃此合同中所示林秀俊與陳夢
蘭、朱焜侯、陳化伯等人同時請墾之大加臘、八芝連林、滬尾、
八里坌、興直等五處草地，散布於今臺北市區、士林區及今臺北
縣轄下之淡水鎮、八里鄉以及新莊市等地區，顯示林秀俊與淡水

---

[223]　原件長約47.5公分，寬約47公分，各人姓名之下有花押，文件中有「至」字
　　　樣，似為騎縫字「同」字之中間部分，此文件當為叁紙合同之中間一份。
　　　參見拙著，「新莊志卷首——新莊(臺北)平原拓墾史」第五章所附原件影本。
[224]　參見拙著，「臺北平原拓墾史研究 (1697-1772)」，頁85。
[225]　許卽許榮。楊道弘將其業地讓渡予許榮。許、林訟業於雍正十三年經淡水廳
　　　審斷，武勝灣方面的土地歸林，擺接社方面的土地歸許。（見〔臺灣土地慣
　　　行一班〕，第一編第一章「開墾」四「沿革」第一款「北部臺灣」之七「興
　　　直堡條」，頁70，臨時臺灣土地調查局編，明治卅八年）

諸番社之關係甚佳，否則無法取得如許廣大「貼納餉課」之番
地。

　　康熙六十年(1721)，朱一貴之亂略定，匪黨王忠、金宣之徒
逃入內山幽谷，藍廷珍除遣弁目分道訪緝外，亦遣林秀俊與鄭圖
佐、章旺共入山中諸社查緝，並諭眾番嗣後不得匿容賊匪[226]，同
時藍廷珍亦「檄淡水謝守戎」，請許略、林助、劉裕、許拔等人
往山後崇爻諸社偵緝逃亡分子，似乎林秀俊與賴科同在郡邑而奉
命入山。

　　林秀俊曾任大甲德化社通事。乾隆十六年(1751)林與張達京
捐穀助崇文書院膏火，王必昌〔重修臺灣縣志〕稱之為「德化社
原通事」[227]，則是時當已離任。德化社原為大甲社，雍正九年
(1731)十二月大甲西社番變，引起臺灣北路番亂，次年(1732)七
月水師提督王郡東渡平亂，張達京率領岸裡等社番、林秀俊率領
大甲東南、日南北等社，自請「堵截兇番」[228]。是以林氏任大甲
社通事之年代，當亦在康熙末至雍正年間。

　　德化社「管大甲東西、日南北、雙寮等五社」[229]，散布於今
天大甲溪與大安溪一帶濱海平原上，番社土地亦經林秀俊之手，
瞨與漢移民耕種。乾隆三十七年(1772)十二月十五日第二任北路

226　伊能嘉矩，〔臺灣蕃政志〕，第六章「討蕃事略」第二節，頁573。（臺灣
　　總督府民政部殖產局，明治卅七年）。

227　王必昌，〔重修臺灣縣志〕，卷5「學校志·書院社學門·崇文書院」條（
　　〔文獻叢刊〕，第113種，頁159）。

228　〔雍正硃批諭旨〕：雍正十年九月十八日「署福建總督郝玉麟奏進劉逆番情
　　形摺」。

229　陳培桂，〔淡水廳志〕，卷4「賦役志·戶口門」（臺灣銀行經濟研究室編
　　印〔臺灣研究叢刊〕，〔臺灣方志彙刊〕，卷1刊本），頁61。

理番同知李本楠給德化社通事之告示云：

> 蒙本道憲奇批據本分府縣詳，大甲德化等社通事自微等
> 呈控劉攀麟等短納佃租一案。緣該社荒埔先經漢通事林
> 秀俊贌給漢人承墾，彼時地多人少，佃批內原載：成田
> 之日每甲納租六石，至乾隆三十二年，蒙列憲議詳。奉
> 兩院憲批定，嗣後統照臺例，水田每甲納大租八石，園
> 納大租四石，佃人不得藉稱埤圳工本，短納拖久……
> 230。

告示中雖未明言「贌給」之時間，惟當在林秀俊任通事之康
熙、雍正年間當無庸置疑。「彼時地多人少」，林氏以低租額吸
引拓墾者，雖然留下不少問題，但是，它又未嘗不是促使大甲社
番地迅速開墾之有效手段。連橫所謂「居大甲，貸番田而耕」，
實乃因連氏不知林氏曾任大甲通事，且將該社荒埔「贌給漢人承
墾」也，筆者缺乏林秀俊擁有大甲田產之證據，然揆諸常態及「
田園、房屋到處散布」之說，曾擁有相當田產，亦無庸置疑。

林秀俊似乎亦曾任貓裡社（今苗栗）或後壠社通事。陳培桂
〔淡水廳志〕「建置志・水利門・貓裡莊貓裡莊圳」條載：

> 乾隆三十四年，眾佃按甲科派所置。其水發源於合番
> 坪，在龜山頭築石壆以潴之，由林秀俊分開圳道，灌溉
> 田四百四十八甲231。

230　〔臨時臺灣舊慣調查會第一部調查第三回報告書〕：〔臺灣私法附錄參考
　　　書〕，第一卷上第一編第二章第一節第二款第一段田園四業主權第一四○參
　　　考例，頁338（明治四三年）。
231　〔淡水廳志〕，卷3「建置志・水利門」，頁56。

　　貓裡社爲後壠社管下四社之一，後壠等社開闢之初最稱強悍，爲北臺番亂之源，若林秀俊非番社通事，恐將無法入合番坪築塱取水。林秀俊卒於乾隆三十五年(1770)十二月，貓裡莊圳當爲其晚年事業之一。

　　乾隆十六年(1751)十二月，彰化內凹莊人民被殺二十二命、柳樹湳營盤被燬殺兵丁七名一案，彰化知縣程運青當卽「弔集淡水通事張達京、林秀俊到彰，適因水沙連通事賴春瑞躲避，又點葉福充爲通事，遣撥番丁，帶領入山，查取頭顱」[232]，終因林秀俊之力，查出實乃南、北投兩社通事三甲勾引內山生番所爲。「三甲係民人葉順所生，葉順身故，三甲自幼賣予北投社番葛買奕爲子，又名葛第夫，長而點悍，承充南、北投兩社通事」，三甲犯事時，尙有「同父異母之兄葉福」與其共同行動[233]。三甲以漢移民之子而爲北投社番之螟蛉子，長而充通事，其同父異母兄葉福亦經點充通事，是亦爲雍正、乾隆之際番漢關係之一例。

　　此一有關二十九命之大案，終因林秀俊之力而得以破案，以林秀俊與「水沙連通事賴春瑞」相較，則林秀俊之爲名通事者亦非易事也。

　　閩浙總督喀爾吉善等奏稱：林秀俊與張達京「充北路通事數十年」，據筆者論述所及，林秀俊不僅曾爲淡水通事，亦嘗任大甲社與後壠社通事；不僅墾莊遍及臺北諸平原，鑿大灌溉渠數條，在大甲德化社亦有將該社荒埔「瞨給漢人承墾」之紀錄，且

232　陳培桂，〔淡水廳志〕卷4，「賦役志・戶口門」，頁61。
233　〔明清史料〕，己編第十九本（頁933-935）乾隆十九年六月十一日「吏部『爲准刑部咨』移會」所錄福州將軍新柱之原奏。

所定田租低於「臺例」；而在今苗栗一帶，亦有「築石壆以瀦」
合番坪溪水而「分開圳道」成貓裡莊圳之業績。是以喀爾吉善等
謂其「田園、房屋到處散布」者，殊不謬也；惟吾人亦可由此略
窺林秀俊與北臺拓墾史之關係。

筆者於撰述「臺北平原拓墾史研究（1697-1772）」一文時，
對於林秀俊之出身著墨無多，嘗據〔張廣福文件〕，乾隆二年
(1737)二月，林氏與鄭維謙、陳鳴琳等所立之合同中，林氏所簽
之花押推論「其字跡之端正，足以證明其為『書生』」[234]。今據林
氏族譜所載，林秀俊名下註有「例敕授儒」四字[235]，亦足顯示林
秀俊雖未曾得意於場屋，卻始終一心向學，老死不悔也。

正如前引高拱乾「初至臺灣曉諭兵民示」所云：「讀書之
子，特設臺額，獲登賢書，較內地之人多額少者，其難易不同，
此臺士之足樂也。」臺地有司又標「寄籍不必杜」一說，是以「
內郡之不得志於有司者，羣問渡而東焉」。林秀俊即「問渡而
東」之一員也。「內地稍通筆墨而無籍者」既然「皆以臺為淵
藪」[236]，則臺灣亦必有向隅者，林秀俊又為其中之一員，既「稍
通筆墨」又因緣際會而任「通事」之役，終成其巨擘，所謂「失
之東隅，收之桑榆」者此之謂歟！惟林氏以「儒」終其身，恐必
慊慊於懷而後齎志以歿也。

〔漳浦盤龍社林氏宗譜〕載：

---

234 參見拙著。「臺北平原拓墾史研究（1691-1772）」一文之結論（〔臺北文
    獻〕，直字第53、54期合刊，頁188）。
235 林汀洲主編，〔西河林氏大族譜〕，「系統表之二」據林跳所藏宗譜製成之
    成祖公派下系統表（頁漳二）。
236 〔諸羅縣志〕，卷8「風俗志・漢俗考・雜俗門」，頁90。

> 前在唐娶妻宋氏……生一子海廟……后在臺娶妻，繼娶
>
> 潘氏，閩名蛤仔霍……生二子；海籌、海文[237]。

則林秀俊在臺另娶番婦，其三子中之二子且為番婦所生，其有大助於其通事生涯更無疑義也。

捌、張達京之通事生涯及其與臺中平原拓墾之關係

張達京乃岸裡社歸附時之首任通事。

康熙三十八年(1699)吞霄土官卓个等據山負險作亂，北臺震動，署北路參將常太「遣譯者」說岸裡社番，「繞出吞霄山後」窘迫亂番，並「設伏」擒得吞霄土官卓个、卓霧、亞生等人而平其亂[238]。惟岸裡社番「言語難通，向化無由」，遲至康熙五十四年(1715)諸羅知縣周鍾瑄「加意撫綏招徠，岸裡社始行內附」[239]。是年十一月初一日周鍾瑄頒予岸理社大土官阿莫之「信牌」文曰：

> (職銜略之)為特委土官，以鼓招徠，以專責成事。照
> 得諸邑僻處邊隅山阪野溢已盡荒服悉遵
> 王化，惟有一二深山窮谷，足跡不到，言語難通，向化
> 無由，玆蒙憲委加意撫綏招徠歸誠，以是阿莫等岸裡、
> 阿里史社不憚遠趨，傾心向順仰遵教化，但恐番眾螢螢

---

237 林路香，〔漳浦盤龍社林氏宗譜〕，頁22-23。

238 〔諸羅縣志〕，卷12「雜記志・舊祥門・附崔符康熙卅八年」條，頁139，參見本文第四章第三節。

239 同上，卷11「藝文志」康熙五十五年閩浙總督覺羅滿保「題報生番歸化疏」，頁128。

蠢爾，督率無人，合就照例遴委土官，總領社務。爲此
牌委阿莫卽便總理各社土官事務[240]。

此牌文內說明岸裡社昔時「向化無由」之原因有二，其一、
該社居於「深山窮谷」、「足跡不到」，亦卽漢人足跡未至；其
二乃「言語難通」。二者所造成之隔閡，使岸裡社成爲未化生
番。次年（康熙五十五年，1716）五月，閩浙總督覺羅滿保、閩
撫陳璸會疏謂：南路山豬毛等十社與北路岸裡等五社生番，「願
同熟番一體內附」[241]。是年十一月政府更將今臺中之平原大部分
土地撥予岸裡社「耕種」，是月九日周鍾瑄給阿穆等人之諭示
云：

> ……據岸裡五社土番阿穆……等具稟……幸逢老爺德澤
> 廣被，招徠撫綏，通事傳譯教導飲食起居習尚禮義倫
> 理，穆等深化成傾心，照例輸餉，是前爲化外異類，今
> 則爲盛世王民矣……獨是原居深山窮谷，衣食無資，雖
> 爲化外之民，弗得土地，而起居寢食終屬不安。因查山
> 外有一帶曠土草地，東至大山，西至沙轆地界大山，南
> 至大姑婆、北至大溪，東南至阿里史，西南至揀加頭
> 地，此處人番竝無妨碍，不日野番時常出沒之所，漢
> 人皆不敢到……穆等思欲到處開墾耕種……理合稟請天
> 恩，批賞穆等各社番黎前去耕種鑿飲開闢……據此，除
> 將校標林、大姑婆等處壙平草地，穆等前去耕種外，合

240　伊能嘉矩，〔臺灣蕃政志〕（臺灣總督府民政部殖產局，明治卅七年三月）
　　　卷下第四篇第一章第一節「岸裡社總土官に給やし信牌」，頁83。
241　〔諸羅縣志〕，卷11「藝文志」「題報生番歸化疏」，頁128。又：〔聖祖
　　　實錄〕，卷268「康熙五十五年夏五月丙子條」。

就出示曉諭，爲此示：仰沙轆、大肚等社通事眾等知悉
……242。

示中引稟文所謂「西至沙轆地界大山」，當卽今大肚山，所
謂「山外草地」卽今臺中平原。此示卽岸裡等社擁有臺中平原極
大部分土地所有權之依據。

稟文中所謂「通事傳譯教導」，顯示岸裡社內附之同時，卽
爲之設通事。是則張達京在康熙五十四年(1715)以前已在本區活
動，且「曉番語、識番情」，有「撫綏招徠」之功也。

此示主要曉諭對象爲「沙轆、大肚等社通事眾等」，是以該
兩社之通事亦卽該兩社利益之代表人，亦卽轉諭之人也。

當時在今臺中平原南端，已有所謂「張興莊」在焉。據雍正
四年(1726)十一月初八日浙閩總督高其倬奏聞事摺所載：

　　……藍張興一庄，其地向係番人納餉二百四十兩，原任
　　總兵張國原認墾其地，代番納餉，招墾取租。數年之
　　前，提督藍廷珍轉典其庄，現聚墾種田土者已二千餘
　　人243。

張國爲泉人，康熙四十四年(1705)任北路營參將，四十八年
(1709)陞任福州城守副將244，則張國代番納餉而認墾其地當在康
熙四十四年至四十八年(1705-1709)之間。臺灣鎮將大員設置莊
產乃當時之普遍現象，對於臺灣之拓墾開闢亦不無貢獻，假以
時日，筆者當另撰一文論之，此處不贅述也。

242　伊能嘉矩，〔臺灣蕃政志〕，頁84。文中顯然可見之錯漏處皆未更動。
243　〔雍正硃批諭旨〕雍正四年十一月初八日「高其倬奏聞事摺」。
244　〔諸羅縣志〕，卷7「兵防志・歷官門・北路營參將」條，頁81。

　　張國雖置張興莊於今臺中平原南端、大肚溪北貓霧捒山以東之曠埔中[245]，然而岸裡等社「矍健嗜殺，雖內附，罕與諸番接」[246]；黃叔璥曾親自北巡至沙轆社，亦謂「岸裡、樸仔離、阿里史、掃捒、烏牛欄五社，不出外山，惟向貓霧捒交易」[247]。

　　由於岸裡等社雖內附，而實際上與外界殊少往來，是以康熙六十一年 (1722) 有司定議「凡逼近生番處所相去數十里或十餘里，豎石以限之，越入者有禁」時，其「立石為界」之處，即含「半線之投捒溪埌，貓霧捒之張鎮莊，崩山之南日山腳，吞霄、後壠、貓裡各山下」等處[248]，張鎮莊在今臺中市南屯區一帶，南日山腳在今臺中縣大甲鎮境，今臺中平原純屬「界外」，已內附之岸裡等社雖為化番仍視之為生番。

　　張達京既任岸裡等社通事之後，不僅教導其「飲食起居習尚禮義倫理」，亦教導其「耕種鑿飲開闢」，張達京更為番社招佃開墾，為己廣置田產。

　　雍正十年(1732)十一月，張達京以其字「振萬」為名設一墾號，而以張振萬業戶為首之「六舘業戶」，與岸裡等社立一名為「給墾約字」，實為「開水分番灌溉換地」之合同，略可說明初闢時之情況，茲節錄其相關部分如下：

> 公同立給墾字人六舘業戶：張振萬、陳周文、秦登鑑、
> 廖乾孔、江又金、姚德心；岸裡、搜捒、烏牛欄等社土

245　同上，卷1「封域‧山川‧內望寮山」條 (頁34) 載下載：望寮山，其下有
　　　北路中軍之旅鼓馬……東北為貓霧捒山 (原註云：東有曠埔，漢人耕作其
　　　中)」。
246　同上，卷8「風俗志‧番俗考‧雜俗門」，頁99。
247　〔臺海使槎錄〕，卷6「番俗六考‧北路諸羅番之八‧附載黃氏自記」，
　　　頁128。
248　同上，卷8「番俗雜記‧番界」條，頁167-168。

官：潘敦阿、茅格……緣敦等界內之地，張振萬自己能出工本開築埤圳之位，水源不足……向懇通事張達京與四社眾番相議，請到六舘業戶取出工本，募工再開築樸仔籬口大埤水，均分灌溉水田，敦等願將東南勢之旱埔地，東至旱溝，直透至賴家草地爲界，西至張振萬自己田地、草地爲界，南至石牌，透至西與張圳汴爲界……以此酧工本付與六舘業主前去招佃開墾阡陌……六舘業戶開水到公圳汴內之水，定作一十四分，每舘應該配水二分，留額二分歸番灌溉番田……六舘業戶與四社眾番敦等當日議明舉爲六舘以張振萬爲首也……敦等甘愿割地換水，六舘業戶愿出本銀開水分番灌溉換地……每年六舘業戶坐粟六百石，每舘應該粟一百石，聽敦等自己到佃車運……同立給墾約字七紙，各執一紙爲照。

　　雍正十年十一月　日立

　　（土官潘敦仔郡乃拔黍等十六人，不盡錄，筆者註）

　　　　　　　　　　代筆人廣東　張元調

　　　　　　　　　　爲中猫霧揀土官　由皆乃

　　　　　　　　　　在場通事　張達京

　　　　公同立給墾字人六舘業戶　（同前，不錄）[249]

　所謂「六舘業戶」卽開闢臺中平原之著名六戶「墾首」，雖

249　〔清代大租調查書〕（據臨時臺灣土地調查局編〔大租取調書附屬參考書所〕改編），第一章第二節「大租之沿革第八例」，頁23-26。

屢經分合、典押、頂讓，「六舘業戶」之名始終未廢而爲世人所習知。其中所謂「六舘以張振萬爲首」之張振萬墾號，即爲張達京所有。據乾隆五十六年(1791)四月初二日，臺灣北路理番分府金棨給潘士興之「嚴禁覬覦社課番租諭示」引潘敦仔之子潘士興稟文云：

奈番不諳耕種，隨招漢通事 張達京即張振萬 招墾成田[250]。

據此，雍正十年(1732)十一月所立之「給墾約字」，張達京不僅早已招佃墾耕，有其「田地、草地」，且鑿有「張圳」以資灌溉，惟張圳「水源不足」，未能使全域水田化，是以張達京與諸社番眾商議出「割地換水」之法，「請到六舘業戶，取出工本，募工再開築樸仔籬口大埤」。

此外，此給墾約字中尚有三點值得吾人注意。其一，此區除社番，張達京與其他五舘業戶外，東南境尚有賴姓墾戶在此開墾。其二，六舘業戶雖然共同出資開水分番灌溉以換地，亦即以開圳工本替代磧地銀，惟六舘業戶每年每戶仍須繳納番租各一百石，在形式上，六舘與番社間仍保持租佃關係。蓋政府對番產厲行保護政策，只許將埔地「租與民人耕種」，不許買賣故也[251]。其三，張達京既爲「在場通事」，簽約行爲之監督者，同時又是「招請人」，亦即番地拓墾權移轉之「中間人」，同時又是六舘

250　乾隆五十六年四月初臺灣北路理番分府金棨給潘士興之「嚴禁覬覦社課番租諭示」引潘士興稟詞，（〔中縣文獻〕①，臺中縣政府發行，版權頁未說明出版時間，頁10）

251　參見拙著，「新莊巡檢之設置及其職權、功能──清代分守巡檢之一個案研究（下）」，第五章第二節（〔食貨月刊復刊〕，第11卷第9期，頁3）。

之首張振萬墾戶的主人，亦卽番地移轉之「承受者」。在一份約字上，通事張達京同時扮演著三種不同的角色，其影響力之大由此可知；若非如此，番地拓墾權之轉移恐難順利進行。惟張達京身爲通事，卻同時擔任授受雙方之代表，就今日之眼光視之，難免有「欺番之愚」之嫌也！然則，是時草萊未闢，非如此則招徠不易，此等條件與方式，當爲社番、漢移民所能接受。

次年（雍正十一年，1733），張達京又以「分水灌漑以換地」方式取得四宗草地，茲摘錄其合約如下：

> 公同立合約字人業戶張承祖，通事張達京因雍正十一年間平番有功，縣主行文皇上准旨吊過張承祖帶番面君，欽錫蟒袍一領，又賜草地一座，歸業戶張承祖。岸裡、搜揀……等社土官敦仔阿打歪……。緣敦等界內俱屬旱埔……愿將西南勢阿沙巴、贌轄、甲霧林、百里樂好四宗草地，定作十分，張承祖應得八分，番應得二分……東至赤塗崎山頂分水……北至番社下…………南至旱溪泰廷鑒草地……西至大肚山流水……西南至七張犁下揀社番自耕田……西北至大甲溪爲界……六社衆番情愿將此四宗草地酌賞工本，付銀主前去招佃開墾、報陞裕課，永爲己業……此係張達京請到業戶張承祖前來承擔，自己出本銀八千三百兩……租開水至萬定汴私圳內，其水作十分，內八分歸張承祖，甘留二分歸番灌漑番田……每年業戶愿貼社課五百二十石，冬成之日，係番自己到莊車運永爲定例。此係二比甘愿……公同立合約字二紙，各執一紙，付執爲照。

雍正十一年　　　月　　　日

　　　　　　　　　　　　　　代筆人　張紹職

　　　　　　　　　在場見人業戶　秦廷鑑

　　　　　　　　　　　　　　　　廖　盛

　　　　　　　　　岸裡社　　敦仔阿打歪

　　　　　　　為中人　　土官

　　　　　　　　　搜揀社　　郡乃大由仁

在場（土官敦仔阿打歪等六人，不盡錄，筆者附註）

　　　　　　　　　　　　　　業　戶　張承祖

　　　　同立合約字人

　　　　　　　　　　通事　張達京[252]

　　約字中既謂「通事張達京因雍正十一年間平番有功」，又謂「吊過張承祖帶番面君」，張承祖何功之有？得以帶番面君？似即張達京之化名。又謂：「又賜草地一座，歸業戶張承祖。」「業戶張承祖」何功之有？得賜草地一所？張承祖似即張達京所使用之諸號名之一[253]，縱使非張達京號名，亦必與其有密切關係。在此合約中，通事張達京代表諸社番眾將四宗草地，付予業戶張承祖「招佃開墾」，而諸社土官反成「為中人」以及「在場」之見證人。所謂「二比甘願」者，似即張達京一人自甘自願也。

　　合約中四至，其「西至大肚山流水」部分，與牛罵、沙轆等社接壤。遠於康熙五十五年(1716)十一月諸羅知縣周鍾瑄將「山

252　〔清代大租調查書〕第一章第二節「大租之沿革第九例」，頁26-28。
253　同上，第一章第一節「墾照」之第十例（頁8），雍正十年十二月彰化知縣陳同善給墾戶陳周文等六館之執照中，亦分列六館業戶之名號如下：「張達慶、廖朝孔、陳周文、姚向辰、秦來興、江佑金」。是張達京亦用張達慶名字。惟秦登鑑亦用秦來興名字、姚德心亦用姚向辰名字。

外有一帶曠土草地」 批賞岸裡社時， 諭示中卽指出 「西至沙轆
地界大山」， 更特別指定該示要 「沙轆、 大肚等社通事眾等知
悉」。 惟雍正初牛罵、 沙轆二社曾侵入岸裡社界， 迨雍正九年
(1731)底，大甲西社倡亂，眾番響應，提督王郡奉命征討，張達
京與敦仔率社番往提督軍前自請效力，番亂旣定，王郡以岸裡社
番「著有微勞，允將被占旱地、海埕，依舊給敦」[254]。張達京「
帶番面君」亦爲此役「代天平番，効力一載」之獎勵。此地原經
諸羅知縣周鍾瑄批賞，又由於平番有功，經提督王郡斷還，則其
地之產權自不容他人染指。其地界曾豎有界址，今臺中縣清水鎮
（原牛罵社址）大突寮石牌仔地方，仍有

　　　　　奉憲豎立張承祖界址
之石碑存焉[255]。

　　乾隆五十三年(1788)七月，署北路理番同知黃嘉訓頒給岸裡
社之贌約 「必須蓋用通土戳記」 諭示中， 引總通事潘明慈稟文
云：「岸裡等社……如贌約無通事蓋戳，卽以違例私贌論。」[256]
潘明慈所謂之「例」，實始自張達京充通事之時。

---

[254] 雍正十一年五月十三日彰化知縣陳同善領「毋許附近漢番越界侵佔」示（〔
中縣文獻〕①第四部分開墾紛爭訴訟文書之五「岸裡社通事潘明慈誆控潘士
興霸收公租全案」所錄，頁110）。又，同書第五部分番社文物之二「信照」
爲雍正十年十二月十五日陳同善給岸裡社通事張達京、土官敦仔之「免蓋
造營房等役」執照，文云：「岸社代天平番，効力一載，事干拼命……。」
又，執照引張達京稟文云：「効力一載，殺死數十，生擒八百有餘，自備行
糧，莫敢責累庫項分文。」（頁126）。 此照顯示通事張達京不但率領社番
「代天平番」，也能適時呈現戰果，爲岸裡社番爭取到「免蓋造營房等役」
之福利。

[255] 劉枝萬，〔臺灣中部碑文集成〕（〔臺灣文獻叢刊〕，第151種）附錄，頁
175。

[256] 乾隆五十三年七月廿九日〔北路理番同知防黃嘉訓頒給發貼岸裡社公館曉諭
示〕（〔中縣文獻〕①第一部分曉諭公文，頁9）。

　　張達京名下土地招佃，自以張振萬等名義行之，惟社番「按番照分自耕」[257]之土地招佃，其契字皆由通事張達京與土官敦仔任「在場知見人」；若爲敦仔大土官之「己業」招佃，往往由張達京署「代筆通事」。茲以黃禿錫一人之兩份墾字爲例，先摘錄社番所給之招墾字如下：

> 立招墾字岸裡社番 …… 有未墾荒埔一塊，坐址楓樹下莊約略五甲有餘，今因招得黃禿錫官前來開墾，築成水田，當日議定首年共納大租十石六斗正，二年……其餘規矩，悉照舊例。又貼牛二隻、鐵鈀二枝……如三年之後卽成水田，任田主別招佃人耕作，不得久長據耕，如要再作，亦須交還田主，另出佃批招耕字……乾隆六年十一月　　日
>
> 　　　　　　　　　　代筆人　張和雲
> 　　　　　　　　　　在見通事　張達京
> 　　　　　　　　　　土官　　敦　仔
> 　　　　　　　　　　立招墾字　阿沐敦
> 　　　　　　　　　　　　阿敦加喇霞
> 　　　　　　　阿姊勞阿喇滿[258]

　　此招墾字對於「番田主」權益之保障，田主與佃墾者之權利、義務關係以及其時效皆有相當明確之規定。故以「通事張達京」與「土官敦仔」爲「在見」卽「在場見證人」，無疑爲此契

257　〔中縣文獻〕①，臺中縣政府發行，頁10。
258　〔清代臺灣大租調查書〕，第三章第三節「番人給墾字之第五例」，頁447。

字履行之最佳保證。

次錄土官敦仔之佃批於下：

> 立招佃業主岸裡社土官敦仔，自己本社馬崗厝後埔地，
> 招得黃禿錫兄前來贌墾，犂份一張，配丈五甲東西番田
> 為界……即收過埔底銀三十兩……首先每甲納租穀四
> 石，次年……三年以後，每甲八石，永為定例……莊修
> 築坡圳、橋路雜費等項，係佃人自己料理……倘欲別創
> 及退回內地，必先向明業主……

乾隆五年五月　　　日

代筆通事　張達京

立招佃批業主 [259]

此「佃批」與前「墾字」之條件不同，其權利、義務關係亦
自不同，惟「墾字」後簽署處，僅有「代筆通事張達京」落款，
而土官敦仔則無之，似乎敦仔是否簽署皆不影響此「佃批」之有
效性。

與上列二契字相類之契字甚多，不一一贅舉。就此而論，通
事張達京不僅為自己取得之土地招墾，同時也為土官、社番經理
番產，一則為了保護番產以及社番之權益，一則亦便於收取社課
及通事公租因公應事開銷[260]。

綜前所述，張達京不僅誘導岸裡等社內附，也引領社眾「代
天平亂」，更主持今臺中平原大部分土地之「招墾」工作與水田
化工作，與臺中平原之拓墾，有密不可分之關係。

259　同上，第三章第四節「番業戶給墾字之第三例」，頁539。
260　〔中縣文獻〕①，臺中縣政府發行，頁10。

連橫〔臺灣通史〕中有張振萬之傳記，稱張振萬爲彰化人，
「乾隆初，振萬乃邀藍、秦兩姓募佃合墾」葫蘆墩[261]。蓋連氏並
不知張振萬卽張達京也，是以對於張氏之生平亦不甚了了。

據「潮州大埔縣赤山樹德堂張氏族譜」載：

> 十世仁在公……生四子。長達朝，歲進士，次達京，功
> 加守府千總崇祀四社總通事，四達標，恩進士，三達富
> 出嗣[262]。

陳炎正所撰「拓荒先驅──張達京」一文引他譜云：「張達
京，字振萬，號東齋，原籍廣東大埔縣，康熙廿九年十月廿一日
生，乾隆卅八年閏三月十三日卒。」又謂：「初至岸裡社，爲其
族除瘟疫，教化耕作，頗受族人擁戴，該社土官阿莫復妻之以
女。」[263]故老相傳，稱張達京爲番駙馬。惟據乾隆四十三年(1778)
八月張達京之子張鳳華、觀華、會華三人所立，將「莊業兩所」
賣予楊振文之「找絕杜賣契」中，首列「在場母潘氏潘氏」[264]，據
此，張達京所娶番婦是時存者至少仍有二人。

就此觀之，張達京之出身、際遇及其一生之成就皆與林秀俊

261　連橫，〔臺灣通史〕，卷31「張振萬傳」，頁903。
262　〔張氏族譜〕（臺北，新遠東出版社，民國65年，再版本）赤山樹德堂派譜
　　附說明，頁張氏 B103-104。惟筆者檢閱道光二年刊本〔廣東通志〕（史語所
　　藏）乾隆廿七年刊本〔潮州府志〕（史語所藏），乾隆九年刊本〔大埔縣
　　志〕（故宮博物院藏）以及乾隆廿九年余文儀續修之〔臺灣府志〕（〔文獻
　　叢刊〕，第121種）皆未見張標達、達朝二人文武兩科貢生、舉人、進士之
　　紀錄。
263　陳炎正，「拓荒先驅──張達京」（臺灣日報民國68年12月3日第十二版）。
264　〔臨時臺灣舊慣調查會第一部調查第三回報告書〕〔臺灣私法附錄參考書〕，
　　第二章第一節第二款第一段田園の業主權，第五十八之二例大租權找絕杜賣
　　例，頁255。契中四至謂「南至水堀頭張承祖草地石碑爲界」，張達京田業
　　以張承祖石碑爲界，則張承祖爲張達京之戶名似無疑問。

頗爲近似。

乾隆十六年(1751)，地方大吏認爲林秀俊、張達京二人「充北路通事數十年，田園、房屋到處散布」，有意「密訪」二人「勾結民番，盤剝致富實蹟」。惟張達京與番社關係密切，雖因招墾而致富，而其平番亂、撫番、護番之事實亦不容磨滅，且其土地墾權之取得，皆有諭示、合約、契字證明其合法，既能「勾結民番」，欲將「盤剝致富」之罪名加諸其身恐非易事。不料乾隆十六年（1751）底卽發生內凹莊民及柳樹湳營盤兵被兇番殘殺廿九命之鉅案，直至乾隆十九年(1754)才經林秀俊之努力，查出該案爲南、北投二社通事三甲勾引內山生番所爲，乃由於漢人侵耕番田所致也[265]。 該案偵訊過程中， 閩浙總督喀爾吉善認爲臺灣「文武稟報猶以事出生番爲言」乃由於「聽信通事張達京詭言嫁禍，粉飾欺矇」之故[266]，而來臺查案之提督李有用也「查出通事張達京巧卸生番，希圖了事」[267]，朝廷亦感覺茲事體大，乃命鍾德、覺羅四明相繼爲臺灣知府，整頓番社、清釐番產[268]。乾隆廿二年(1757)任滿之鍾德且親率特委之清丈人員如淡水同知攝彰化縣事王錫縉等，「勘丈岸裡東勢沿山一帶草地以及私墾田園」，

---

[265] 〔明清史料〕己編，第十九本 （頁933-935)乾隆十九年六月十一日「吏部『爲准刑部咨』移會」所錄福州將軍新柱之原奏。並參見本文之陸。

[266] 〔高宗實錄〕，卷408，乾隆十七年春二月甲辰條引喀爾吉爾語。

[267] 〔高宗實錄〕，卷410，乾隆十七年三月甲戌條引上諭巡臺御史立柱、錢琦語。

[268] 案發時之臺灣知府陳玉友、彰化知縣程運青、都司聶成德皆被題參。後任知府曾日瑛病故，再次任知府王文昭亦被參。 彰化、鳳山兩知縣之預審者亦然。（見福州將軍新柱之原奏。鍾德於乾隆十九年三月到任，覺羅四明廿二年四月任）。

一經勘丈清理，自然發現大量未報陞之「私墾田園」[269]。張達京之通事一役，遂「奉憲革逐」[270]，乾隆廿三、四年（1758-1759）之際，改由岸裡社土官敦仔接任通事[271]，張達京始結束其通事生涯。

張達京雖為有司所「革逐」，惟其自少至老，經營多年，「勾結民番」，是以番社、民間對於張達京之評價亦與官方觀點相異。筆者檢閱岸裡社公館之流水賬簿──「文武衙門簿」，見乾隆三十五年七月初十日條載：

> 下橫山羅芳盛去銀貳大員 ── 為達京伯長生祿位牌用[272]。

今臺中縣神岡鄉社口萬興宮右廂仍祀有「皇恩特授功加副府張公諱達京長生祿位」，蓋張達京雖為官所革逐，在民間廟宇中卻血食至今，二者相去何啻天壤。郁永河所謂「此輩欺番人愚……而番人不甚怨之」者，於此得一實證。

269　見「岸裡社田地勘丈紀錄」（〔中縣文獻〕①，頁39-47）。
270　「岸裡社通事潘明慈訐控潘士興霸收公稅全案」引乾隆五十五年十二月初五日岸裡社總通事潘明慈票詞（〔中縣文獻〕①，頁103）。
271　乾隆廿四年九月敦行等奉諭立「勒買番穀示禁碑」（〔臺灣中部碑文集成〕，乙部，示諭之三，頁67），碑首即勒「遵立奉禁，不許社番採穀，岸裡社通事敦行、貓霧捒社通事阿申」。故敦任任通事當不晚於乾隆廿四年九月。
　　陳炎正編著：〔神岡鄉史〕（版權頁作〔神岡鄉史〕）㈠大事記，臺中縣詩學會出版，民國70年）乾隆廿三年條謂：「是年潘敦行任岸裡五社通事。」惟乾隆廿四年條引此碑，說明其立碑者卻謂「岸裡社大土官敦行」（頁22）；乾隆廿六年條謂：「張達京年七十有二，乃卸通事任。」（頁26）又氏所著「岸裡社史話」一文（〔臺灣風物〕第31卷第1期，民國70年3月）亦謂潘敦行任通事於乾隆廿六年，皆與其〔神岡鄉史〕乾隆廿三年條不合，與乾隆廿四年之「勒買番穀示禁碑」亦不合。
272　臺灣大學圖書館藏：〔岸裡社文書〕，第956號「文武衙門簿」，乾隆三十五年七月初十日條。

　　張達京死後，張氏子孫蕃衍，枝葉繁茂，蔚爲鉅族。據王世慶、王錦雲合撰〔臺灣公私藏族譜目錄初稿〕所載，張達京後裔持有之族譜著錄者凡二十有四，占全部著錄之張氏族譜百分之二十八弱[273]。昔人張耀焜蒐集岸裡社史料頗富，即今臺灣大學所藏〔岸裡大社文書〕，其子張明修所藏捐資料亦自不尟。臺北省立博物舘所藏亦富，邇來筆者亦微有所得，散布於張氏族人及民間者當亦不少，假以時日，對於臺中平原拓墾史當有進一步之瞭解，惟其事非本文主題，是以筆者僅就張達京通事生涯中與番社土地、拓墾者相關事迹，擇其尤要者述之，異日有緣，當另撰一文爲之論述。

玖、竹塹、後壠等社番地開闢與通事之關係

　　雍正十一年(1733)十月竹塹社所立之「永賣契」，爲番地招佃過程留下較爲詳實之紀錄，茲節引其相關部分如下：

> 立永賣契人，竹塹社土官一均、大里罵、大李禮，甲頭魯猛因本社餉課繁重，捕鹿稀少，無奈於去歲八月間，以番貧課缺懇乞充貼社餉等事，赴大老爺尹臺前呈請，隨蒙親臨踏勘地界，給示恩准招募漢人墾耕，毋致拋荒懸課在案……闔社番眾公議，願將呈墾荒埔猫兒捉草地一所，東至鳳山崎，西至海，南至鳳山崎脚大溪，北至

273　王世慶、王錦雲，〔臺灣公私藏族譜目錄初稿〕（〔臺灣文獻〕，第29卷第 4期，民國67年12月），頁126-131。

山頂，四至明白爲界，托通事引就與漢人郭奕榮承買，
公議時價銀貳拾兩正，其銀卽日憑通事交訖明白，卽將
契內四至草地，踏付與郭奕榮前去出本開築埤圳、招佃
墾耕、陞科報課、永爲己業，仍歷年貼納本社餉銀貳拾
兩，立契之後，聽其自立戶名，推收過割，收租徵納…
…後日亦不敢言找言贖，買主亦不得越界侵墾累餉……

代　書　人　林友譚

知見人夥長　鐘啟宗

爲中人通事　陳　喜

雍正拾壹年拾月　日　　　竹塹社土官（同前不錄）[274]

　　此契稱「永賣契」顯屬違例，惟仍存留爲墾首拓墾權以及
業戶或大租戶產權之依據。

　　此契所載事實，以下兩點值得吾人注意：

　　其一，竹塹社以「充貼社餉」爲由呈請「招募漢人墾耕」，
且經淡水同知尹士俍「親臨踏勘」而後「給示恩准」。顯示官方
也肯定「招墾」可同時解決「抛荒」與「懸課」雙重問題，亦顯
示雍正以後官方對於北臺拓墾番地問題之重視。

　　其二，漢人郭奕榮承買埔地乃「通事引就」所致，其價銀亦
「憑通事交訖明白」，簽約立契時，通事陳喜「爲中人」，夥長
鐘啟宗任「知見人」，則竹塹社呈請「招墾貼餉」當亦由通事經
理其事；尹士俍「親臨踏勘」當亦由通事引領。若然，則竹塹社

274　伊能嘉矩，〔臺灣番政志〕（臺灣總督府民政部殖產局，明治三十七年）第
　　三章「課租制」第二節「番租」第一項番大租之第九例「土地賣渡契字」，
　　頁443-445。

番地移轉於漢人拓墾者手中，每一過程皆由通事經理也。

　　前引契末之「知見人夥長鐘啟宗」，亦曾任「後壠等五社通事」，爲番社經理番地「招佃墾耕」事宜。

　　乾隆二十七年(1762)十二月，「後壠等五社通事合歡」與土目假己、虎狗釐等十餘人所同立，給漢人謝雅仁之「佃批字」載：

> ……緣歡有埔地一所，坐落歡等後壠界內海墘……經漢
> 通事鐘啟宗於乾隆六、七等年，給批招佃墾耕，開圳築
> 田，逐年照例納歡業主租粟。不意乾隆十九、二十四、
> 二十七等年，疊遭颱風霖雨，溪海交漲，將歡等各佃墾
> 耕田畝、寮屋、鼎灶、家伙以及原給佃批完單等項，一
> 概淹壓無存，各佃以墾本無歸，不肯再行墾耕……[275]。

　　此契所述，乃漢人拓墾事業，遭天災打擊而失敗之一例。拓墾者以「墾本無歸」，故而不願再冒風險投資重墾。惟其始也，「給批招佃墾耕」者乃漢通事鐘啟宗。

　　又據乾隆十二年(1747)八月，後壠、新港二社土官烏牌、媽媽等同立，給「漢人張盛」之「佃批」載：

> ……眾番等有草地一所……今有漢人張盛前來認佃，給
> 出犁分肆張……聽其自備牛犁種仔前去墾耕……其溪水
> 頭修築水道，引入埤圳，乃土官眾番之事；至於開埤築
> 圳，工力浩大，水道紆遠，必藉匠人開築，約付佃人自

275　〔清代臺灣大租調查書〕第三章「番大租」第二節「番社給墾字第二十二例」，頁349-352。

出資本⋯⋯

　　　　知見人　後壠等社通事　鐘啟宗（圖記忠）

乾隆拾貳年捌月　日　　土官　烏牌（不贅錄）[276]

　　據後壠等社番所立之二契，鐘啟宗至少於乾隆六年至十二年
(1741–1746)間任後壠等社通事； 至於是否同時任竹塹通事，因
史料不足，難以遽斷。

　　「佃批」中所謂「溪水頭修築水道」「乃土官眾番之事」
者，蓋水源近深山與生番為鄰，自以化番經之營之為宜也。且番
社與通事資本似不如林秀俊、張達京之雄厚，故埤圳之事，「約
付佃人自出資本」，而非番社或通事自營。

拾、北臺拓墾初期「通事」之角色、功能及其演
　　變之解析

　　前文筆者已就制度層面以及行為層面，敍述北臺拓墾初期通
事所扮演之角色及其功能，並以資料較為豐富之賴科、林秀俊、
張達京以及陳喜、鐘啟宗等個案，分別說明諸通事在番社土地和
平轉予漢人拓墾之過程中所扮演之角色及其功能。本章則取本文
中所述諸通事，就其出身、任職期間、角色及其行為特徵，列表
於下，以便進一步分析其角色與功能之演變。

---

[276]　伊能嘉矩，〔臺灣番政志〕，頁433–434。

北臺拓墾初期通事表：

姓名	出身	職別	任職期間	角色	行為	特徵	備考
張大		淡水社長	康熙中期	官役（番社領袖）	召集土官、番眾探硫	番眾助郁永河	另有社人多人
陳文	商船遭風飄至山後			鄉導	踏勘硫礦區	居山後崇爻等社經年略知番語	社人任之 帶回番社消息
林侃	同上				同上	同上	時在康熙三十二年
賴科		大雞籠通事 淡水社通事	康熙中期至乾隆初（一六九〇?一一七四〇?）	官差	招撫山後崇爻九社歸附（今臺東、花蓮）		事在康熙三十四年與七人為侶
				孰社人	往山後孰社		
				經營者	經營淡水社船		往來大陸、臺灣之船隊
				拓墾者	康熙五十二年始與朱崐侯等合夥墾海山、內北投坑仔口三處園盧地（今桃園蘆竹）		其子賴維繼承北投庄

姓名	社職	時期	番、漢社會領袖	建于豆門天妃廟（今關渡）	諸羅縣志三及此事
潘　多賢	大鷄籠社通事	康熙中期		偕賴科招撫山後	
金　賢	淡水社主眼	康熙中期		急於娶番婦緝天津致淡水番亂	時在康熙三十八年
黃　申	吞霄等社通事	康熙中期		娶社婦苛優致亂（與淡水社亂同時）	其黨十數人
謝　章	打貓社通事	康熙中期	官差	踏勘墾地（今嘉義民雄、梅山）	時在康熙四十七年
楊永祚	淡水社社商	康熙中期	官差	踏勘大佳臘墾地（今臺北市區）	時在康熙四十八年
許　聰	淡水社夥長	同上	同上	同	上
林　周	淡水社夥長	同上	同上	同	上
林　助	千豆門媽祖宮廟祝	康熙末期	官差	藍廷珍以其「能通番語」會往山後崇文等社「慎緝山後」才知番丁情	或為賴科所薦，成行與否未知
許　略	大鷄籠社夥長	同上	同上	同	同上

姓名	職稱	時間	角色	事蹟	備註
劉裕	山後頭家				同上
許拔	蛤仔難夥長	同上	同上	同	府志:「該社……淡水通事……在社內貿易。」
何某	蛤仔難社人	康熙末期		教遇難漳州把總朱文炳（今宜蘭）	時在康熙六十一年
林秀俊（儒）	淡水社通事	康熙末期至乾隆初期	番親	番婦生二子	唐山歸生一子
		（一七一五？—一七七〇？）	拓墾者（富豪）	與朱焜侯等合夥墾大佳臘、八芝連林、坌、興直等地。獨資拓墾今板橋永和平原、安坑、內湖地區，鑿大安、永豐等大溪。	始於康熙五十九年因房五屋、田園四布而見已心
	大甲社通事	雍正年間	義首	率大甲東、南，日南、北等社助官軍平大甲西社引起之番亂。	事在雍正十年
			番產經理人拓墾者	將大甲社地墾給漢人開墾並鑿灌溉渠	

姓名	出身	職	時間	身分別	事蹟	備註
張達京	武舉之子犒醫	後補社通事／淡水社通事	乾隆中	鑿渠分道／官差偵緝者	鑿渠分道—貓裡莊圳（今苗栗）／奉委偵緝內山朱一貴餘黨民、柳樹湳滿兵民被生番殺害二十九命案	時在乾隆三十四年／時在康熙六十一年／時在乾隆十八年
		岸裡組等社通事	康熙五十四年至乾隆二十一年（一七一五~一七五八）	番親	娶土官之女及他番婦生子	兄弟稱進士，其子為貢生
				教化者	醫藥教治並教導習尚、墾耕、鑿渠	事在雍正十年
				義首	率岸裡組等社番助官軍平大甲番亂	
				番產經理人	任拓墾者、中人，在場監督，諸至同時任授予者與收受人	
				拓墾者	自行拓墾、開圳，復鑿六館業戶之首、開圳易地，遍及今臺中平原	
				富豪	因房屋星、田園散布而見忌	
賴春瑞		水沙連社通事	乾隆中	富豪	規避陞科內凹圧柳樹湳二十九命案	因未報陞私墾土地被革

姓名	與通事之關係	通事	年代	番社護產者	事功	備註
三甲	葉順之子社番嫻齡	南、北投社通事	同上	偵緝者	監生簡經緯侵墾而勾結生番殺二十九命	或為番婦所生
葉福	三甲之同父母兄弟		同上		臨時點充通事偵緝二十九命案	當為漢婦所生
陳喜		竹塹社通事	雍正年間	社地經理人	呈請拓墾、引領查勘、引就漢人承買、中人、監證（今新竹）	
		竹塹社贌長	同上	同上	同	
鐘啟宗		後壠等社通事	乾隆初年	社地經理人	給批招佃墾耕	

註：一、表中空白部分，乃資料中未明顯說明者。

　　二、「譯者」為社番通事共同特徵，故未列入。

　　三、通事皆為「番親」，惟林秀俊、張達京二人有漢親可據，故特為表出。

　　此表所列凡二十三人，其中陳文、林侃爲商人，遭風飄至山
後，居住經年，略知番語，然未嘗任通事之職；謝章爲打猫社通
事，打猫社故址在今嘉義縣，皆不在討論之列，故本章研析者，
通事二十人。

　　通事二十人中，僅葉福一人爲臨時點充，其他皆爲素任之通
事。 其中可考者： 張達京任岸裡等社總通事長達四十三年。 林
秀俊任淡水等社通事當在五十年左右，賴科任通事亦在五十年上
下，惟二人任通事之確實年代難考。郁永河謂任通事者「父死子
繼」，就張、林、賴三人任期長達四十年以上觀之，似屬可信。

　　二十人中，知其故里者二人：林秀俊爲福建漳浦（漳州府屬
縣）人， 張達京爲廣東大浦（潮州府屬縣） 人。 賴科據前文推
論，或爲福建同安（泉州府屬縣）人。僅三甲一人爲漢移民葉順
之子、番人螺蛉，可能爲番漢混血之通事。

　　知其出身者二人：林秀俊爲失意於場屋之「儒」。張達京爲
武舉之子，常任代書人，又通歧黃之術，足以濟世活人，或可稱
之爲儒醫，張氏族譜中稱其兄弟爲進士，惟於史無徵。金賢爲淡
水社主賑，林助爲干豆門媽祖宮廟祝，就其職司而言，二人當粗
通文墨。周鍾瑄謂：「土番既頑蠢，不知書數，行之以自封投櫃
之法勢必不能。故民戶之里甲可除，而番社之通事不可去也。」
[277]任通事者，當略知書數、粗通文墨。

　　通事多結夥而行：張大爲淡水社長，另有「社人」多人，其
數不詳。大鷄籠社通事賴科通山後崇爻九社「與七人爲侶」，則

---

[277]　〔諸羅縣志〕，卷6「賦役志・雜稅門・附考」，頁71。

其社通事一夥在七人以上。藍廷珍「檄淡水謝守戎」，調集四人偵緝山後，其中一人爲「大鷄籠社夥長」、一人爲「蛤仔難社夥長」、一人爲「山後頭家」。

據乾隆六年(1741)臺灣道劉良璧纂輯之〔重修臺灣府志〕「戶役志・陸餉門・淡防廳屬蛤仔爛社」條載：

> 蛤仔爛社並附多羅滿社，原徵餉銀三十兩，該社係淡水
> 通事於四、五月間南風盛發，率各社番買置貨物，舟載
> 往社內貿易[278]。

又據藍鼎元「紀臺灣山後崇爻八社」一文載：

> 南路船無有過者，惟淡水社船由大鷄籠三朝而至云[279]。

則所謂淡水社實已包含山後、蛤仔難、大鷄籠社等，淡水通事之總人數當在二十人以上。吞霄等社通事黃申瞙社，「其夥十數人」。陳喜爲竹塹社通事，鐘啟宗爲夥長，則竹塹社通事當亦不少。就筆者所知，惟張達京無夥友之迹象，似爲僅有之「個人通事」[280]。通事既結夥而行，而官方則僅「僉一人爲通事」，故當官之通事名號雖爲一人，實則爲數人或十數人，如各級衙門之胥役然，是以通事名號約當今人所謂「法人」身分，少有以自

---

[278] 劉良璧，〔重修福建臺灣府志〕（〔臺灣文獻叢刊〕，第74種），卷8「戶役志・陸餉門・淡防廳屬蛤仔爛社」條，頁203。

[279] 藍鼎元，「紀臺灣山後崇爻八社」（〔臺灣文獻叢刊〕第12種〔東征集〕卷6，頁90）。

[280] 〔諸羅縣志〕，頁71。又，同書「風俗志・番俗考・雜俗門」載：「年來革去社商，各社止留通事一人。」，頁97。

然人身分出現者[281]。

　　通事所扮演之角色，在康熙四十七年(1708)以前，皆為官役、官差、嚮導、贌社人，皆與土地之取得無關。賴科於康熙三十四年(1695)招撫山後崇爻九社時，已為大雞籠社通事之首，顯名當世，筆者所見之可信史料，則遲至康熙五十二年(1713)始與朱焜侯等合股拓墾海山、內北投、坑仔口三處草地；惟賴科於康熙五十一年(1712)即已「鳩眾」建干豆門天妃廟；五十四年(1715)且「易茅以瓦」，重建之，固然顯示其間漢移民拓墾者激增，同時亦顯示賴科之招夥拓墾當早於康熙五十一年(1712)，或在「陳賴章墾號」請墾大佳臘之年（康熙四十八年，1709）以前[282]。

　　賴科之通事生涯之轉變適足以說明北臺自「盡皆番部」至漢移民「欣然樂郊」時代之轉變。

　　楊永祚、許聰、林周等於康熙四十八年(1709)即已奉委踏勘「陳賴章墾號」請墾之大佳臘草地。林助、許略、劉裕、許拔等，「皆嘗躬親跋涉其地贌社和番，熟悉山後路徑情形」[283]，康熙六十一年(1722)仍居淡水，如林助所任廟祝，乃一定居型職業，則諸人必參與拓墾工作，置有產業，如賴科然。

281　〔諸羅縣志〕，卷8「風俗志·漢俗考·雜俗門」載：「胥役各處所有，臺屬為盛……一邑快而十數幫。」（頁90）在官者僅一名字而實則「十數幫」，故各衙門胥役亦多為法人身分。通事為「役」，故亦多以法人身分出現。筆者蒐得多人合夥任胥役之契字整件，異日當另撰一文，專論胥役之法人性格。

282　參見本文陸及拙著，「臺北平原拓墾史研究 (1697-1772)」，第五章第二節，陳賴章墾號請墾時，其他「約開有田園五十餘甲」，當與賴科有密切關係。至於陳賴章墾號之股夥「賴永和」（法人、非自然人）是否即賴科所有之墾號名字，目前尚無確證。

283　藍鼎元，「檄淡水謝守戎」（東征集），頁25。

　　張達京任岸裡社總通事四十餘年，是番親、生番教化者、義首，爲番社及諸番經理番產，甚至其本人代表番社爲賣（租）授人之同時亦爲買（佃）受人，又自行拓墾、開圳並招股集資開圳易番地而墾之，遂富甲一方，「房屋、田園散布」，導致當道有意「密訪」其「勾結民番，盤剝致富實蹟」，埋下「逐革」的種子。　惟就張達京死後，民番祀奉其「長生祿位」血食至今，且臺中平原得以順利開闢觀之，張達京乃化荒埔爲良田，盡力乎溝恤，力田致富，敬恭桑梓之人。再就統治績效而言，岸裡等社不僅漢化迅速，且屢次傾闔社之力，助政府平亂，林爽文之役，「岸裡社熟番三千餘人不肯從賊」[284]，且「攻破賊巢，分掣賊勢」[285]，當不無微勞；新任淡水同知徐夢麟「復遣粵貢生張鳳華及淡水役王松密結生番…… 使伏內山要隘 」[286]，張鳳華卽張達京之子。　岸裡社臨事不亂，張鳳華奉命密結生番，皆張達京死後餘蔭，足以說明張達京乃一績效優異之通事。

　　林秀俊與張達京同爲當道「密訪」其「勾結民番、盤剝致富實蹟」之對象。林秀俊歷任淡水、大甲等社通事，可能曾任後壠社通事；鐘啟宗曾任竹塹、後壠等社通事，似乎二人皆非同時任異區之異社通事。林秀俊拓墾、鑿渠遍及今臺北平原及大甲、苗栗等地，所謂「房屋、田園散布」就林秀俊而言亦爲寫實之筆。林秀俊於康熙五十九年(1720)始與朱焜侯等合夥請墾大佳臘、八芝連林、滬尾、八里坌、興直等草地，故其通事生涯當早於此。

284　〔高宗實錄〕，卷1283「乾隆五十二年六月乙卯」條「上諭」引藍元枚語。
285　同上，六月辛卯條「上諭」引藍元枚語。
286　楊廷理，〔東瀛紀事〕，乾隆五十二年九月丙午條，（〔臺灣文獻叢刊〕第213種，頁63）。

雍正年間經理大甲社番產，繼墾今板橋、永和平原，鑿大安、永豐等渠，遲至乾隆三十四年(1769)行將就木之前，仍在苗栗鑿「貓裡莊圳」，似乎其拓墾事業與通事生涯相始終。張達京、林秀俊任通事之年代晚於賴科等人約二十年，適逢漢移民拓墾運動蓬勃推展之時，一則欣逢其會，一則由於二人之能力與手腕特優，不僅加速北臺之田土化及水田化，且在官治系統之外，因通事身分之便，促使北臺番地由先住民之手和平轉予漢移民拓墾者，二人因而亦厚享其利，成為一方富豪。陳喜、鐘啟宗為雍正中、乾隆初之通事，亦為番人經理番產、招漢人佃墾。

三甲為漢人之子，社番螟蛉，乾隆初任南、北投社通事，因監生簡經侵墾，憤而勾結生番殺人，是乃筆者蒐羅所及，與通事有關且因土地而當生紛爭之惟一案例，其弟葉福臨時點充通事，也可看出其影響力。

水沙連通事賴春瑞除規避偵緝外，尚無其他事迹；蛤仔爛眩社人何某除巧救朱文炳外，亦無其他事迹可尋，除因史料不足之先驗性缺憾外，似乎亦象徵二地之拓墾較遲也。

周鍾瑄任諸羅知縣時，已就縣治附近打貓等三社，「令其自舉通事」[287]。臺廈道梁文科不知「西螺以北之有藉於通事」乃勢使然，貿貿然「詳革通事名色」[288]，徒遺鹵莽之譏。就官方立場而言，漢通事之無法革除，亦屬無可奈何之事。

雍正五年(1727)，浙閩總督高其倬嘗上奏其處理通事之情形云：

287　〔諸羅縣志〕，卷7「兵防志・總論」，頁75。
288　同上，「風俗志・番俗考・雜俗門」，頁97。

　　至通事一節，臣現嚴禁嚴查，又行道、府稽查各縣，不
　　許接受饋送，濫以無妻子、田房及行事不好之人僉充。
　　又行令各縣嚴行查處，通事不許刻剝番人，胥役不許需
　　索通事。臣亦詳行細訪，若各社可不用通事，臣卽盡行
　　革除，更為清楚[289]。

　高其倬似於臺灣番社通事之處境相當了解，惟所謂「盡行革
除」則未見施行，或則高其倬細訪之後，已知諸社通事於各番漢
化之前難以遽革也。

　雍正十一年(1733)，福建總督郝玉麟於臺灣北路番亂底定之
後，條奏臺灣事宜云：

　　各番社鄉保暨通事，俱嚴加選擇，勿令姦匪充當，並設
　　立社學，延請行優生員教導，以化愚蒙舊習[290]。

　次年，乃於化番各社設置社學，「各置社師一人，以教番
童，訓導按季考察」[291]，幸而社師並未遍設，否則直於通事之
外，又一通事也。

　迨及乾隆十六年(1751)，臺灣鎮李有用、臺灣道金溶，因「
生番與平埔、漢民不相浹洽」，令林秀俊、張達京二人「招撫各
社土目到郡，示以兵威，加以厚賞」[292]，導致督撫重新檢討通事
問題。是年五月，閩浙總督喀爾吉善等奏稱：

　　通事林秀俊、張達京二人充北路通事數十年，田園、房

289　〔雍正硃批諭旨〕（臺灣文源書局影本），第十四函第三冊，雍正五年七月
　　　初八日「浙閩總督高其倬奏聞事摺」。
290　〔世宗實錄〕，卷134「雍正十一年八月己酉條」，「兵部等衙門議覆引郝
　　　玉麟條奏臺灣管制事宜」。
291　劉良璧，〔重修福建臺灣府志〕，卷11「學校志・土番社學」，頁333。
292　〔高宗實錄〕，卷391「乾隆十六年同五月條引閩浙總督喀爾吉善等奏」。

屋到處散佈，素與番社勾結，今復假以事權，更非寧邊
良法。臣等隨一面示知鎮、道，嗣後不宜如此冒昧；一
面密訪林秀俊等勾結民番，盤剝致富實蹟，並此次聯絡
生番土目，有無假權愚弄之處，俟有確據，再當妥辦
293。

　　林秀俊、張達京二人富甲一方，又與番、漢民關係密切，其
財大勢雄，牽制鎮、道，對於政府已構成威脅。喀爾吉喜等以為
假林、張二通事以事權，「更非寧邊良法」，故「妥辦」二人已勢
在必行。不料是年年底發生「內凹莊、柳樹湳兵民被兇番焚殺」
一案。張達京因年老體衰、畏葸懼事「詭言嫁禍，粉飾欺矇」，
「巧卸生番，希圖了事」而獲咎；林秀俊卻以垂暮之年，偵緝破
案而立功。通事之利弊於此頓顯，通事之粉飾欺矇固然誤事，然
非通事則破案無門亦屬實情。

　　乾隆十八年（1753），淡北又發生因爭通事而豎旗陷害之大
案，閩浙總督喀爾吉喜奏稱：

　　　　淡水同知稟稱：所屬大浪泵港豎有紅布旗，上寫「周裔
　　　　孫郭」四字及「統領淡八社社番民」等字樣，根究係民
　　　　人劉和林因圖利起見，欲奪郭騰琚所充通事，遂製旗插
　　　　豎以冀陷害，茲劉和林業經拏獲，不致驚擾地方294。

由於劉和林旗內又有「統領八社番民以劾貪官」等「狂悖」
字樣，經督撫「審擬確實」一面奏稱：「應照捏造悖謬言詞匿名

293　同上。
294　〔高宗實錄〕，卷437「乾隆十八年四月」，是月條引「喀爾吉善等奏」。

揭帖例，擬絞立決。」一面飭令「就臺郡正法」[295]。劉和林於雍
正年間至北新莊平原拓墾[296]，自是熟悉淡北情況之人，竟然「因
圖利起見」，奪郭騰琚之通事職，甘冒大不韙，犯下「絞立決」
就地正法之滔天大罪。此案一則顯示任通事者，得於拓墾事業中
獲致鉅利、引人垂涎；一則顯示民番雜居既久，不僅熟番漢化，
而漢移民之識番情、番語者亦日益增多，無論番漢，凡雄豪之
輩，易興「彼可取而代之」之思也。

　　然就官方立場而言之，自當「以番治番」、以番通事代漢通
事為宜。乾隆二十三年(1758)三月閩浙總督楊應琚上奏「酌定防
範臺灣事宜」，其於通事則云：

> 熟番通事、社丁承充多外來游民，機變滋累。近來熟番
> 半通漢語，請即與番社中選充；社遠無通漢語者，酌留
> 妥實漢人，仍結報該地方官查察[297]。

余文儀所撰「楊觀察北巡圖記」一文載：

> 南北兩路番地，多被豪民智取勢佔，其尤黠者，夤緣為
> 通事……乾隆二十三年春，我公奉命觀察東瀛，下車之
> 日，廉得其狀，即毅然以興利除弊為己任，首請撤除通
> 事、社丁，釐定疆界，永免番役及嚴禁私墾、私派、採
> 買、辦差、供應，凡不便於民番者數十餘條上之制府轉
> 奏，俱奉旨俞允。命下，一郡肅然[298]。

295　同上，卷447「乾隆十八年七月」，是月條引「喀爾吉善等奏」。
296　參見拙著，「臺北平原拓墾史研究 (1697-1772) 」，第七章第一節「劉和
　　　林、劉承纘與萬安圳」。
297　〔高宗實錄〕卷559「乾隆二十三年三月」，是月條引楊應琚奏。
298　余文儀纂輯，〔續修臺灣府志〕，卷22「藝文志」三所收，頁813。

　　楊景素於乾隆二十三年(1758)四月任分巡臺灣道；余文儀於
乾隆二十五年五月任臺灣府知府。該文載於余文儀纂輯之〔續修
臺灣府志〕「藝文志」中，「文儀日侍公左右」，所謂「一郡肅
然」雖不無溢美之嫌，然楊景素確曾致力於經營番政而有成則無
疑。乾隆二十五年(1760)八月，楊景素又擬訂「清釐臺屬邊界章
程」[299]。次年內轉之前，且親至彰化、淡水，督率廳、縣定界設
隘[300]，張達京亦於楊景素任臺灣道時遭其「革逐」，以土目敦仔
為岸裡社第二任通事。

　　乾隆三十一年(1766)，淡水廳鱟殼莊（今苗栗縣境內）發生
莊民多人被兇番焚殺之大案，是時，余文儀適任福建按察使，奉
命東渡查緝[301]，事定後與閩浙總督蘇昌奏請增設「北路理番同
知」以為北臺熟番之崑轄衙門，其詞曰：

　　　臺灣熟番戶口眾多，應將淡水、彰化、諸羅一廳二縣所
　　　屬番社設立理番同知一員，凡有民番交涉，悉歸該同知
　　　管理，……其衙署，現有彰化縣淡水同知舊署，毋庸另
　　　建，祇須頒給「臺灣府北路理番同知」關防。其南路臺
　　　灣、鳳山兩縣，社民甚少……請即以海防同知兼管，換
　　　給「臺灣府海防兼南路理番同知」關防[302]。

　　中央政府亦確認有此必要，乾隆三十二年(1767)，遂置衙門
專管臺灣北路番政；惟通事既無法盡行革除，當道乃極力以番通

299　〔高宗實錄〕，卷619「乾隆二十五年八月」，是月條引「閩浙總督楊廷璋
　　　奏」。
300　余文儀纂輯，〔續修臺灣府志〕，頁813，及見上註「清界章程」。
301　〔高宗實錄〕，卷766「乾隆三十一年八月辛亥條引閩浙總督蘇昌奏」。
302　〔高宗實錄〕，卷773「乾隆三十一年十一月甲午條引吏部等部議覆稿」。

事替代漢通事。

乾隆四十二年(1777)閩浙總督鐘音奏云：

> 臺灣……熟番分隸廳縣，另列番社，所有通事，緣番民同處年久、習知漢語，遞換番人充當，將漢通事盡行禁革，並無漢奸盤據滋擾，地方極為寧輯[303]。

此時北臺灣西部宜墾區多已拓墾完成，且溝洫縱橫，耕地多已水田化，民番雜居。若自康熙四十年(1701)始，至乾隆四十年(1775)止，已長達七十餘年。由於經濟、社會與政治情況之演變，已完成其時代使命之漢通事，自無其用武之地，而漸自其曾活躍一時之舞臺消失，乾隆中期以後，僅有熟識番情之漢人如張鳳華輩，漢人任北臺通事者則罕睹矣！

乾隆五十三年(1788)，福康安平定林爽文亂後，仿四川屯練之例，在臺設置番屯，原有少數漢人仍任「管理一社之事」之通事者，自然無法派充弁目，參與番屯事務[304]，漢人干涉番社事務的機會就更少了。

拾壹、結論

兩相異且不相涉之文化初接觸之時　，　必需若干兼識雙方風格、語言之人，代為溝通、傳達，此「通事」之所由興也。

荷蘭人遠渡重洋而來，處理異民族間之貿易、往來之經驗豐

303　〔高宗實錄〕，卷1027「乾隆四十二年二月條引閩摺總督鐘音奏」。
304　「軍機大臣會同兵部等部議奏福康安等奏請臺灣設置番屯事宜摺」（〔通臺奏遵案件〕冊，中央圖書館臺灣分館藏，抄本，無頁碼）。

富，故初至臺灣卽極力培育通譯人才。延平王國二十餘年，栖栖
遑遑而無暇及此。康熙廿三年(1684)旣入中國版圖後，仍承「通
事制度」之舊而無所更張，通事爲「官役」，乃就識番語、番俗
且略知書數、粗通文墨之人「僉充」，「管理一社之事」爲政府
徵餉給役，並維持地方安寧，然當局並無培養、約束之法。其始
也，番眾不解漢語，通事亦必僉漢人充之乃能得長官信任；惟通
事不由有司「派任」，蓋派任者未必「識番情、解番語」，亦未
必爲番眾所接納也。故通事必以能兼顧官府與番社利益，爲有司
與番民間之橋樑者爲上。如賴科之輩，購社、領番，招撫山後爲
官府所重，而名噪一時。

　　康熙四十年（1701）以後，今臺南境內諸番社，多能自舉通
事，虎尾以南亦漸爲化番；惟虎尾溪以北仍須仰賴漢通事爲耳目
而寄之以權威。是時漢民之東渡拓墾者日眾，往北臺拓墾者亦漸
多，康熙五、六十年（1703-1721）之頃， 竟成「爭趨若鶩」之
勢，通事因緣際會，遂扮演「拓墾者」，「招墾者」──地主，
「中人」──媒介者等與北臺之拓墾有密切關係之角色，不僅使
北臺土地和平轉移至漢移民手中，亦促使荒埔迅速田土化與水田
化；通事自身更奪其先聲，得以廣置產業，賴科等固然田園連庄
接里，爲番漢領袖。而林秀俊、張達京之流，不僅得番、漢民信
仰，且「房屋、田園到處散布」，竟得預縉紳之列，並欺矇有司
，牽制鎮、道，成爲一方勢豪。政府之原意乃利用通事之特殊才
能與良好關係來控制番社、駕馭番眾，維持地方安寧；迨及通事
坐大而難制，乃亟思以番通事替代漢通事，其時已近乾隆中葉，
北臺宜墾區亦開闢殆盡，且溝洫縱橫，水利大興矣！是以漢通事

堪稱已完成其時代使命而功成身退也。此後，宜蘭平原、埔里盆
地羣、桃竹苗淺山等地區之開發，漢通事大抵都發生了類似的功
能。

附記

　　漢移民始墾番地，當出之以和平方式且必藉漢通事之力者，
吾人於蛤仔難（今蘭陽平原）之拓墾史亦得一印證。

　　吳沙爲拓墾蘭陽平原劃時代之英雄，〔噶瑪蘭廳志〕謂其人：
「久住三貂嶺，以探伐販私，最悉社番情形。」乾隆五十二年
(1787)以後，「佔築土圍，踞烏石港爲頭城，衆番始驚怖，傾其
族以相抵拒，沙弟吳立死之。有許天送者，首以販私悉夷情，社
番推爲長者，吳沙得其言，知其不可以力制也，迺退保三貂」，
繼結好諸番，適番社患痘，出方施藥成活者衆始得番好感[305]。

　　嘉慶元年(1796)九月吳沙第二次入蘭，除「番割」（貿易於
番境者）許天送、朱合、洪掌外，另有「善番語者廿三人」偕
行[306]，故而進展較前順利。次年沙死，姪吳化代理其事，雖時有
爭鬭然亦不甚烈。四年（1799），番漢媾和，遂少侵擾。而嘉慶
四、五年(1799-1800)間，竟發生粵、泉械鬭，「泉人殺傷重，將
棄地走」，此後閩、粵，漳、泉械鬭接踵而至，其害遠甚於番者
多矣[307]！

---

[305]　陳淑均，〔噶瑪蘭廳志〕，卷7「雜識上‧紀人」（〔文獻叢刊〕，第160
　　　種，頁330）。
[306]　姚瑩，〔噶瑪蘭原始〕（前書紀文上所收，頁372）。
[307]　同上，頁372-373。

　　吳沙以力制番，故初次入蘭，無功而退。迨得許天送之言，先謀得番眾好感，再次入蘭，以善番語、識番情者偕行，乃順利拓墾。吳沙入墾蘭陽平原晚於賴科之入墾臺北平原達八十餘年，然其有藉於「通事」之便與許天送等「悉夷情、善番語」之人者則一也。

　　惟蘭蘭由於熟番之介入，番人之悉漢情、善漢語者取代漢人亦較爲迅速。

　　乾隆五十八年(1793)，北路理番同知僉潘亮慈繼潘明慈充岸裡等社總通事[308]，土目潘賢文爭任總通事不成[309]，乃糾番眾進墾罩蘭山內[310]，既聞漢人入蘭拓墾，亦率岸裡、阿里史、阿束、東螺、北投、大甲、吞霄、馬賽等社熟番千餘人於嘉慶九年(1804)入蘭，墾五圍、羅東一帶[311]。

　　噶瑪蘭諸社見熟番在潘賢文率領下聲勢頗盛，乃於嘉慶十五年(1810)春，乘閩浙總督方維甸至臺查辦漳、泉械鬥之便，請照熟番之例，設立通事。 據方維甸 「奏請噶瑪蘭收入版圖」一摺載：

　　　臣行次艋舺，卽有噶瑪蘭生番頭目包阿里等……呈送戶

308　乾隆五十八年三月「北路理番分府朱為遵單僉舉乞准驗充通事諭示」（〔中縣文獻〕①所收晚諭公文之十五，頁11）。

309　嘉慶二年十二月「岸裡等九社訴訟和解和約」（前書所收「開墾紛爭訴訟文書之七」，頁121)

310　嘉慶三年五月「北路理番分府吉為員喁擾害乞示封收等事諭示」（前書所收晚諭公文之十八，頁13）。又，前書所收開墾紀錄，契據之第十七件卽「蘇薯舊社屯番潘賢文」所立罩蘭莊界外埔地溪州之「招佃開墾埔字」（頁59）。

311　楊廷理，「議開臺灣被山噶瑪蘭卽蛤仔難節略」（原註：嘉慶十八年癸酉孟秋）。〔噶瑪蘭廳志〕，卷7，「雜識紀文」上所收，頁373。

口清冊……請即收入版圖，並以熟番潘賢文等侵佔伊

地，請照熟番之例，設立通事，以免欺凌[312]。

　　政府自亦樂於以通事土目約束番黎，前臺灣知府楊廷理經理

其事，乃爲各社設通事、土目[313]。

　　然就漢人而言，若不得爲番眾所信任之人爲之傳譯，亦無法

向番人取得土地。嘉慶十七年(1812)三月，漢人邱德賢與漢人吳

國珍二人所立的一份埤圳股分「合約字」，亦稍微透露漢人與番

人交涉之難，其略云：

　　　東勢潭籍結首陳音……等立約，公請邱德賢出首備銀，

　　　購買番界番田以爲圳道……但番愚頑，不通漢語，反覆

　　　無常，雖有金、銀，難以向其交關。是以懇托社丁加六

　　　睛茅仔向番言語，買番田界，方有準憑[314]。

　　漢人雖富貲財，面對語言隔閡之番人，亦束手無策；番人「

反覆無常」者，畏懼吃虧上當，遭漢人詐欺也。是以漢人必藉番

眾信任之社丁爲媒介、見證，「方有準憑」，番人亦以社丁爲可

信。此例可略窺北臺拓墾初期漢通事與番眾、漢移民之關係，適

足以說明通事乃因應時勢之產物，不拘一時一地也。

　　筆者以悉番情、善番語之人，使蘭陽平原拓墾工作進展順

利，而番社爲求自保亦籲請設立通事，政府更樂於以通事約束番

312　同上，紀文上首篇，頁332。

313　柯培元，〔噶瑪蘭志略〕，卷13「藝文志・首篇」，「雙銜會奏稿・設立通
　　　事土目約束番黎」條。（〔文獻叢刊〕第92種，頁148）

314　〔臨時臺灣舊慣調查會第一部調查第三回報告書〕：〔臺灣私法第一卷附錄
　　　參考書〕，下卷第一編第三章第八節「埤圳」之第廿六例，頁53-54。

黎，皆足以反映通事在新墾區所扮演之角色及其重要性，故略贅
數語於文末以見其一斑，詳述其史實則有待於他日。

——本文原刊〔臺北文獻〕直字59-60期（民國71年8月出版）

新莊巡檢之設置及其職權與功能

—— 清代分守巡檢之一個案研究

壹、導論

貳、八里坌巡檢設置前的北臺形勢

叁、八里坌巡檢的設置與新莊巡檢的確立

　　一、議設八里坌巡檢的經過

　　二、八里坌巡檢的設置、遷移與新莊巡檢的確立、新莊縣丞的改設

肆、新莊巡檢與淡水同知的關係

　　一、新莊巡檢與管轄上司統屬關係的演變

　　二、新莊巡檢與淡水同知轄區、職權的分劃

伍、新莊巡檢的職權與功能

　　一、新莊巡檢的海防任務

　　二、輯和民番關係

　　三、維持地方治安

　　四、新莊巡檢的特殊職責與差遣

　　　五、新莊巡檢的社會功能

　　陸、結論

　　附錄：新莊（八里坌）巡檢表

壹、導論

　　　　〔宋史〕「職官志·巡檢司」條載：

　　　　巡檢司：有沿邊溪峒都巡檢或蕃漢都巡檢，或數州數縣

　　　　管界或一州一縣。巡檢掌訓治甲兵、巡邏州邑、擒捕盜

　　　　賊事，又有刀魚船戰棹巡檢，江河淮海置捉賊巡檢，及

　　　　巡馬、遞鋪、巡河、巡捉私茶鹽等，各視其名以修舉職

　　　　業，皆掌巡邏幾察之事。

　　　　中興以後，分置都巡檢使、都巡檢、巡檢州縣。巡檢

　　　　掌土軍、禁軍招填、教習之政令以巡防扦禦盜賊，凡沿

　　　　江、沿海招集水軍、控扼要害及地分濶遠處皆置巡檢一

　　　　員往來接連。合相應接處則置都巡檢以總之，皆以材武

　　　　大小使臣充，各隨所在聽州縣守令節制，本砦事並申取

　　　　州縣指揮。若海南瓊管及歸峽荆門等處，跨連數郡，控

　　　　制溪峒，又置水控都巡檢使或三州都巡檢使以增重之[1]。

　　根據這項記載，我們知道宋代的「巡檢」是邊陲或要害地區

「掌巡邏幾察之事」的。因應不同的需要有不同的名目，「各視

其名以修舉職業」，巡邏所及，或一州一縣或數州數縣。南渡之

後依其轄區與職責分為都巡檢使、都巡檢、巡檢三級。「巡檢」

　　1　〔宋史〕（商務百衲本），卷120「職官」，頁32 b–33 a。

各隨所在「聽州縣節制」，不歸都督府樞密院統制，因此，巡檢乃文員，不屬於軍職，轄下的甲兵差役也不是正規軍，是地方的警備隊。

宋代「巡檢」銓選之法據〔宋史〕•「選舉志」引吏部選格云：

> （元豐五年）令吏部始立定選格……如選巡檢捕盜官則必因武舉、武學或緣舉薦或從獻策得出身之人[2]。

「巡檢」一職始於何時今已難考，或云：「巡檢官之名始自唐初，其時以李靖等十三人爲巡簡黜陟大使，事如今日之督撫大憲。嗣後，宋亦有都巡檢之職。至元、明巡檢爲吏員。」[3]巡檢不僅元、明爲吏員，宋時亦然。始於巡簡黜陟使之說疑非，就其職名之雜，地位之卑且多置於邊陲、要害之地視之，筆者以爲其職或源自唐末藩鎮或五代十國間彼此備禦防閑之時。惟檢索諸史而未得，是以鏡考其源始，當俟諸他日。

元時巡檢，初爲流外職，〔元史〕「選舉志•銓法」載：

> 巡檢流外職……（至元）二十年議：巡檢六十月隆從九品[4]。

〔明史〕「職官志」巡檢司云：

> 巡檢司：巡檢、副巡檢（原注：俱從九品）主緝捕盜賊、盤詰奸僞。凡在外各府州縣關津要害處俱設，俾率徭役弓兵警備不虞……尋改爲雜職[5]。

---

2 〔宋史〕，卷111「選舉四•銓法」上，頁15b。
3 胡建偉，〔澎湖紀略〕，卷3「官師紀•巡檢條」（臺灣銀行經濟研究室編，〔臺灣文獻叢刊〕，第109種，頁71）。
4 〔元史〕，卷82「選舉二•銓法上」頁6a。
5 〔明史〕，卷75「職官」，頁4、頁22b。

惟據〔萬曆會典〕，從九品項下有「巡檢司巡檢」卻無副巡檢之目[6]。

清代巡檢的地位與元、明相類。〔大清會典事例〕卷十八，從九品項下有「巡檢：由吏員除」[7]的記載。另有「土司副巡檢」、「由土人承襲」[8]（不屬於「流官」之目，本文不擬探討）。由於巡檢「因事設立」，是以「無定員」[9]。

「巡檢」職小位卑且因事而設，是以今存的史料極少，方志中偶及之，不甚為學者所矚目，中外之著述亦罕及[10]。

筆者前撰「湯和與明初東南海防」一稿，考得湯和籌劃東南沿海防務時，在兩浙沿海築五十九城，其中二十二城為巡檢司城；周德興在福建築一十六城，又「增巡檢司四十有五」[11]，其比重若此，故筆者於「巡檢」一職頗為留意。昨歲經始〔新莊志〕撰述事，又見北臺地區自雍正九年（1731）置八里坌巡檢、尋改新莊巡檢，至乾隆五十四年（1789）改置新莊縣丞，一甲子之間，「巡檢」始終是北臺地方行政長官。「巡檢」雖為從九品之「雜職」，其職權也僅設定為「稽查地方」，較諸同時設置之竹塹巡

6　〔大明會典〕，卷10，「吏部九·資格門·從九品條」（東南書報社影印萬曆刊本），頁18a。

7　〔大清會典〕「事例」，卷18「吏部·官制·原定滿漢官員品級從九品條〉（啟文出版社影印光緒刊本），頁29a。

8　同上，頁29b。

9　〔大清會典〕「事例」，卷26「吏部·官制門·各省知府等官條」，頁10a-11a。

10　據筆者涉獵所及言及巡檢者：Charles O. Hucker, "Governmental Organization of the Ming" 譯巡檢為 "Police Offices"，見 Studies of Governmental Institutions in Chinese History, ed. by John L. Bishop（臺北虹橋書店影印本，民國60年12月），p. 104.

11　參見拙著「湯和與明初東南海防」（〔國立編譯館館刊〕，第6卷第1期，頁124）。

檢「稽查地方兼司獄務」[12] 似為減損，然而，由於新莊巡檢司與正印官不同城，是「分轄衙門」，「巡檢」遂有「分守」之責，其「稽查」權涉及行政權、保安權甚至司法權。加以「巡檢」有意或無意地運用其影響力，對於北臺社會、經濟的發展，也發揮了一定程度的功能。

基於以上的認識，筆者認為分守「巡檢」在近代地方制度中，有特殊的意義。本文即以「新莊巡檢」為中心，探討巡檢設置的條件、過程以及巡檢的職責與功能；希望在制度的沿革之外，也嘗試說明它實際運用的情形。

貳、八里坌巡檢設置前的北臺形勢

清領之初，臺灣僅設一府，下轄臺灣、鳳山、諸羅三縣；臺灣縣附郭，南置鳳山，北列諸羅。據康熙四十年（1701）周元文主持重修的〔臺灣府志〕「封域志」載：臺灣縣轄十五里、四坊，南北延袤五十里。鳳山縣轄七里、二莊、十二社、一鎮、一保，南北延袤四百九十五里。諸羅縣轄四里、三十四社，南至新港溪、北至雞籠城，南北延袤二千三百一十五里[13]。依當時人的看法，諸羅一縣管轄著全臺五分之四的土地，最為遼闊。康熙六十年（1721）隨兄渡臺平亂的奇士藍鼎元有詩云：

---

12 劉良璧，〔重修福建臺灣府志〕，卷13「職官‧文職」〔臺灣銀行經濟研究室，〔臺灣文獻叢刊〕，第74種〕，頁348。

13 周元文，〔重修臺灣府志〕，卷7「封域志」〔〔臺灣文獻叢刊〕，第66種〕頁6-8。

諸羅千里縣，內地一省同[14]。

雖然是藍氏爲了鼓吹「劃界分縣」而興起的雄誇之辭，卻能表現當時人對於「設官分治」要求之迫切。

由於鄭氏領臺時期的農業人口稀少，又受到荷蘭人與大陸形勢變化的牽制，其耕地大抵止於今臺南境內之長治、永康等二十四里，雖然也曾北向虎尾溪、南向鳳山方面墾殖，惟其成效不彰[15]。因此，直到高拱乾、周元文修志時，鳳山縣仍止於七里二莊，諸羅也止有四里，其他的地方都是番社，縱使府城裏也充滿了番人。康熙三十四年（1695）高拱乾始修〔臺灣府志〕，曾錄下他自製的「東寧十詠」，其中便有「樓船將帥懸金印，郡縣官僚闢草堂；使者莫嫌風土惡，番兒到處繞車旁」的詩句[16]。

康熙三十六年（1697），郁永河東渡探硫，在臺灣縣逗留了兩個月，他的遊記〔裨海紀遊〕載：

　　臺灣縣卽府治……鎮、道、府、廳暨諸、鳳兩縣衙署、

　　學宮、市廛及內地寄籍民居多隸焉[17]。

幾乎所有的衙門都在府城中，尤其是諸羅、鳳山兩縣，「各有疆域，舍己邑不居，而寄居郡治臺邑之地，若僑寓然」[18]。郁永河一再表示對於這種「僑寓寄居」狀態的不滿，可是，直到康熙

14　范咸，〔重修臺灣府志〕，卷 24「藝文志」（〔臺灣文獻叢刊〕，第 105
　　種），頁761。

15　參見拙著「臺北平原拓墾史研究 (1697-1772)」第三章與第五章第一節（〔
　　臺北文獻〕，直字第53-54期合刊）。

16　高拱乾，〔臺灣府志〕，卷10「藝文志」（〔臺灣文獻叢刊〕，第65種），
　　頁277。

17　郁永河，〔裨海紀遊〕（方豪校勘，〔文獻叢刊〕，第44種），頁11。

18　同上，頁30。

四十九年(1710)臺厦道陳瑸抵臺，諸、鳳二邑「仍寄寓如故」，
「徒有分土設縣之名而無其實」，所以他嚴行申飭兩縣「歸縣署
以馭番眾」[19]。

　　兵備方面的情況也一樣。當時臺灣有水陸十營，多布防於今
臺南境內。水師最北的是「分防鹿仔港汛」，只有「千把一員，
步戰守兵五十五名，戰船一隻」[20]。雖然「上淡水」有「墩臺」
一所，郁永河親履其地，發現「汛守之設，特虛名耳」[21]。陸營
最北的是「分防半線汛」，只有「千把一員，步戰守兵一百七十
名」[22]，陳瑸北巡時又發覺最北一塘「僅止大肚社止」（今彰化、
臺中兩縣接壤處）[23]。

　　綜前所述，我們可以知道在康熙五十年（1711）以前的治民
守土官仍滯留於府城、臺灣縣，水陸軍的守備前哨，也僅止於今
彰化縣境。造成這種現象的主要原因，一則由於主事之人缺乏積
極進取的精神；另一方面，無疑的是反映開闢之初人口稀少且集
中於臺灣縣的實情。第一任臺灣鎮掛印總兵楊文魁，在康熙二十
六年（1687）任滿升轉的時候，曾「就開拓臺疆及余承乏出鎮斯
土始末」勒一「臺海紀略碑」，碑文云：

　　靡蕪極目，藉人耕種始無曠土；奈阻於洪濤，招徠不易[24]。

　　康熙三十六年（1697），郁永河由官道北上，佳里興以北都

19　陳瑸，「條陳經理海疆北路事宜」，〔陳清端公文選〕（〔臺灣文獻叢刊〕，
　　第116種），頁17。
20　高拱乾，〔臺灣府志〕，卷4「武備志・水陸營制」，73頁。
21　郁永河，〔裨海紀遊〕，頁29。
22　高拱乾，〔臺灣府志〕，頁71。
23　陳瑸，「條陳經理海疆北路事宜」，〔陳清端公文選〕，頁17。
24　高拱乾，〔臺灣府志〕，卷10「藝文志」頁，267。

是平埔族的部落，罕睹漢人足跡，郁氏自謂：「已絕蠻貊，蹈非人之境。」[25]

　　前述「招徠不易」的景況，到了康熙五十年（1711）前後，卻產生了極大的變化。

　　康熙五十四年（1715）底，剛由臺厦道陞任偏沅巡撫的陳璸進京陛見，有一段關於「淡水地方」的君臣問答，紀錄在陳璸所上的「謝恩摺」中：

　　問：淡水地方何如？

　　奏：南路鳳山縣地方有上淡水、下淡水，一日可到；北
　　　　路諸羅縣地方有雞籠、淡水，十數日方可到。舊時
　　　　淡水地方都到不得，有瘴氣，此時水土都好了，臣
　　　　都到過[26]。

　　撰述〔諸羅縣志〕曾遍歷北臺的奇士陳夢林也說：

　　今半縣以至淡水，水泉沃衍，諸港四達，猶玉之在璞
　　也，流移開墾，舟楫往來，亦旣知其爲玉矣。乃狃目前
　　之便安，不規久遠之至計，增置縣邑防戌，委千里之邊
　　境於一營……一知縣、典史、巡檢之耳目，使山海之
　　險，弛而無備，將必俟羊亡而始補牢乎[27]？

　　康熙六十年隨兄到臺平亂的藍鼎元在「覆制軍臺疆經理書」中則謂：

25　郁永河，〔裨海紀遊〕，頁40。並參見拙著「臺北平原拓墾史研究」，第四
　　章第一節的分析。
26　丁宗洛，〔陳清端公年譜〕（〔臺灣文獻叢刊〕，第207種），「康熙五十
　　四年十二月條」引，頁85-86。
27　周鍾瑄，〔諸羅縣志〕，卷7「兵防志」（〔臺灣文獻叢刊〕，第141種），
　　頁114。

曩者，諸羅令周鍾瑄有清革流民以大甲溪爲界之請，鳳
山令宋永清有議棄郎嬌之詳；今北至淡水、鷄籠，南盡
沙馬磯頭，皆欣然樂郊，爭趨若鶩，雖欲限之，惡得而
限之[28]？

「玉之在璞也」，陳夢林以玉喻北臺之腴之美，以璞之待治
喻北臺之有待設官分職。藍鼎元則以「爭趨若鶩」來形容梯山航
海，競赴樂土的拓墾者。陳璸以「有瘴氣」喻蠻荒未闢，以「此
時水土都好了」喻移民聚集、疆土大開。

這股移民潮和蓬勃的拓墾運動是如何形成的呢？論者每謂移
民來臺者，多由於閩、粵山多田少，人口壓力大以及時生的糧荒
驅使他們往海外謀生，這類訴諸生理本能的說辭，只能說明生物
層面的本能行爲，不足以說明臺灣的移民潮和拓墾運動。

人口學家陳紹馨讀了藍鼎元的「覆制軍臺疆經理書」之後，
曾興起以下一段自問自答，他說：

爲何在短短期間內，突如其來發生此種人口激增？我
們要認清此時大陸上，尤其是福建人口激增的現象，
因而了解到在臺灣所發生的情形，是此一主流之派生現
象[29]。

陳氏合理的重視了藍鼎元等所描繪的現象，可是他的解釋卻
與他在同文中的其他敍述不合。陳氏根據何炳棣的〔中國人口研

---

[28]　藍鼎元，〔東征集〕，卷2「覆制軍臺疆經理書」（〔文獻叢刊〕，第12
種），頁34。周鍾瑄事見〔諸羅縣志〕「兵防志」總論。宋永清事見兵防
志·陸路防汛〕。
[29]　陳紹馨，「臺灣人口史的幾個問題」，〔臺灣的人口變遷與社會變遷〕（聯
經出版，〔臺灣研究叢刊〕），頁14。

究〕(Ping-ti Ho: *Studies on the Population of China* 1368-
1953, Harvard University Press, 1959) 一書的資料作分析，認
為明萬曆三十年代到康熙四十年代 (1600-1700) 一百年間，中
國的人口並沒有增加。因此陳氏在同一篇文章中又有如下的推
論：

> 明朝自嘉靖年間天下就漸漸不寧……崇禎元年(1628)李
> 自成、獻張忠流寇四起，跟著清兵入關(1644)，在一兩
> 年間將動亂帶到南京以及福建。在此情形下，自 1600
> 年至 1700 年之一百年間，人口不增加，也是自然的趨
> 勢。

他又說：

> 1681年平定三藩之亂，1683年平定臺灣。自此以後至乾
> 隆末年之一百年間，天下太平——這是人口增加的前提
> 條件[30]。

1700年是康熙三十九年，很顯然的，康熙中期和末期，由於
大亂方止，有待休養生息，中國大陸還沒有「人口激增現象」。
而經歷戰亂最多、時間最長、受害最大的閩、粵二省自無產生「
人口激增」的壓力，迫使人民東渡拓墾求生的可能。因此以人口
壓力作為解釋移民東渡的原因，至少在人口壓力尚未形成的康熙
年間是不適用的。

既然人口壓力不足以造成臺灣的移民潮與蓬勃的拓墾運動，
那麼，其原動力何在呢？

---

[30]　同上，頁12。

　　筆者在「臺北平原拓墾史研究（1697-1772）」一文中，說明
了求生的本能之外，宜墾區的廣潤、地方官的招徠、鼓勵、拓墾
者的理想主義、士族的領導、通事的配合等都是臺北拓墾運動蓬
勃發展的基本條件。此外，筆者在該文中指出下列兩項因素有更
積極的意義：

　　其一：康熙四十九年（1710）洋盜鄭盡心自遼海南竄，據說
他們可能是以淡水為巢穴。北臺的治安，因而引起中央政府的注
意，臺厦道陳璸遂「調佳里興分防千總移駐淡水，增設大甲溪至
淡水八里坌七塘」。經制兵駐防北臺，移民的安全較有保障，拓
墾者遂「爭趨若鶩」。

　　其二：拓墾事業的企業化，誘使有力者樂於投資、參與。筆
者檢閱了大量的原始文件，包括當時各墾號的合同、契據、書狀
以及私家檔案等，史料顯示拓墾者的土地私有權不但受到律令和
政府的保護，也受到社會的尊重。拓墾者請墾、集股、籌資、備
器、招農以及收穫的分配等，都以「契字」詳細的規定，由於投
資者與參與者有利可圖，故而能以美玉之質，吸引大量拓墾者東
渡或北上。尤其是通行的墾號制度、大小租和水租制度，都能吸
引有力者的投資與參與[31]。

　　拓墾初期北臺的治安與社會秩序如何維持呢？拓墾者與官治
組織的關係又如何呢？

　　茲節錄康熙四十八年（1709）七月署諸羅縣事宋永清給陳賴
章墾號「發淡水社大佳臘地方張掛」告示的部分內容來說明當時

---

[31]　本節敘述參見拙著「臺北平原拓墾史研究（1697-1772）」。

的情形：

> 臺灣府鳳山縣正堂紀錄八次署諸羅縣事宋，爲墾給單示
> 以便墾荒裕課事，據陳賴章稟稱：竊照，臺灣荒地現奉
> 憲行勸墾，章查上淡水大佳臘地方有荒埔壹所……四至
> 竝無妨礙民番地界，現在招佃開墾，合情稟叩金批給單
> 示，以便報墾陞科等情，業經批行查票，著該社社商、
> 通事、土官查勘確覆去後，竝據社商楊永祚、夥長許
> 聰、林周、土官尾秩斗謹等覆稱……據此，合給單示付
> 墾，爲此示給墾戶陳賴章，卽便招佃前往……[32]。

此一文件顯示請墾過程以及告示下達的流程如下：

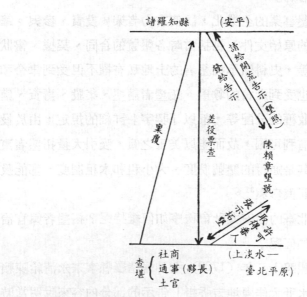

32　〔臺灣慣習記事〕，第 2 卷第 2 號，「臺北地方開墾に關する古文書」，
頁35。

在臺灣縣（臺南）的諸羅知縣以「票」或「單」等公文，交由差役與淡水地方的社商、通事、夥長、土官聯繫。此外並無鄉保、族正或總理、董事等漢人的鄉治組織職員名目，顯然此時漢族移民社會尚在形成階段。所謂：「自半線北盡鷄籠城皆番部。」是也[33]。番漢雜居的北臺仍是以社商、通事爲首的「番政」時代。

郁永河曾紀錄了康熙三十六年（1697）時的「番政」，略謂：「曩鄭氏於諸番徭役頗重，我朝因之……仍沿包社之法，郡縣有財力者，認辦社課，名曰社商，社商又委通事、夥長輩，使居社中，凡番人一粒一毫皆有籍稽。」[34]〔諸羅雜識〕亦謂：「凡番之所有與番之所需皆出於商人之手；此外，無敢買亦無敢賣。」[35] 阮蔡文咏「淡水」詩亦云：「通事作頭家，土官聽役使。」[36]據此，則社商、通事除了代政府徵稅，作官方與番社之間的橋樑、監督番社之外，亦擔負了番社供需的責任，掌握了營利的特權。

周鍾瑄於康熙五十四年（1715）任諸羅知縣，由於職務上的觀察、體驗，他發現麻豆等社「番漢錯居，向皆自舉通事，每年祇予以辛勞（筆者註：酬勞之古代俚語）……爲登記出納完欠之數而均其差役，應徵額餉，番自輸官」。但是，西螺以北則不然，

唯是西螺以上，北抵淡水，去治日遠，番頑蠢益甚；又

33　周元文，〔重修臺灣府志〕，卷4「武備志‧總論」，頁152。
34　郁永河，〔裨海紀遊〕（〔臺灣文獻叢刊〕，第44種），頁36。
35　黃叔璥，〔臺海使槎錄〕（〔臺灣文獻叢刊〕，第4種），卷8「番俗雜記‧社餉條」引，頁164。
36　〔諸羅縣志〕，卷11「藝文志」，頁269。

性多猜忌……傳譯非通事不能，輸納非事通不辦；甚而
終歲衣食、田器、斧鑕、周身布縷，非通事爲之經營預
墊亦莫知所措，故西螺以北番社之有藉於通事……亦勢
使然也[37]。

周鍾瑄的紀錄，足以說明拓墾初期「通事」在北所臺扮演的
角色。周鍾瑄有意降低社商、通事的影響力，於是「革去社商，
各社止留通事一人」[38]，又「勒諸石而與通事約：除辛勞之外，
一切科索悉行禁止」[39]，局部調整了「番政」結構。繼陳璸爲臺
厦道的梁文科於康熙五十七年 (1718) 巡行淡水更「詳革通事名
色」，〔諸羅縣志〕「番俗志」附載其事云：

丁酉間，觀察梁公行縣至淡水，並詳革通事名色，其司
社餉、差徭之數者曰書記，嚴立條約而諸番剝膚之痛益
以蘇矣[40]。

梁文科「革通事名色」，其事僅止於公文，載於方志，對於
淡北情勢並無實質影響。但是，「爭趨若鶩」的移民卻使淡北社
會結構產生了鉅變。

雍正五年 (1727) 二月初八日，彰化縣知縣張縞給貢生楊道
弘的墾單載：

特簡州正堂管彰化縣正堂張，爲請墾荒埔，以裕國課
事，據貢生楊道弘具稟前來，……弘查興直埔有荒地一

37　同上，卷6「賦役志·雜稅門·附考」，頁103。
38　同上，卷8「風俗志·番俗門」，頁168。
39　同上，卷6「賦役志·雜稅門·附考」，頁103。
40　同上，卷8「風俗志·番俗門」，頁168。

所……旣與番民無礙，又無請墾在先……據此，飭行鄉
保、通事查明取結外，合就給墾，爲此單給貢生楊道弘
……[41]。

筆者將此墾單所顯示的流程圖示如下：

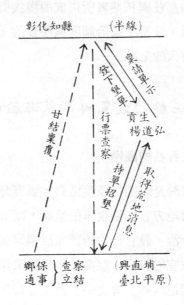

彰化知縣張縞未經票查得覆卽發給墾單，其程序與前引告示
不同。至於其確否票查取結，亦無從自此單文字中查考。

楊道弘請墾時，新莊平原上「勢高而近溪澗淡水」之處皆已
墾成良田，楊氏墾區在臺北大湖畔，與林天成墾號爲鄰，因競墾

---

41 臨時臺灣舊慣調查會，〔第一部調查第三回報告書〕，〔臺灣私法附錄參考
    書〕，第一卷上第二章第一節第二款第一段，田園の業主權第三十二例「雍
    正五年彰化縣下付の墾單」，頁231。

而互控[42]，雍正八年（1730）九月楊道弘取得武勝灣社土官以及
諸番的「贌耕合約」之後，才取得正式拓墾權[43]。 張縞要行票飭
由「鄉保、通事」查明並立甘結，顯示漢族鄉治組織已爲官方所
確認，且誌於官方文書之上，鄉保的地位也高於通事，足證散布
於臺北平原上的墾莊與拓墾者所構成的漢族農民社會，已然建立
了地方自治組織，確定了鄉治制度與往昔的「番政制度」並存，
只待「官治」時代的來臨。

叁、八里坌巡檢的設置與新莊巡檢的確立

一、議設八里坌巡檢的經過

　　移民拓墾臺灣是民間的經濟活動，設官分治則必須由政府經
理其事。通常由地方官衡量政事的繁雜、轄區的遼闊與否，決定
是否請求設官分治，設官分治的請求經過巡撫總督之手而達於中
央。因此，地方官的眼光、態度與中央的決策是有同等的意義。
楊文魁在「臺灣紀略碑」碑文中曾說：「如鷄籠淡水，廼臺郡北
隅要區，緣寫隔郡治千有餘里……兼之其地有番無民，虞輓運之
維艱，自闢土迄今，尚乏定議也。」[44] 可見北臺添兵分治與否在
領臺之初便引起相當爭議。

---

[42]　參見拙著「臺北平原拓墾史研究」，第六章第一節，頁85，與第二節，頁
　　　106。
[43]　〔清代臺灣大租調查書〕，第一册，頁5-6，錄其合約全文。
[44]　高拱乾，〔臺灣府志〕，卷10「藝文志」收「楊文魁臺灣紀略碑文」（〔臺
　　　灣叢書〕，第一輯〔臺灣方志彙編本〕），頁258-259。

　　康熙三十一年（1692）高拱乾任臺廈道，他主修的〔臺灣府志〕「規制志」論阨塞云：「開拓之初，當事者有北路添兵之舉，以通北方海道之詳議也。」[45] 但是，直到康熙四十九年臺廈道陳璸北上淡水搜捕海盜鄭盡心，才「調佳里興分防千總移駐淡水，增設大甲溪至淡水八里坌七塘」[46]，雖然兵力薄弱，卻是經制兵駐防北臺之始，「自後遂以爲常，而業戶開墾，往來漸眾」[47]，設防的動機是防止淡水成爲海盜的淵藪，但是兵防的保障卻吸引了更多的拓墾者「爭趨若鶩」。

　　康熙五十五年（1716），應周鍾瑄之聘，撰修〔諸羅縣志〕而遍遊臺北的陳夢林，目睹陳璸所設「淡水一汛於今五年，視向戌之日亦大有間矣」[48]之後，在〔諸羅縣志〕「兵防志」中不但敘述了移民拓墾的趨勢，設官添兵的必要；也首先詳載了當時的爭議，並提出分縣設巡檢的建議，他說：

> 當設縣之始……流移開墾之眾，極遠不過斗六門，……
> 自四十九年，洋盜陳明隆稱其渠鄭盡心潛伏於……於是
> 設淡水分防千總，增大甲以上七塘；蓋數年間而流移開
> 墾之眾，又漸過半線大肚溪以北矣。此後流移日多……
> 而大甲以上官兵，初至不習水土……此知縣周鍾瑄所以
> 有清革流民以大甲溪爲界之請，前北路參將阮蔡文又有
> 淡水一汛七塘官兵應咨部撤回之議也[49]。

45　同上，卷2「規制志·阨塞門」，頁53。
46　〔諸羅縣志〕，卷7「兵防志·營制門·陸路防汛條」，頁116。
47　黃叔璥，〔臺海使槎錄〕，卷2「赤嵌筆談，武備條」，頁32。
48　〔諸羅縣志〕「兵防志總論」，頁113。
49　同上，頁110。

他又錄下二則主張設縣、分兵者的意見，前者認爲當「昭無爲之化，弘經國之謨」；後者認爲大甲以北各小港有「本郡商賈舟楫往來」，「而淡水一港則閩省內地商船及江、浙之船皆至焉」，「姦民趨利如鶩，雖欲限之，安得一一而限之？」，而以「天下寧有七百里險阻藏奸之地，無縣邑、無官兵而人不爲惡、爲頑、爲盜者乎？」主張分兵設縣[50]。

陳夢林也是主張分兵設縣的，他說：

> 狃目前之便安，不規久遠之至計增置縣邑防戍，委千里之邊境於一營九百四十之官兵；一知縣、典史、巡檢之耳目，使山海之險、弛而無備，將必俟羊亡而始補牢乎[51]？

他主張「割半線以上別爲一縣，聽民開墾自如」，「又於半線別置一營與北路營汛聯絡，鎮以額兵一千，分守備五百人，設巡檢一員於淡水，分千把總於後壠、竹塹」[52]。正式提出了在淡北設置守備和巡檢的要求。

陳夢林之輩的看法與當時正在福建巡撫任上的陳璸的看法一致。康熙五十年（1711）五月，陳璸與閩浙總督覺羅滿保合疏奏請添設淡水營[53]。五十七年（1718）五月，正式核准「設立淡水營」，「移興化城守右營守備駐防淡水，於臺鎮標中營撥千總一員，臺協左營撥把總一員爲淡水營千、把，每半年輪流分防鷄

50　同上。
51　同上，頁114。
52　同上，頁112。
53　丁宗洛，「康熙五十五年五月條」，〔陳清端公年譜〕，頁94。

籠」[54]。陳璸並且推薦追隨他往淡水搜捕海盜鄭盡心的黃曾榮爲
第一任「守備」[55]。是年十月，陳璸死於福建巡撫官署[56]，分
縣、設巡檢的事也就擱置下來。康熙六十年(1721)，朱一貴之亂
突起，朝廷上下才更注意臺灣的設治分守問題，「必俟羊亡而始
補牢」，不幸竟爲陳夢林所言中，故而平定朱一貴之亂的主將藍
廷珍譽之云：「前此陳君修志諸羅，憂深慮遠，於臺事若預見其
未然者。」[57]

　　繼陳夢林之後「尤大聲疾呼，不啻舌敝穎禿」[58] 的是隨兄平
臺、任記室、軍師的藍鼎元。朱一貴方起之時，陳夢林正在總督
滿保幕中，藍廷珍征臺，滿保便命熟習臺情的陳夢林「參與戎
務」，藍廷珍在爲藍鼎元的〔東征集〕一書作序時說：「予焦心
勞思，與幕友陳君少林及予弟玉霖日夜籌謀。」又說：「玉霖議
於半線以上設縣添兵，與陳君少林修志時所見脗合。」[59]二藍與
陳夢林關係之密切於此可見。

　　康熙六十年（1721）十一月，藍鼎元在「覆制軍臺疆經理
書」中云：

54　〔大清聖祖仁皇帝實錄〕，卷 279「夏五月己未條」（臺北，臺灣華文書局
　　發行影印本）

55　范咸〔重修臺灣府志〕，卷12，頁 380，「黃曾榮傳」：「璸陞偏沅巡撫，
　　特疏薦榮，奉旨記名，旣而調撫福建巡撫，遂與總督滿保合疏，請添設淡水
　　營；以榮爲本營都司。相度營地，創蓋兵房，經理三月而竣。以積勞卒於
　　官。」淡水營初設無都司，卷10「武備志」二「官秩」（頁 334）亦誤。〔
　　淡水廳志，卷9「黃曾榮傳」（頁 8b）襲自范志亦誤；惟卷8「職官表」
　　二「武職」（頁39a）另列「原設淡水營守備」條，甚是，惟謂守備「康熙
　　五十年設在八里坌」，亦誤，康熙五十年所設者爲分防千總，非守備。

56　丁宗洛，〔陳清端公年譜〕「康熙五十七年十月初三日條」頁100。

57　藍廷珍，〔東征集〕序，〔東征集〕，頁４。

58　同上，頁５。

59　同上。

伏讀憲檄：添防之制，宜速議定，以便題覆。………
則移八里坌千總駐劄後壠……及添設文員諸事尚未舉行
……諸羅地方遼濶，鞭長不及，應劃虎尾溪以上另設一
縣，駐劄半線，管轄六、七百里。鹿仔港雖口岸扼要，
離半線僅十五里，不用再設巡檢，將巡檢設在八里坌，
兼顧雞籠山後……⁶⁰。

在〔平臺紀略〕中，總論全臺形勢云：

以愚管見，劃諸羅縣地而兩之……半線設治……淡水八
里坌設巡檢一員，佐半線縣令之所不及⁶¹。

他在「呈巡使黃玉圃先生」的「臺灣近咏十首」中，也有如
下的詩句：

諸羅千里縣，內地一省同，萬山倚天險，諸港大海通，
廣野渾無際，民番各喁喁，上呼下則應，往返彌月終，
不爲分縣理，其患將無窮，南劃虎尾溪，北踞大雞籠，
設令居半線，更添遊守戎……⁶²。

玉圃是首任「巡察臺灣御史」黃叔璥的別字。黃叔璥和另一
巡臺御史吳達禮共同奏請分縣治理⁶³，經過他們的努力，終於在

60　藍鼎元，「覆制軍臺疆經理書」，〔東征集〕卷3，頁35。
61　藍鼎元，「平臺紀略總論」（〔治臺必告錄〕），卷1〔鹿洲文集〕收——〔臺灣文獻叢刊〕，第17種），頁3。
62　范咸，〔重修臺灣府志，卷24「藝文志·詩之二」，頁761。（以下簡稱范志）
63　黃叔璥，〔臺海使槎錄〕，卷1「賦餉」（史語所藏乾隆元年刊本，頁1a）自註云：「余奏准半線分設彰化縣，尚在經理，故仍三縣之稱。」又〔淡水廳志〕，卷8「職官表·官制門」（中央圖書館臺灣分館藏同治十年刊本，頁1a）謂是乃雍正元年御史吳達禮奏設。實則二人同為第一任巡臺御史，共同奏設。

雍正元年（1723）八月報可，「定諸羅分設縣曰彰化」，「其淡
水係海岸要口，形勢遼闊，並增設捕盜同知一員」[64]。同知的品
秩比巡檢高得多，但是同知「稽查北路、兼督彰化捕務，仍附彰
化治」[65]，與彰化知縣同城而缺乏分守的功能。

　　藍鼎元在「紀竹塹埔」一文中嘗云：

　　即使半線設縣，距竹塹尚二百四十里，不二十年，此處
　　又將作縣，流移開墾，日增日眾之，再二十年，淡水八
　　里全又將作縣[66]。

　　實際的發展比藍鼎元所預計的更快，因此，雍正六年（1728）
五月，巡臺給事中赫碩色和御史夏之芳便奏請「添設官員，以密
防守」疏云：

　　彰化一縣，地方空闊……其地文官止同知、知縣、典史
　　各一員。知縣有刑名、錢穀之責，典史力微，不能遠
　　巡，止靠同知一員巡查七、八百里……臣等請於彰化之
　　東南沿山一帶，並彰化之西北沿海一路適中地方，添設
　　巡檢各一員，帶領民壯，專司巡緝……。

雍正命他們：「與該督、撫商酌具題請旨。」[67]

　　夏之芳等主張在要地增設巡檢，攝理臺灣知府沈起元卻認為
當「更設一縣」，他說：

　　大肚溪以北……必宜更設一縣也。議者欲於藍張興莊、

<hr>

64　〔世宗實錄〕卷10「雍正元年八月乙卯條」。
65　〔淡水廳志〕，卷8「職官表」，頁1a。
66　〔東征集〕，卷6，頁87。
67　〔雍正硃批諭旨〕，第六函第六冊（臺灣文源書局影本），雍正六年五月初
　　六日巡視臺灣吏科給事中赫碩色及御史夏之芳奏摺之硃批，頁5a。

鹿仔港、南嵌、奇武子社旁添設巡檢四員、少佐大員所

未及，其說未嘗不可；微員雖多，不足恃也[68]。

閩浙總督劉世明則認爲「彰化縣距大甲溪一百五、六十里，

溪北更爲遼遠；一切錢糧命盜等項悉令赴縣，殊屬不便」[69]，雍

正八年（1730）底上疏主張將淡水同知「移駐竹塹，上可控制後

壠以南，下可控制南嵌以北，並可管理大甲溪以北一切錢糧、訟

詞……於竹塹再添設巡檢一員，民壯二十名，兼司獄事務，統聽

該同知管轄」[70]，對於淡北地區則云：

> 干豆門內北港、內北投莊並南港武勝灣、搭搭等處，直
>
> 抵鷄籠、淡水，山海環錯，圍繞數百里。民番雜居，應
>
> 請八里坌大社添設巡檢一員，給民壯四十名，訓練調用
>
> [71]。

此外，在鹿仔港、 猫霧捒二處要地也添設巡檢。 雍正九年

（1731）二月十一日——核可施行，並且規定：

> 應於虎尾溪之北，令彰邑通事建設交易辦餉，所有新設
>
> 巡檢聽彰化縣管轄、同知兼轄[72]。

既然「割大甲溪以北並刑名、 錢穀」悉歸淡水同知管轄[73]，

---

68 賀長齡輯，〔皇朝經世文編〕，卷84〔兵政門〕收「臺灣知府沈起元：治臺
   灣私議」（臺北文海出版社，〔近代中國史料叢刊〕，第731種影印本）頁
   19b。

69 〔世宗實錄〕，卷103「雍正九年二月甲辰條」。

70 乾隆八年二月二十八日閩浙總督那揭帖引劉世明奏疏（〔明清史料〕，戊編
   第一本，頁60），又載：「大甲溪以北錢糧命盜等件，已於議覆孫國璽條奏
   案內歸併淡水同知管轄。」

71 同上。

72 同上，頁62。

73 劉良璧，〔重修福建臺灣府志〕，卷13「職官志・文職門」（〔文獻叢刊〕
   第74種，頁347）。（以下簡稱劉志）

則淡水同知已成「分守同知」，而八里坌、竹塹巡檢卻由「彰化縣管轄、同知兼轄」，當然是不合理的安排，遂由彰化知縣路以周議將二巡檢歸「淡水防廳崇轄」[74]。

八里坌巡檢的設置及其統屬關係都於雍正九年（1731）確定，北臺設官分治問題也塵埃落地，上距康熙五十五年陳夢林倡議設巡檢於淡北地區已十五年之久了。

二、八里坌巡檢的設置、遷移與新莊巡檢的確立、新莊縣丞的改設

八里坌巡檢司於雍正九年（1731）奉旨籌設，職責是「稽查地方」，次年書辦出身的魯浩就第一任巡檢職[75]，十一年（1733）建巡檢司衙於觀音山麓八里坌堡內[76]。

據乾隆六年（1741）劉良璧主修的〔重修福建府志〕所載，當時八里坌巡檢司的人員與經費如下：

> 八里坌巡檢俸銀一十九兩五錢二分，薪湊俸銀一十二兩。皂隸二名（每名工食銀六兩），共銀一十二兩（閏年加銀一兩，年勻給銀四錢）實給銀一十二兩四錢；弓

---

74 乾隆八年二月二十八日閩浙總督那揭帖引臺灣道劉良璧詳文轉引淡水防廳牒文引彰化知縣路以周議詳文（〔明清史料〕，戊編第一本，頁62）。路以周雍正八年任彰化知縣。

75 劉良璧，〔重修福建臺灣府志〕，「文職門・官制條」，頁348及「文職・職官表・八里坌巡檢條」，頁379。

76 余文儀，〔續修臺灣府志〕，卷2，「規制志・公署門」（〔臺灣文獻叢刊〕，第121種，頁67（以下簡稱余志）。又，〔淡水廳志〕，卷2「建置志」城地（臺灣銀行經濟研究室編印〔臺灣研究叢刊〕，第46種，頁44）謂：「八里坌城堡在觀音山西，週圍約里許……舊駐巡檢，今改，堡亦圮，僅存形迹。」

兵一十八名（每名工食銀一兩七錢六分六釐六毫六絲六
忽七微），共銀三十兩八錢（閏年加銀二兩六錢五分，
年勻給銀一兩零六分）實給銀三十二兩八錢六分；民壯
四名（每名工食銀六兩），共銀二十四兩（閏年加銀二
兩，年勻給銀八錢）實給銀二十四兩八錢[77]。

巡檢每年另有養廉銀四十兩[78]。原定民壯四十名，雍正十一
年（1733）福建總督郝玉麟爲了節省「工食銀」，革退三十六
名，是以僅餘四名[79]。

乾隆七年(1742)，朝廷命令各省檢討從前所添設的員缺是否
必需，以便裁汰。次年，閩浙總督那揭奏云：

> 淡水同知駐劄竹塹，尚理捕巡、兼司獄務。又添設八里
> 坌巡檢一員，稽查干豆門內北港、內投莊、南港、武勝
> 灣、搭搭等處，直抵鷄籠、淡水，環圍數百里，民番雜
> 處，巡防更須嚴密。以上添設縣丞、巡檢共計六員，並
> 非閒冗，無可裁汰[80]。

當時東移臺灣的拓墾者日多，北臺地區尤然，是以那揭的奏
稿中有「巡防更須嚴密」的說法，北臺設置巡檢的必要性也益形
明顯。

八里坌由於塘汛、守備和巡檢的設置而形成小街市，但是，
它位居淡水河口，依山面水，腹地狹小，加以游移不定的漂沙、

77　劉良璧，〔重修福建臺灣府志〕，卷8「戶役志‧存留經費門」，頁241。
78　范志，卷6「賦役志三‧養廉」，頁 240。
79　劉志，卷10「兵制志‧序論」，頁317。
80　乾隆八年七月三十日閩浙總督那揭帖（〔明清史料〕，戊編第一本），頁
　　68。

浮州，無法形成良港，小街市也無法維持而日漸淪爲村落；臺北
盆地中的康熙臺北湖，時人習稱「內港」者，在當時卻由於「港大
水深」[81]，而爲人所重視，〔重修福建臺灣府志〕「疆域志」載：

> 臺灣之可通大舟者……南路之打狗及東港，北路之上淡
>
> 水，凡三處；而惟上淡水可容多船[82]。

陳夢林嘗親履其地，他在〔諸羅縣志〕「封域志・淡水港」
條中說：「海口水程十里至干豆門，內有大澳……可泊大船數
百，商船到此載五穀、鹿脯貨物。內地商船間亦到此。」[83] 其實
淡水的社商、通事、拓墾者等，也集資造船，來往於北臺、南臺
與漳、泉之間。乾隆十年范咸主修的〔重修臺灣府志〕「規制
志・海防・附考」中紀錄了船隊經營的情形與發展的經過：

> 淡水舊設社船四隻，向例由淡水莊民僉擧殷實之人詳明
>
> 取結，赴內地漳、泉造船給照；在廈販買布帛烟茶、器
>
> 具等貨來淡發賣，即在淡買糴米粟回棹，接濟漳、泉民
>
> 食。雍正元年，增設社船六隻。乾隆八年，定社船十隻
>
> 外，不得再有增添。每年九月至十二月止，許其來淡一
>
> 次；回棹，聽其帶米出口。其餘月分，止令赴鹿耳門貿
>
> 易。九年，定臺道軍工所辦大料，由社船配運赴廈，再
>
> 配商船來臺交廠。自九月至十二月止，不限次數，聽其
>
> 往淡[84]。

81　〔諸羅縣志〕，卷12「雜記志・外紀」，頁288。
82　劉志，卷4「疆域・形勝門」引「理臺末議」，頁74。
83　〔諸羅縣志〕，卷1「封域志・山川門・淡水港條」，頁15。
84　范志，卷2「規制志・海防門・附考」，頁90。

　　由於潮流、地形等因素，新莊是當時臺北大湖畔停泊環境最
優良的口岸，因而成爲陳夢林筆下的「淡水一大都會」[85]。 新莊
日趨繁榮，而八里坌街日漸冷落，侷促於八里坌街的巡檢司無論
就居住環境或執行任務的方便起見，自然都以徙居新莊街爲宜。
乾隆九年（1744）始任巡檢的虞文桂以「八里坌水土頗劣」[86]，
亟思移駐新莊街，於是先行在新莊街尾捐設義學一所，乾隆十一
年(1746)，以「講堂稀少」爲名，「改爲衙署」，且由「生監具
呈在案」[87]。 乾隆十五年（1750），八里坌的巡檢司衙門因爲風
災而傾圮，八里坌巡檢司才正式「移駐新莊公館」[88]。 移駐新莊
街的八里坌巡檢，直到乾隆三十二年才奏請改稱「新莊巡檢」。
〔高宗實錄〕乾隆三十二年（1767）二月甲寅條載：

> 吏部議准閩浙總督蘇昌奏稱：臺灣府淡水同知所屬八里
> 坌，舊設巡檢一員；近來海口漲塞，無船隻往來，該員
> 兼轄之新莊地方，商賈輻輳，且北連艋舺、大加臘，民
> 番雜處，南距霄裡汛，大溪墘一帶，曠野平原，難免奸
> 匪藏聚，應將八里坌巡檢移駐新莊，並請改給淡水廳新
> 莊巡檢印信。從之[89]。

　　八里坌巡檢設置之初，由於書辦繕寫錯誤，致使吏部頒下的
印信，把鹿仔港巡檢刻成「淡水防廳鹿仔港巡檢司巡檢」、把八

85　〔諸羅縣志〕，卷12「雜記志・外紀」，頁288。
86　〔明志書院案底〕（中央圖書館臺灣分館藏抄本），引護理臺灣北路淡水同
　　知印務彰化知縣胡邦翰之詳文（第一册，頁5a）。
87　〔明志書院案底〕引臺灣府正堂余文儀核議文（第一册，頁10）。
88　余志，卷2「規制志・公署門」，頁67。
89　〔高宗實錄〕，卷779，乾隆三十二年二月甲寅條。

里坌巡檢刻成「彰化縣八里坌巡檢司巡檢」，知府范昌治認爲「八里坌、鹿仔港巡檢均有地方之責，管轄上司不便錯綜」，轉請閩浙總督那揭疏請換鑄[90]，因而蘇昌的奏疏特別將改給巡檢印信的事列入。

　　乾隆中期，臺北平原全域水田化運動已完成[91]，人口日益增加，「屢有設縣之議，因案關題達，未便輕率舉行」[92]，直到乾隆五十二年（1787）林爽文亂事熾盛之時，乾隆帝披閱藍鼎元所著〔東征集〕，讀至藍氏建議分縣增添巡檢一節，大爲感嘆，〔高宗實錄〕乾隆五十二年（1787）五月丙申條載：

　　　　朕披閱藍鼎元所著東征集……後從其說添彰化一縣，今
　　　　該處迄今又閱六十餘年，土地日闢，戶口日滋，酌量情
　　　　形，有須添設文武員弁以資控制撫馭之處……今閱藍鼎
　　　　元卽有此議，是臺灣增設官弁，實爲最要[93]。

　　次年五月「添設移駐文員營汛」，其中之一便是在「八里坌添設外委一員，兵三十名」[94]，次年，又改新莊巡檢爲新莊縣丞，〔高宗實錄〕乾隆五十四年九月庚寅條載：

　　　　吏部等部議覆閩浙總督覺羅伍拉納等奏稱：臺灣淡水同
　　　　知所轄之新莊巡檢，該處地廣人稠，巡檢難資佐理；又
　　　　臺灣縣所轄之羅漢門縣丞，該處民戶無多，祇須設一巡

90　乾隆八年二月二十八日閩浙總督那揭帖（〔明清史料〕，戊編第一本，頁
　　63）。
91　參看拙著，「臺北平原拓墾史研究（1697-1772）」。
92　〔明志書院案底〕，胡邦翰之詳文（頁2b）。
93　〔高宗實錄〕，卷1281，「乾隆五十二年五月丙申條」。
94　〔高宗實錄〕，卷1305，「乾隆五十四年九月庚寅條」。

檢，足以彈壓。請將新莊巡檢改爲新莊縣丞，仍歸淡水

同知管轄；羅漢門縣丞改爲羅漢門巡檢，仍歸臺灣縣管

轄。該縣丞，巡檢各有原建衙署、額編養廉及書役俸工，

祇須互爲改駐支撥，無庸議增。應如所請。從之[95]

　　覺羅伍拉納的奏疏，不僅決定了新莊巡檢改爲新莊縣丞的命

運；更顯示臺北平原水田化運動所帶來的繁榮，與高屏平原相

較，已有超越之勢了。

　　淡北自雍正九年（1731）設置巡檢迄於乾隆五十四年（1789）

改設縣丞，其間凡六十有八年，這是巡檢分守的時代，作者統名

之曰：「新莊巡檢時代」。其間，自雍正十年（1732）至乾隆十

一年（1746）凡十四年駐在八里坌，其後二十年以八里坌巡檢之

名駐新莊，其後二十三年始以新莊巡檢名義駐新莊，其駐新莊凡

四十三年。

　　新莊巡檢之設置，是由於邊陲地方的海防要區，且人口日滋

民番雜處，必須設官分治，終以地廣人稠，巡檢微員「難資佐

理」而改置縣丞。其後，臺北地區設縣、設府，終成全臺首善之

地，則「巡檢」之設置，不僅是臺北官治體系之權輿，也是臺北

發展史上的里程碑。

肆、新莊巡檢與淡水同知的關係

一、新莊巡檢與管轄上司統屬關係的演變

　　雍正九年（1731）二月虎尾溪以北同時設立了猫霧捒、鹿仔

95　〔高宗實錄〕，卷1338，「乾隆五十四年九月庚寅條」。

港、竹塹、八里坌四員巡檢，且核定：

> 應於虎尾溪之北，令彰邑通事建設交易辦餉，所有新設
>
> 巡檢聽彰化管轄，同知兼轄[96]。

圖示其管轄系統如下：

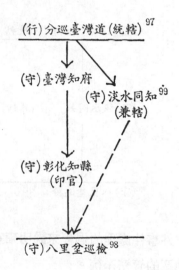

(行)分巡臺灣道(統轄)[97]

(守)臺灣知府

(守)淡水同知[99]
(兼轄)

(守)彰化知縣
(印官)

(守)八里坌巡檢[98]

---

[96] 乾隆八年二月二十八日浙閩總督那揭帖引（〔明清史料〕戊編第一本，頁60）。

[97] 〔高宗純皇帝實錄〕，卷823「乾隆三十三年十一月庚戌條」引上諭云：「（辦理逆匪黃教案）臺灣道張珽留駐郡城，知府鄔應元趕往參酌辦理……知府身任地方，留郡彈壓，應為合宜，何以倒置若此！」行守之不同若此。

[98] 〔明清史料〕，戊編第一本，頁60。那揭帖引臺灣知府范昌治詳文云：「卑府覆查：官員印信，原照信守，八里坌、鹿仔港巡檢均有地方之責，管轄上司不便錯綜。」

[99] 參見本文第三章第一節。又，范志，卷3，「職官志・文職・官制門」淡水同知條（頁97）載：「雍正元年添設；稽查北路兼督彰化捕務。雍正九年割大甲溪以北並刑名、錢穀悉歸管理。」又，〔淡水廳志〕，卷8「職官表」一文職官制（臺灣銀行經濟研究室，〔臺灣研究叢刊〕，第46種），頁108載：「雍正元年御史吳達禮奏請諸羅北路增設一縣曰彰化」，並設淡水廳，稽查北路，兼督彰化捕務，仍附彰化治。雍正九年，北路大甲溪北刑名、錢穀專歸淡水同知管理。」是知雍正九年以前，淡水同知為行官；雍正九年之後淡水身任地方刑名、錢穀，有守土之責。

　　然而是時既已將大甲溪以北「一切錢糧、詞訟」劃歸淡水同
知掌管；彰化知縣「飛轄」竹塹與八里坌二巡檢自非合宜，遂由
彰化知縣路以周建議，重訂二巡檢歸「淡水防廳喦轄」[100]。

　　修正後八里坌巡檢的管轄系統圖如下：

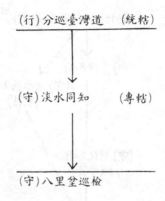

　　茲以兩則涉外事件處理的過程來說明雍正九年（1731）設置
巡檢前後臺北地區的管轄系統。

　　雍正二年（1724），二十八名琉球人被風飄至八里坌，「雍
正硃批諭旨」雍正二年六月初四日條載：

　　　　巡視臺灣御史臣禪濟布、臣丁士一謹奏……據臺灣府報
　　　　稱：據諸羅縣申稱：五月初七日，外海有雙桅船一隻，
　　　　被颶風飄泊至八里坌地方，係中山國琉球番船，內番
　　　　男、番婦共二十八人奔投上岸……解遞來府，轉報到臣

100　乾隆八年二月二十八日閩浙總督那揭帖（〔明清史料〕，戊編第一本，頁
　　62）引臺灣道詳文轉引淡防廳牒文轉引彰化知縣路以周議詳文。

衙門…交提督轉遞到省，聽督撫二臣優恤安插……[101]。

其奏報轉解之流程如下圖：

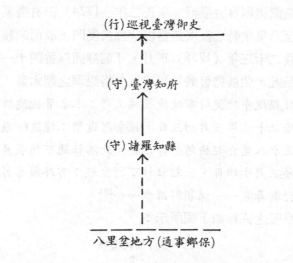

（行）巡視臺灣御史

（守）臺灣知府

（守）諸羅知縣

八里坌地方（通事鄉保）

在巡臺御史奏稿中，並未說明八里坌地方係由何人禀報於諸羅縣；而雍正元年（1723）議設的彰化縣，似仍在籌備階段，尚未發揮其應有的功能。

巡視臺灣監察御史乃朱一貴亂平後所新設，〔聖祖實錄〕康熙六十年（1721）十月壬戌條引上諭云：

> 每年自京派出御史一員，前往臺灣巡查……凡有應條奏事宜，亦可條奏，而彼處之人皆知畏懼，至地方事務，御史不必管理也[102]。

是以臺灣知府通報巡臺御史以便奏聞，而難民則轉遞督、撫安插撫恤。

---

101 〔雍正硃批諭旨〕（第十五函第一册，頁 2a）雍正二年六月初四日巡臺御史禪濟布、丁士一奏摺。
102 〔聖祖實錄〕，卷295，「康熙六十年十月壬戌條」。

　　分巡臺灣道原爲臺廈兵備道，雍正五年（1727）「加福建與泉道巡海道銜，移駐廈門；改臺廈道爲臺灣道」[103]。臺廈道輪駐二地，臺灣道則專駐臺灣。雍正二年（1724）仍有臺廈道，琉球難民飄至八里坌時，臺廈道當卽輪駐於廈門，故而未預聞其事。

　　乾隆二十三年（1758）正月，「朝鮮國難番四十一名」遭風飄至三貂社，閩浙總督兼署福建巡撫楊應琚之題本載：

　　　據福建布政使司布政使德福呈詳：奉本署撫院牌……乾
　　　隆二十三年三月初三日，據臺灣道稟：據淡防廳稟：據
　　　淡水八里坌巡檢趙榮壽稟稱：北港社通事何長具稟：本
　　　年正月十四日、三貂社社丁翁生報：有外國番男婦在蛤
　　　仔瀾鼻頭……係朝鮮國番……[104]。

其稟報之流程如下圖所示：

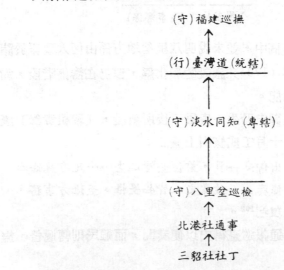

　　同樣的涉外事件，八里坌巡檢與淡水同知設置後處理的過程似比設置前繁複，但是，通事卻不必遠涉南臺，而得就近稟報。

惟淡水同知設置後，大甲溪以北卽不屬臺灣知府管轄，直到乾隆
五十七年(1792)，爲了維持治安，便於督緝命盜案件，始議定：
「淡水同知與北路理番同知職分相等，應照直隸廳員之例，以臺
灣府爲兼轄」[105]。

　　乾隆三十一年（1766）夏，淡屬鱟殼莊民被兇番焚殺多人，
促使當道注意臺灣北路之番漢關係。閩浙總督乃奏請裁改泉州西
倉同知爲「臺灣府北路理番同知」，掌理「淡水、彰化、諸羅一
廳二縣所屬番社」以及「民番交涉事件」而以「彰化縣淡水同知
舊署」爲衙署[106]。新莊巡檢轄區內民番雜居，交往尤爲密切，亦
爲北路理番同知所兼轄。

　　筆者譯將乾隆三十一年至五十四年（1766-1789）九月改置新
莊縣丞之間，新莊巡檢之管轄系統圖示如下：

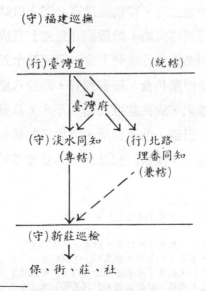

（守)福建巡撫

（行)臺灣道　　　　　　　(統轄)

臺灣府

（守)淡水同知　　(行)北路
（專轄)　　　　　理番同知
　　　　　　　　（兼轄)

（守)新莊巡檢

保、街、莊、社

103　〔世宗實錄〕，卷53「雍正五年二月甲戌條」。
104　乾隆二十三年四月二十四日閩浙總督楊應琚題本（〔明清史料〕，庚編第五本，頁440）。
105　乾隆五十七年五月初八日吏部題本（〔明清史料〕，己編第九本，頁855）。
106　〔高宗實錄〕，卷773「乾隆三十一年十一月甲午條」。

二、新莊巡檢與淡水同知轄區、職權的分割

　　清代地方官的主要業務是刑名和錢穀，這兩項業務與人民的權益關係也最密切。

　　北臺拓墾之初，卽由有力者稟請墾照，在民、佃爲「墾首」，升科後則爲「業戶」。〔淡水廳志〕「賦役志」序云：

　　　業戶：紳矜士民，自墾納賦、或承買收租而自賦於官者[107]。

　　淡俗田主所收者爲「小租」，官所徵者謂之「大租」。大租概由業戶徵收、轉以納官，是以業戶往往也稱「大租戶」，「徵收代納，不及十之二三，官無從稽覆」[108]。田賦多由業戶「自封投櫃」[109]，若不按時完納，始透過「里差」責成里甲催收。臺地止徵本色，業戶必須自行輸納上倉。康熙五十五年(1716)，諸羅知縣周鍾瑄爲了貯藏兵食、節省運費，乃於八里坌建倉二間[110]，以便業戶就近輸納，戍兵就近支給。不久，八里坌倉倒塌，而內港（臺北平原）已闢，納粟日增，改於艋舺建倉一十二間與竹塹淡水廳治之數等[111]。淡水同知遂以艋舺倉廠爲同知「行館」[112]，

107　〔淡水廳志〕，卷4「賦役志」，頁60。

108　同上。

109　〔諸羅縣志〕，卷6「賦役志・附考」，頁71。

110　同上。又，卷2「規制志・倉廒門」，頁41。

111　〔淡水廳志〕，卷3「建置志・倉廒門・淡水廳條」：「淡水廳倉四所……一在八里坌，旋圮，移在艋舺。」（頁47）又：余志，卷2，「規制志・倉庫門」誌淡水廳倉廒四所云：「一在竹塹城、計一十二間，一在八里坌、計一十二間，一在後壠社、計一間，一在南嵌、計一間。」

112　〔黃爵滋奏疏〕（黃大受編刊發行，民國52年3月，臺北，卷16「審明同知龍大惇專信丁役舞弊疏」云：「艋舺舊有倉廒行館。」（頁142）

「於農隙之時」駐行館[113]，往來於淡水廳治竹塹與淡水內港之間，催收糧賦並「就近清理詞訟」[114]。清制佐雜人員「不許准理地方詞訟」[115]，新莊巡檢職司「稽查地方」之責，照例「不得私設刑具，擅受民詞」[116]；因此，同知駐艋舺行館時，新莊巡檢轄下「居民控呈，即在彼處投遞，官為出票傳訊，立予斷結」[117]。

臺灣沿海港灣甚多，淡水廳轄下諸港分屬情形據乾隆三十四年（1769）任臺灣海防同知、三十九年（1774）任北路理番同知的朱景英所撰〔海東札記〕載：

> 各港汛員……篷山港、後壠港、中港、竹塹港、南嵌港
> 則淡水同知司之，八里坌港則淡水廳新莊巡檢司之[118]。

其中除八里坌港（新莊內港）有海舶往來淡水與閩、粵以及南臺之間外，其他小港口皆止於小舟往來，而此港即劃歸新莊巡檢轄下。乾隆五十三年（1788），福康安查辦柴大紀時，於「得受海口陋規」一款中謂：

> 北淡水通海港口，雖未開設口岸，亦有船隻往來，該處
> 汛員，每年繳送番銀一千圓[119]。

又究訊「經管海口各員弁及書吏人等」亦云：

113　同上。
114　同上。
115　〔欽定吏部則例〕，卷47「刑部‧審斷門（上）‧稽查佐雜條」（臺北，成文出版社影印本），頁22。
116　〔福建省例〕（二十八）「刑政例（下）‧嚴禁武職及文職佐雜各官私設刑具擅受民詞條」（〔文獻叢刊〕，第199種），頁1039。
117　〔黃爵滋奏疏〕，頁142。
118　朱景英，「記政紀」〔海東札記〕，卷2（〔臺灣文獻叢刊〕，第19種），頁22。
119　乾隆五十三年六月十五日禮部「為內閣抄出將軍福康安等奏」移會（〔明清史料〕，戊編第四本，頁314）內錄引巡捕鄭名邦等供詞。

淡水八里坌海口，例不准船隻出入，常有私自收入港
口，因該產米甚多，商販圖利，順便販運出口，亦有陋
規……每年同知約得番銀六、七千圓，都司約得番銀
四、五千圓[120]。

淡水同知爲新莊巡檢之專轄印官，亦即八里坌（新莊）港汛
員監臨上司，是以新莊港之陋規，自以淡水同知得其大宗。

又載：

陞任同知楊廷理於五十年八月二十日到任後，正當水降
風暴之時，船隻較少，十一月內卽值逆匪滋事，止得受
過一千四百餘圓[121]。

似乎淡水同知遣人駐收陋規，依旬按日結帳，旺淡多寡各有
不同。

或謂淡水同知龍大惇「分派書差、門丁、幕友，半留在塹，
半留在艋，兩處均得收呈，一官兩署」[122]，雖爲龍某否認，然揆
諸前項陋規收受情形，及所設胥役班總，數目過多，且在艋舺公
館懸掛「化行俗美」、「秋水長天」等匾額觀之，也不無可能。

〔淡水廳志〕「山川志」誌淡水內港云：「包羅原隰，街市
村落棊布叢稠，竟忘其爲濱海矣！」而稱之爲「淡水之庫藏」[123]，
其富庶可知。而斯時竹塹近郊尚時有生番出沒，乾隆五十一年
(1786)且發生同知潘凱及跟從十數人在城郊樹林口被殺事件[124]。

120　同上，福康安訊究奏參語。
121　同上。
122　〔黄爵滋奏疏〕，頁142。
123　〔淡水廳志〕，卷2「封域志‧山川門」，頁39。
124　〔高宗實錄〕，卷1248「乾隆五十一年二月己卯條、辛巳條以及甲申條」。

又據乾隆十年(1745)巡臺御史范咸主纂的〔重修臺灣府志〕「規制志」淡水廳轄下二保三十五莊，其中竹塹保只有南莊、北莊、芝巴里莊、大溪墘莊、翠豐莊、猫兒碇莊、中港莊、永安莊、猫盂印斗莊、吞霄莊等十莊，散布在今新竹、苗栗一帶。而淡水保下卻有八里坌莊、滬尾莊、大屯莊、竿蓁林莊、關渡莊、北投莊、八芝連林莊、奇里岸莊、瓦笠莊、興仔武勝灣莊、大佳臘莊、圭母子莊、大灣莊、水興莊、興直莊、加里珍莊、擺接莊、山腳莊、八里坌仔莊、海山莊、坑子莊、虎茅莊、奶笏莊、澗仔壢莊、甘棠莊等分布於今中壢以北之桃園臺地以及臺北平原上共達二十五莊[125]。

二地豐瘠相去如此懸殊，則淡水同知及差役人等，願駐艋舺，官民兩便亦屬人之常情。

設置之初，新莊巡檢爲「稽查地方」的分守巡檢，竹塹巡檢則爲「稽查地方，兼司獄事」與印官同城的巡檢。分守巡檢與上官既不同城，往往能充分運用職權，發揮其影響力，如澎湖在雍正以前，「僅有一巡檢員，而與副將對掌文武之任，司監放糧餉，稽查偷匪」之責[126]。北臺則由經常北駐的淡水同知與淡水營都司「共掌文武之任」，乾隆二十七年（1762）五月一日，「淡水同知干從濂赴都司張天壽衙門會話」，便曾發生跟役與營兵衝突的事件，朝廷震怒，經參革都司、斬絞多人懲治「海外重地，不法悍兵」，文武衝突始告平息[127]。

---

125 范志，卷2「規制志·坊里門」，頁9。
126 〔雍正硃批諭旨〕（第十四函第三册）雍正四年十一月二十八日浙閩總督高其倬懇請移駐道員改設通判奏摺。
127 乾隆二十七年七月初十日閩浙總督楊廷璋等奏摺（〔明清史料〕，己編第十本，頁944-945）。

　　淡水同知巡視或輪駐淡北，亦與淡北縉紳交接，例如乾隆二十八年(1763)「護理北路淡防同知印務彰化知縣胡邦翰」即曾「因公至彼，爰集多士，而加鼓勵[128]。其他交接之跡，自不必備舉。地方官與地方縉紳交接亦屬自然且必要之行為，惟淡水同知常駐淡北，則新莊巡檢之重要性必因而稍減。

　　不過，淡水同知駐竹塹時，離臺北平原亦相當遙遠，胡邦翰即謂：

　　　新庄街……距塹城窵遠，鞭長莫及，是以專駐八里坌巡檢在彼彈壓[129]。

　　惟雍正元年(1723)彰化分縣設治時，另設同知以淡水為名，卻附彰化治與知縣同城。〔淡水廳志〕「建置志·廨署門」載：

　　　淡水舊公館在彰化縣治，雍正二年同知王汧建[130]。

　　雍正九年（1731）淡水同知成為大甲溪以北的守土官，移治竹塹，又設竹塹巡檢與同知同城。但是淡水同知並未移駐竹塹，卻遠離其轄區，駐在大甲溪以南的沙轆。

　　藍鼎元「謝郝制府兼論臺灣番變書」云：

　　　近聞臺北土番復有崩山等社，猝至彰化縣治騷擾作孽……去歲閱邸抄，有淡水同知移駐竹塹之議，不知張宏昌失事何以乃在沙轆[131]？

　　藍氏所謂番亂即指雍正九年（1731）十二月二十四日「臺灣

128　〔明志書院案底〕，冊一胡邦翰詳文，頁2b。
129　同上。
130　〔淡水廳志〕，卷3「建置志·廨署門」，頁46。
131　藍鼎元，〔鹿洲文集〕（〔文獻叢刊〕，第17種，〔治臺必告錄〕，卷1收），謝郝制府兼論臺灣番變書，頁69。昌疑為章之誤。

北路地方大甲西社番，突集番眾殺傷兵役」，淡水同知張宏章「
事發奔逃」爲閩撫趙國麟題參之「番變」[132]。大甲西社番且「踞
沙轆地方海防廳舊署爲穴」，因此，淡水廳又回到彰化縣城，「
仍寄寓如故」。乾隆七年(1742)同知莊年在彰化治「重建門堂，
規制悉具」[133]。駐在彰化時期的淡水同知，距北臺地方更爲「窵
遠」，新莊巡檢較能單獨發揮其功能。

　　乾隆二十一年（1756），淡水同知王錫縉首先在竹塹士林莊
[134]，建一坐東朝西的廳署[135]，淡水同知衙門才安定下來，正式移
治竹塹。筆者蒐集所得同知在淡北之史料，多在乾隆二十五年
(1760) 以後，如干從濂、胡邦翰、夏瑚、潘凱、楊廷理等人皆
然，似可說明雍正年間和乾隆初期，淡水同知很少到淡北來活
動。同知移駐竹塹之後，淡水同知經常進駐艋舺行館，運用其職
權與影響力，遂使原爲分守巡檢的新莊巡檢，因常有上司監臨而
轉化，類似於同城巡檢，新莊巡檢之職權、功能及其影響力之運
用，自然受到同知之範限。

伍、新莊巡檢的職權與功能

　　康熙四十九年(1710)，洋盜陳明隆稱其渠鄭盡心潛伏於江、
浙交界之盡山、花鳥、臺州魚山，臺灣淡水，於是臺廈兵備道陳
璸東渡臺灣、北上搜捕，遂調佳里興分防千總移駐淡水，增設大

132　〔雍正硃批論旨〕，雍正十年三月十七日趙國麟奏開摺。
133　〔淡水廳志〕，卷3「建置志‧廨署門」，頁46。
134　余志，卷2「規制志‧公署門‧淡水廳條」頁67。
135　〔淡水廳志〕，卷3「建置志‧廨署門」，頁46。

甲溪至淡水八里坌七塘。五十七年（1718）設立淡水營，移興化
城守右營守備駐防淡水。雍正十年（1732）改陞都司。

　　雍正元年（1723）分設彰化縣與淡水同知，由於「淡水係海
岸要口形勢遼闊」，是以淡水同知爲海防兼「捕盜同知」，雍正
九年(1731)，移駐竹塹，「管理大甲溪以北一切錢糧、詞訟」。
又由於「西北沿海一路」，是海防要區，「山海環錯，民番雜
居」，亦於「適中地方」設一八里坌巡檢，「稽查地方」。

　　綜觀淡北地區武、文衙門之設置，都以海防爲第一要務。是
以本章亦依海防、輯和民番關係、維持地方治安、特殊差遣與職
責、社會功能等分項敍述。

一、新莊巡檢的海防任務

　　洋盜鄭盡心可能潛伏於臺灣淡水的傳說，是促成經制兵駐防
淡水的直接原因，但是，淡水本身的條件卻是造成問題的基本因
素。

　　元、明以來，中、日兩國人民的海上活動日益活躍。雞籠、
淡水由於地理形勢和港灣條件的關係，便以航向標幟、良港而爲
人所熟知。十七世紀初，西班牙人、荷蘭人相繼占領雞籠、淡
水，從事貿易、傳敎和淘金的事業。鄭氏亦嘗試據雞籠、淡水，
對抗東渡的清兵[136]。是以，鄭盡心可能潛伏於淡水的傳說，自然
受到中央政府的重視，必命臺廈兵備道陳璸親履斯地搜捕、踏
勘、設防而後已。

---

[136]　見拙著，「新莊（臺北）平原拓墾史」——〔新莊志卷首〕第一章導論及第
　　二章第一節「鄭氏的北臺策略與拓墾傳說」。

　　筆者在第三章第一節中，引述范咸〔重修臺灣府志〕「海防志附考」，有關「淡水社船」一節，說明淡水、府城、大陸之間的固定航線以及船隊經營、成長的經過。這是八里坌「明設口岸」之前僅有的合法泊港船隻；也是臺灣史、志中所僅見的區域性、有組織的船隊。其實「淡水社船」也經營今蘭陽平原與東臺灣的貿易：

　　藍鼎元〔東征集〕「紀臺灣山後崇爻八社」一文云：

　　　山後有崇爻八社，……南路船無有過者，惟淡水社船由
　　　大鷄籠、三朝而至。

　　又云‥

　　　自古以來，人跡不到，康熙三十二年有陳文、林侃等商
　　　船遭風颶至其處，住居經年，略知番語，始能悉其港
　　　道，於是大鷄籠通事賴科、潘冬等前往招撫……每歲贌
　　　社之人，用小舟裝載布、煙、鹽、糖、鍋釜、農具往與
　　　貿易……一年止一往返[137]。

　　范咸〔重修臺灣府志〕「賦役志·淡水廳·戶口」條附考亦載：

　　　淡水社併附南嵌……等社番丁共五百七十九，蛤仔社併
　　　附哆囉滿社原徵餉銀三十兩，該社淡水通事於四、五月
　　　間南風盛發，率各社番買辦貨物，舟載往社內貿易，年
　　　認輸餉銀三十兩[138]。

　　根據以上的紀錄，淡水社通事經營今宜蘭地區和臺灣東部的

137　藍鼎元，「東征集」，卷6「紀臺灣山後崇爻八社」，頁90。
138　范志，卷5，「賦役志之二·戶口」頁200。

「䑸社」貿易，維繫臺灣西部、北部與東部的關係，「淡水社船」是他們的交通工具，淡水港也扮演著貿易基地的角色。清領初期，淡水區的船舶，是由通事領導，率各社番「䑸社」而以「淡水社船」聞名於全臺；及拓墾者羣至，拓地漸廣，遂「由淡水莊民僉舉殷實之人詳明取結」、「赴內地漳泉造船、給照」，往來貿易亦以「淡水社船」爲名。雍正元年（1723），淡水社船增至十艘，當局爲抑止其日盛之勢，不得不限制其船數。社船不僅販運淡產米粟，接濟漳、泉民食，臺灣道更賦予載運軍工所辦大料赴廈的重任[139]。

由是觀之，淡北內港的船隻，由於「䑸社制度」獨占貿易的影響，早已形成「社船制度」。漢人移民入墾之後，融入大陸沿海的「澳甲制度」，使「淡水社船」的組織更形嚴密，有利於官治系統的稽查、治理與運用。因此淡水社船也得以在官方的監督下，爲臺灣道運送軍用物資，合法的從事臺灣全島和臺灣與大陸的運輸貿易。

海防是促使淡北分官設守的主要原因。因此管理淡水港、淡水船，「稽查其夾帶違禁貨物與偷渡無照人口」[140]，自然是巡檢的主要職責。

武備、巡海之任則歸雍正九年（1731）改守備爲都司的淡水營負責[141]，范咸〔重修臺灣府志〕「武備志」載：

139　范志，卷2，「規制志・海防門・附考」，頁90。

140　〔陳清端公年譜〕，康熙五十一年條（67頁）引「禁鹿耳門把口員役需索陋規示略」云：「鹿耳門爲商船出入要口，設有把口文武員弁，稽察出入，然亦稽查其夾帶違禁貨物與偷渡無照人口而已」。

141　〔世宗實錄〕，卷113，「雍正九年十二月己亥」條。

淡水營：都司一員（駐防淡水港），千總一員（駐防淡
水港），把總二員（內一員雍正十一年添設。一員分防
砲臺汛……一員分防大雞籠城……），步戰守兵共五百
名……戰船六隻（淡水港四隻，大雞籠城二隻）[142]。

乾隆十二年（1747）裁去淡水港巡緝戰船[143]，似乎此時淡北
海上治安情況良好，僅恃大雞籠戰船兩艘即足敷巡海之用。

乾隆五十一年（1786）林爽文之役，福康安東渡平亂，「派
兵自五虎門放洋，直趨淡水，嗣後運往淡水糧餉、鉛藥亦多由八
里坌收口……甚爲利涉」。亂平之後，福康安籌備善後事宜，卽
建議在八里坌「明設口岸，以便商民」，因爲「該處港道寬濶，
可容大船出入……且淡水爲產米之區……非偏僻港口僅容小船者
可比」。

八里坌開港之後，「該處原設巡檢一員，今又新添一汛，足
資彈壓，並令淡水同知，上淡水營都司就近稽查掛驗」[144]。

乾隆五十五年（1790）正式開口的八里坌「應召募行保、海
保及口差、經書，並設立小船帶引商艘」，其章程經過詳議之
後，於乾隆五十七年（1792）刊入省例頒行[145]；並爲後日噶瑪蘭

---

[142]　范志，卷9「武備志・營制門・淡水營」條，頁296。

[143]　余志，卷9，「武備志」，頁370。

[144]　〔明清史料〕，戊編第四本（頁305-312）錄有大學士阿桂等「議覆福康安
　　　等奏請清查臺灣酌籌善後事宜」之奏摺。由於原件後半殘缺，定爲五十三年
　　　六月。
　　　筆者檢閱道光十年所輯之臺灣采訪册（〔文獻叢刊〕，第55種，頁52-77）「
　　　大學士九卿議覆公中堂福議奏」卽前摺之全文。文末所署日期爲乾隆五十三
　　　年八月初八日。

[145]　〔福建省例〕（二十四）「海防例・八里坌對渡五虎門開設口岸未盡事宜」
　　　條（頁712）。

烏石港所仿效[146]，惟是時新莊改置縣丞已數年矣。

　　雍正五年（1727），臺灣縣新港司巡檢，因私設書識三名，及貼寫十一名，「在鹿耳門口掛驗船隻、抄寫報單」而爲巡臺御史所參劾。新港巡司「原爲巡緝地方姦匪而設」，因爲驗船而私設書識、貼寫[147]。新莊巡檢職司一富庶且可泊大船多艘的良港，由於實際的需要，可能仿新港巡司之例，私添書識與貼寫名額，惟筆者尙未獲得足資佐證的史料來說明這一點。

二、輯和民番關係

　　根據「先占」的原則，臺北平原上的原住民——平埔族無疑的擁有這片土地的原始所有權。清人領臺以後，各社循西荷、鄭氏之例，納賦輸餉，曾任臺灣縣、臺灣道、閩撫的陳璸認爲「番民」也是「天朝之赤子」[148]，主張「禁冒墾以保番產」，來保障「番民」的生存權，他說：

　　　內地人民，輸課田地，皆得永爲己業而世守之，各番社
　　　自本朝開疆以來，每年旣有餉輸將，則該社尺土皆屬番
　　　產，或藝雜籽，或資牧放，或留充鹿場，應任其自爲管
　　　業。且各社毗連，各有界址，是番與番不容相越，豈容

146　柯培元，〔噶瑪蘭志略〕（〔文獻叢刊〕，第92種），卷4，「海防志・正口」條。（頁32）

147　〔雍正硃批諭旨〕（第五函第二册），雍正五年十一月初八日「巡臺御史索琳、尹秦特參處冒兵糧溫役滋擾摺」之硃批云：「朕不解爾等此奏所參者何人？該府、縣旣經查報則不應參，若巡檢處冒則止應咨革。」巡檢微員，只可「咨革」，不得預「參劾」之林，足證其微。

148　陳璸，「條陳經理海疆北路事宜」，〔陳清端公文選〕，頁16；給腳價以甦番困條。

外來人民侵占[149]。

這是有清一代「護番保產政策」的理論基礎。

北臺各番社的草地、鹿場、山林、埔地在原始經濟漁獵耕牧兼營的時代都相當遼闊。一經田土化或水田化之後，單位面積的生產量提高。平埔族各社的人口本少，經營耗用大量人力的農業，他們的人力僅足以開墾小部分的園或田，故而得以容納大量外來人口──漢人移民。由於相沿未改的「贌社制度」的影響，拓墾者亦行「贌耕制度」。除了請得官方的「墾照」外，又藉通事之力，納「番租」、「代輸餉課」而取得「番墾字」。由於政府只許番地「租與民人耕種」[150]，如有私買、侵耕，一經告發，田卽歸番[151]。是以偶有侵耕、奪產事件，或控稟斷還，或屢經清釐而物歸原主[152]。根據淡水同知曾日瑛（乾隆十一──十三年，

---

149 同上，「禁冒墾以保番產條」。

150 〔世宗實錄〕，卷38，「雍正三年十一月癸亥條」。又，此條亦刊入會典，見〔大清會典〕「事例」，卷106「戶部開墾門雍正二年覆准條」。

151 〔高宗實錄〕，卷52「乾隆二年閏九月丁卯條」載：「總理事務王大臣議准巡視臺灣御史白起圖條奏……飭地方各官嚴禁民人私買番地……私佔番地，勒令歸番。」又乾隆九年十二月是月條載：「是月，巡視臺灣戶科給事中六十七等奏：遵旨會同布政使高山清查臺灣民番互控地畝各歸原業。」又乾隆十一年五月戊申條載：「民墾番地雖久經禁止，但不分別定罪，小民不知畏懼，請嗣後番地聽各番自行耕種，如有奸民再贌，告發之日，將田歸番。私贌之民人，照盜耕他人田地律，計畝治罪。」此條刊入會典。見〔大清會典〕「事例」，卷166戶部開墾門乾隆十一年條。

152 同治十年八月初六日北路理番分府給小雞籠社「嚴禁民佔番業示」載：「臺地番社歸化之初荷沐皇仁，賞給地界租業，設立通土業戶掌管以垂永久……乾隆三十一年間，奉憲憲具奏，開設北路理番衙門……不時清釐，不許民番交涉……務將租業自行清理，卽將該業歸原番掌管……。」（伊能嘉矩，〔臺灣蕃政志〕第一章第一節，頁146引，明治三十七年臺灣總督府民政部殖產局印行）。
又，拙著，「臺北平原拓墾史研究（1697-1772）」一文，第六章第二節，林成祖墾漳、和、永三莊清丈歸番田園達二百四十七甲零（頁95-98）。第七章第一節業戶劉世昌在今五股（加里珍莊）一帶，清丈歸番田亦達一百九十一甲零（頁112-118）。

1746-1748）的批斷而立的「奉　憲分府曾批斷東南勢田園歸番管業界」石碑，如今仍置於士林石牌派出所邊[153]，足證政府厲行「護番保產政策」之決心，加上「養贍埔地」及「番屯」制度相繼施行，使得平埔族人終清之世，大都得以保有「番產」或「番租」、「屯租」。在這種情況之下，臺北平原上的平埔族人與漢人的關係相當融洽[154]，不僅能保持「莊社各守相安」[155]，進而達到雜居、融合的境界。

以乾隆五年（1740）十月雷裡社番婦給漢人陳悻的佃批執照爲例：

> 立給批雷裡社番婦魯物氏，有祖遺應份埔園一大段……
> 東至林家園，西至番東義乃園、南至番甲兵園，北至陳雄
> 官園……托中送就與誠實漢人陳悻觀前來承去佃耕[156]。

其中便描繪出一片番漢雜處共耕的情況。雍正八年（1730）閩浙總督劉世明請設八里坌巡檢的奏疏中，即說明管轄臺北平原、鷄籠、淡水這一片「山海環錯，民番雜居」的地區撫輯番民，是新設巡檢的任務。

漢移民與平埔族「熟番」同爲「天朝赤子」，同受巡檢之管轄，漢移民有墾戶、保甲、族正，平埔族則透過通事、土官、社丁治理。

153　〔漢聲雜誌〕，第十期（臺北，民國七十年五月），頁35。惟其碑文有誤，見：臺灣省文獻會六十九年元月出版，黃耀能編，〔明清臺灣碑碣選集〕，頁23，載原碑文影件。

154　參見拙著，「臺北平原拓墾史研究（1697-1772）」，第五章至第八章。

155　〔清代臺灣大租調查書〕（〔文獻叢刊〕，第152種），第一章通論第一節墾照實例之八（頁6），武勝灣社與楊道弘合約中語。

156　同上，第三章第三節，「番人給墾字實例之四」（頁446）。

　惟當漢移民墾入深谷，與「生番」接觸，「生番」感覺受壓迫時，則易於產生「番害」。不過臺北地區的「番害」比其他地區爲輕。

　當時的臺灣地方官認爲：「向來內地民人或侵入番境被殘害，生番罕有無故逸入內地，戕害人民者，是欲保全民人，惟有嚴越界之禁。」[157]爲了防止漢移民與生番接觸生事，康熙六十一年(1722)，有司竟然出現「各山口俱用巨木塞斷，不許一人出入，山外以十里爲界，凡附山十里內民家，俱令遷移他處……自北路起至南路止，築土牆高五、六尺，深挖濠塹，永爲定界」的絕妙建議，足證當局之束手無策。藍鼎元函覆議者謂：「地方果能如此，文武皆可臥治，何其幸也。」[158]，堪稱苦謔並至。終以「豎石以限之，越入者有禁」定案，豎石凡五十八處，其中「淡水之大山頂前並石頭溪、峰仔嶼社口，亦俱立石爲界」[159]，石頭溪在海山庄（今三鶯走廊），峰仔嶼社在水返腳（汐止）。此後的地方大吏更陸續地清界立碑[160]。雍正七年(1729)議准：「臺灣南、北路一帶山口，生番、熟番分界勒石，界以外聽生番採捕，如

157　〔高宗實錄〕，卷 225「乾隆九年九月『是月』條」引署閩浙總督福建巡撫周學健奏疏。
158　藍鼎元，〔東征集〕，卷 3「覆制軍遷民劃界書」，頁40。
159　黃叔璥，〔臺海使槎錄〕，卷 8「番俗雜記·番界」條頁167-168。
160　〔雍正硃批諭旨〕（第一函第五冊），雍正三年十一月十九日，閩撫毛文銓奏：「在逼近生番交界之間，各立大碑。」杜內地人民擅入（頁 34a）。
　又（第十四函第三冊）雍正五年七月初八日，閩督高其倬奏：「今臺灣文武……會同激底查海，隨其地勢……立碣刻字。」（頁55b）
　又〔高宗實錄〕，卷 368，「乾隆十五年七月壬寅」條載：「淡水廳屬原定火焰山等界一十二處，毋庸更移，其新添貓盂、溪頭等六處，應另立界。」

民人越界墾地、搭寮、抽籐、弔鹿及私挾貨物擅出界外者，失察之該管官降一級調用，該上司罰俸一年，若有賄縱情弊，該管官革職，計贓治罪。如三年之內，民番相安無事，將該管官紀錄一次；社甲兵丁人等，該督撫酌加獎賞。」刊入會典及吏部則例[161]。雍正九年（1731）八里坌巡檢成立時，巡察番界，禁止民人私越番境、私墾已是他既定的責任了。

臺北平原四面環山，惟東南拳山一帶（今臺北縣新店深坑及臺北市景美區一帶）番害較爲顯著。郭錫瑠開鑿金順興圳，以青潭陂爲源頭，接近熬酒桶山生番。乾隆五年(1740)以後，屢次開工鑿陂，都因「地險番猛」而未能成功。乾隆十八年(1753)起，由大坪林五庄墾戶接辦，「設流壯爲護衞……日與血戰」才開成金合興大坪林圳。大坪林墾戶將「獅山邊大潭」（今碧潭）讓予郭錫瑠爲圳頭，始鑿成金順興圳（青潭大圳即今瑠公圳）[162]。惟新莊平原上的萬安圳、永安圳，福安圳；板橋平原上的大安圳、永豐圳；新店的暗坑圳；士林平原上的雙溪圳、七星墩圳開鑿時則未見番害。

乾隆二十五年（1760）閩浙總督楊廷璋條奏「清釐臺屬邊界章程」謂：「淡水廳所屬之拳頭母山等處逼近生番……令該管巡檢同附近汛弁於定界各處嚴密巡查。」[163]，次年(1761)更緩「拳頭母山乾隆十九、二十、二十一等年未完應徵供粟」[164]以資救

161　〔大清會典〕，「事例」，卷 629「海禁門·雍正七年」條。又〔欽定吏部則例〕，卷40「邊防·臺灣民人偷越番境」條。
162　參見拙著，「臺北平原拓墾史研究 (1697-1772)」，第八章第一節「金順興與金合興大坪林圳、青潭大圳」（頁141-150）。
163　〔高宗實錄〕，卷619「乾隆二十五年八月是月條」。
164　同上，卷648「乾隆二十六年十一月庚子」條。

濟。

　　乾隆三十一年（1766）十月設置「北路理番同知」前夕，閩督蘇昌議行「安戢臺郡邊界事宜」規定：「逼近番界之荒埔悉行嚴禁，責成各巡檢及附近汛弁於禁墾各處，每月各帶兵役遊巡，其無巡檢處，卽令縣丞輪查。」[165]帶兵役遊巡番界成爲巡檢的例行公事。

　　臺灣大學所藏岸裡社文書中，有一册題名「文武衙門簿」的流水賬簿（岸裡大社文書第九五六號），很詳細的紀錄了乾隆三十四年十月至四十六年閏五月間，上至道臺下至鄉保而以彰化知縣、理番同知、淡水同知以及貓霧捒、竹塹二巡檢爲主的各衙門間往來的每一筆餉課和開銷。其間十一年八個月，一年三節有節禮，有門禮、辛勞銀，差役對社、查社、徵催番役、餉課，處理事故有轎銀、草鞋銀，幾乎一切政事都由差役代勞。陳璸曾謂：「臺屬有司，率多不親理民事，皆批鄉約、管事、書役查覆。」[166]於此似得一明證。茲檢錄兩巡檢到社的紀錄如下：

　　　　貓霧捒巡檢

三五、一二、二　　楊巡爺到嵊（奉蔣道臺查社）

三六、二、二七　　楊巡爺到嵊賞番（查緝黃教黨羽巡社）

三六、一〇、一四　　楊巡爺到勘（通事敦仔墳被盜）

三九、一一、一五　　巡老爺項到社

四〇、七、一七　　巡爺到社（軍工寮泉人被生番殺七命）

165　同上，卷770「乾隆三十一年十月辛亥條」。
166　陳璸，「申飭臺北應禁諸弊示」，〔正誼堂文集選〕（〔臺灣文獻叢刊〕，第 229 種〔清經世文編選錄〕），頁68。

　　　竹塹巡檢

四一、四、二九　竹塹巡爺到舊社（查越界私墾）

四二、四、一三　竹塹何巡爺到社查地方（越界私墾查報陞科）

　　　若無重大事故，巡檢並不輕易到社。「從官而言，只須在衙門辦公卽可，至於下鄉而干涉，乃是最後手段，被認爲應盡量避免」[167]，就巡檢與岸裡社的關係而言，似乎也可以成立。

　　　新莊巡檢轄下各地尚未發現類似史料，揆諸揀、塹二巡檢與岸裡社的關係，以此例彼，似乎新莊巡檢也不至於親自按例「每月各帶兵役遊巡」。

　　　番社下情之上達則如本文第四章第一節三貂社稟報朝鮮國難番之流程所示，由各社透過通事而達於巡檢，本節不再贅述。

三、維持地方治安

　　　淡北鄉治系統早在官治系統設置之前，卽已逐漸發展成形。

　　　前引雍正五年（1727）彰化知縣張縞給貢生楊道弘的墾單上，已有「飭行鄉保、通事查明取結」的句子。新莊三山國王廟今存「奉兩憲示禁碑」，碑文卽是乾隆十五年（1750）三月淡水同知陳玉友爲了「淡水兩保」「編造甲冊門牌」，禁止鄉保長「藉端苛派」的告示[168]。乾隆二十二年（1757），郭宗嘏將興直堡中港厝庄的地租及部分土地獻建福德祠及作爲祠田，他在「喜獻祠地及地租字」上留下「本庄董事李三省，庄者余光曠議立福德

167　戴炎輝，〔清代臺灣之鄉治〕（臺北，聯經，民國68年），第二編第一章引和田清語。

168　原碑仍鑲嵌於新莊市三山國王廟（廣福宮）廡下。

祠」的紀錄[169]。二十七年（1762）郭宗嘏獻七坎仔庄地租給福德祠，亦說明係「交付福德祠爐主前去執掌」[170]。這些文件顯示，至少在乾隆初期，淡北的鄉治系統已是上自鄉保長，下迄莊董事、莊耆和莊廟的爐主，可謂相當的齊備。

在這種情況下，一般「鼠牙、雀角」細事；微末的爭鬪、失德，自有通事、土目以及墾戶、保甲、族正、耆老、公親等人調理，他們解決不了的問題，才「投詞興訟」。

在律例上，佐雜「不得受理詞訟」，沒有「司法」權。〔欽定吏部則例〕「刑部審斷門・稽察佐雜」條例：

> 佐雜人員不許准理地方詞訟，遇有控訴到案，卽呈送印
> 官查辦者無庸議，如擅受而審理者降一級調用，失察之
> 印官罰俸一年[171]。

〔福建省例〕「刑政例・嚴禁武職及文職佐雜各官私設刑具擅受民詞條」：

> 有刑訊之權者則立刑具，有撫字之責者則審理民詞……
> 文職佐雜各官，或分司緝捕，或專管監獄，均不得私設
> 刑具，擅受民詞……嗣後……武職員弁及文職佐雜遇有
> 拏獲命盜等項人犯，均卽解交有司衙門審辦，毋得私設
> 刑具，擅自刑訊。其民間詞訟，更不准擅受干預[172]。

---

[169] 〔臺灣私法附錄參考書〕，第一卷上（〔臨時臺灣舊慣調查會第一部調查第三回報告書〕），第一編不動產第一章第四節「不動產の得喪」第二六參考例，頁117。

[170] 同上，118，再喜獻地租字。

[171] 〔欽定吏部則例〕，卷47「刑部・審斷門（上）・稽察佐雜條」頁22。

[172] 〔福建省例〕，「刑政例」（下）「嚴禁武職及文職佐雜各官私設刑具擅受民詞」條，頁1039。

　　但是，此條刊入省例，卻是由於「閩省各營武職暨各屬佐雜，竟有違例私設擅受情事，而臺灣尤甚」[173]。

　　海山張氏家藏〔水圳原由便覽〕，抄錄了海山庄張氏與武勝灣莊劉氏因競鑿灌溉渠而互控的「狀稿」、「和息稿」。筆者依其時序，排比其訴訟過程如下：

1. 乾隆二十六年（1761）二月十日：
   劉氏向八里坌巡司稟請准許開圳告示，於張氏田產沖崩處築陂，張氏向八里坌巡司投詞告狀。
   巡檢批示：「據劉承纘具呈，業已詳加批示矣，但爾等沖失之田可成水道，或以價買、或以田換，則當成人之美，愼勿忌而阻之。」[174]

2. 同月十七日：
   佃戶劉此萬再向八里坌巡司投詞告狀。
   巡檢批示：「已經沖廢，不能墾復處所聽人引水灌溉，令彼以田折半對換，庶幾兩有裨益，劉承纘果肯降心相從，爾等亦宜從長籌酌。」[175]

3. 同年三月：「給示開鑿水圳。」劉氏率佃戶鑿渠，遂發生「互毆」衝突[176]。

4. 同年：張氏不服巡檢處分，向同知干從濂具詞呈控。劉氏與張氏佃戶和解銷案[177]。

173　同上。

174　樹林張福祿先生家藏〔水圳原由便覽〕（抄本）之一，乾隆二十六年二月初十日業戶張必榮呈控劉承纘狀稿。

175　同上之二，同月十七日庄佃劉此萬狀稿。

176　同上之三，乾隆二十九年二月廿二日分府夏堂訊讞語。

177　同上。

5. 同年：張氏以劉氏「捏息」銷案，復又具詞呈控[178]。

6. 乾隆二十九年（1764）二月：

劉氏買斷張氏佃戶小租，圳成。張氏以劉厝圳經過其地界，且買斷佃戶小租而不顧其大租，由舉人張源仁向同知夏瑚「呈催」，夏瑚於是月廿二日堂訊，「年令劉承續完納張氏水租六百石」[179]。

7. 乾隆二十九年（1764）十二月：

劉氏不服，向護理臺灣道蔣允焄具詞呈控，張源仁亦赴道憲互控，蔣允焄發送巡檢「勘訊」[180]。

8. 張氏與通事瑪珢合作開圳成。圳路亦經過劉承傳田界[181]。

9. 乾隆三十年（1765）十二月：

巡檢諭林天錫等調處。是月，舉人張源仁、業戶劉承傳各具「遵依字」，公親林天錫、林進泰呈和息稿稟覆銷案[182]。

　　根據張、劉兩家互控案的詳細紀錄，我們知道八里坌巡檢不但「違例擅受」了兩造的控詞且經批示處理，吾人可視其行為同於第一級初審的司法機關。淡水同知成為第二級第二審。臺灣道為第三級司法機關，接受控詞卻發回第一級機關「勘訊」，既未追究巡檢之「擅受控詞」、「究訊」、「批示」、「給示開圳」，但亦不願公然予巡檢以違例的司法權，制度與實際運用之間的差

178　同上。

179　同上。

180　同上之四，乾隆三十年十二月劉承傳，〔水圳案和息稿〕云：「去年十二月內，以自業、自案、自承等事赴護道憲蔣呈控。」又之六，劉承傳遵依字謂：「傳與張源仁赴道憲互控。」

181　同上，林天錫、林進泰等調處劉承傳水圳案〔和息稿〕。

182　同上，〔和息稿〕之五，舉人張源仁遵依字；之六，業戶劉承傳遵依字。

異，實堪玩味。

　　本案是爭財的民事訟案，刑事部分乃由於不服初審判決而發生，且於上訴二級司法機關時和解銷案。民事互控部分雖然上訴到第三級，卻仍然發回第一級司法機關調解，以「和解」方式銷案。

　　次敍刑事命盜械鬥案部分。

　　刑事案件之預防，端賴敎化協治與民生樂利。惟旣萌而未發之時，則責成保甲及鄉治職員甚至鄰居預防阻止。事件發生之後，則採「強制告發」主義，責成渠等告官。〔福建省例〕「刑政例·申禁械鬥」條：

> 查保甲長管理一甲之事，族正爲一族之綱，而兩鄰住居切近，更當休戚相關，互相稽查……糾眾持械互鬥者，該保、族、鄰卽預防阻止，如勸阻不從，卽先赴地方官報明，免其連坐。如敢縱容失察，到官之日，不必追問是非曲直，先將保甲、族正枷號兩個月，滿日責四十板，兩鄰枷號一個月，滿日責三十板……可以佐敎化之不及……[183]。

　　「赴地方官」報明者可免其連坐，事發到官之後，卽歸地方官處理。

　　〔福建省例〕「刑政例」：

> 分駐佐雜官，例有稽查彈壓之責，凡遇盜竊、賭博、鬥毆等事，均聽就近審理[184]。

183　〔福建省例〕（二十七），「刑政例」（上），申禁械鬥條，頁856。
184　〔福建省例〕（二十七），「刑政例」（上），開剝斃牛赴州縣及就近分駐佐雜衙門票明、營弁不得擅行批票條，頁854。

輕微刑事犯，依例由巡檢「就近審理」，重犯則有「禀轉」
之責。

人命案亦屬強制告發。依「地界內有死人，里長地鄰不申報
官司檢覆」律，匿不告發者杖八十[185]。依〔吏部則例〕「刑部·
人命門·檢覆屍傷」條例：

> 凡人命案呈報到官，該地方正印官立即親詣相驗。如印
> 官公出，該地方佐雜官即移請五、六十里以內之鄰境印
> 官代往相驗。其或鄰境地處窵遠，不能朝發夕至或印官
> 又經他往，勢難兼顧，方許禀請上司，派同城之同知、
> 通判、州同、縣丞等官代驗，毋得濫派雜職，仍聽印官
> 公回承審[186]。

黔、蜀由於情況特殊，乃請准「印官外出，准令經歷、知
事、吏目、典史酌帶件作速往相驗」。乾隆十八年（1753），廣
東又請准：「即日可往返者，仍令吏目、典史驗立傷單，申報印
官覆驗外，其距城窵遠，往返必須數日者，該吏目、典史據報，
一面移令該巡檢就近往驗，填註傷單，一面申請印官覆驗……各
省一體通融辦理」[187]。乾隆二十三年（1758）署崇安縣事張勤禀

---

[185] 〔明清史料〕，己編第十本，頁 926-928，乾隆十四年十一月十九日「刑
部等題本」林元毆死卓勇索，卓興連「不候告究，將屍收埋」即依律杖八
十。又乾隆四十六年四月十二日大安溪頭生番殺死林媽等二十八命案，因為
「未據屍親鄉保禀報」，「鄉保黃祥、高舉龍不行禀報，如照不應重律杖八
十，各折三十板」（臺灣府淡防廳會審解殺死林媽等二十八命生番文稿，〔
中縣文獻①〕，臺中縣政府發行，無發行時、地紀錄），頁 92-93。

[186] 〔欽定吏部則例〕，卷43，人命檢驗屍傷條，頁 1。

[187] 同上，未說明黔蜀請准年代。又〔福建省例〕（三十一）「銓政例」「州縣
因病告假，預期關行知照移請隣邑相驗」條亦引其文，頁1108。

請：「離城窵遠村莊或係縣丞、巡檢分轄，凡遇人命，令鄉保屍親一面報明分轄衙門，一面稟報州縣，照依粵省之例，令該巡檢等迅往驗立傷單，申請印官覆驗通報」，但是閩督卻以「雜職中絕少公正幹練之員」、「不肖之員與吏仵串通」以及閩省多廳員、縣丞分防等原因，另刊閩省新例：

地方人命先令巡檢等官驗立傷單之處，毋庸議[188]。

茲以乾隆四十八年(1783)七月十八日武陵埔（今桃園境內）發生林雲等因爭墾而殺人燒屍案為例，據臺灣道楊廷樺奏稱：

值淡防同知馬鳴鑣因公在郡，先經新莊巡檢李國楷會營拏獲正兇要犯林淡等九名，臣廷樺訪聞此事，即飛飭馬鳴鑣到地勘驗，拏獲首犯林雲等，究出劉坤身屍，驗明具稟前來，奴才廷樺即飛飭提犯解郡，督同府縣逐加研訊。

諸犯凌遲斬絞、失職官員查參外，「鄉保、甲頭張三和、楊承錦、楊本等雖經到場阻止，未能先事解散，僅照牌頭失察例輕笞不足蔽辜，俱從重照不應重律杖八十，各責三十板、革役」[189]。

新莊巡檢只行「緝捕」而未行「勘驗」。乾隆四十七年(1782)，新莊巡檢亦曾遠涉噶瑪蘭烏石港有「搜捕」之役[190]。

次敍謀反事件：

清代與前代相同，有「親屬相為容隱」律，惟「若犯謀叛以

---

[188]　同上，「州縣因病告假，預期關行知照移請鄰邑相驗」條，頁1110。
[189]　〔明清史料〕，戊編第三本，頁 223-225，戶部「為內閣抄出福建臺灣總兵柴大紀，陞調按察使銜臺灣道楊廷樺等奏」移會。
[190]　〔噶瑪蘭志略〕，卷1，「建置志」，頁9。

上者，不用此律」[191]。一般刑案若能在鄉治系統中解決而不見官「毋使滋鬧涉訟」，是爲自治之最高境界。不過，人命案已採「強制告發」；「謀叛以上」之罪行，危及皇權之安定，更屬「強制告發」之範疇，親如父子亦不得「相爲容隱」。

臺郡常有「豎旗」事件。有的是謀反，有的卻是「挾嫌起意，豎旗圖陷」。巡檢雖屬微員，查察轄區內的「豎旗」事件，自屬責無旁貸。茲以乾隆二十五年（1760）五月鹿仔港豎旗事件爲例，說明查察呈報的過程。

根據二十五年（1760）十月三法司會奏：

> 據閩浙總督楊廷璋等奏稱：據臺灣府彰化縣知縣張世珍報據：鹿仔港巡檢陳登象報稱：五月二十二日，鹿仔港街尾有奸民豎立白布旗一面，約長五尺餘，上書奉國大元帥五字……該地現在查拿豎旗之人解究，先將布旗繳驗……[192]。

鹿仔港巡檢覺察之後立卽「查拿豎旗之人」，同時稟報彰化縣並將證物繳驗。

乾隆十八年（1753）四月，臺北平原亦發生豎旗事件，〔高宗實錄〕載：

> 淡水同知稟稱，所屬大浪泵港豎有紅布旗，上寫周裔郭……係民人劉和林因圖利起見，欲奉郭騰琚所充通事，

---

191 〔大清律〕，第4卷「名例律‧親屬相爲容隱」條：「若犯謀叛以上者不用此律。」（臺北，文海出版社影印本，民國53年），頁518。

192 〔明清史料〕，己編第十本（頁941），乾隆二十五年十月□日「刑部等衙門副奏摺」。

遂製旗以冀陷害，茲劉和林業經拏獲，不致驚擾地方
[193]。

劉和林旗內有「統領八社番民，以翦貪官」字樣，閩督認爲
「尤屬狂悖」，飭令臺郡就地正法[194]。這則史料出自實錄，實錄
乃就奏疏檔案節略而成，筆者尚未覓得原檔，無法詳究其辦案過
程，揆諸鹿仔港挿旗例，當是八里坌巡檢覺察後，「查拿豎旗之
人」，同時稟報淡水同知。

亂事爆發之後，巡檢又如何處置呢？

淡北設置巡檢之後，曾經黃教之亂與林爽文之亂，前者未波
及淡北，後者則於乾隆五十一年（1786）十一月底亂起，立時全
臺震動，「賊黨林小文等亦於初八日（十二月）毀新莊檢署，巡
檢王增錞奔艋舺免。賊因同知程峻、巡檢李國楷眷屬於滬尾，初
十日己酉，遍豎僞旗，踞新莊、擺接、八芝蘭、滬尾、八里坌等
處」[195]。

奔往艋舺的新莊巡檢，立即招集鄉勇，同時向福建巡撫與提
督請援。實錄乾隆五十二年（1787）正月辛未條引閩撫徐嗣曾奏
稱：

> 據淡防新莊巡檢王增錞稟稱：賊人現踞後壠，當即招集
> 鄉勇捕剿。現聞塹城已失，程同知被圍不知着落，淡水
> 都司全營兵丁俱駐艋舺堵禦，但兵力薄弱，必須發兵赴
> 援，臣即將現派備之省兵一千五百名，飭令閩安協副將

193　〔高宗實錄〕，卷437乾隆十八年四月「是月」條。
194　〔高宗實錄〕，卷447乾隆十八年七月「是月」條。
195　〔淡水廳志〕，卷14「祥異考」附「兵燹考」，頁157。

徐鼎士等帶赴該處勦捕[196]。

徐嗣曾另疏奏稱：

> 復准提臣黃仕簡亦因淡水新莊巡檢王增錞稟報，現於艋
> 舺地方募雇鄉勇堵禦，咨臣撥兵救援，臣卽添派員弁，
> 隨副將徐鼎士等前往[197]。

雖然乾隆帝認爲「況無迫不及待之情形」，不贊成他們卽派大兵東渡淡北[198]；但是，徐鼎士仍領兵渡海，於正月二十四日「抵淡水駐艋舺」[199]，且派委「倖滿巡檢李國楷管解糧米一千二百石，隨同安協副將徐鼎士等兵船支放」[200]，李國楷卽王增錞前任的新莊巡檢。徐鼎士很快的弭平了北臺的亂事，率兵南下，屯兵大甲溪口，「淡北恃以無恐」[201]。

林爽文之亂，大甲溪以北受害最輕[202]，其原因固非一端，惟新莊巡檢王增錞於淡水同知被圍、生死難卜，淡水營都司懸缺，以守備署理[203]的情況下，以淡北最高地方長官的身分，毅然分別向閩撫、提督稟報請援，可以說是充分發揮了它應有的維持地方治安「警備不虞」的功能。

196　〔高宗實錄〕，卷1272「乾隆五十二年正月辛未條引」。
197　同上，丁丑條引。
198　同上。
199　〔淡水廳志〕，卷14「祥異考」附「兵燹考」，頁158。
200　〔明清史料〕，戊編第五本，頁 408-410，乾隆五十六年六月十六日閩浙總督覺羅伍納報銷題本。
201　〔淡水廳志〕，卷14「祥異考」附「兵燹考」，頁158。
202　〔明清史料〕，戊編第三本，頁 285-286，乾隆五十三年四月一日兵部「為內閣抄出福建巡撫徐奏」移會引是年三月徐嗣曾撫邱難民及察看地方情形奏摺。
203　〔高宗實錄〕，卷1272「乾隆五十二年正月己卯條」。

四、新莊巡檢的特殊職責與差遣

新莊巡檢除了「就近實力稽查」淡水新莊港[204]、輯和民番關係、維持地方治安和前述處理漂流的外國難民之外，還有一些地域性的責任或臨時差遣，譬如「查礦」就是新莊巡檢的一件特殊責任。

淡水盛產硫磺素為人所習知，閩省火藥不敷，即往淡水採硫補充；郁永河〔裨海紀遊〕亦題稱〔採硫日記〕，便是記述他到淡水採硫的經過。由於硫磺是製造黑色火藥的主要原料，故而出入海口、私販俱有禁例[205]，淡水孤懸海外，當局慮其一經開採，即難於控制，不但不許私採，連官方也盡量避免在淡水採礦。乾隆十三年 (1748)，閩撫潘思榘奏稱：

> 查閩省各標、協、營操演火藥，每年以貢礦撥用，遇有
> 不敷，前經議往臺郡淡水、雞籠地方開採礦泥。淡水孤
> 懸海外，番民雜處，礦廠一開，恐聚匪滋事，若收買琉
> 球餘礦，免至淡水開採，海區更為嚴密[206]。

此奏刊入會典[207]。為了海防的嚴密，淡水實施禁採。礦區為新莊巡檢所轄，依例必須會同防汛兵丁「按月親赴各處巡查」[208]，

204　〔福建省例〕（二十三），「船政例」「會通設立澳甲條款」，頁673-676。

205　〔吏部則例〕「兵部・海防門・硝磺出洋」條，頁11。

206　〔高宗實錄〕，卷318「乾隆十三年七月庚寅」條。

207　〔大清會典事例〕，卷894「工部・單火門・火藥・乾隆十三年」條。

208　〔福建省例〕（三十四）「雜例」「會查寧德縣所轄十四、十五兩都一帶山
場遍產礦沙」條。

惟私採圖利者仍難禁絕[209]。林爽文被擒後供稱：「將牆上年久石灰煎熬成硝，在北路生番山裏私換硫磺，配作火藥」；當局更「嚴切查禁」[210]，終屬無益，進而「設屯番守之，艋舺營會同新莊縣丞，四季仲月焚燒，年終結報，杜私採」[211]。

據〔承領臺餉章程〕，臺灣文、武官吏員弁餉銀，「向派臺協三營內熟識水務守備一員、文職佐雜一員承領」[212]，乾隆三十九年底，新莊巡檢劉大榮即偕同臺協右營守備陳志元由臺灣到省城福州領運「臺澎乾隆四十年分餉銀、餉錢」[213]。劉大榮赴省領餉期間，新莊巡檢職務另委韓煥綸署理[214]。

此外，如稽查工事[215]，調查、賑濟天災[216]等都是巡檢有機會

209　〔明清史料〕，己編第十本，頁 974，乾隆五十三年十一月二十三日刑部「為內閣抄出福建巡撫徐嗣曾奏」移會。又同書，頁 975，乾隆五十四年正月刑部「為內閣抄出臺灣總兵奎林等奏」移會。

210　〔大清會典事例〕，卷894，乾隆五十三年條。又〔高宗實錄〕，卷 1320「乾隆五十四年正月丙寅條」載：「諭軍機大臣等……內地奸匪偷渡挖磺之事，從前原未能禁絕……據福康安奏明封禁，並於石門要路添設汛兵防守……著傳諭福康安卽嚴飭淡水地方文武賫率弁兵於近山、近海地方嚴密稽查……。」

211　〔淡水廳志〕，卷12「物產考‧附錄‧磺案」，頁147-148。

212　〔福建省例〕（十八），「兵餉例」「閩省各營請領俸餉米折按照銀數撥兵護送」條引，頁508。

213　同上，「領運臺餉限期」條，頁494-495。

214　〔淡水廳志〕，卷八「職官表‧文職門‧巡檢表」，頁111。

215　〔明清史料〕，戊編第十本，頁 959，「閩浙總督孫爾準等奏摺（官民捐建淡水廳城垣壇廟請獎）」載：「紳士公議，改建石城，由道奏明，遴委竹塹巡檢易金杓就近隨同署淡水同知李慎彝，賫率董事等人，擇吉興辦。」
　　〔明清史料〕，戊編第九本，頁 824，「閩浙總督喀爾吉善題本」（報銷臺灣北路淡水同知並貓霧捒、鹿仔港、竹塹、八里坌各巡檢建蓋衙署監獄工料銀兩）。八里坌巡檢署建蓋衙署，當亦為巡檢之工作。

216　〔明清史料〕，戊編第五本，頁 434-435，兵部「為內閣抄出福水提兼臺灣鎮總兵哈當阿，臺灣道楊廷理等奏」移會載：「嘉義、彰化二縣地震……現在分頭確查，並飭委營弁巡典各官，分赴各鄉查明……就近賞邱……先提府庫備公銀五千兩，帶同署防同知清華，並遴調佐雜四員……按戶分別散給。」其例甚多，不贅舉。

擔當的職務。

五、新莊巡檢的社會功能

　　巡檢在整個官治系統中是最低階的文員，在督撫或中央的眼中是「微員」[217]，但是在轄區內的百姓眼中，終是「親民官」、地方首長，與百姓的切身利害關係最為密切。因此，巡檢若是關心轄區的民生利弊，充分運用他的影響力，也可能完成一些職責之外的事業。譬如本文第三章第二節曾經述及乾隆九年任八里坌巡檢的虞文桂，為了「振興文敎」，在新莊街尾捐設義學一所，後來因「講堂稀少」而改為衙署。汀州貢生胡焯猷頗引以為憾，遂於乾隆二十八年，捐獻八十餘甲水田和莊園，創辦了北臺第一所書院──明志書院[218]，淡北文風之盛實肇因於此。

　　乾隆二十年代 (1755-1765)，臺北平原上開鑿灌溉溉漑的風氣很盛，巡檢的鼓勵也是很主要的驅動力。 海山張氏家藏〔水利原由便覽〕，抄錄乾隆二十六年 (1761) 張氏與劉氏競鑿灌溉渠時，張家呈給八里坌巡檢的第一分狀紙，其控詞中即有如下一段說辭：

> （劉）承纘窺包憲愛民如赤，各業戶蒙諭開圳，念切諄諄，乘此嘉會，將開圳大名目，不思有無害人，妄奔赴具呈，瞞誑包聰……[219]。

---

[217]　〔高宗實錄〕，卷1479「乾隆六十年五月丁丑條」載：「上諭：伍拉納身為總督……在內地遷延觀望……況朱繼功以丁憂巡檢微員，豈可轉責其罕眷內渡？」

[218]　〔明志書院崇底〕，第一冊，頁 10a。參見拙著，〔新莊發展史〕第三章第三節。

[219]　〔水圳原由便覽〕之一，「乾隆二十六年二月初十日業戶張必榮呈控劉承纘狀稿」。

筆者在本文第五章第三節敍述張、劉兩家互控的訴訟過程時，曾抄引兩份狀紙上的巡檢的批示。「互控」乃基於雙方自認己方「理直氣壯」而對方則「理虧氣粗」而涉訟，往往一經興訟即各盡所能，運用一切財力、人力和關係，必勝訴而後已。但是張、劉兩氏卻由於新莊巡檢以鑿成圳渠爲首要目的，極力平息訟案。是以張、劉互控雖然上訴到道臺衙門，終以兩圳開成，在巡檢的調解下，達成「和息」而結案。足證新莊巡檢對於推動臺北平原的水田化運動有相當的貢獻。

寺廟的社會功能是眾所周知的。媽祖是航海神，也是東渡移民的保護神。新莊是當時北臺「大都會」，政治、商業、航運中心，「內地人民赴臺貿易，由郡而來北路必至於是」[220]。新莊街的天后宮（卽慈祐宮）自然成爲當時臺北平原拓墾者、貿易者的信仰中心。乾隆四十二年(1777)，新莊巡檢曾應蔚領導信徒重修天后宮，乾隆四十四年 (1779) 立重修碑，碑記云：

> 丙申冬，余奉命守玆土，朔望瞻拜、仰視棟撓榱折，
> 惕然有整理之思 …… 越二載稍得舒展，適父老躬堂請
> 曰：慈祐宮合淡具瞻，今頹已甚，奚足以奉神明。
> 余答曰玆舉久繫于懷，惜不能獨理 …… 卽舊址而鼎新
> 之，廟立三進 …… 肇工于丁酉之冬，落成于己亥之秋
> ……[221]。

乾隆四十三年 (1778) 李武侯、李維芝等捐獻座落今臺北縣土城鄉俗稱媽祖田地方的山埔地約三百甲給慈祐宮作爲祀田；乾

---

220 〔明志書院索底〕，第一冊，頁26。
221 新莊市新莊街慈祐宮藏，「乾隆四十四年己亥桂月慈祐宮重修碑」。

隆五十五年（1790）曾立一全臺罕見的匾額形「木碑」，記述了
捐獻、招墾、清丈的經過，並附刻了一份簡單的地圖，謹節錄其
碑文如下：

> 乾隆戊戌年，李武侯、李維芝向土目茅玬琬批九芎林山
> 埔，願獻爲新莊天后祀田，呈明前司主曾詳明前分憲成
> 給諭招墾備案，至辛丑年僧志修招李謹琳承墾，每年納
> 租壹佰石，本年經首事趙隆盛等以增租裕祀等詞稟新莊
> 司主周，勘明成熟田十甲零，餘埔田陂塘不在丈內……
> 增租每年連舊共納租貳佰柒拾石，經司主周詳明分憲袁
> 立案勒石，以垂永久[222]。

「司主曾」即巡檢曾應蔚，「新莊司主周」即最後一任新莊
巡檢周書鳳。

新莊慈祐宮保存的這兩件乾隆時代的史料，顯示新莊巡檢與
寺廟的關係是相當密切的。正如曾應蔚所說的：「余奉命守茲
土……憋然有整理之思。」媽祖是新莊巡檢與轄下百姓共同的信
仰對象，巡檢也是「信眾」的一分子，他們透過宗教祭祀相互聯
繫溝通，地方官同時也成爲社會團體的領袖。這與「興學」正是
守土親民官與轄下縉紳、百姓相互溝通的主要管道，也是推行慈
善救濟事業，維持社會安定的主導力量。

陸、結論

巡檢－－職或始於唐末、五代之時。南宋分巡檢、都巡檢、都

---

[222]　慈祐宮藏，「乾隆五十五年歲次庚戌柒月天后祀田碑」。

巡檢使三級，置於「控扼要害及地分濶遠處」，「掌巡邏幾察之
事」。元代簡化爲一級，初置於「民少事簡之地」[223]，是不入流
的地方雜職；至元二十一年（1284）在大都置三巡檢司，「掌捕
盜賊奸宄之事」，協助維持京師治安[224]。明代巡檢爲從九品的「
雜職」，京畿、沿邊、沿海「凡天下要衝去處設立巡檢司」[225]，
「稽查地方」「警備不虞」。

清代大抵沿元、明之舊，巡檢爲從九品雜職，設在京畿、邊
陲或衝要繁難之地。雍正九年（1731）設八里坌巡檢於臺北，卽
由於其地爲海防要區，又是新墾之地，戶口日增，民番雜處，必
須設官分治「以資彈壓」。

設於邊陲或衝要之區的巡檢，多屬「有地方之責」的「分轄
衙門」。以乾隆中期的臺灣爲例，全島七巡檢中，有六個巡檢是
「分駐要地」，止有竹塹巡檢與淡水同知同城[226]。

巡檢的主要職責是「稽查地方」，也有相當多的律令、條例
限制其「稽查權」的擴張。但是，分守巡檢與正印官的駐地不
同，轄區各異，雖然其職低位卑，仍是其轄區的行政長官。

---

223 〔元史〕，卷91「百官志」七（商務百衲本），頁16a。
224 〔元史〕，卷90「百官志」六，頁28b。
225 〔大明會典〕，卷138「兵部」二十一（東南書報社影印萬曆會典），頁1a-
　　39b。
226 余文儀〔續修臺灣府志〕，「職志・官制門」，頁120。
　　又同書卷2，「規制志・公署門」，載各巡檢司公署駐地如下：
　　淡水巡檢司：今質公館在港東嵌頂街（頁65）。
　　佳里興巡檢司：在鹽水港（頁66）。
　　斗六門巡檢司：在斗六門（頁66）。
　　鹿子港巡檢司：在鹿子港（頁67）。
　　貓霧捒巡檢司：在貓霧捒（頁67）。
　　八里坌巡檢司：今移駐新莊公館（頁67）。

　　以新莊巡檢爲例，平時處理日常行政業務，從事海防工作，處理外國難民事件，管理新莊港，稽查往來船隻、人、貨，處理械鬥、命盜案件、豎旗謀反案件，搜捕罪犯。新莊巡檢也接納「投詞告狀」，並予以處分，可視同第一級、初審的司法機關。以新莊平原上劉、張兩族競鑿萬安圳、永安圳而互控的民事訴訟爲例，淡水同知、臺灣道也相當尊重新莊巡檢的處分，臺灣道且發回巡檢「勘訊」，終以「和息」銷案，而兩大灌溉渠也得以開鑿成功。

　　由於臺北盛產硫磺，巡檢也負責「禁探」、「查磺」的工作；遇有天災、人禍，負責調查賑濟；此外也得承擔一些臨時性的差遣，像稽查工事、運米，赴省承領臺餉等等。

　　巡檢也有相當的社會功能，譬如：捐設義學、振興文教、聯合地方父老整修廟宇、協助主事之人管理祀田、廟產。巡檢也籲請「業戶」開鑿灌溉渠，致力於臺北平原的水田化運動。巡檢與縉紳、耆老聯繫溝通，不僅是從事社會工作，也有助於政令之推行與經濟之發展。

　　乾隆中期，新莊巡檢的直轄上司淡水同知由彰化移駐竹塹士林莊（今新竹市）。由於淡北富庶，又有良港，業戶輸納上倉者眾，興築艋舺倉厫與竹塹之數乃相等，同知遂於艋舺倉厫設置「行館」，往來於竹塹艋舺之間。同知「巡視」、「監臨」於艋舺時，巡檢之職權與功能等同「同城巡檢」，爲同知所扼。然而新莊巡檢終爲臺北地方之行政長官，遇有緊急狀況，正印官無法行使職權時，巡檢也有緊急處分權，代理正印官行使職權，例如林爽文之亂興，淡水同知被困於竹塹，新莊巡檢成爲大甲溪以北唯

一的行政長官，立卽撫民、招勇、備禦並分禀福建巡撫、福建提督求援，充分發揮了「警備不虞」的功能。亂平之後，當道遂改分守巡檢爲「新莊縣丞」。

　　雍正九年（1731）設八里坌巡檢於臺北，尋改爲新莊巡檢，乾隆五十四年（1789）陞巡檢爲「新莊縣丞」，光緒元年(1875)臺北添設一府三縣一通判[227]，終爲全臺首善之區。則巡檢之設置，不僅是邊陲地區開發的象徵，臺北官治體系之權輿，也是臺北發展史上重要的里程碑。

附錄：

（新莊八里坌）巡檢表

　　本表根據劉良璧〔重修福建臺灣府志〕、范咸〔重修臺灣府志〕、余文儀〔續修臺灣府志〕、陳培桂〔淡水廳志〕以及本文考證所得製成。

　　表一：八里坌巡檢

姓　名	籍　　貫	出身	到任年月
魯　浩	順天宛平	吏員	雍正十年任
張　錦	順天大興	吏員	乾隆元年任
潘紹顯	順天大興	吏員	乾隆元年任
杭可畏	順天大興	吏員	乾隆五年任

227　光緒元年十二月二十日「上諭准添設臺北府，移紮南北路同知及改營制學政等事」（〔文獻叢刊〕，第27種〔臺案彙錄〕壬集，頁54）。

表二：移駐新莊之八里坌巡檢

虞文桂	奉天承德	吏員	乾隆九年任[228]
段續綸	順天大興	鴻臚寺書吏	乾隆十五年任
包 灝	順天大興	兵部效力	乾隆十六年任
呂學謙	江西樂平	吏員	乾隆十六年任
段續綸			乾隆十七年回任
盧士吉	浙江仁和	吏員	乾隆十八年任
殷世楫	正白旗漢軍	監生	乾隆二十年署
盧士吉			乾隆二十年回任
趙榮壽	順天大興	吏員	乾隆二十二年任
韓佐唐	湖南湘潭	監生	臺灣縣丞乾隆二十三年署
趙榮壽			乾隆二十四年回任
包 灝			乾隆二十六年回任[229]
高遐齡	江蘇元和	吏員	乾隆二十八年任
金璧熒	四川遂寧	吏員	乾隆二十八年任
胡 炳	浙江山陰	監生竹塹巡檢	乾隆二十八年任
虞好善	順天大興	吏員臺灣縣典史	乾隆二十九年任
金璧熒			乾隆二十九年回任
孫玉書	浙江蕭山	議敍正八	乾隆三十年署
錢 廉	直隸易州	監生	乾隆三十一年任

表三：新莊巡檢

吳澤遠	湖北漢陽	監生	乾隆三十四年任

228　據〔明志書院案底〕改。

229　據〔水圳原由便覽〕增入。疑包灝於乾隆十六年任新莊巡檢為二十六年之誤。亦可能為回任，例如張啓進卽四任新莊巡檢，初任至末任首尾相距十一年之久，則包灝於二十六年再任亦非不可能。

沈含章	順天大興	吏員	乾隆三十七年署
謝洪光	順天大興	監生	乾隆三十七年署
劉大榮	甘肅武威	吏員	乾隆三十八年任
韓煥綸	順天宛平	議敍從九	乾隆三十九年署
劉大榮			乾隆四十年回任[230]
曾應蔚	江西長寧	監生	乾隆四十一年任
張啟進	安徽祁門	監生	乾隆四十四年任
唐峻德	順天涿州	吏員	乾隆四十五年署
張啟進			乾隆四十五年回任
吳 元	順天宛平	議敍從九	乾隆四十七年署
張啟進			乾隆四十七年回任
何 毅	廣東興寧	監生	乾隆四十八年署
李國楷	江西金谿	議敍從九	乾隆四十八年任
吳永寧	浙江山陰	議敍未入	乾隆四十九年署
李國楷			乾隆四十九年回任
王增錞	河南永城	監生	乾隆五十一年任
張啟進			乾隆五十二年回任
王增錞			乾隆五十四年回任
周書鳳	浙江仁和	監生	乾隆五十四年任

──本文原刊於〔食貨月刊〕復刊第11卷 8～9 期（民國70年11～12月出版）

---

230 劉大榮乃奉差赴省領臺餉，差畢回任，本表所列回任者甚多，巡檢之差遣或
　　亦不尠。

閩粵移民的協和與對立
——客屬潮州人開發臺北與新莊三山國王廟
的興衰史

壹、以「三山國王」爲主神的宗教信仰

貳、客屬潮州移民的拓墾與三山國王信仰在臺灣的傳播

叁、先住民、閩、粵移民雜處共墾關係的演變

肆、客屬潮州人開發臺北、新莊平原史

伍、閩、粵移民的矛盾對立與新莊三山國王廟的興衰史

陸、結論

壹、以「三山國王」爲主神的宗教信仰

新莊廣福宮又名三山國王廟，以「三山國王」爲主神。

「三山國王」是粵東潮州府轄下九縣客家人的福神。

關於「三山國王」信仰的起源和東傳臺灣的情形，乾隆九年
（1744）在今天臺南三山國王廟裏所立的一方古碑「三山明貺廟
記」有相當詳細的描述，其原文如下：

> 潮之明貺三山之神，其來尚矣。夫潮屬之揭陽，於漢爲
> 郡，後改爲邑。邑兩百里有獨山，越四十里有奇峰，曰

玉峯；玉峯之右，有眾石激湍，東潮、西惠，以石爲
界，渡水爲明山；西接梅州，州以爲鎮，三十里有巾
山，地名霖田。三山鼎峙，英靈所鍾。當隋時失其甲子
二月下旬五日，有神三人，出於巾山。自稱昆季受命於
天，分鎮三山，託靈於玉峯之石，廟食於此地，前有古
楓樹，後有石穴。降神之日，上生蓮花綘白色，大者盈
尺。鄉民陳姓者白晝見三人乘馬而來，招己爲從者。未
幾，陳遂與神俱化。眾異之，乃卽巾山之麓，置祠合
祭。旣而降神以人言，封陳爲將軍。赫聲濯靈，日以益
著，人遂尊爲化王，以爲界石之神。唐元和十四年，昌
黎韓公刺潮州，靈雨害稼，眾禱於神而響答，爰命屬官
以少牢致祀，祝以文曰：「淫雨旣霽，蠶穀以成，織女
耕男，欣欣衎衎。其神之保庇於人，敢不明受其賜！」
宋藝祖開基，劉鋹拒命，王師南討。潮守王侍監赴禱於
神，果雷電風雨；鋹兵遂北，南海乃平。迨太宗征太
原，次於城下，忽睹金甲神人揮戈馳馬，師遂大捷，魁
渠劉繼元以降。凱旋之日，有旌見城上雲中，曰「潮州
三山神」。乃命韓指揮舍人，詔封巾山爲「清化威德報
國王」、明山爲「助政明肅寧國王」、獨山爲「惠威弘
應豐國王」，賜廟額曰「明貺」；勅本部增廣廟宇，歲
時合祭。明道中，復加「靈廣」二字。蓋肇跡於隋、顯
靈於唐、受封於宋，數百年來，赫赫若前日事。嗚呼！
神之豐功盛烈，庇於國、於民亦大矣哉！
潮之諸邑，在在有廟，莫不祗祀。水旱疾疫，有禱必

應。夫惟神之明，故能鑒人之誠；惟人之誠，故能格神
之明。神人交孚，其機如此，謹書之，俾海內人士歲時
拜於祠下者，有所考而無慊於誠焉。

賜進士第、資德大夫、正治上卿、太子太保、禮部尚
書、前左春坊左庶子、翰林侍讀、經筵講官同修國史，
郡人盛端明撰。

三山國王者，吾潮合郡之福神也。自親友佩爐香過臺，
而赫聲濯靈遂顯於東土。蒙神庥，咸欣欣建立廟宇，為
敦誠致祭之所；但往往以神之護國庇民、豐功盛烈未知
備細為憾。勷等讀親友來翰，適得明禮部尚書盛諱端明
所作廟記一篇，甚詳且悉。因盥手繕書，敬刊於左上之
廟中。俾東土人士亦有所考而無憾於誠者，未必非神之
靈為之也。

時乾隆九年歲次甲子上元吉旦，沐恩弟子洪啟勷、陳可
元、許天旭、周奕沛、梁朝舉、洪肇興、伍朝章、舉義
忠、陳傑生、曾可誠、洪良舉[1]。

　　臺南三山國王廟是乾隆七年（1742）臺灣縣楊允璽、鎮標左
營游擊林夢熊等潮籍官吏倡導捐建的寺廟，同時也是潮州會館，
是地方色彩很濃的廟。「三山明貺廟記」原來是明代弘治年間（
1488-1505)進士盛端明的作品。盛端明是潮州饒平人，字希道，
號玉華子，好道術，自稱能煉製長生不老的藥，因而受到皇帝的
寵信，嘉靖二十四年（1545）得任禮部尚書[2]。

[1]　原碑為木質，懸於臺南市立人街三山國王廟內，稱之為匾也無不可。碑文採
　　自〔臺灣文獻叢刊〕，第218種（〔臺灣南部碑文集成〕，頁36-37）。
[2]　〔明史〕，卷307「佞倖列傳」，頁29。

　　盛端明是第一個將「明貺三山之神」信仰系統化、理論化的人。「三山明貺廟記」原碑在潮州揭陽縣界巾山之麓阿婆墟的祖廟中，臺灣的潮州同鄉籌建三山國王廟，才託人從故鄉抄錄寄到臺灣來，刻碑立匾的日子——乾隆九年（1744）大約就是三山國王廟落成的時間。

　　中國民間信仰的神祇包含自然神和人格神。也就通常所謂的天神、地祇、人鬼三界神靈。天神包括玉皇上帝、日月星辰和風伯雨神等神；地祇則包含土地、社稷、百物和山岳河海等神；人鬼則包含先王、功臣、先祖、先師以及一切知名或不知名的具有超人能力的「神格化人」或「鬼格化人」，其中還有不少小說家杜撰的神。

　　根據盛端明的說法——這也是三山國王信仰的主旨——「三山國王顯然最初是獨山、明山、巾山三山的自然神（山神、地祇），後來加上陳姓鄉民的「人鬼」，日久「靈驗」之蹟累積，達到「神人交孚」的地步，而成為兼有地祇、人鬼雙重性格的神。

　　近世有一些人或許認為三座山和一個陳姓無名鬼的「神氣」不足，於是附會南宋的亡國之君趙昺為巾山神，兩個忠臣張世傑為獨山神、陸秀夫為明山神；不過，凡是讀過盛端明的「三山明貺廟記」的人，大抵都不採此說[3]。至於日久以忠臣取代無名鬼之說是否能為大家所接受，那就有待時間的考驗了。

　　中國的「神界」也直接反映「人間」的一切，崇敬一神，往往也將「人間」的人事關係如妻妾、子女、僚屬、賓客等配屬於

3　　譬如日本學者國分直一、前島信次和中國學者連景初都未採此說（見連景初，「三山國王廟」，〔臺灣風物〕，23卷1期）。採用此說的大抵都未曾讀過盛端明的「三山明貺廟記」或乾隆九年的碑記都無引述必要。此處乃引自廣福宮管理委員會民國六十六年七月所填的「臺灣省臺北縣寺廟調查表」。不過，民國六十九年十一月二十一日上午筆者研究助理賴覽卿訪問連文輝時，連氏兄仍據盛端明的「三山明貺廟記」，敘述「三山國王」的由來。

該神，因此，民間信仰的寺廟主神如爲男神，大抵都有後殿以
配祀其妻妾子女。三山國王的性格雖如上述的三個自然神加上一
個無名鬼或者一個亡國之君加上兩個忠臣，但是一般百姓只求靈
驗，而並不細究，往往視「三山國王」爲三「男神」，而以三個
女姓「三山國王夫人」配祀，臺南的三山國王廟如此[4]，新莊廣
福宮亦然。

貳、客屬潮州移民的拓墾與三山國王信仰在臺灣 的傳播

康熙二十二年（1683）延平王國敗降。施琅復臺，此後卽積
極從事撫輯、招徠的工作。「靖海將軍侯施公功德碑」曾說明施
琅「念弁目之新附未輯也，兆庶之棄業虧課也，則又委參將陳君
諱遠致者，加意鈴束之，殫心招徠之」[5]。首任臺灣總兵楊文魁
曾立了一個「臺灣紀略碑」。也說：「靡蕪極目，藉人耕墾始無
曠土；奈阻於洪濤，招徠不易。」[6] 康熙五十五年（1716）纂修
的〔諸羅縣志〕「秩官志」立傳的只有兩人；其一以經始臺灣府
志入傳，另一個是康熙二十九至三十四年間（1690-1695）任諸羅
知縣的張玭，以「見邑治新造多曠土，招徠墾闢，撫綏多方，流
民歸者如市」入傳[7]，足證招徠墾闢是當時的要政。

4　連景初前揭文所錄國分直一調查報告。
5　高拱乾，〔臺灣府志〕，卷10「藝文志」（〔中華大典方志彙編本〕），頁
　　255錄其碑文。
6　同上頁259錄其碑記。
7　周鍾瑄，〔諸羅縣志〕，卷3「秩官志·列傳」（臺灣銀行經濟研究室編
　　印，〔臺灣方誌彙刊本〕），頁49。

康熙中葉，移民東渡的大抵都是閩南人，郁永河到臺灣來親見：「臺民皆漳、泉寄籍人。」[8]康熙四十年（1701）以後，惠、潮粵籍人才逐漸東移。

第一任巡臺御史（康熙六十一年任）黃叔璥的「番俗六考·北路諸羅番之四」載：

> 羅漢內門、外門田，皆大傑嶺社地也。康熙四十二年，臺、諸民人招汀州屬縣民墾治，自後往來漸眾[9]。

「汀州屬縣民」即所謂「汀州客」，即閩籍客家人，因此惠、潮客家人也當於此時東渡。

康熙五十年（1711）三月，臺灣知府周元文「申請嚴禁偷販米穀詳稿」云：

> 閩、廣之梯航日眾，綜稽簿籍，每歲以十數萬計[10]。

康熙六十年(1721)藍鼎元隨兄廷珍統軍渡臺平朱一貴之亂，曾經「上窮淡水，下盡郎嬌」「深諳全臺地理情形」[11]，其「覆制軍臺疆經理書」云：

> 國家初設郡縣，管轄不過百里，距今未四十年，而開墾流移之眾延袤二千餘里，糖穀之利甲天下……北至淡水、雞籠，南盡沙馬磯頭，皆欣然樂郊，爭趨若鶩[12]。

黃叔璥又謂：「南路淡水卅三莊皆粵民墾耕。」[13] 陳夢林

---

8 郁永河，〔裨海紀遊〕，卷下（〔臺灣文獻叢刊〕，第44種，方豪校訂本）頁32。

9 黃叔璥，〔臺海使槎錄〕（臺灣銀行，〔臺灣文獻叢刊〕，第4種），卷5「番俗六考·北路諸羅番四·附載」，頁112。

10 周元文，〔續修臺灣府志〕，卷10「藝文志」（〔中華大典方志彙編本〕所收），頁122。

11 藍鼎元，〔東征集〕，卷首（〔臺灣文獻叢刊〕，第12種）藍廷珍序。

12 同上，卷3，頁34。

13 黃叔璥前引書頁93自記語。

於康熙五十五、六年間（1716-1717）撰述〔諸羅縣志〕時亦謂：
「今流民大半潮之饒平、大埔、程鄉、鎮平，惠之海豐」[14]。

　　陳夢林、黃叔璥都是康熙末期親自到臺灣目睹實際情況的
人，因此，閩西汀州客民和粤東潮州、惠州、嘉應州客家人對於
臺灣的開拓貢獻極大是毫無疑問的[15]。

　　黃叔璥所謂的「南路淡水卅三莊」，指今高雄、屏東一帶；
陳夢林所謂「流民」的活動區則指今彰化、雲林、嘉義一帶，正
是今天三山國王廟的主要分布區。

　　由於三山國王是客屬潮州九縣人民的福神，潮州人要移民外
出時，往往都帶著三山國王廟的「爐香」做為護身之用。移民臺
灣時也如此，臺南三山國王廟中乾隆九年（1744）所立的碑後附
有「跋文」，文中曾謂「三山國王」：

　　　　自親友佩爐香通臺而赫聲濯靈遂顯於東土。

　　能安全抵達臺灣的，都以為是得到「三山國王」神的保佑，
所以「咸欣欣建立廟宇」，因此，三山國王的信仰就隨著潮屬九
縣客家人的腳步，散布於全臺各地。

　　興築或維持一座三山國王廟必須有相當數量的客屬潮州九縣
移民，因此我們可以視三山國王廟的分布為研究潮屬九縣移民的
一項重要資源。由於三山國王廟的創建時間有先後，而乾隆末期
以後，臺灣又經過長時期的內部整合運動，若干地區由昔日的
閩、粤雜處，慢慢形成分區而居的形勢。譬如原先散布於臺北平
原各處的粤人經過嘉慶、道光年間激烈的整合運動之後，多半遷

14　〔諸羅縣志〕，卷7「兵志防・陸路防汛」，頁78。
15　此節參見拙著，「北臺拓墾初期通事所扮演之角色及其功能」一文（〔臺北
　　文獻〕，直字第59、60期合刊本，民國71年6月）第四章。

徙到今天的桃、竹、苗和宜蘭等客屬地區，少數留在臺北平原上的客家人，由於人數較少，反而坐看閩南人自行拚鬥，有時候也幫助其中一方與他方拚鬥，這些少數客家人多有「福佬化」的傾向而成爲「福佬客」，其中也有人已經杳然而不知自己原爲客屬了。在這種情況下，客屬潮州九縣人民所信仰的三山國王廟比其他的地方性神祇所代表的歷史意義就更爲複雜了。

根據民國四十八、九年（1959-1960）劉枝萬先生所作的調查；三山國王廟分布較密的地區是今天的宜蘭、屏東、彰化、新竹四縣，其次是臺中、高雄、嘉義、雲林等四縣。

屏東的佳冬有四座三山國王廟，萬巒、內埔有三座，潮州、高樹、新埤兩座，屏東、恒春、長治、九如、麟洛、竹田、林邊、車城各一座。其中屏東的三山國王廟成於乾隆十六年（1751），林邊的忠福宮、佳冬的千山公侯宮、國王宮、王爺廟、車城的保安宮都成於乾隆年間，而九如的三山國王廟比前述各廟更早，顯示這些地方是潮屬客家人移民早而且多的地區，與黃叔璥在「番俗六考」中的敍述相符。

彰化的永靖有四座三山國王廟，竹塘三座，彰化市、員林、埔鹽、埔心二座，溪湖、社頭、田尾、溪州各一座。此外彰化市也有祭祀汀州客屬人士福神定光佛的定光廟一座。其中員林的廣寧宮成於雍正十三年（1735），彰化的福安宮、埔心的霖鳳宮、霖興宮、社頭的鎮安宮都成於乾隆年間，鹿港的霖肇宮更是霖興等宮的祖廟，年代當更早，正是陳夢林在〔諸羅縣志〕中敍述的景況。

新竹的竹東有四座三山國王廟，橫山、芎林三座，寶山兩

座，峨眉、新埔各一座。竹東的國王宮成於嘉慶年間，新埔的廣
和宮、寶山的新豐宮成於道光年間。

　　宜蘭的多山有九座三山國王廟，員山七座，蘇澳四座，礁溪
三座，宜蘭市兩座，羅東、三星各一座。蘇澳的保安廟成於嘉慶
二十年(1825)，羅東的興安宮成於道光年間，蘇澳的王爺廟和員
山的讚化宮成於咸豐年間，其他的都是光緒以後才新建的[16]。

　　新竹的丘陵區和宜蘭地區開發較晚，兩地的三山國王廟，除
卻少數幾座成於嘉慶末年和道光年間外，多半的都成於咸豐、同
治以後。劉枝萬1959年前後調查的三山國王廟的分布情形與日治
時代1927年（民國十六，昭和元）左右所作的「臺灣在籍民族鄉
貫別調查」報告中，客屬潮州人的分布情形一致[17]。二者都顯示
今天的新竹丘陵區和宜蘭地區，是臺灣住民內部整合運動時期以
及第二波拓墾運動時期客屬潮州人的新天地。

　　根據劉枝萬的調查，臺北平原上也有兩座以「三山國王」為
主神的廟，其一為位於今新莊市新莊路的廣福宮，其一為土城鄉
土城村的慶安宮。兩廟由於信徒人數太少，連平日香火都難以維
持，更無力整修，早已呈現破敗的情況，慶安宮的「神明」由於
乏人祭拜，無法維持且有「福佬化」的傾向。

　　新莊廣福宮三山國王廟原是一相當壯麗精緻的廟，慶安宮也
不是最簡陋的廟，當年興建的時候，必定有相當多的客屬潮人信
徒而且必定達到一定的生活和捐獻能力才可能產生像新莊廣福宮

---

[16]　以上大抵是根據劉枝萬，「臺灣省寺廟教堂名稱主神地址調查表」（〔臺灣
　　　文獻〕，11卷2期，民國49年6月）所作的分析。
[17]　該報告於昭和三年（民國十七年，1928），由臺灣總督府官房調查課編印出
　　　版。

這樣美輪美奐的三山國王廟。

什麼歷史背景之下興建了廣福宮？何以廣福宮又因爲乏人奉祀而破敗呢？這不僅是有關廣福宮興衰的問題，也是有關臺北開拓史和客屬潮州人在臺北平原上的發展史問題，更是和不同祖籍的移民之間社會互動關係密切相關的問題。

叁、先住民、閩、粵移民雜處共墾關係的演變

有人說，泉州人先至，開發了濱海原野；漳州人後至，開闢近山地區；客屬各籍移民最後來，才進入丘陵山區。這種說法對於初至的拓墾者必先尋求水源，而以山腳、坑口最爲優先這一特色缺乏基本的認識；另一方面，也忽略了十八世紀末期綿延至十九世紀中期的長期械鬥所導致的臺灣社會整合運動的重要現象──大遷徙，而誤以爲十九世紀末期以來的漳、泉和閩、粵籍移民分區聚居的現象就是十七世紀、十八世紀臺灣拓墾時期的現象。更重要的是，這種說法自伊能嘉矩以來就缺乏實徵研究的支持，謂之信口開河亦不爲過[18]。

---

[18] 持此說皆直接或間接襲自伊能嘉矩，再加以膨脹、曲解，故此處不必一一列舉。

伊能嘉矩之〔臺灣文化志〕（昭和三年，刀江書店）第十四篇第四章「臺灣に於ける移殖漢民の原籍及拓地の年代」極爲簡略，全章僅九頁，其中七頁半爲拓殖年代表，一頁半敍述閩先至、粵後至以及閩人在「海岸平野」，粵人在「山腳丘原」。全章未引證任何文獻，與伊能氏一貫的風格不符。且年表中所列拓殖年代也與同篇第一章「開墾の沿革」中所記載的各地拓殖的年代也不同。此章若非伊能氏初至臺灣未經深入研究時的草稿，則是後人失察所竄入。

近人所寫有關臺灣史的文章，多以抄襲、編譯伊能氏的著作爲能事而缺乏實徵精神，既不尋求原始史料深究史實又懶於思辨。因此，此說雖然錯得離譜，卻仍瀰漫於文獻界的出版品甚至學院的論文中。

關於早期拓墾區的散布，康熙末期完成的〔諸羅縣志〕是人
盡皆知的重要史料，該書「封域志・山川門」有拓墾區的紀錄，
由南而北，摘記於下：琅包山：「下有曠埔，漢人耕種其中。」
關仔嶺山：「下有漢人耕種其中。」梅仔坑山：「山之西有漢人
耕種其中。」阿拔泉山、竹腳寮山：「內有林瓙埔，漢人耕作其
中。」猫霧捒：「東有曠埔，漢人耕作其中。」眩眩山：「下爲
竹塹埔，漢人耕種其中。」

〔諸羅縣志〕記載的「港」──海灣、潮汐影響所及的河，
則不外是「商船輳集」、「捕魚」。鹿港、二林以北的商船「載
脂麻、栗豆」，笨港以南的商船才「載五穀貨物」。比較特別的
是淡水港，「澳內可泊大船數百，商船到此載五穀、鹿脯貨物」
[19]。

讀過前述〔諸羅縣志〕，應當不致於仍有「開發了濱海原野再
進墾近山地區再進墾丘陵山區」以及「臺灣的開發是由南向北」
這類純以地理的差異爲推理基礎的簡單想法，而應當從事以拓墾
者的需求──亦即以人文主義爲基礎的思考與研究。

筆者近年對於臺北地區拓墾史以墾照、開墾合同等老字據所
作的實徵研究，也證實拓墾者首先考慮的是水源問題。因此，今
天長道坑、五股、泰山、樹林地區的開發就遠早於今天三重、蘆
洲地區；而今土城、中和一帶的開發也早於板橋、永和地區[20]。

其次再談籍貫問題：

如前章所述，康熙四十年（1701）以前的移民大抵都是閩南

---

[19] 見於〔諸羅縣志〕，卷1「封域志・山川門」，頁23-37。
[20] 參見拙著，「臺北平原拓墾史研究（1697-1772）」載於〔臺北文獻〕，直
字第53-54 期合刊本，民國70年4月。

的泉州、漳州人，他們的拓墾區大抵侷限於今臺南一帶。康熙四十年（1701）以後，福建汀州和廣東潮州、惠州、嘉應州的客屬移民大量東渡之後，新墾區就形成各籍移民雜處的局面了。

陳夢林說諸羅縣境內：「今之流民大半潮之饒平、大埔、程鄉、鎮平，惠之海豐。」黃叔璥說：「南路淡水卅三莊皆粵民墾耕。」也就是說，除了現在的臺南一帶，此外的新墾區，康熙末期拓墾者的籍貫結構已經大變；現在的高、屏地區，以粵籍移民爲主而間雜以閩籍移民，現在的嘉義、雲林、彰化和彰化以北的諸羅縣轄區，則大半是粵籍移民，部分爲閩籍移民。

我們必須牢記郁永河康熙三十六年(1697)來臺時，在〔裨海紀遊〕一書中所描述的情況：郡治臺灣縣城是漢番雜處，諸羅、鳳山兩縣不僅極少漢移民 ， 連兩縣衙署、學宮也都在臺灣縣內[21]，因此，前述閩、粵移民的籍貫的變化，散布在整個臺灣西部平原上，相對於先住民而言，仍是少數人的質量變化。

在移墾社會中，血緣和地緣關係固然是一種凝聚力，但是，不同宗族、不同籍貫也並不構成拒斥的理由。相對於先住民，同爲漢人也形成另一層次的凝聚力。但是，若就利害關係而言「共利」者相互友善，「爭利」者拒斥，又非漢番、閩粵關係所能比擬。在已經開發的臺灣縣如此，沃野千里、需要大量勞動力的諸羅、鳳山兩縣新墾區尤其如此。

〔諸羅縣志〕「風俗志·漢俗考」對於當時血緣、地緣關係的發展留下深刻的紀錄。關於血緣在「婚姻喪祭門」中有如下記載：

---

[21]　郁永河，〔裨海紀遊〕（〔臺灣文獻叢刊〕，第44種），頁11、頁16。

凡祭於大宗……臺無聚族者，同姓皆與焉。

社會上又盛行螟蛉之風，「以非我族類承祀」，甚至「援壯夫爲子，授之室而承祀」（「雜俗門」）不僅是血緣團體駁而不純，一家之中也是眾姓並陳。

關於地緣關係的情況在「雜俗門」中有如下記載：

土著飢鮮，流寓者無莽功強近之親，同鄉井如骨肉。凡流寓，客莊最多，漳、泉次之，興化、福州又次之。初闢時，風最近古，先至者各主其本郡，後至之人不必齎糧也，厥後乃有緣事波累，或久而反噬。以德爲怨，於是有閉門相拒者。

地緣、血緣關係固然是一種凝聚力，但是，利害衝突時，也必然形成拒斥力。顯然的利害關係在拓墾者做選擇時，其優先次序高於血緣和地緣關係。此外，在新墾區移民身處番社、荒埔之中，亟需勞動人口又不容易見到漢人，因此勞動力成爲優先考慮的對象，同爲漢移民也成爲凝聚力。〔諸羅縣志〕「雜俗門」載：

失路之夫，不知何許人，纔一借寓，同姓則爲弟姪。異姓則爲中表、爲妻族，如至親者然，此種草地最多；亦有利其強力，輒招來家，作息與共[22]。

「不知何許人」也可以「如至親然」，顯然「漢移民意識」高於地緣和血緣關係，而利害關係又高於前者。

綜前所述，臺灣荒地廣濶，只要得到番社允諾，移民之間沒有土地資源缺乏和分配不均的問題；反而有勞動力不足的問題。

---

22 本處所引皆見於〔諸羅縣志〕，卷8「風俗志」（〔臺灣研究叢刊〕第55種），頁84-89。

優先考慮利害關係的結果，同鄉、同姓固然是一種凝聚力，「漢移民意識」也是另一種凝聚力，不同籍貫並不構成拒斥的原因，利害衝突才造成「閉門相拒」的情況。因此，各籍移民合作開墾或互爲主佃，彼此相安合作，不僅是臺灣西部開墾時的普遍現象，晚期的宜蘭平原、新竹一帶的丘陵區和埔里盆地羣的開墾也莫不如此。只要相安一段時間之後，彼此的矛盾逐漸激起了「羣體意識」——特別是「漢移民意識」之下的「籍貫意識」[23]，遂因利害的衝突，「羣體意識」的高漲而導致激烈的拚鬪。

由於近年有關若干地區開發史的實徵研究陸續有了結果，也使我們對於拓墾初期各籍移民彼此相安，協力開發臺灣的情形瞭解的更深刻。此處僅就筆者研究所得摘要敍述。

首先以客屬潮州移民爲領袖的臺中平原開發史爲例：

張達京是潮州大埔人。精通番語、瞭解番情，是清代著名的「通事」。來臺之初，在今天彰化員林、埔心、社頭一帶拓墾，正是陳夢林在〔諸羅縣志〕中所描述的「潮之大埔流民」。後來又到今天臺中一帶發展。康熙五十四年（1715）臺中平原上的「岸裡大社」番「內附」，張達京就是第一任通事，而且一任幾十年，直到乾隆二十四年(1759)被「革逐」時方休。康熙五十四年(1715)之前，岸裡社經他「傅澤敎導飲食、起居、習尚、禮義、倫理」，他也敎導番眾「耕種、鑿飲、開闢」，因此「前爲化外

23　籍貫意識不止是臺灣一時一地的產物，是中國歷史的產物。籍貫意識不僅是感性的產物，也涉及賦稅、科擧名額等實質利益。參見拙著，「張士箱家族移民發展史——清初閩南士族移民臺灣之一個案研究」(1702-1983) 第二章第二節「清初閩南士人東渡移民臺灣的原因」。以及乾隆二十年諸羅縣闔邑紳士立「嚴禁冒籍應考條例碑記」（〔臺灣文獻叢刊〕，第218種；〔臺灣南部碑文集成〕，頁384-5）。

異類，今則爲盛世王民」而成爲化番[24]。張達京也是番駙馬，所娶的番女，直至他死後至少還有兩位尙健在[25]，乾隆十六年(1751)地方大吏認爲他和另一通事林秀俊（成祖，漳州人）「充北路通事數十年，田園房屋到處散布」而有意密訪二人「勾結民番盤剝致富實蹟」，最後又因不得不依賴二人偵破「柳樹湳」一帶「番漢勾結成黨與另一股番漢勾結成黨，相互殺戮且戮及官兵」的大刑案而作罷。

張達京和客屬潮州人當時的力量顯然不足以開發臺中平原，於是連絡了所謂「六館業戶」——包括不同籍貫和不同職業的六股投資者——和岸裡等社番共同開發臺中平原[26]。

臺北平原的情形與臺灣各地也無不同。

林秀俊（成祖）是與張達京齊名而且關係密切通事，林秀俊不僅對於大甲、後壠、苗栗一帶的開發有很大的貢獻，對於臺北的淡水、八里、士林、新莊、板橋、中和、永和、新店安坑、內湖以及臺北市區的開發也有很大的貢獻[27]，〔張廣福文件〕編號3-B1-3，乾隆二年(1737)所立的一分配股合約中，就很明白的留下康熙五十九年(1720)他與陳夢蘭、朱焜侯、陳化伯等合作開墾「北路淡水大加臘、八芝連林、滬尾、八里坌、興直等五

24　伊能嘉矩，〔臺灣蕃政志〕（臺灣總督府殖產局，明治卅七年三月），卷下第四篇第一章第一節「岸裡社總土官に給やし信牌」。

25　〔臨時臺灣舊慣調查會第一部調查第三回報告書〕：〔臺灣私法附錄參考書〕，第二章第一節第二款第一段「田園の業主權・第五十八之二例・大租權找絕杜賣例」。

26　參見前揭「通事」一文，第八章「張達京之通事生涯及其與臺中平原拓墾之關係」。

27　參見前揭「通事」一文，第七章「林秀俊之通事生涯及其與北臺拓墾之關係」。

莊草地」的紀錄[28]，大加臘卽今臺北市區，八芝連林卽今士林，滬尾卽今淡水，八里坌卽今八里鄉，與直卽今新莊市。

　　林秀俊是漳州府漳浦縣人[29]。

　　康熙末期著名的淡水社通事賴科以及他所組成的許多墾號合夥人，目前還都沒有史料足資斷定他們的籍貫，只有承接陳和議墾號所墾「海山庄、內北投、坑仔口三處草地」之一海山庄的胡詔，我們知道他是泉州同安烈嶼人（今小金門人）[30]。

　　海山莊的鄰莊是興直莊，那是客屬汀州貢生胡焯猷帶頭開墾的。

　　汀州貢生胡焯猷是最爲人所稱道的拓墾者，乾隆十七年（1752）獻地建大士觀於興直山西雲岩（在今臺北縣五股鄉）。胡焯猷獻建奉祠觀音菩薩的大士觀之後，人們就逐漸習稱八里坌山爲觀音山了。

　　隆隆二十五年（1761）胡焯猷又在新莊米市倡建關帝廟[31]，二十八年（1763）又呈請捐獻水田八十甲零和平頂山腳（今泰山鄉）的莊園、房舍、水塘等創辦了「明志書院」[32]，明志書院是淡北第一個書院，其次的「學海書院」較它晚了將近百年。繼胡焯猷之後，捐獻龐大產業（田一百六十餘甲、園近三十甲）給明

28　拙著，「臺北平原拓墾史研究（1697-1772）」，（〔臺北文獻〕，直字53-54期合刊）一文所附圖版五。

29　參見前揭「通事」一文，第七章。據林氏子孫所藏「漳浦盤龍社林氏宗譜」。

30　余文儀，〔續修臺灣府志〕（乾隆三十年，「雜記志・寺廟」），頁650。

31　「新莊關帝廟內同治七年捐建武廟碑」：「自乾隆二十五年間，董事胡焯猷等建立武廟一間於米市，此權與託始之意也。」又〔淡水廳志〕，「典禮志・祠祀」，頁149。

32　余文儀，〔續修臺灣府志〕，卷22「藝文志㈡・閩浙總督楊廷璋」：「明志書院碑記」以及中央圖書館臺灣分館藏〔明志書院案底〕（臺灣總督府圖書館抄本）。

志書院的監生郭宗嘏則是漳州府龍溪縣人[33]。

在今臺北縣新店市開鑿青潭大圳（俗稱瑠公圳）灌溉今天臺北市區的郭錫瑠則是漳州南靖人[34]。

以上都是根據族譜、老字據、官方檔案考證而得的拓墾者的籍貫，顯然他們既沒有閩、粤、漳、泉先後之分，而且同在臺北平原之中，更沒有平原、丘陵之分，當時的臺北是一個雖有若干個體矛盾、衝突，整體而言卻是稱得上和睦雜處的墾殖社會。

與新莊、土城兩地三山國王廟相關的客屬潮州人又如何呢？

由於嘉慶、道光以後激烈的整合運動，使得臺北平原上的粤人絕大多數都遷到今天宜蘭和桃、竹、苗地區去了，因此，我們能得到的資料很少。可是臺北地區既然在新莊、土城地區存在著祭祀客屬潮州人的福神三山國王的宏偉廟宇，則客屬潮州人在此區必定有極大的勢力。

新莊三山國王廟與潮州移民在臺北平原上極有勢力的劉姓家族有密切的關係，劉家在新莊平原上開鑿劉厝圳（萬安圳）的年代（乾隆二十八年，1763）比泉州人張姓家族所鑿的張家圳（永安圳）的年代（乾隆三十年——三十七年）還要早幾年。劉厝圳完成後，潮州庄的旱田成為水田，生產力大增，促使三山國王廟於乾隆四十五年(1780)創建，比位於淡水的鄞山寺——以汀州人的福神定光佛為主神，兼為汀州會館的創建年代（道光二年，1822）早了四十年，而且贏得「宏壯美觀實為全臺第一」的美譽[35]，都

33　鄭明枝，〔郭氏宗族北臺移民拓墾史〕，作者自印本，民國74年1月，第五章，頁60。

34　參見拙著，「臺北平原拓墾史研究（1697-1772）」，第八章第一節「金順興、金合興與大坪林、青潭大圳（瑠公圳）」。

35　這段文字出〔臺北廳：社寺廟宇ニ關スル調查〕（中央圖書館臺灣分館藏手稿本，無頁碼）。這分調查報告是大正四年（臺1915）年完成的，距廣福宮光緒十五至十七（1891）重修才十三年，應當是可靠的調查報告。

足以顯示潮州人財勢力氣勢非凡，這些暫且留待下一章敍述。

肆、客屬潮州人開發臺北、新莊平原史

　　新莊平原是臺北最先開發的地區。

　　不同籍貫的人雜居共墾是臺灣拓墾史上普遍的現象。新莊亦然。

　　新莊街在雍正、乾隆年間是北臺的政治、社會、經濟中心，有三座宏偉的廟宇幾乎以等距離聳立在新莊街上。最先是雍正九年（1731）建的以媽祖爲主神的慈祐宮，媽祖原是閩南討海人的福神。其次是乾隆二十五年(1760)客屬汀州貢生胡焯猷倡建的關帝廟，關帝廟位於慈祐宮之南，所奉祀的關羽是全國性的神祇，該廟現存同治七年（1868）重立的「張穆奉獻錫口田園碑」序文中亦有「廣東嘉應州鎮平縣人張穆將錫口庄田園獻於廟內以爲香祀之資」的紀錄（錫口莊在今臺北市松山區），當時張穆所獻的地「每年得收園稅銀共叁拾陸員」，足以顯示客籍移民在臺北地區的雄厚財力與慷慨大度。

　　其次則是乾隆四十五年（1780）的三山國王廟，廟在慈祐宮之北，三大廟之中兩大廟出於客家人之手，可見客家人的力量有凌駕福佬人之勢。

　　此外，乾隆十七年（1752）觀音山麓西雲岩的大士觀和乾隆二十七年（1762）的明志書院，都是客家人胡焯猷捐獻的。

　　以上所舉，都曾在歷次所修〔臺灣府志〕和同治十年(1871)所修〔淡水廳志〕中留下明確的紀錄。都足以顯示客籍移民當時

的社會、經濟力量。

根據筆者近年實徵研究的結果，新莊平原由南而北各籍移民的分布情況大略如下：

土城、柑林到樹林彭厝一帶是客屬潮州人集中的地方[36]：樹林、後港、瓊林、新莊以及中港厝一帶是閩南漳、泉人比較占優勢的地區（著名的墾首有漳州人林成祖、泉州人張必榮、張廣福、胡詔和漳州人郭宗嘏）[37]。稍北頭、二重埔是平埔番武朥灣北勢社的分布區[38]，而今新莊、三重、五股的接壤區則是南港社的分布區[39]。今二、三重埔和蘆洲、五股一帶則是粵籍潮州人較多的地區。而林口臺地邊緣，水源充分的泰山、五股地帶則是以客屬汀州人為主的地區（以胡焯猷為代表），新莊街則是各籍移民集中的商業區、貨物集散地、吞吐港[40]。

當然，前述只是大略的情況，筆者蒐集胡焯猷、林成祖、劉和林、張必榮等人的佃戶名冊中雖有詳細的田畝紀錄，卻沒籍貫紀錄。由於嘉慶、道光以後的移民整合運動，客屬移民大抵都遷往他處，相關史料的蒐集倍感困難。

所幸樹林大墾首張必榮的裔孫張福祿所寶藏的原始資料中有一份〔永泰租業淡水契總〕其中「撥歸三股內小租契券」第一契即為乾隆十八年（1753）正月劉偉近典賣海山庄櫃樹林水田三甲

36　此區調查尚未得到原始資料。此處根據客籍潮州人祖墳以及土城村的三山國王廟所做的推斷。口碑中也得到相同的結果。此外，昭和三年出版的〔臺灣在籍漢民鄉貫別調查〕報告，臺北州海山郡有潮州人五百、嘉應州和惠州人各一百（頁5），亦可作為佐證。

37　參見拙著，「新莊志卷首──新莊（臺北）平原拓墾史」，第四、五、六章（新莊市公所，民國70年1月）

38　前揭「臺北平原拓墾史研究」，第八章第三節「番耕、番墾與番仔圳」，頁177-8。

39　前書，第七章，頁42。

40　參見拙著，「新莊發展史」（民國69年7月1日，新莊市公所）以及「新莊志卷首新莊（臺北）平原拓墾史」（民國70年1月20日，新莊市公所）。

餘的賣絕契。劉偉近是乾隆初期客屬潮州移民的領袖，他是向泉
州人胡詔「承贌海山欉樹林埔地一所墾成水田經丈六甲三分」，
劉偉近墾成的田賣給洪敬侯再轉賣給泉州人張必榮[41]。此契很明
顯的說明了客屬潮州人和閩南泉州人在今新莊瓊林地區雜居共墾
的情形。

　　日人領臺後兩三年（光緒二十三、四年 1897-1898）山田伸
吾奉命調查臺北縣的農村經濟，他所寫的〔臺北縣下農家經濟調
查書〕，為我們留下幾件關於客屬潮州人劉氏家族拓墾北新莊平
原的原始文件，其中乾隆四十三年(1778)劉世昌與武勝灣社所立
的合約敍事最詳，甚至當時北新莊平原的地理形勢，都有最精詳的
描繪，是了解古代北新莊平原的重要史料，筆者將它節錄於下：

> 同立合約字南港通事貴天、萬宗、加里珍業戶劉世昌等
> 曰昌祖劉和林，雍正年間，明買社番君孝等荒埔一所，
> 座落土名武勝灣，東至頭重埔嵌下古屋庄角漓水溝為
> 界，西至興直庄為界，南至搭流坑溪為界，北至關渡為
> 界，原價補償銀兩，載明契內，年納社番銀三十兩，番
> 租粟五十石，二次報陞共開五十甲零，乾隆二十六年，
> 昌父承纘費用工本，開築埤圳灌溉，至三十二年墾成水
> 田，昌叔承傳遂首請前分憲段丈明，續報田一百九十二
> 甲。詳報陞科，因先後互控，蒙前府憲鄒恤番至意駁
> 議，將續報一百九十一甲零歸番，原報五十甲零歸傳
> ……契界尚有河墘新浮沙埔水窟……二比又在前憲任內

41　〔永泰租業淡水契總原抄本〕，參見前揭「臺北平原拓墾史研究」，第五章
　　第三節，頁68。

互控，但該處實係水沖沙湧之地，三冬一收，溪埔眾番
共見，原屬傳契界內之地……墾蒙淡分憲兼理番憲成明
斷，傳之姪世昌，每年加貼番租四十石，永為定例，
……

乾隆肆拾叄年拾貳月　　日[42]。

這分合約告訴我們以下的事實：

一、劉和林雍正年間（1723-1735）直接自南港社番取得北
新莊平原的開墾權，他在雍正與乾隆初年陸續報陞五十甲。乾
隆二十六年（1761）其子承纘「開築埤圳灌溉」，至三十二年
（1767）陞報水田一百九十二甲，財力大增。

二、樹林頭庄（在今五股與珍村）以北至洲仔尾、關渡一
帶，原屬「水沖沙湧」，載沉載浮的河埔新生地，經劉承傳兄弟
「開築堤岸」之後，可以種「地瓜什物」，但仍然是「時有時
無」不堪丈報。

三、墾號與社番間地權之爭，若無番契為依據，雖然「詳報
陞科」，亦難抵擋社番的控訴，雖然劉氏屢次反訴，歸番之田，
番仍得收旱租。顯示政府對於護番政策相當堅持。

劉和林可能是康熙末年到臺北擔任通事，雍正年間取得新莊
平原北部墾權，乾隆十八年(1753)曾經豎旗舉事要「統領八社番
民，以剪貪官」[43]，而震驚地方並達及北京的中央政府，閩浙總
督的奏摺中轉引淡水同知的詳文，認為劉和林的動機是「欲奪郭

42　所引合同見於山田伸吾所著〔臺北縣下農家經濟調查書〕（明治三十二年八
　　月，臺灣總督府民政部殖產科發行），第四章第五節「北臺大小租、蕃租、
　　水租之起因」。附「參考資料㈠」，頁41-43。
43　〔清高宗實錄〕，卷447「乾隆十八年七月『是月』」條。

騰琚所充通事」，發展自己的勢力[44]。由以上簡單的資料來看，劉和林在此以前既爲八社通事，他取得的墾區必定不止「加里珍庄」一處而已。

　　劉和林父、子、孫三代除開墾了幾百甲土地之外，最大的貢獻是開鑿了「劉厝圳」。

　　劉和林所墾位於今五股的加里珍等庄，所需水量既大，距離水源既遠，所需圳地亦鉅，又得跨越多條溪澗和他人所鑿的圳渠，工程之浩大可想而知，他的長子劉承纘積極準備開圳。乾隆二十四年（1759）八月內山洪水泛濫，將海山庄東南勢一帶田園沖崩二百餘甲，石頭溪且因而改道。由於當時的八里坌巡檢包融曾屢次諭令各業戶開圳灌田，劉承纘認爲這是絕佳的機會，便向包融具呈，請得開圳許可告示，就在石頭溪頭潭底庄界內「率眾數百人壅水築圳」。當時海山庄管事洪克篤，庄佃劉此萬、蕭氏、姚氏等佃戶與小租戶心有未甘，便到八里坌巡司去控告劉承纘，並和他發生衝突。包淢既然鼓勵業戶鑿渠灌溉，劉承纘又曾得到他的許可，便在「業戶張必榮」的狀紙上批：「爾等沖失之田，可成水道，或以價買，或以田換，則當成人之美，慎勿忌而阻之。」在庄佃劉此萬的狀紙上批：「已經沖廢不能墾復處所，聽人引水灌溉，令彼以田折半對換，庶幾兩有裨益。」張必榮墾戶上告於淡水廳同知，也被歷任淡水同知擱置。劉和林父子就全力進行鑿圳的工作，劉承纘毅然以高價買斷蕭、姚的小租權，減少鑿渠的阻力開鑿一段之後，因爲乏資，幾乎停滯。眾佃戶集資支援，終於在乾隆二十八年(1763)鑿成，定名爲「萬安坡大圳」，

---

[44]　同上，卷437「乾隆十八年四月『是月』」條。

萬安圳長二十里許，南起潭底石頭溪，北達二重埔、加里珍、洲仔尾，貫穿了整個新莊平原，總灌溉面積在一千三百甲左右，嘉慶八年(1803)劉建昌和佃人整理大租和水租，重立了一分合同，合同內容顯示，劉厝圳已由四個水汴增加爲八個水汴，溉灌區應當也擴大不少。

劉家「不惜巨資用銀購地開鑿水圳」（嘉慶八年重立合同語），直到嘉慶八年（1803），不僅能和番社和平相處，得到灌溉區內移民的愛戴，也長享墾殖之利，造福地方[45]。劉家的六十四戶佃人中，劉姓者多達二十六戶。劉家最大的佃戶趙隆盛有田四十七甲餘，且是拓墾宜蘭時客家人的領袖。

劉厝圳的開墾使新莊北部的生產力大增，加上乾隆中期臺北平原全域的重大水利設施都完成了[46]，全部旱田都水田化，單位面積的產量倍增，使得客屬潮州移民有足夠的財力興建一座美輪美奐的廟宇來奉祀他們的福神──三山國王。

三山國王廟的完成，在北臺灣史的發展上是一個重要的預警號誌，它顯示了不同祖籍移民的「羣體意識」的高張。

潮州系劉厝圳的開鑿，分享了泉州系張厝圳的水源，劉家「率眾數百人壅水築圳」，已經呈現強烈的暴力傾向，纏訟數年，雖以分水、付水租給張家收場，但是已使閩、粵之間形成難以彌補的裂痕。出錢、出力、合作、抗爭終能完成大水圳這種「眾志成圳」的快感與實利，使「羣體意識」更形高張，也促使新莊平原上的客屬移民放棄原來的協和路線──捐修全國性主神的大士觀和關帝廟──而走向表現「羣體意識」，顯示不同籍貫移民彼

---

[45] 本節文字乃節錄自拙著，「臺北平原拓墾史研究（1697-1772）」，第七章第一節「劉和林、劉承纘與萬安圳」，引文部分不贅註，請參閱原文。

[46] 參見前文各章有關水利開發部分。

此對立的路線——興建祖籍地方色彩強烈的「三山國王廟」。

閩粵移民拓墾新莊平原的初期，由於土地資源的豐富和勞動力的缺乏，籍貫不成為拒斥的理由，彼此也沒有強烈的衝突。但是，不同籍貫、不同的習俗和宗教信仰，終究仍有若干矛盾存在。移民漸多，土地資源的分配漸趨穩定，彼此相處日久而逐漸各自形成「羣體意識」，競鑿灌溉渠、互爭水源利益的衝突，使「羣體意識」高張也使同籍移民更形團結而昇高了不同籍貫移民的對立形勢。新莊三山國王廟的興建，一方面顯示了不同祖籍移民間從容忍相安以至矛盾、衝突、對立的過程，一方面也加強了不同祖籍移民的「羣體意識」，昇高了對立的情勢，種下了閩、粵移民分類械鬥的遠因，終使客屬潮州移民不得不離開建了奉祀客屬潮州人的福神——三山國王廟的臺北平原。

伍、閩、粵移民的矛盾對立與新莊三山國王廟的興衰史

閩、粵移民的矛盾可上溯自乾隆初年。

新莊三山國王廟中現存一方乾隆十五年（1750）所立的「奉兩憲示禁碑」是研究閩、粵移民之間的矛盾和新莊三山國王廟創建年代的重要史料，茲將該碑的釋文節錄於下：

> ……本年三月十八日據淡水子民劉能詒、黃其進、黃初日等稟稱，緣淡水兩保地方離治避遠，向遭虎保薤粉，庄民奉比造冊敢每名苛銀三錢六分，又另索戶頭谷一石，民難堪命。乾隆十一年保內劉偉近等願炤通臺大例，每名給紙張銀三分，僉呈前憲勒碑新直街土地祠豎

立示禁，暫得兩年平安。殊虎保鷹眼未化，乘十三年火
災新直街，借修土地祠為名，欺前憲陞任，將禁碑碎
滅，仍叛前禁苛派如故。詒等慘受剝膚難堪，抄粘禁諭
匍控憲轅查案示禁，除害安民等情。據此案查先為匿示
不挂等事，於乾隆十一年八月初八日據淡水保民劉偉近
吳成龍等稟稱：切冊費原有定規，近時淡水兩保……
苛派，近等於本年五月內赴憲稟請示禁……差貪尅留，
至今藐抗無聞，茲值隆冬在邇，冊費將收，若不預行
張挂，庄民無知，疇不復遭酷剝，懇飭垂示等情。據此
經前任曾示禁在案，茲據劉能詒等具稟前來，合再給示
嚴禁。乾隆拾伍年叁月　　　日給閤淡子民
劉偉近、劉能詒　曾國揚、林日暢等同立石

（原碑仍存新莊三山國王廟右廡壁上，釋文乃筆者根據臺北
縣民政局文獻課所藏拓本作成）

　　碑文告訴我們客屬潮州移民領袖劉偉近、劉能詒、黃其進、
黃初日等人不甘被地保勒派，自乾隆十一年（1746）起，再三向
淡水同知請願，一再立碑禁止勒派的故事。

　　碑文中說乾隆十一年（1746）「勒碑新直街土地祠豎立示
禁」，又說「乘十三年火災新直街，借修土地祠為名，欺前憲陞
任，將禁碑碎滅」，顯示乾隆十一年的示禁碑立在土地祠中而不
似「奉兩憲示禁碑」置於三山國王廟中而有所依託。閩、粵移民
因戶稅而產生矛盾，客屬潮人爭來的示禁碑又因立於土地祠中缺
乏護恃而遭毀損，「羣體意識」抬頭和亟需奉祀原籍福神寺廟的
要求也由此顯現。

　　新莊的三山國王廟興建於何時呢？〔淡水廳志〕「典禮志·
祠廟門·國王廟」條載：

　　　國王廟：一在新莊街，乾隆四十五年粵人捐建；一在貓
　　　裡街，道光元年劉蘭斯等捐建。主祀三山國王，乃潮人
　　　所奉。三山者，卽潮之明山、巾山、獨山也[47]。

　　大正四年（民國四年，1915）〔臺北廳的寺廟調查報告（手稿
本）〕載：

　　　廣福宮，俗稱國王廟。乾隆四十五年粵東潮州九縣籍移
　　　民捐金數萬元興築，其宏壯美觀，在當時可說是全臺第
　　　一[48]（原爲日文，筆者中譯）。

　　新莊三山國王廟的興築，如前所述，是「羣體意識」高張和
水利設施完備、生產力倍增、儲蓄遞長的結果，有一定的社會和
經濟的條件。其創建年代〔淡水廳志〕和日治初期的調查報告都
有明確的記載，素無異辭。民國五十二年（1963）六月，有人到
新莊三山國王廟走了一遭之後，竟然宣稱：

　　　據其廟內古碑所載，其創建時期爲清乾隆十五年三月[49]。

　　筆者民國六十九年（1980）數度到新莊三山國王廟調查，並
沒有見到一方古碑說明該廟創建於乾隆十五年（1750）三月。〔
淡水廳志〕的纂修人和日治時代的調查，顯然也沒有見過這樣一
方碑。筆者所見的前述「奉兩憲示禁碑」固然是立於乾隆十五年
三月，但是它是禁止勒派的碑，而碑的內容，卻正顯示客屬潮州
人缺乏奉祀本籍福神——三山國王——的廟來護恃禁碑。因此，

47　〔淡水廳志〕，卷6「典禮志·祠廟門」，頁86。
48　前揭〔臺北廳寺廟調查報告〕。
49　林衡道，「臺北近郊史蹟調查」，〔臺灣勝蹟採訪冊〕，頁90。

民國五十二年（1963）的「課查者」，若不是見到另一方古人和
筆者都未曾見過的不知碑文內容的碑；那就是只看碑末年代而不
讀碑文內容就信口開河 。 可惜的是近年談論三山國王廟的 作 者
們，只抄襲該「調查人」錯得離譜的報導而不實地勘察，爲世人
憑添不少困擾。

　　廟中的另一方古碑，因風化太甚，字蹟漫漶，僅能確認是劉
炎光、劉南山等數十人樂捐題銀明買廟前店地的碑，但是碑後的
年代已經無法確認[50]。此碑說明建廟之後，曾經有增購廟前店地
之舉，是否爲擴大廟前廣場之用抑或作爲廟產以生息作香火之用
則難斷定。

　　乾隆五十一年（1786）林爽文起事，淡北王作、林小文等漳
州人響應，泉州人與粵人爲義民助官兵平亂。漳州人因而與泉、
粵人生隙，五十二年（1787）五月，今天臺北縣土城與臺北市內
湖一帶漳泉、粵人雜居的地方發生「分莊互殺」的情形[51]，與康
熙末年朱一貴事件時臺灣南部爲平亂生隙而發生閩、粵械鬥的情
形類似，視之爲林爽文事件的一部分可，視之爲分類械鬥之釁亦
無不可。但此事並未擴大。

　　嘉慶初年，以漳人爲首，與泉、粵人合作入墾今頭城、宜蘭
一帶，其中領袖之一的趙隆盛就是潮州系劉厝圳水利系統中的大
地主[52]，嘉慶四、五年（1799-1800）間因分地不均而發生粵泉人
械鬥，漳人調和之，因爲規模很小，隨卽相安無事[53]。此後，宜

50　漢光建築師事務所拓本。
51　〔淡水廳志〕，卷14，「祥異考・兵燹門・乾隆五十二年五月八日」條。
52　見拙著，「臺北平原拓墾史研究（1697-17727）」，第七章第一節，頁11。
53　姚瑩，〔東槎紀略〕，卷3「噶瑪蘭・原始」，頁71。

蘭械鬥不已，三籍人互有分合，都是因利害關係而分類械鬥，沒有專因籍貫不同而起釁相鬥的。

此時，新莊平原尚是一片和睦，如前所述，劉厝圳業主與租佃之間還重立合同，而張穆也將錫口莊業（在今臺北松山地區）獻給新莊關帝廟。

道光六年（1826），今苗栗中港溪一帶閩、粵械鬥[54]，十三年（1833），桃園一帶「閩粵各庄，造謠分類，互相殘殺」，苗栗銅鑼一帶「靠山粵匪無故焚掠閩莊，公然掠搶」[55]，十四年（1834）蔓延到八里坌、新莊一帶，閩、粵遂展開長達六年的纏鬥，直到道光二十年（1840）中、英鴉片戰起，英艦進窺臺灣，臺北情勢緊急，粵人變賣田業，遷到今桃園、新竹、苗栗一帶的粵人區之後才停止[56]。

粵人遷離後，臺北漳、泉人拚鬥不已。泉屬之三邑人（晉江、南安、惠安）和同安人亦拚鬥不休（俗稱頂下郊拚），咸豐年間，幾乎居無寧日，新莊關帝廟於咸豐三年（1853）因械鬥而燒燬，臺北地區最高的行政長官新莊縣丞的衙門也不能免[57]，直到同治五年（1866）署理縣丞張國楷才勸捐重建縣丞衙門[58]。由此觀人，粵人之棄地遠颺，未嘗不是明智的抉擇。

54　〔淡水廳志〕，卷15，「祥異考・兵燹考」，乾隆五十二年五月八日條。
55　〔淡水廳志〕，卷15，「文徵附婁雲所撰『莊規禁約』」，頁169。
56　〔淡水廳志〕，卷14，「祥異考・兵燹門」道光十四年條。〔淡水廳志〕記載此事甚為簡略，日人伊能嘉矩研究稍詳。章義按：與三山國王廟關係密切之黃氏家族，有一部分人即遷往今竹北（據連文輝藏，〔黃氏家譜〕）。
57　關帝廟內「同治七年重修武廟碑」。
58　〔淡水廳志〕，卷3「建置志・廨署門・艋舺縣丞署」條，頁46。參見拙著「新莊縣丞未曾移駐艋舺考」（〔臺北文獻〕，直字第57、58期合刊本，民國73年3月出版）。

　　粵人離去後，三山國王廟的香火立衰，廟也乏人照顧，直到
光緒八年(1882)六月十六日爲附近民宅火災波及而燬於大火[59]。
有人說道光二十六年（1846）此廟曾經重修，依常理而言，此廟
創建於乾隆四十五年(1780)，距此已達六十餘年，局部整修是理
所當然，惟筆者未得確證，姑誌於此，以待來茲。不過，粵潮人
棄地，方去未久，新天地尚未妥適，且不及新莊一帶肥沃繁榮，
是否有心關注於此廟之整修？是否有財力整修？都不能無疑。假
若曾經整修，可能也是局部性的。

　　光緒八年（1882）三山國王廟燬於大火之後，無人整修，直
到光緒十四年（1888）才由新埔潮籍士紳陳朝網（調查書如此寫
法，疑爲朝綱之誤）出面[60]，領導潮籍人士捐金重建。本章前此
曾譯引日人調查報告，接著譯引如下：

　　　明治二十一年(光緒十四年、戊子，1888)六月二十日，

　　　新竹廳新埔街紳士陳朝網等潮屬九縣民醵金著手重建一

　　　座三山國王廟，其結構之美觀比前廟稍微遜色，但是其

　　　宏壯堅牢，較之昔日未嘗稍讓。（筆者中譯）

　　從日治時代的調查報告看來，並無道光二十六年重修的說
法，縱使曾經整修，可能範圍因爲不太大而爲人忽略。光緒八年
(1882)的大火則是徹底地焚燬，因此日人調查報告的原文是「新
築」。

　　我們現在所能見到的三山國王廟的基本印象，無疑是光緒十

59　日治時代〔臺北廳調查報告〕。

60　黃煉石，〔南庄開闢來歷緣由〕（中央圖書館臺灣分館藏手稿本）有「地方
　　紳士陳朝網及黃南球……」之記載。按我國命名原則，以朝綱爲宜，朝網可
　　能是錯寫。日人原稿中即將粵東誤爲奧東。

四年（1888）重建新廟的印象。

　　光緒十四年六月二十日動工建廟，建築的時間前後長達數年，以石柱上對聯所刻的年代爲例：

　　正門聯是光緒十七年（1891）辛卯；廟內第一對柱聯是光緒十六年（1890）庚寅，第二對是十七年（1891）辛卯，第三對是十六年（1890）庚寅，第四對是十七年（1891）辛卯，第五對是十七年（1891）辛卯，第六對是十六年（1890）庚寅。木結構上則有「光緒庚寅年」以及「重修大廟」一組標識。光緒十七年仍在建築中當無疑問。

　　廟內木結構未經油漆粉飾，有人說這是全省唯一未經油漆的白木殿建築，恐怕也是信口開河，應當是沒有立意不加油漆粉飾的道理，因爲油漆不僅是爲了美觀，也是爲了保護木結構經久耐用，彩繪更是傳統廟宇的很重要的一部分。據探訪所得，於此有二說：一說謂廟尚未建妥釀金用盡，待再募得油漆費用，臺灣已經割讓給日本了，兵馬倥傯中已無人主持其事[61]，一說謂油漆費一百九十銀元爲劉某帶走而無法油漆[62]。孰是孰非已無從查考。

　　民國二十五年（1936）又有重修之舉，除了少數仍留在臺北（尤其是新莊）的客屬潮州人子孫外[63]，住在新莊的閩南後裔都不願出資，而由當時在「新莊街役場」任「助役」的鄭福仁聯絡客屬同學、友人到各客家莊募捐才得順利整修[64]。

　　日治時代三山國王廟信徒組織神明會「三國王會」管理三山

61　六十九年十一月二十六日，賴麗卿訪問三山國王廟管理人連文輕之訪問紀錄（臺北市柳州街）。
62　六十九年十一月二十六日賴麗卿訪問廟內廟祝劉張心富之紀錄。
63　六十九年十一月二十六日連文輕曾提供一份名單，皆爲黃姓，似爲同一家人。
64　七十年三月十九日賴麗卿訪問鄭聯銘之訪問紀錄（臺北市士林仰德大道）。

國王廟，由黃新本任代表人[65]。光復初期由黃新本繼任總經理人[66]。現任管理人則爲連文輕[67]。

陸、結論

臺灣是閩、粵外海的新墾區，除了康熙二十三至三十五年(1684-1696)間施琅限制粵人移民臺灣外，閩、粵百姓都將臺灣視爲他們在海外的樂土，他們在臺灣拓墾時，也不因爲籍貫的不同而有先後以及平原、丘陵之別。他們依到達的先後，透過請墾的過程並得到番社的允諾，雜居共墾，互爲主佃，彼此容忍相安，共同努力開闢沃土。無論番漢、閩粵，若有利害衝突，大抵都訴之於官或在鄉治結構中尋求解決之道，鮮有自力救濟的「羣鬥」行爲。

雜處既久，移民漸多，易墾地開發殆盡，土地資源的分配漸趨穩定；不同籍貫不同的習俗和宗教信仰由於「羣體意識」的高張，而形成若干矛盾現象，再加上彼此的利害衝突，同籍人乃團結援引，更昇高了彼此的對立，形成一觸卽發的緊張情勢，終於導致普遍而漫長的整合運動，不僅閩粵互鬥、漳泉相拚，最後還分縣、分姓、分街莊拚鬥，甚至街莊中各自拚鬥；而最初閩、粵械鬥時期逐漸遷徙聚居的粵籍移民，反倒有成爲傍觀者的趨勢。

新莊的三山國王廟的興建顯示了臺北平原上閩、粵移民從容

65　連文輕所藏日治時代帳目收據上明示「三國王代表者黃新本殿」。
66　見該廟「諸派下人決議書」。
67　連文輕爲黃新本覲子，從母姓。

忍相安以至矛盾、衝突、對立的過程，成爲客屬潮州人「羣體意
識」發展到顚峯的象徵，同時也是閩、粤對立達到高潮的象徵。
經過乾隆末期，嘉慶年間以至道光年間的長期紛爭，粤人終不敵
閩人之力而他遷。

　　客屬潮州人他遷之後，新莊的三山國王廟乏人奉祀，香火立
衰。臺北平原成爲閩人天下，三山國王廟破損、焚燬之後，閩人
以爲非我福神，不願釀金修建而任其腐朽燬損，三山國王廟仍得
依賴遠處桃園、新竹一帶的客家人士的捐獻才能重建和整修。

　　新莊三山國王廟的一頁滄桑史，不僅反映了粤人開發臺北的
歷史，也反映了不同籍貫的移民由容忍相安、矛盾衝突到對立、
血戰的歷史。新莊三山國王廟昔日的巍然壯麗與今日的朽損殘破
相映，令人不由得興起何勝浩嘆之感。 逝者已矣，如何記取教
訓、避免無謂的相殘互損，恐怕是今人最重要的課題。

——本文原刊〔臺北文獻〕直字第74期 (民國74年12月25日出版)

新莊縣丞未曾移駐艋舺考

壹、新莊縣丞移駐艋舺說

貳、新莊縣丞設置的經過

叁、臺灣地方官的駐地與轄區的關係

肆、新莊縣丞未曾移駐艋舺的證據

伍、結論

壹、新莊縣丞移駐艋舺說

〔臺北市志〕卷一「沿革志」敍述「艋舺之興起」略謂：

艋舺自乾隆二十四年(1759)以來，先將原設淡水之都司移駐艋舺。繼有嘉慶十三年(1808)，又移新莊縣丞於艋舺，改稱艋舺縣丞……，道光五年(1825)，升游擊爲參將，於是成爲臺灣北路政治與軍事之中心。至此漢族移民更多，乃逐步侵佔番人土地。故在嘉慶二十五年(1820)前後，番族乃大部讓出臺北平野，至退居於山區

矣[1]。

此說不僅把臺北平原拓墾的年代挪後了近百年，也醜化了漢移民取得耕地的方法和番漢關係[2]。而〔臺北市志〕卷三「政制志·行政篇」敍述「新莊及艋舺縣丞」則謂：

乾隆五十五年(1790)，初設新莊縣丞於新莊，至嘉慶十四年改稱艋舺縣丞，同治五年移於艋舺；分掌艋舺一帶之行政事務[3]。

兩說彼此迥異，雖為眾手修志所難免，惟前者謂嘉慶十三年(1808)「移新莊縣丞於艋舺」，後者謂嘉慶十四年(1809)改稱艋舺縣丞，卻謂「同治五年(1866)移於艋舺」，則兩說必當各有所本，惜乎〔臺北市志〕並無註明出處之例[4]，難以查覈。

「新莊縣丞移駐艋舺」說，在〔臺北市志〕中既已兩歧，則其說之有待考證不言可喻，筆者於此略經涉獵，爰誌於此，以就正於方家。

————————

[1] 黃得時纂修，〔臺北市志〕，卷1「沿革志」，第一章第四節第三項（臺北市文獻會，民國59年6月），頁32。

[2] 參見拙著，「臺北平原拓墾史研究（1697-1772）」（〔臺北文獻〕，直字第53-54期合刊）。又王國璠增修，〔臺北市志〕，卷3「政制志·行政篇」，第三章第三節第三項「彰化縣及淡防廳之行政區域」（臺北市文獻會，民國63年6月）頁13載：「余書（章義按：指余文儀主修之〔續修臺灣府志〕）番社項下………祇有雷裏、搭搭攸二社隸於今本市屬，可見是時本市管內之先住民聚落，殆已零落，變為街市坊里矣。」其說推定之年代與黃氏抑自相異。

[3] 前引王氏增修書，第四章第三節第二項之五，頁29。

[4] 〔臺灣方志〕說明史料出處者不少，如周鍾瑄主修之〔諸羅縣志〕，范咸主修之〔重修臺灣府志〕以及陳培桂主修之〔淡水廳志〕等，且多附考證，別其異同，誤其訛謬。

貳、新莊縣丞設置的經過

淡北的地方行政長官原爲雍正九年(1731)奏准設置的八里坌巡檢[5]。

巡檢議設之初，即有「微員……不足恃也」[6]的看法。巡檢既設之後，移民拓墾益盛，地廣人稠，更是「屢有設縣之議」[7]。乾隆中期，臺北平原全域完成「水田化」，農業發展已臻成熟[8]，其富庶繁榮，更非區區一巡檢所能治理；其「尚轄上司」淡水同知在艋舺倉厫設「行館」，「於農隙之時」駐此[9]，或狃於故常，或取其海運便利、地方富庶，或視臺北平原與新莊港爲利藪，皆未嘗積極推展淡北之「設縣分治」[10]。

乾隆五十一年(1786)底，林爽文之亂起，淡北騷動，淡水同知被困竹塹城，生死未卜，新莊巡檢王增錞頓時成爲大甲溪以北唯一的行政長官，立卽分稟福建巡撫、提督求援，並撫民、招

---

[5]　〔世宗實錄〕，卷103「雍正九年二月甲辰」條。
又：乾隆八年二月二十八日閩浙總督郝揭帖引劉世明奏疏亦詳述其本末（見〔明淸史料〕戊編第一本，頁60-62）。

[6]　賀長齡輯，〔皇朝經世文編〕，卷84「兵政門」收「臺灣知府沈起元：治臺灣私議」（臺北，文海出版社，〔近代中國史料叢刊〕第731種影印本，頁19B）。

[7]　〔明志書院案底〕（中央圖書館臺灣分館藏抄本），頁4B引「乾隆二八年五月二八日彰化知縣胡邦翰詳文」：「專駐八里坌巡檢在彼彈壓，前人屢有設縣之議，因案關題達，未便輕率舉行。」

[8]　參見拙著，「臺北平原拓墾史硏究（1697-1772）」。

[9]　〔黃爵滋奏疏〕，卷16，「審明同知龍大惇專信丁役舞弊疏」（黃大受刊行，臺北，民國52年3月，頁142）。

[10]　參見拙著，「新莊巡檢的設置及其職權、功能──淸代分守巡檢之一個案硏究」，第四章「新莊巡檢與淡水同知的關係」。（〔食貨月刊〕復刊，11卷8期，1981年11月及11卷9期，1981年12月）。

勇、備禦，發揮其「警備不虞」的功能[11]。福康安東渡平亂，「派兵自五虎門放洋，直趨淡水，嗣後運往淡水糧餉、鉛藥……甚為利涉」，「且淡水為產米之區」，亂平之後，乃建議在八里坌「明設口岸，以利商民」[12]。乾隆皇帝披閱藍鼎元所著〔東征集〕，讀至藍氏建議分縣添官一節，悟及「是臺灣增設官弁，實為最要」[13]，亂平之次年(1787)，遂採納地方政府之建議，改新莊巡檢為新莊縣丞。〔高宗實錄〕乾隆五十四年(1789)七月庚寅條載：

> 吏部等部議覆閩浙總督覺羅伍拉納等奏稱：臺灣淡水同知所轄之新莊巡檢，該處地廣人稠，巡檢難資佐理……請將新莊巡檢改為新莊縣丞，仍歸淡水同知管轄；羅漢門縣丞改為羅漢門巡檢……各有原建衙署、額編養廉及書役俸工，祇須互為改駐支撥，無庸議增。應如所請，從之[14]。

新莊巡檢改為新莊縣丞就此定案，「設縣之議」則一時亦未能實現。

叁、臺灣地方官的駐地與轄區的關係

八里坌巡檢的設置、新莊縣丞的改設，都是亡羊而補牢。嘉慶前期，蔡牽、朱濆等洋盜橫行於海上，擾及淡北，且欲據噶瑪

11　同上，第五章第三節「維持地方治安」的功能。
12　〔明清史料〕，戊編第四本（頁305-312），大學士阿桂等「議覆福康安等奏請清查臺灣酌籌善後事宜」摺。
13　〔高宗實錄〕，卷1281，乾隆五十二年五月丙申條。
14　〔高宗實錄〕，卷1338，乾隆五十四年七月庚寅條。

蘭爲巢穴。嘉慶十五年(1800)，噶瑪蘭遂「奏准得旨」，「收入版圖」[15]。由於「嘉慶九年(1804)，蔡逆從滬尾登岸，徑至新莊」[16]，善後工作在軍備方面「添設滬尾水師一營」[17]，加強海上守備；在民政方面，則試圖改新莊縣丞爲艋舺縣丞。

〔淡水廳志〕卷八「職官表・官制沿革」載：

雍正十年 (1805) 添設八里坌巡檢……乾隆五十三年 (1788)改陞新莊縣丞。嘉慶十四年(1809)詳請改爲艋舺縣丞，尚未入告[18]。

〔淡水廳志〕是同治八年(1869)署淡水同知陳培桂於同治九年(1870)設局纂修、同治十年(1871)刊刻的地方志。據此，則新莊縣丞改爲艋舺縣丞，自嘉慶十四年(1809)至同治十年(1871)，經過六十多年，仍止於地方官們議論的階段而「尚未入告」。

「艋舺縣丞」雖然只是地方官「詳請改名」的新名稱，卻明明白白表示它有意遷治於艋舺。不過，由於事關題達，改名之舉旣未經「奏准」，則「移駐」之舉似亦不宜輕舉妄動，加以淡水同知在艋舺旣有行館，縣丞移駐艋舺則與同知同駐於一地亦未必相宜。何況臺灣設官分守以來，官員之駐地與轄區亦往往不符。

臺灣設治之初，僅一府三縣，臺灣府與臺灣縣同城，諸羅縣

15　柯培元，〔噶瑪蘭志略〕（臺灣銀行經濟研究室刊行〔臺灣文獻叢刊〕，第92種），卷1「建置志」，頁10。

16　姚瑩，〔東溟文集〕「班兵議」（丁曰健，〔治臺必告錄〕，卷3收。〔臺灣文獻叢刊〕，第17種），頁167。

17　同上。

18　陳培桂，〔淡水廳志〕，卷8「職官表・官制」（中央圖書館臺灣分館藏同治十年刊本）頁1B。

治在諸羅山，鳳山縣治在興隆莊，但二者都寄寓府治之東安坊
[19]，康熙三十六年(1697)，郁永河東渡探硫，在臺灣縣逗留了兩
個月，〔裨海紀遊〕載：

> 臺灣縣卽府志……鎮、道、府、廳暨諸、鳳兩縣衙署、
>
> 學宮、市廛及內地寄籍民居多隸焉[20]。

郁永河對於諸、鳳兩縣「各有疆域，舍己邑不居而寄居郡治
臺邑之地，若僑寓然」[21] 的現象相當不滿。

康熙四十九年(1710)臺厦道陳璸抵臺，見諸、鳳「仍寄寓如
故」，「徒有分土設縣之名而無其實」[22]。康熙五十六年(1717)
陳夢林修〔諸羅縣志〕，其「規制志·衙署」條猶云：「諸羅教
諭寓郡城，典史在目加溜灣，而在縣者惟佳里興巡檢。」[23]

淡水同知始置之初，「稽查北路，兼督彰化捕務，仍附彰化
治」[24] 與彰化知縣同城。

〔淡水廳志〕「建置志·廨署門」載：

> 淡水舊公館在彰化縣治，雍正二年同知王汧建[25]。

又云：

> 舊公館……在彰化縣治南街[26]。

---

19 高拱乾，〔臺灣府志〕，卷2「規制志·衙署門」（〔中華大典〕本，〔臺
    灣方志彙編〕，第一冊），頁31。
20 郁永河，〔裨海紀遊〕（方豪校勘本，〔文獻叢刊〕，第44種），頁11。
21 同上，頁30。
22 陳璸，「條陳經理海疆北路事宜」（〔陳清端公文選〕收，〔文獻叢刊〕，
    第116種），頁17。
23 周鍾瑄，〔諸羅縣志〕，卷2，「規制志·衙署」（臺灣銀行經濟研究室刊
    行，〔臺灣研究叢刊〕，第55種），頁40。
24 〔淡水廳志〕，卷3，「建置志·廨署門」，頁9B。
25 同上。
26 同上，頁10A。

雍正九年(1731)，劃大甲溪以北刑名、錢穀歸淡水同知管轄，同知成爲守土官，設治竹塹，又設竹塹巡檢與同知同城。但是，同知並未移駐竹塹，卻遠離其轄區，駐在大甲溪以南的沙轆。

雍正九年(1731)十二月十四日，大甲西社番「突集番眾，殺傷兵役」，引發「番亂」，淡水同知張宏章「事發奔逃」，爲閩撫趙國麟等會疏題參[27]。藍鼎元「謝郝制府兼論臺灣番變書」云：

> 去歲閱邸抄，有淡水同知移駐竹塹之議，不知張宏昌失
> 事何以乃在沙轆[28]？

署福建總督郝玉麟差探東渡得報云：

> 兇番聽得內地大兵將到，踞沙轆地方海防廳舊署爲穴[29]。

亂平之後，同知重歸彰化廳署寄寓如故。乾隆七年(1729)，同知莊年更大興土木，「重建門堂，視制悉具」[30]，這種寄寓狀態直到乾隆二十一年(1756)同知王錫縉在竹塹的士林莊[31]（今新竹市），新建一座東向西的廳署[32]，淡水同知才算移駐轄區、治地安定下來。

至於八里坌巡檢則早於乾隆十一年(1733)已移駐新莊，僅由

27　〔雍正硃批諭旨〕（臺北，臺灣文源書局影印本），「福建巡撫趙國麟雍正十年三月十七日奏聞事摺」。

28　藍鼎元，〔鹿洲文集〕「謝郝制府兼論臺灣番變書」（〔臺灣文獻叢刊，第17種，〔治臺必告錄〕，卷1收），頁69。又：昌疑爲章之誤。

29　〔雍正硃批諭旨〕「署福建總督郝玉麟雍正十年六月二十日奏聞摺」。

30　〔淡水廳志〕，卷3，「建置志・廨署」，頁9B。

31　余文儀，〔續修臺灣府志〕，卷2，「規制志・公署門・淡水廳」條（〔臺灣文獻叢刊〕，第121種），頁67。

32　〔淡水廳志〕，卷3，「建置志・廨署」，頁9B。

「該處生監具呈在案」[33]，遲至乾隆三十二年(1767)始由閩浙總督蘇昌奏准。〔高宗實錄〕乾隆三十二年二月甲寅條載：

> 吏部議准閩浙總督蘇昌奏稱：臺灣府淡水同知所屬八里
> 坌，舊設巡檢一員；近來海口淤塞，無船隻往來，該員
> 兼轄之新莊地方，商賈輻輳，且北連艋舺、大加臘，民
> 番雜處，南距霄裡汛、大溪墘一帶，曠野平原，難免奸
> 匪藏聚，應將八里坌巡檢移駐新莊，並請改給淡水廳新
> 莊巡檢印信，從之[34]。

正名爲「新莊巡檢」已是移駐新莊之後二十二年了。

根據前述各例，我們知道臺灣地方官「設官分治」時，題准的官名、轄區、駐地與實際的情況往往不盡相符，何況「新莊縣丞」改爲「艋舺縣丞」一事「尙未入告」呢？

肆、新莊縣丞未曾移駐艋舺的證據

〔淡水廳志〕卷二「建置志・廨署門・艋舺縣丞署」條載：

> 艋舺縣丞署在新莊。舊在八里坌街爲檢署，雍正十一
> 年建，乾隆十五年風灾圮，移駐新莊公館，五十五年改
> 爲縣丞署。咸豐三年漳、泉分類燬。同治五年署縣丞張

---

[33]　〔明志書院案底〕，頁2B引胡邦翰詳文：「乾隆十一年，前巡檢虞文桂因八里坌水土頗劣，移駐該保（按：指興直保新莊街），遂爲衙署，歷據該處生監具呈在案。」又：〔淡水廳志〕，卷3，「建置志・廨署門・艋舺縣丞」條載：「………舊在八里坌街爲檢署，………乾隆十五年風灾圮，移駐新莊公館。」則八里坌舊巡檢署於乾隆十五年圮，似乎巡檢乃藉機以此爲名，詳請移駐新莊。

[34]　〔高宗實錄〕・卷779「乾隆三十二年二月甲寅」條。

國楷勸捐重建[35]。

〔淡水廳志〕刊刻於同治十年(1871)，「建置志」謂「艋舺縣丞署在新莊」，則嘉慶十四年(1809)新莊縣丞「詳請改爲艋舺縣丞」，不僅遲至同治十年(1871)「尚未入告」，且仍駐於新莊亦無庸置疑。〔臺北市志〕卷一「沿革志」似僅據〔淡水廳志〕「職官表」「詳請改爲艋舺縣丞」部分撰擬，忽略了「詳請」和「尚未入告」的記載；同時，似亦未參考「建置志」，故而有嘉慶十三年(1808)「又移新莊縣丞於艋舺」之誤。〔臺北市志〕卷三「政制志•行政篇」所謂「同治五年(1866)移於艋舺」之說，似誤以爲前引「艋舺縣丞署」條「同治五年(1866)署縣丞張國楷勸捐重建」乃建於艋舺而致誤；蓋張國楷勸捐重建者，爲「咸豐三年(1853)，漳、泉分類」所燬，位於新莊街的縣丞署。

此外，〔淡水廳志〕卷一「淡水廳分圖一」，仍註明「新莊縣丞」字樣於新莊，而艋舺僅有「參將署」及「倉署」（參見附圖1）[36]：

卷一圖三「廨署圖」，在目次中題爲「艋舺分縣署圖」，然而在圖上則標題爲「新庄分縣署圖」[37]。顯示修志繪圖之時，「新莊分縣」與「艋舺分縣」兩名詞並無嚴格之區分。

又據可能撰於同治初年之〔淡水廳輿圖纂要〕「淡水廳輿圖註說•衙署門•艋舺縣丞署」條載：

　　艋舺縣丞署在新庄街。查艋舺縣丞本係巡檢缺……嘉慶

35　〔淡水廳志〕，卷2「建置志•廨署」，頁10A-10B。
36　本圖取材於臺灣銀行經濟研究室編印，〔臺灣研究叢刊〕，第46種〔臺灣方誌彙刊〕，卷1〔淡水廳志〕，頁3。
37　同上，頁1、頁14。

十四年改爲艋押（按：當爲舺之筆誤）縣丞，現仍駐新

莊[38]。

都足以證明，至少在同治年間，新莊縣丞是未曾移駐艋舺

的。

不過，嘉、道以還，北臺工商繁興，山坡、丘陵地廣植經濟

作物，盛產茶、樟腦以及煤、磺等礦產，頗爲世人所矚目，移民

東向者亦日眾，既非縣丞微員所能鎮壓，亦非「半年駐竹塹、半

年駐艋舺」[39] 的同知所能掌握。因此，「添官分治」之說益盛，

對於新莊縣丞的地位亦有決定性的影響。

主修〔淡水廳志〕的署淡水同知陳培桂在「淡水廳志序」中

說：

> 同治己巳秋抵任，即以分地治民上請[40]。

〔臺灣輿圖〕「淡水縣輿圖說略」誌其事云：

> 先是，同治十年(1871)，同知陳培桂徇廳民之請，有增設
> 學額，請陞直隸州之議。未及行，開山撫番事起……[41]。

同治十一年(1872)任臺灣道的周懋琦續議云：

> 淡水廳所轄四百里而長，自竹塹至艋舺中距百里，該廳

38　〔淡水廳輿圖纂要〕(中央圖書館臺灣分館藏，朱絲欄原稿本，未編頁碼)，
　　據〔臺灣文獻叢刊〕，第181種〔臺灣府輿圖纂要〕弁言云：「推究其纂輯
　　時間，當在同治初年不久。」

39　光緒元年「軍機大臣奕訢等議奏臺北擬建一府三縣摺」(〔臺灣文獻叢刊〕，
　　第227種，〔臺案彙錄〕，壬集卷2收)，頁47。
　　又：姚瑩「臺北道里記」云：「艋舺民居鋪戶約四、五千家………淡水倉在
　　馬，同知歲中半居此，蓋民富而事繁也。」(〔淡水廳志〕，卷15，「文
　　徵上」收)

40　〔淡水廳志〕，「序二」陳培桂「淡水廳志序」。

41　夏獻綸，〔臺灣輿圖〕(光緒庚辰(六年)刊本)，〔淡水縣輿圖說略〕，
　　頁24B。

僕僕往來，實難治理，宜將艋舺縣丞升爲一縣，淡水同
知降爲一縣，另設臺北知府駐於艋舺、大稻埕一帶地
方，專管海防，兼司北路後山開墾事宜，方爲久計[42]。

同治十二年(1873)任臺灣道的夏獻綸則主張：

改淡水同知爲直隸州，改噶瑪蘭爲知縣，添一縣爲竹
塹[43]。

陳培桂「請升直隸州之議」，不知詳情如何。周懋琦主張「
宜將艋舺縣丞升爲一縣」，夏獻綸之議則未及於「艋舺縣丞」，種
下了「請設一府三縣」卻遺漏了「新莊縣丞」的種子。

同治十三年(1874)，日兵侵臺，沈葆楨奉命「辦理臺灣等處
海防兼理各國事務」，於奏請「福建巡撫移紮臺灣」之後，續請
於臺北「建一府三縣」。光緒元年(1875)十二月二十日「上諭准
添設臺北府，移紮南北路同知及改營制、學政等事」，其中有關
臺北建置部分如下：

著照軍機大臣等所議，准於福建臺北艋舺地方添設知府
一缺，名爲臺北府……附府設知縣一員，名爲淡水縣，
其竹塹地方原設淡水廳同知，即行裁汰，改設新竹縣知
縣一缺，並於噶瑪蘭舊制，添設宜蘭縣知縣一缺，即改
噶瑪蘭通判爲臺北府分防通判，移紮雞籠地方[44]。

府、縣既設之後，當局發現新莊尚有一縣丞缺未予安置。光
緒五年(1879)，閩浙總督何璟等奏云：

---

[42]　周懋琦，〔全臺圖說〕(〔臺灣文獻叢刊〕，第216種，〔臺灣輿地彙抄〕
　　　所收)，頁83。

[43]　光緒元年「軍機大臣奕訢等議奏臺北擬建一府三縣摺」引沈葆楨原奏引臺灣
　　　道夏獻綸語。(〔臺灣文獻叢刊〕，第227種，〔臺案彙錄壬集〕)，頁48。

[44]　同上，頁54。

其距艋舺十二里新莊地方，原有縣丞一員，現艋舺旣設
府、縣，新莊縣丞應卽裁撤，改爲臺北府經歷兼司獄事
務[45]。

次年（光緒六年，1880），夏獻綸主持臺灣道刊行的〔臺灣
輿圖〕中，「淡水輿圖說略」始稱：

淡水實爲附郭之邑，治於艋舺……近治十二里有新莊縣
丞，今議裁[46]。

而其「臺北府淡水縣分圖六」中，卽於新莊街傍加註「新庄
縣丞舊署」之「衙署」圖記（參見附圖 2）[47]。

自乾隆五十四年(1789)新莊巡檢改陞爲新莊縣丞至光緒五年
(1879)已達九十年之久。自嘉慶十四年(1809)「詳請改爲艋舺縣
丞」至此也長達七十年，新莊縣丞始終未曾奏准改名，且仍駐於
新莊，直至裁撤時爲至，未嘗移駐艋舺。

再者，光緒十七年(1891)署理臺澎道的臺南知府唐贊袞，在
他所著〔臺陽見聞錄〕「臺北工程」條中，也有如下的記載：

淡水改廳爲縣，舊治現爲新竹縣所駐。淡水縣所暫住城
外民房，先未有署，因於城東勘建，並造監獄及典史官
廨[48]。

新竹縣駐在淡水廳治舊署，淡水縣在艋舺卻無「艋舺縣丞」

45　〔申報〕，光緒五年四月十九日「閩浙督何（璟）等奏新設府縣，酌定缺次
　　繁簡因地制宜摺」（〔文獻叢刊〕，第 247 種〔清季申報臺灣紀事輯錄〕），
　　頁851-852。
46　夏獻綸，〔臺灣輿圖〕·「淡水縣輿圖說略」，頁25 B。
47　本圖取自前書頁23 B-24 A「臺北府淡水縣分圖六」。
48　唐贊袞，〔臺陽見聞錄〕（中央圖書館臺灣分館藏，光緒十八年刊本），卷
　　上「建置門·臺北工程」條。

舊署可駐，必須「暫住城外民房」，當爲新莊縣丞始終未曾移駐
艋舺之一旁證。

伍、結論

陳璸認爲諸羅、鳳山二縣寄寓臺灣府治者，「無非以府治稍
近紛華，飲食宴會有資，遂署民瘼於度外」[49]；藍鼎元認爲淡水
同知駐沙轆而不駐竹塹者，「必竹塹未墾，無村落民居之故耳」
[50]；八里坌巡檢因爲八里坌街日衰，新莊街繁盛而移駐新莊[51]；
蔣師轍認爲蔡牽之亂後，閩浙總督「欲移北路副將駐竹塹」，也
由於「副將貪彰化富庶不欲移營」而罷[52]。

地方官的駐地與建置是制度問題，但是它往往也反映一地之
興衰及其重要性，新莊縣丞沿承新莊巡檢駐在新莊，顯示乾隆、
嘉慶以來新莊的農、商與政治地位；嘉慶十四年（1809）議改新
莊縣丞爲艋舺縣丞，則顯示日益繁榮的艋舺已有凌駕於新莊的趨
勢，同、光之際議設臺北府於「艋舺、大稻埕一帶地方」的原因
固然很多，艋舺、大稻埕遠比新莊繁榮，無疑是其主要因素。艋
舺、大稻埕相繼代興，重要性日增而設府、設縣；新莊終於連縣
丞都無法維持，逐漸成爲鄉村中心的市鎮，喪失了淡北首善之區
的地位。

——本文原刊〔臺北文獻〕直字第57-58期（民國71年3月15日出版）

49　陳璸，「條陳經理海疆北路事宜」。
50　藍鼎元，「謝郝制府兼論臺灣番變書」。
51　參見拙著，「新莊巡檢之設置及其職權、功能——清代分守巡檢之一個案研
　　究」，〔食貨月刊〕。
52　蔣師轍，〔臺游日記〕，卷二「光緒十八年六月十日」條（〔臺灣文獻叢
　　刊〕，第6種），頁54-55）。

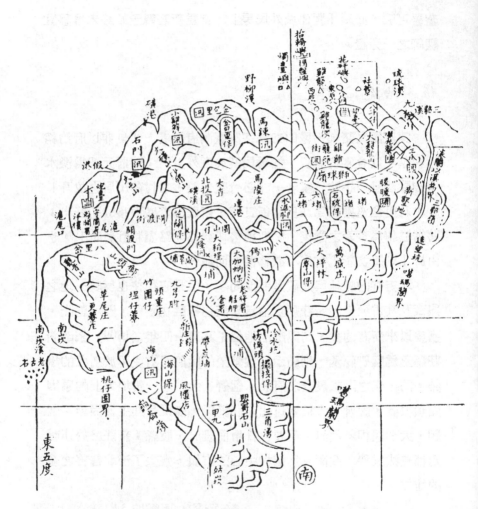

圖　1

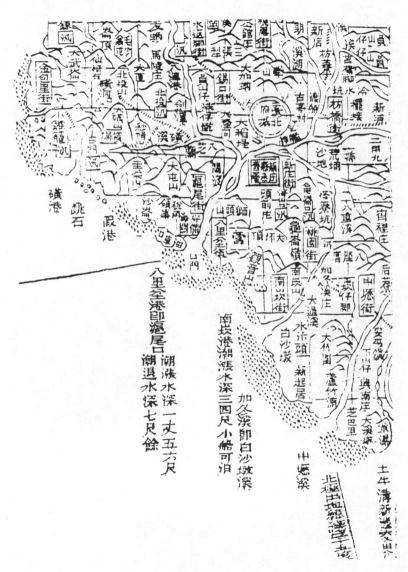

圖　2

臺北設府築城考

　　　　壹、臺北築城沿革諸說及其由來
　　　　　　一、光緒元年卜地、四年定計、五年始建、八年
　　　　　　　　竣工說
　　　　　　二、光緒六年興建、八年竣工說
　　　　　　三、光緒七年定計、八年興建、十年十一月竣工
　　　　　　　　說
　　　　貳、沈葆楨與臺北城之關係
　　　　叁、臺北開府之曲折過程與臺北府城之興築
　　　　肆、岑毓英、劉璈與臺北府城之關係
　　　　伍、結論

壹、臺北築城沿革諸說及其由來

一、光緒元年卜地、四年定計、五年始建、八年竣工說

　　民國六十四年(1975)夏，臺北市文獻委員會撰立之「〔承恩門沿革記略〕」碑載：

　　清光緒元年（民前三十七）准欽差大臣沈葆楨之奏請旨
諭設臺北府於艋舺卽決定築城五年興工八年完成。

　　又據民國六十五年(1976)十二月臺北市文獻委員會編印之〔
臺北市古蹟概覽〕第三則景福門（東門城門）說明部分載：

　　　清光緒元（民國前三七，西元一八七五）年，清廷旨
　　諭：准欽差大臣沈葆楨之奏，設「臺北府於艋舺」，當
　　卽決定築城。四年，知府陳星聚確定築城計劃，乃向官
　　民募捐。於光緒五（民前三三，西元一八七九）年始
　　建，八年竣事，建築面積，約一一五·五平方公尺，長
　　一四公尺，寬一一公尺，高一〇公尺。週圍城廣四公里
　　[1]。

　　麗正門（南門）、重熙門（小南門）、承恩門（北門）之說
明略同[2]。

　　此爲光緒元年決定築城、光緒四年陳星聚定計、光緒五年始
建、八年竣事說。此說襲自黃得時所著〔臺北市志〕「沿革志」
以及氏所著「城內的沿革和臺北城」一文中「臺北府城的築造」
一節[3]，該文本爲民國四十二年 (1953) 十二月五日舉行之「城內
及附郊耆宿座談會」而撰，刊布於四十三年(1954)一月二十日出
版之〔臺北文物〕第 2 卷第 4 期。

　　黃氏此說爲當今最爲風行之一說，不僅臺北市文獻會之出版
品盡行採信，臺灣省文獻會以及坊間出版之勝蹟志、古迹介紹之

　1　黎民敏編輯，〔臺北市古蹟概覽〕（臺北市文獻委員會編印，民國65年12月）
　　　頁5。
　2　同上，頁7、9、11。
　3　黃得時，「城內的沿革和臺北城」（〔古往今來話臺北〕之五）〔臺北文物〕
　　　2 卷 4 期，頁20-22。

類各書，亦皆採其說。

　　黃氏此說則襲自伊能嘉矩所著之〔臺灣文化志〕（黃文末自註云：本篇係參考伊能嘉矩的〔臺灣文化史〕……等書及……而寫成的[4]。其中〔臺灣文化史〕爲〔臺灣文化志〕之誤）而未嘗覆按查考，亦不知伊能嘉矩本人所撰諸文於臺北建城沿革卽有異說。

　　伊能嘉矩所著〔臺灣文化志〕第三篇「文治武備沿革」第四章卽「城垣の沿革」。黃氏摘譯其第一節「城垣の起源」並漢譯其第九節「臺北城」部分[5]。伊能氏〔臺灣文化志〕「城垣之沿革」一章，又大抵沿襲伊能氏本人所撰「臺灣築城沿革考」一文[6]。伊能氏此文乃應「臺灣慣習研究會」會員「考古生」之要求[7]，陸續發表於〔臺灣慣習記事〕第二卷第三號至第三卷第六號之中。

　　黃得時「城內的沿革和臺北城」一文「臺北府城的築造」一節，惟「臺北城是光緒元年(1875)，創建臺北府治於艋舺（就是後來的城內）的時候，就決定要築造」一語[8]，爲臺北市文獻會撰立之〔承恩門沿革紀略〕碑文「清光緒元……諭設臺北府於艋舺卽決定築城」之所本。黃氏未註明出處，難以覆按，其或改譯自伊能氏〔臺灣文化志〕中「光緒元年ニ新に臺北の一府を添

4　同上，頁34。

5　伊能嘉矩，〔臺灣文化志〕，第三編第四章，頁587-609以及頁636-638。

6　伊能嘉矩，「臺灣築城沿革考」，第八「臺北城」（〔臺灣慣習記事〕，第3卷第6號），頁13-16。（明治三十六年六月，光緒二十九年，西元一九〇三年。）

7　〔臺灣慣習記事〕，第2卷第2號，頁76，「質問」條。

8　〔臺北文物〕，2卷4期，頁21。

設し……乃ち地を大加蚋堡艋舺及び大稻埕兩街の中間にトし、
府城を設くるの位置に擬す」一節[9]。

昭和二年（民國十六年，1927年）臺灣總督府內務局刊行之
〔史蹟調查報告〕第二輯，由尾崎秀眞執筆之第二部分「臺北城
門」中亦有如下敍述：

> 臺北城は……欽差大臣沈葆楨の奏議に依り臺北府を設
> 置するに決し[10]。

黃文或亦據此節而掇成[11]。

尾崎秀眞亦未說明其出處。其與史實不符之考證則詳下文。

光緒元年卜地、四年定計、五年興工、八年完成說，其實亦
不始於伊能嘉矩，又可上溯於石川源一郎。石川氏於明治三十二
年(1899)刊行〔臺灣名所寫眞帖〕，其「寫眞圖解」之「臺北城
の沿革」條載：

> 今臺北城地面，約二十年前，仍爲三板橋及圭母聚等界
> 內之廣漠水田。光緒四年，欽差大差沈葆楨上奏，創議
> 於臺北之艋舺地方設置府治，及知府陳星聚蒞任，乃有
> 卜地築城之計畫……一面與臺北附近之富豪紳商協議，
> 築城經費二十餘萬兩（四十萬元內外）由地方紳商豪農
> 義捐，……光緒五年（明治十二年）興工，經三年於光

9　　〔臺灣文化志〕，頁636。

10　臺灣總督府內務局，〔史蹟調查報告〕，第二輯，頁21。惟此報告採六年興
　　工，八年竣工說。

11　城內及附郊者宿座談會中，黃純青謂：「臺北府是於光緒元年由沈葆楨創設
　　後，才建臺北城的……沈於是年七月卸任內渡，就將其建城計劃交給臺北知
　　府陳星聚，陳就照原案……着手建城。」（載於〔臺北文物〕，2卷4期，
　　頁10-11）。其說乃集諸誤之大成，黃得時或本之於此。

緒八年（明治十五年）遂成今日之偉觀……東門即題爲
照正門，東門之構造與北門酷似，是以省略其相片 [12]。

（原文爲日文，由筆者中譯）

伊能嘉矩之文，除了將沈葆楨奏議之年代改爲光緒元年並增
其卜地一節外，大抵皆依其說充實而成，可謂四年定計、五年興
工、八年完成說之元祖 [13]。

二、光緒六年興建、八年竣工説

民國四十二年九月臺北市文獻委員會編輯並發行之〔臺北市
要覽〕一書，「臺北古城門」一則載：

臺北城興建於光緒六年（1880），八年三月竣工，城壁
方形，有東西南北及小南門等五門，城外濠繞……日據
後改正市區，城壁及西門拆毀，現存四門 [14]。

此說襲自昭和十五年（民國二十九年，1940年）刊行之〔臺
北市政二十年史〕第二十章史蹟第二節「臺北城門之部」 [15]，該
書所述日據時期毀城垣造三線道並指定四城門爲史蹟之絞述，則
多爲諸家所援引。

〔臺北市政二十年史〕之說襲自昭和六年（民國二十年，

---

[12] 石川源一郎編輯〔臺灣名所寫真帖〕之「寫真圖解」，頁9-10。（臺北，臺灣商報社，明治三十二年）

[13] 日人據臺，最早刊行之臺灣史認爲明治二十八年一月，日軍參謀本部刊行之〔臺灣誌〕，是時日人對臺灣所知有限，其書頁50「臺北府」之「建治與沿革」謂：「府城乃近年所築。」

[14] 臺北市文獻委員會，〔臺北市要覽〕（臺北，民國42年9月），頁34。

[15] 臺北市役所，〔臺北市政二十年史〕（臺北，昭和十五年九月），頁821。

1931年）出版之〔臺北市史〕[16]，又遠紹自明治三十六年（光緒
二十九年，1903年）臺北廳總務課刊之〔臺北廳志〕「地理志」
第五目市邑所附「臺北市街沿革」，茲轉譯於下：

> 光緒四年設置臺北府時，今臺北城內仍是水田曠漠，田
> 蓁、竹圍散見……是年，建考棚……五年，築臺北府，
> 府前街、府後街之外，尚爲漠漠水田。六年，知府陳星
> 聚勸誘附近豪族，捐銀約二十萬兩（即四十萬圓），經
> 始臺北城，至光緒八年完成[17]。

三、光緒七年定計、八年興建、十年十一月竣工說

　　明治三十四年（光緒二十七年，1901年），伊能嘉矩以其調
查所得，撰成「本島諸城之建築及管理方法」一文，刊布於次年
元月出版之〔臺灣慣習記事〕第二卷第一號中，茲迻譯其「臺北
城」部分如下：

> 臺北城之建設計畫擬定於光緒七年（明治十四年，西元
> 1881年），臺北府知府陳星聚在職時，召集轄區內紳
> 士、紳商協議而成。八年一月二十四日興工、十年十一
> 月竣工，其建設費凡四十二萬餘圓，其額乃出自各縣紳
> 士、紳商之義捐，其負擔額如左：
>
> 一淡水縣轄區……二十萬圓
>
> 一新竹縣轄區……十萬圓
>
> 一宜蘭縣轄區……十萬圓

16　田中一二，〔臺北市史〕（臺灣通信社，昭和六年），頁37。

17　臺北廳總務課，〔臺北廳志〕，頁23。

右列經費尚不足兩萬圓，再勸誘轄下人士捐出，或云，
其不足之數，由清賦項下補充。工程價款，城牆一丈之
工資二十七圓，砂石、石灰等費另計，總額爲一百二十
五圓，東壁築造較其他三壁尤堅，所費達一百四十圓云
云[18]。

　　伊能嘉矩刊布此文較〔臺灣築城沿革考〕早一年五個月，是
後卻棄此說而不取，〔臺灣文化志〕即未載此說，其原因約有三
端，一則受石川所著書影響，二則或爲誤解中文史料而致誤，三則
城門額落款年分爲奠基年代，伊能誤以爲完工年代，其說亦詳下。

　　綜觀前述三說，七年定計、八年興工、十年十一月竣工說，
如曇花之一現，即爲人所遺忘，其原調查刊布者伊能嘉矩亦未採
用。光緒六年興工、八年竣工說則爲日治時代官方史蹟調查報告
以及臺北史誌所採用，光復後首刊之〔臺北市要覽〕亦採其說，
民國四十三年以後則罕見採信者[19]。光緒四年卜地定計、五年興
工、八年完成說，經伊能氏增補爲光緒元年卜地、四年定計、五
年興工、八年完成說後，爲杉山靖憲、連橫、原幹洲等採用[20]，
民國四十三年經黃得時譯爲中文稍加增補後，不僅爲〔臺灣省通
志〕所採用[21]，且勒石入碑，成爲當代顯學定論，其榮枯變化，

18　〔臺灣慣習記事〕，第2卷第1號，頁49-50。
19　王國璠編輯，〔臺北市史畫集〕（臺北市文獻會出版，民國69年6月）中，
　　臺北府承恩門（頁8）及景福門（頁36）之說明，皆採始建於光緒六年說。
　　惟附錄之「臺北府城的沿革」一文，則本之黃得時文。
20　杉山清憲，〔臺灣名所舊蹟誌〕（臺灣總督府印行，大正五年）第二百四十二
　　則「臺北城址」條（頁507）以及連橫，〔臺灣通史〕卷16「城池志·臺北
　　府城」條（臺北，衆文影本，頁534）原幹洲：〔臺灣史蹟〕（拓務評論臺
　　灣支社與勤勞ご富源社，昭和十二年）「臺北城」一則（頁1）皆採此說。
21　臺灣省文獻會出版，〔臺灣通志〕，卷3「政事志·建置篇」，第一章「城
　　堡要塞」，第三節「府城」，第二項「臺北府城」（臺中，民國61年12月），
　　頁7-8。

恐非伊能嘉矩、石川源一郎始料所能及也。

貳、沈葆楨與臺北城之關係

同治十三年（1874年）日人藉口琅璚（今恆春）番人殺害海難琉球人事件出兵臺灣。六月，沈葆楨奉命東渡辦理臺灣海防事務並處理善後事宜，曾奏請「仿江蘇巡撫分駐蘇州之例，移福建巡撫駐臺」[22]，進行開山撫番，在臺南、旂後建砲臺六座[23]，並整修臺灣府城[24]，又為開墾臺灣東部，奏請「開豁舊禁」，包括：偷渡、入山、鐵器、大竹篷諸禁[25]。是年十二月初一日，沈葆楨命臺灣道夏獻綸、候補道劉璈先赴琅璚，預備在琅璚「建城置吏，以為永久之計」[26]，同月十三日且親往琅璚履勘，其「請琅璚築城設官摺」載：

> 接見夏獻綸、劉璈，知已勘定車城南十五里之猴洞，可為縣治；臣葆楨親往履勘，所見相同……劉璈素習堪輿家言，經畫審詳，現令專辦築城、建邑諸事。惟該處不產巨杉，且無陶瓦，屋材、甑甓必須內地轉運而來，匠石亦宜遠致……縣名擬曰恆春……開春劉璈當赴琅璚督辦營建諸務，夏獻綸當赴中路主辦開山事宜[27]。

22　沈葆楨，「請移駐巡撫摺」（同治十三年十一月十五日）（〔沈文肅公政書〕，乾5「福建臺灣奏摺」——〔臺灣文獻叢刊〕第29種），頁3。
23　沈葆楨「南北路開山並擬布置琅璚旂後各情形摺」（同治十三年十二月初一），頁5。
24　沈葆楨，「報明臺郡城工完竣片」（光緒元年三月十三日），頁36。
25　沈葆楨，「臺地後山請開舊禁摺」（同治十三年十二月初五日），頁11-13。
26　沈葆楨，「南北路開山並擬布置琅璚旂後各情形摺」，頁8。
27　沈葆楨，「請琅璚築城設官摺」（同治十三年十二月二十三日），頁23-25。

此摺值得吾人注意者有四點：

其一：沈葆楨請於瑯璚築城設官，不僅命夏獻綸、劉璈籌備，其本人也親往履勘、卜地、定計。

其二：劉璈「素習堪輿家言」，沈葆楨命他「專辦築城、建邑諸事」。日後臺北築城時，劉璈適爲臺灣道，岑毓英離福建巡撫後，臺北築城事宜由劉璈主持，其事迹詳下文。

其三：築城、建邑之材料、工匠皆來自內地。

其四：此時沈葆楨處理臺事之重點在南部與中部而未達於北臺，故劉、夏二人分處南路與中路。

沈葆楨於是年十二月二十四日以報銷福建船政經費之名內渡[28]，次年（光緒元年，1875）二月十日再次渡臺處理臺灣防務以及開山撫番事宜[29]。四月二十六日，補授「兩江總督兼充辦理通商事務大臣」，以臺事未妥而懇辭[30]，六月十三日上諭：「毋得固辭，並卽來京陛見。」[31]而十八日沈葆楨適上「臺北擬建一府三縣摺」[32]。

伊能嘉矩「臺灣築城沿革考・臺北城」條卽節引此摺做爲「乃ち府城の位置を此の地に卜定せり」（可譯爲：乃卜定府城位置於此）的證據[33]。伊能氏所引部分如下：

> 伏查艋舺當雞籠、龜崙兩大山之間沃壤平原，兩溪環

28　同上，頁25。
29　沈葆楨，「商辦獅頭社番摺」（光緒元年二月十七日），頁26。
30　沈葆楨，「籲辭江督摺」（光緒元年五月二十三日），頁50。
31　〔清德宗實錄〕，卷11「光緒元年六月十三日戊寅」條。沈葆楨於七月八日才接到正式諭旨。
32　沈葆楨，「臺北擬建一府三縣摺」（光緒元年六月十八日），頁55-59。
33　伊能嘉矩，〔臺灣築城沿革考〕，第八「臺北城」（〔臺灣慣習記事〕，第3卷第6號），頁13又〔臺灣文化志〕，頁636略同。

抱，村落衢市，蔚成大觀……（筆者刪節）擬於該處創

建府治，名之曰臺北府。

伊能氏以爲沈葆楨所定的是「府城」的位置，其實是「府

治」，其間的分別是非常明顯的。關於「府城」部分，沈葆楨在

此摺中並沒有做任何擬議或決定，他在摺末明言：

其建設城署，清查田賦及敦佐營汎應裁、應改、應

增，容俟奉旨允准後，再由臺灣道議詳核奏，期臻周

密[34]。

沈葆楨希望「期臻周密」的心情和他親覆瑯璚，勘定恆春城

址的行爲參以此摺的交待「容俟奉旨允准後」「再由臺灣道議詳

核奏」的明示，都顯示沈葆楨既無臺北市各城門沿革記略碑中

「卽決定築城」或〔臺北市古蹟概覽〕中「當卽決定築城」的行

爲，也不曾「卜定」、「擬議」府城的「位置」。

黃得時在「城內的沿革和臺北城」一文中，認爲「臺北擬建

一府三縣摺」，「足知當時的情形，不妨把全文鈔錄於下」[35]，

他錄了冗長的原文，竟然得到：

臺北府城是光緒元年，創建臺北府治於艋舺（就是後來

的城內）的時候就決定要築造[36]。

這樣的結論，不但不根據「臺北擬建一府三縣摺」糾正伊能

嘉矩的謬誤，反而更加強語氣，製造了更深的謬誤，實在令人難

以置信。他在文中同時又說：「以上是沈葆楨奏議的全文。清廷

34　沈葆楨，「臺北擬建一府三縣摺」，頁59。

35　黃得時，「城內的沿革和臺北城」（〔臺北文物〕，第2卷第4期），頁18。

36　同上，頁21。

批許奏該議，旋於光緒元年（西元1875）就正式成立臺北府。」
[37] 更是怪異之極的說法。

　　沈葆楨自無暇等待「臺北擬建一府三縣」之議「奉旨允准」。
此奏同日，沈同時奏請購臺煤機器，請改駐南北同知[38]，是後又
奏請改臺地營制，請歲科兩試歸巡撫主持[39]，待全臺局勢大定而
淮軍全數凱撤之後，才於七月二十二日內渡[40]，且於離臺前一日
上「謝授江督恩摺」[41]。

　　沈葆楨於光緒元年（1875）十月任兩江總督，他在期間所籌
劃的辦法，多半在各衙門覆議之中，當然他會運用他的影響力促
成它。光緒元年十二月大抵都有了成議，同月二十日上諭中有關
臺北府部分如下：

> 准其於福建臺北艋舺地方，添設知府一缺，名爲臺北
> 府，仍隸於臺灣兵備道，附府添設知縣一缺，名爲淡水
> 縣。其於竹塹地方，原設淡水廳同知卽行裁汰，改設新
> 竹知縣一缺。並於噶瑪蘭廳舊治，添設宜蘭知縣一缺，
> 卽改噶瑪蘭廳通判爲臺北府分防通判，移紮鷄籠地方
> [42]。

　　此諭到達臺灣當在光緒二年（1876）春天。

---

[37] 同上，頁20。

[38] 沈葆楨，「臺北議購開煤機器片」，頁59；「請改駐南北路同知片」，頁
60。

[39] 沈葆楨，「請改臺地營制摺」（光緒元年七月初八日），（頁62），「歲科
兩試請歸巡撫片」（同日），（頁64）。

[40] 沈葆楨，「報淮軍全數凱撤摺」（光緒元年七月二十一日），頁69-71。

[41] 沈葆楨，「謝授江督恩摺」（頁72）。

[42] 〔德宗實錄〕，卷24「光緒元年十二月二十日癸未條」。朱壽朋，〔東華續
錄〕繫於「十二月二十二日乙酉」條。

　　沈葆楨光緒五年(1879)十一月歿於兩江總督任上，他是個負責盡職、勇毅果斷的大臣，咸豐五年(1855)，太平天國楊輔清連下江西數城，惟沈葆楨死守廣信，曾國藩譽之曰：「獨伸大義於天下。」[43] 他對於臺灣的防務、設省和現代化都有很大的貢獻。他「生平學問首在不欺」[44]，生前忠誠，必不掠人美；死後當亦不願後人將臺北府城卜地、築城的事蹟寫入他的傳記中。

叁、臺北開府之曲折過程與臺北府城之興築

　　臺北設府「奉旨允准」的時間是光緒元年十二月，公文到臺灣當在二年春天。但是其「建設城署……應裁、應改、應增」事項，正如沈葆楨所奏，是奉准之後才開始「議詳」，議詳核奏又經過相當時間和曲折的過程，臺北府才眞正開設。

　　臺北府第一任知府，沈葆楨屬意於江蘇海州知州廣東大埔人林遠泉。經沈與閩浙總督何璟，福建巡撫丁日昌保薦，光緒三年(1877)五月十六日上諭：「福建新設臺北府知府員缺，著准其以江蘇海州直隷州知州林達泉試署。」[45]

　　雖然林遠泉是「試署」新設的臺北知府，但是海州屬江蘇巡撫管轄，隔省揀選與定制不符，知州直接升署知府也有太驟之嫌，吏部頗有意見[46]，在沈葆楨力請之下，終以「林達泉升署係

43　光緒五年十一月二十四日，「江蘇巡撫吳元炳奏摺」，〔福建臺灣奏摺〕，頁7）。

44　吳元炳，「沈文肅公政書序」，前書，頁3。

45　〔東華續錄〕，光緒三年五月十六日庚午條。

46　中堂寶奏「爲奏明請旨」摺（光緒三年九月二十日申報，錄自九月初九日〔京報〕）（〔臺灣文獻叢刊〕，第247種：「清季申報臺灣紀事輯錄」，頁740-742）。

屬欽奉特旨准署；嗣後無論該省、別省何處何缺，不得援照此
案辦理」的條件下，於八月二十四日正式准林達泉試署臺北知府
[47]。

林達泉於光緒四年（1878）三月抵臺北，同年十月九日卒於
官，據「皇清故循吏贈太僕寺卿銜臺北府知府林君之神道碑銘竝
序」載：

> 戊寅三月，君抵臺北任，府治新設，百度草創，君定經
> 制、核徵課、籌防、墾荒，兼辦撫軍營務，時值後山番
> 擾，君冒暑瘴治事，晝夜不少休……疽發於背，竟以十
> 月九日卒於官署[48]。

神道碑序雖未必誇張其勞蹟，但必不至少其功。故林達泉雖
至臺北，由於後山番擾，所辦事務自以「撫軍營務」為主，雖列
有定經制、核徵課、籌防、墾荒諸項目，但並無築城或籌劃築城
事迹。

沈葆楨奏請將林達泉「付史館入循吏傳」則云：

> 臺北瘴癘地，該故守毅然而行。到閩，即上治臺各策，
> 釐積牘、興防務；以餘力勸辦晉豫賑捐……聞訃丁父憂
> ……以候代，未及奔喪；疽發背死[49]。

沈葆楨所奏亦不及於築城或籌劃築城。

又據閩浙總督何璟等人奏稱：

47　同上，頁742。又〔德宗實錄〕，卷56「光緒三年八月二十四日丙午」條。

48　〔臺灣慣習記事〕，第2卷第6號，「林達泉の碑文」，頁468。

49　沈葆楨，「奏知府積勞身故遺愛在民請付史館列入循吏傳摺」（光緒五年七
　　月十五日〔申報〕，錄自七月三日〔京報〕）（〔清季申報臺灣紀事輯錄〕，
　　頁872-873）。

　　光緒三年（1877），又經奏准將淡水同知一缺裁汰，…
…其噶瑪蘭舊治改為宜蘭縣，即以原設之通判衙署作縣
署，縣中公事均由臺北府勘轉。惟議設之淡水、新竹兩
縣事屬草創，頭緒紛煩，未能同時並舉，請將淡水、新
竹兩縣，暫由臺北府兼攝，俟艋舺所屬之地辦有規模，
再行分別添設，以符原議在案。

　　很明顯的，林達泉所擔任的是臺北知府兼攝新竹、淡水兩縣
知縣事，代勘轉宜蘭縣公事，並應籌劃設府、設縣事宜，自是異
常忙累，可是據何璟等人在同一奏摺中稱：

　　林守達泉自上年三月到任，六月即赴基隆；八月回竹塹
一次，未及旬日又赴基隆，所有竹塹以南詞訟，均不遑
辦理[50]。

　　閩浙總督何璟等人的奏摺中這一段記載有兩點值得吾人注
意：

　　一、林達泉雖然是兼管多項職務的地方官，可是他大部分的
時間在基隆辦理營務。

　　二、臺北知府林達泉並未駐在今天的臺北，而駐在竹塹，所
以有「回竹塹」之說。

　　早期的臺北知府駐在竹塹而不駐臺北，在鼎革之際修成的〔
新竹縣采訪冊〕卷一「沿革」中載：

　　光緒四年(1878)，臺北新設府治，淡水同知裁缺。時新
設臺北府知府林達泉、陳星聚先後蒞任，皆暫以淡水廳

50　光緒五年四月初八，〔京報〕，「閩浙總督何等奏新設府縣酌定缺次繁簡因
　　地制宜摺」。（〔清季申報臺灣紀事輯錄〕，頁851）

署為府署。至五年閏三月，淡、新分治，知府陳星聚始
移治臺北[51]。

清代淡水廳治不在淡水而在竹塹。淡、北分治前的臺北府
由於缺乏府署，也暫以竹塹廳署為府署，可以說是以竹塹為府
治了。

林達泉初至竹塹時，百姓尚請移府治於竹塹，據光緒二十年
(1894) 所修的稿本〔臺灣通志〕「林達泉傳」載：

達泉榜通衢……府治於此創建，實足收山川之靈秀而蔚
為人物，且艋舺居臺北之中……十年之後，日新月盛，
臬道將移節於此，時勢所趨，聖賢君相不能過也[52]。

林達泉雖然暫時以竹塹廳署為府署，但是他深知臺北地位日
趨重要，非竹塹所能及，「臬道」將移節於此，「聖賢君相」且
「不能過」，自非百姓所能改變了。

林達泉卒後，由原任淡水廳同知、淡水同知裁後改調中路撫
番同知陳星聚署理臺北府知府[53]。

由於林達泉無法兼理眾多事務以致卒於官署的教訓，閩浙總
督何璟、福建巡撫李明墀等，「查看情形，必須分設淡水、新竹
兩縣，方足以資治理」加上「艋舺地方考棚，民捐民辦，業經告

51　〔新竹縣采訪冊〕，卷1「沿革」（〔臺灣文獻叢刊〕，第145種），頁10
　　又同書，卷2「廨署」條同，頁61。

52　臺灣省文獻會印行，〔清光緒臺灣通志〕（民國45年6月，〔臺灣叢書〕第
　　五種影印本），頁945-946。連橫認為此議乃對劉璈遷巡道於彰化之議而發
　　（見〔臺灣通史〕，「劉璈傳」，頁1029），當誤。

53　〔清季申報臺灣紀事輯錄〕頁875-876收：「閩浙總督何奏請暫緩各員北上
　　片」。光緒六年曾委趙均為臺北府知府，未到任（頁978，「閩督何等奏請
　　補要缺知府摺」）。何璟等再於光緒七年六月奏請代理臺北知府補授臺北府
　　知府（頁987-989）。

成；學額已分一府三縣奏請添設，明春卽應考試」而「臺北府衙
署，年內計可完工，諸務均已次第興辦」，他們認為「設縣尤不
可緩」[54]。終於在光緒五年三月實行淡水、新竹分治，陳星聚正
式開府臺北[55]。

〔新竹縣志初稿〕名宦僅陳星聚一傳，本傳載陳星聚任臺北
府知府後生涯如下：

> 事皆開創，費出捐籌，勞瘁不辭，形神益憊，而城工一
> 役，經營尤久，迨工程畢後，乞疾引退，適値法逆旋擾
> 基、滬，又復維持一載，焦慮苦思，夜以繼日，因病請
> 假，卒於臺北府署[56]。

由於鼎革之際完成的〔新竹縣志初稿〕「陳星聚傳」的記
載，我們知道陳星聚不僅是開府臺北的臺北知府，也是與臺北城
的建築相始終的臺北府知府。

「陳星聚傳」告訴我們臺北府城自籌備至完工的時間是：

> 自陳星聚任臺北府知府以後至法軍騷擾臺北為止。

肆、岑毓英、劉璈與臺北府城之關係

陳星聚開府臺北後立卽出了一張招建告示：

> 署理臺北府正堂卓異候陞陳為出示招建事：照得臺北艋舺

54　〔清季申報臺灣紀事輯錄〕，頁872-873。

55　〔新竹縣採訪冊〕，第一卷「沿革」及同卷第一目總括之第一句卽云：「
　　新竹縣舊為淡水廳。光緒五年，析淡水廳之地為淡水、新竹兩縣。」（頁
　　2）。

56　〔新竹縣志初稿〕（〔臺灣文獻叢刊〕，第61種），卷4「列傳」，頁165-
　　166。

地方，奉設府治，現在城基街道均已分別勘定，街路既
定，民房爲先……爲此示仰紳董、郊舖、農佃、軍民人
等知悉：爾等須知新設府城街道，現辦招建民房，務宜
卽日來城遵照公議定章，就地起蓋……光緒五年三月日
給[57]。

　　由這個告示我們知道在光緒五年初，陳星聚已經大抵決定了
新設府城之城基與街道，伊能嘉矩可能誤讀此告示，以爲陳星聚
開始築城了。由於臺北府城的位置是在艋舺和大稻埕之間的一片
水田上，築城和招建的工作都很難進行。

　　艋舺和大稻埕是兩個相當有規模的商業區，而且都靠近淡水
河，交通便利。新的臺北府城在腹裏又無人煙，除非財力雄厚又
有遠見的投資者，否則難以吸引一般人到此「起蓋民房」。所以
早期少數之住戶，多屬與官方關係密切之紳董[58]。雖經劉銘傳大
力吸引大陸資本、組織興市公司，可是，直至日人據臺，臺北城
內尙有三分之一爲水田，建築也多半是官署和公共建築物。另一
個原因：城址原是沖積平原構成的水田[59]，土地鬆軟，縱使興築
民居，也要將土地夯實，至於城牆或城門樓重結構之壓力，更非
此浮土所能承受；因此，陳星聚首先在他預定的城牆線上植竹以
培土，希望三、四年後能夠承受城牆的重壓[60]。

　　城工之進行，地基之堅實固然重要，正如〔新竹縣志初稿〕

57　〔清代大租調查書〕，第五章第三節第三十三例（〔臺灣文獻叢刊〕，第152
　　種），頁922-923。
58　劉篁村「北城拾碎錄」，〔臺北文物〕，2卷4期，頁45所舉諸例。
59　參謀本部，〔臺灣誌〕，頁51。
60　James W. Davidson，「臺灣之過去與現在」（〔臺灣銀行經濟研究室譯
　　刊〕，〔臺灣研究叢刊〕之一〇七），頁151。

「陳星聚傳」所云：「費出捐籌。」要籌捐大量城工經費也是一件不容易的事。此外，如沈葆楨「請瑯璚設官摺」所說，工匠和材料都非本地所有，必須遠致，這都是難以解決的問題。因此，陳星聚先進行衙署和公共建築的工事，再徐圖築城的工程。

光緒七年(1881)七月岑毓英擔任福建巡撫[61]，他的首要任務就是渡臺籌防。同年閏七月十八日抵基隆，遍歷臺灣南北之後，於九月初三旋省。他在「渡臺查明情形會籌防務摺」中說：

> 新設臺北府、淡水、宜蘭各縣尚無城垣，臺灣府城暨各縣城池亦間有損壞，不足以資捍衞；此又臣等之所深慮也[62]。

新設的臺北府既然無城，顯然陳星聚尚未進行築城。巡撫岑毓英親巡其地，又深慮其無城捍衞，當然就督促陳星聚積極進行築城工作了。伊能嘉矩最先發表的「本島諸城之建築及其管理法」一文中調查所得，謂臺北府城之建設計畫和與諸紳、商之協議是在光緒七年(1881)之說，當屬確實有據。

岑毓英內渡兩月，又於十一月十四日抵基隆、十七日抵臺北[63]，再渡之前奏報到臺灣之目的是「籌辦防務，撫番事定，並督修城池、砲臺、河隄各工程」[64]，他二十二日抵大甲溪畔時，「紳民所捐修隄夫役皆已齊集，當即督飭開辦」[65]，可見他「籌捐」和其他的準備工作都安排妥當了。

---

61 岑毓英，「抵閩接印謝恩摺」（光緒七年七月七日）（〔臺灣文獻叢刊〕，第309種，〔臺灣關係文獻集〕零之十四：〔岑勤襄公奏稿選錄〕），頁108。
62 同上，頁114-115。
63 岑毓英，「到臺籌辦開山撫番等事片」（十二月十八日），頁123。
64 岑毓英，「再行渡臺片」（十一月四日），頁122。
65 岑毓英，「到臺籌辦開山撫番等事片」，頁123。

　　岑毓英於光緒八年(1882)正月初四自大甲溪旋臺北府，「督同官紳布置修築府城、添紮砲臺營碉各事」[66]。伊能嘉矩最初調查所得謂臺北府城於八年一月二十四日興工，與岑毓英在臺北的時間也相符。

　　今存〔淡水新竹檔案〕資料中，已無有關臺北府城之史料，然其建設類工程案中存有關於大甲溪隄工之案卷，編號14507-10的文件，正是光緒八年（西元1882年）正月二十六日，岑毓英給新竹知縣徐令光的一份「飭諭」，文云：

　　　該紳民好義急公，不難眾擎易舉，惟現在臺北新建府
　　　城，亦由新竹縣攤捐經費五萬圓，恐爾等慮及兩役，不
　　　免推諉觀望，茲酌定：凡認捐修築後壠河堤經費各戶，
　　　即免其再捐府城經費。

　　此諭雖然造成若干罷捐的困擾，卻為我們留下一些臺北府築城史料，而此諭發出的日期適在興工後二日。

　　至於材料與工匠問題如何解決呢？當時人之記載如下：

　　　大甲溪之橋工，即用土民興築，亦可將就成事。惟臺北
　　　府縣垣城工，非熟手工匠，勢難創建。緣城各之高矮，
　　　城垛之大小，皆有度數，必須按地勢以繪圖，方能照圖
　　　建築也。去臘已札知府卓維芳赴粵顧覓匠人百餘名，約
　　　定正月內到香港候船來閩。趕緊興工，大約中和節後，
　　　即可築登登而削憑憑矣[67]！

　　岑毓英於五月初十內渡回省[68]，隨即受命署理雲貴總督[69]而

<hr>

66　岑毓英，「嘉義土匪莊芋等滋事片」（光緒八年正月二十六日），頁127。
67　〔清季申報臺灣紀事輯錄〕，（光緒八年二月初七日），頁105。
68　岑毓英，「黔軍起程回黔片」（八年五月二十二日），頁129。
69　岑毓英，「謝雲貴總督恩摺」（五月二十四日），頁130。

離開福建，臺灣的一切，遂由臺灣道劉璈主持[70]。

岑毓英交卸福建撫篆起程赴滇時所上奏摺稱：

> 前奏請修築之基隆砲城、營碉及大甲溪隄工亦已告竣…
> …臺北府城池、營碉一時不能藏事……[71]。

臺北府城未竟其功是岑毓英感到遺憾的事。但是，劉璈一到
臺北，就更改了岑毓英的規模，乃使岑毓英更難過之事：

> 臺北府城，前經岑宮保觀臨履勘，劃定基址；周經一千
> 八百餘丈，環城以濠，均已興工從事於畚揭。劉道憲昨
> 復到勘，又爲更改規模，全城舊定基址均棄不用，故前
> 功頓棄，估其經費，應多需銀二萬餘圓……[72]。

築妥之臺北府城周徑僅一千五百餘丈，當然不是按照岑毓英
的規模與舊址而築。這顯然是劉璈「獨當一面之才」[73] 的表現，
與沈葆楨所述「劉璈素習堪輿家言」而又有築城的經驗也相關。

臺北府城的建築經費依靠三縣紳民之捐助，籌捐不易令劉璈
難以推行建城工作。光緒九年（1883）正月，劉璈稟請籌辦全臺
鄉會試館賓興及育嬰養濟義倉各事，閩浙總督何璟在他的公文上
批示：

> 各屬購建試館、會館，向係自行集資，從無官爲購建之
> 案，況現在臺北城工，款難籌集，尚須派紳民助捐，乃

70　張樹聲，〔通籌邊備疏附法人窺取越南北邊片〕建議「將岑毓英量移重鎮」
　　而對於臺灣道劉璈則「照昔姚瑩任臺灣道時故事，略重事權，責以成效，則
　　劉璈得展其才，臺事亦可期就理」。（〔臺灣文獻叢刊〕：第 288 種，〔道
　　咸同光四期奏議選輯〕，頁180）。

71　岑毓英，「交卸福建撫篆起程赴滇日期摺」（六月一日），頁135。

72　〔清季申報臺灣紀事輯錄〕「光緒八年五月二十一日」（頁1058）。

73　張樹聲〔通籌邊備疏附法人窺取越南北邊片〕（〔臺灣文獻叢刊〕，第 288
　　種，〔道咸同光四朝奏議選輯〕）頁180。

不權緩急……[74]。

臺北府築城經費直到光緒九年底還短銀十三萬[75]，劉璈於光
緒九年十一月十一日所上「稟復函飭調移山後勇營加招土勇並勸
捐城工兼另勸林紳捐助防務由」載：

> 再林紳維源城捐一事，前稟擬捐十萬，而林紳仍推病不
> 出……因陳紳霞林與林紳挾有世仇，漳、泉因之分類…
> …職與陳守商酌，傳集漳、泉各紳富來柵，面同勸諭，
> 令其公議。陳紳總謂林宜多捐，泉人和之；林紳以城工
> 應照前撫憲歷辦晉賑、堤工、城工三次捐案底冊，照數
> 公捐……漳人亦和之……職道與陳守以城工需費甚急，
> 礙難再延……祇得憑公酌議，勸令淡水中上各戶，仍照
> 前案底冊，一體勻捐；下戶免派。惟林紳前案派捐一萬
> 三千二百元，應令照案加倍捐出二萬六千四百元，以杜
> 藉口，新竹、宜蘭只捐上戶，其中下戶皆免。仍由府出
> 示曉諭。各紳均願遵從，當面出具承捐期票。陳紳亦願
> 加捐，林紳隨由府取具加倍捐票呈驗。捐案既定，城工
> 自可剋期告成[76]。

劉璈此稟我們可以發現幾個現象：

一、臺北府築至光緒九年(1883)十一月尚未完成，依其「仍
照前案底冊，一體勻捐」看來，似乎只完成了一半。

二、漳泉之歧見，阻礙了公共事業之發展。

74　〔巡臺退思錄〕（〔臺灣文獻叢刊〕，第21種），頁114。
75　〔巡臺退思錄〕，「稟復函飭調移山後勇營加招土勇並勸捐城工兼另勸林紳
　　捐助防務由附肯憲何批」，頁227。
76　同上，頁225-226。

　　三、林維源裝病避免捐錢，兩次所捐合計不過三萬九千六百元（不是銀兩），與傳說中的數目相去甚遠。占全數四十二萬餘元的比例也不及十分之一，與傳說中的比例也不可以道里計。

　　四、中法戰爭之威脅，使築城工作加速進行，否則漳、泉推諉，不知何日能了。

　　臺北府城到底何時竣工呢？

　　〔淡水新竹檔案〕城工案件，有光緒十年（西元1884年）六月，臺北府知府答覆巡撫張兆棟查報各屬城工程進度時稱：

　　　淡水縣附郭，刻下城工未竣[77]。

　　很顯然的，臺北府城至光緒十年(1884)六月尚未竣工。

　　「陳星聚傳」謂：「迨工程畢後，乞疾引退，適值法逆旋擾基、滬。」伊能嘉矩最初的調查報告謂「十年十一月竣工」，當屬可信。

伍、結論

　　臺北府城自光緒七年(1881)籌劃，光緒八年元月興工、十年十一月(1884)竣工，至今不過百年，然其興工、竣工之年代竟然雜說竝陳。考其原因，不過是日人石川源一郎誤解了陳星聚光緒五年三月所頒布的告示，又不了解沈葆楨的事迹，以為他是光緒四年的欽差大臣，加上他誤以為臺北府城門樓額上奠基的年代是完工的年代，寫下一篇錯誤的「解說」。伊能嘉矩原來調查所得

---

[77]　〔淡水新竹檔案〕，「軍事類」，第三款「城工」，第一六三〇一一六號。

〔臺北城〕之建築史，乃根據正確史料寫成。由於伊能氏信任石川氏，也誤解了陳星聚的告示，遂沿襲石川氏的錯誤，又以其歷史常識，修訂了石川氏對於沈葆楨的誤解，卻更加深了有關臺北府城築城時間的迷惑。

　　黃得時沿襲伊能嘉矩的謬誤，再加以強化，後來的抄襲者，亦不知覆按查考，遂使這迷團廣泛地散布在出版品和石碑上。

　　今存的〔淡水新竹檔案〕中，失去了臺北府城築城檔，很可能是日據初期的人（或即伊能嘉矩）抽出，抄錄了其中興工、竣工的日期以及經費分擔的辦法，所以伊能嘉矩的報告中，不但有正確的年份、月份，甚至還有日期。由伊能氏最早的報告我們現在知道城門樓額上的年份是奠基的年份而不是完工的年份[78]。

　　　　　　——本文原刊〔臺北文獻〕直字第66期（民國72年12月31日出版）

---

[78] 由劉璈一手興建的恆春城據〔恆春縣志〕「建置志」載：「光緒元年十月十六日興工，五年七月十五日工竣。」（〔臺灣文獻叢刊〕，第75種，頁52）。東門和南門的門額皆謂「清光緒元年季秋月建」與臺北府城北門的情況一致。

臺灣地名個案研究之一——臺北

壹、導論

貳、「臺灣」與「臺灣北路」二詞的形成

叁、「臺北」的原意是指臺灣府治（臺灣縣）以北的
　　地理區

肆、「臺北」一詞的檢討與「臺中」一詞的出現

伍、沈葆楨賦予「臺北」現代意義

陸、結論

壹、導論

　　臺灣開闢未久，漢族移民社會建立迄今不及三百年，因此，先住民文化在全島各處都留下或多或少的痕跡，不僅許多地區至今仍是若干族羣活動範圍，縱使在最早開發的西部平原，我們也沿用了不少先住民留下的地名，或顯示先住民與漢移民之間的關係的地名。十七世紀前期，荷蘭人、西班牙人相繼入臺，他們也留下一些文化遺蹟，若干荷、西地名也因襲至今。漢移民東遷，

以閩、粵爲大宗，因爲原居地語音、習俗、風物的不同，移民地
區地形、地物以及狀況的不同，又各自留下閩北福州興化系、閩
南漳泉系、粵東潮汕系以及閩西汀州系、粵東嘉應惠州系不同的
地名。以十八世紀末期和十九世紀前期遍及臺灣西部和蘭陽平原
的械鬥爲主因，而引起的全臺移民區的整合運動——臺灣內部的
移民運動，使得若干地區的地名連帶的也產生了變化。

　　自荷、西、延平王國以至於今，當道往往好「錫以嘉銘」，
一般官僚、文士又推波助瀾，或迎逢吹拍，或附庸風雅而私改地
名，加以不同的政權有各自不同的心緒情結，也不顧平常百姓的
不便而以濫改地名爲能事。

　　以上諸端，不僅使臺灣地名學的研究饒富學問的趣味，也由
於此特殊背景，使地名學的研究，得以助吾人略窺昔時臺灣自
然、人文變化之軌跡。

　　遠自清初，學者卽已深解此意，開始關注臺灣地名之研究，
高拱乾刊〔臺灣府志〕中且多所闡釋發揮。此後，凡有所著述，
大抵都有探討臺灣地名之由來與演變的條目。

　　日人治臺，一方面要破除文化的隔閡便於統治，一方面對於
臺灣地名的由來與演變發生了學問的趣味，於是官、私雙方展開
了蓬勃的認知活動，相關的著述數以十計，其中用力最勤，收穫
最豐的厥爲伊能嘉矩先生。伊能氏的〔臺灣文化志〕一書，經近
人「以編譯代著作」，造就了許多文獻專家；集伊能氏研究臺灣
地名成果之大成的〔大日本地名辭書續篇〕中第三部分「臺灣」[1]，

---

　[1]　〔大日本地名辭書〕乃吉田東伍所編著，惟續編〔臺灣〕部分乃伊能嘉矩所
　　　著。筆者手邊用的是昭和十四年九月再版本，卷首伊能嘉矩的「例言七則」
　　　寫於明治四十二年十二月（宣統元年，1909年）。

也造就了不少研究臺灣地名的專家，日本時代安倍明義的〔臺灣
地名研究〕（昭和十三年，民國廿七年，1938），光復以後的各
種方志，洪敏麟的〔臺灣舊地名之沿革〕（臺灣省文獻會編印六
九、四第一册），無不以「編譯」伊能氏的著作據爲己有爲能
事；稍微增加一些當代的資料而「著」之者，也都無法說明資料
的來源而一一註明出處，如何取信於人？行文地方政府調查尤令
人疑慮，一地地名之來源與演變，必須上溯自開闢之初，遠者
二、三百年，近者百數十年，學者專家窮多年之力，廣蒐博考猶
有未盡之處，凡人俗吏何由知之？採編成書又如何取信於人？

　　對於「臺北」一詞的研究，自伊能氏以後七十餘年來，也仍
停留在抄襲、編譯伊能氏的作品的階段，無論是安倍明義、洪敏
麟，抑或日治時代的〔臺北市十年史〕、光復以後的〔臺北縣
志〕、〔臺北市志稿〕、〔臺北市志〕、〔臺北市發展史〕甚至
某些以「研究」爲名的有關臺北市縣地名的文稿，都只是以伊能
的作品爲基礎做了一點「編述」的工作 [2]。

　　筆者尊重前人研究的成果，也無意指責抄襲者或「以編譯代
著作」的編譯家，到底他們也代表一時一地的文化水平。

────────────

[2] 　陳漢光寫「臺北市地名研究初稿」一文（〔臺北文物〕，創刊號，民國41年
12月），自稱是「在臺灣地名研究這個工作下用點工夫」（頁36），其實主
要的工夫是編譯伊能氏的作品爲己作。林興仁是誠實的人，他寫了一篇「臺
北縣古今地名釋要」（〔臺北縣文獻叢輯〕第一輯，民國42年9月），自
稱是根據伊能氏的作品「略加編述而成」（頁33），這種誠實的態度影響了
〔臺北縣志〕的品質，在林氏和盛清沂等人的努力下，〔臺北縣志〕成爲光
復以後省市縣修志的楷模而有「模範志書」之稱。臺北市志缺乏這種學術眞
誠的傳統，雖然人力、財力都比臺北縣強很多，卻始終寫不出一部像樣的志
書（參閱拙著，「清修臺灣方志與近三十年所修臺灣方志之比較研究」，民
國74年4月3日，方志學國際研討會論文）。陳、林二人的文章分別發表在
市、縣文獻會各自的刊物上，似乎亦可大略反映兩種不同的傳統。

　　前述對於「臺北」一詞研究的狀況，遠在我最初涉入臺灣史研究工作時便已瞭然。民國六十九年（1980）四月中旬，新莊鎮長鄭余鎮和民政課顏伯川兩先生邀我爲新莊寫一本簡史，說明新莊的開拓、發展和興衰的軌跡，並展望未來發展的方向，以應是年七月一日改制爲縣轄市慶祝活動之需，我在寫我的第一部臺灣史研究的著作〔新莊發展史〕時，極力蒐集相關的史料、史籍，就發現臺灣文獻界「以編譯代著作」的盛況和輾轉抄襲的風氣，也發現了他們的源頭——伊能嘉矩先生。在研究「新莊」地名時，我追溯到〔大日本地名辭書續篇〕而「臺北」是「臺灣本島」部分所描述的第一個名詞，伊能氏以一萬三千餘字的篇幅，概略地說明了以今天臺北盆地爲中心，包含臺北市、縣、桃園縣、基隆市的「臺北行政區」的歷史，又以千餘字的幅篇說明了「臺北城」的歷史，卻始終沒有稍減我心中的迷惑：

　　1.「臺北」這個名詞是什麼意思？又是怎麼產生的？

　　2.「臺北」一詞最初是不是指伊能時代或今天的臺北地區？
　　　假如不是，它又是指那個地理區？又怎麼演變成今天臺北
　　　地理區的專有名詞呢？

　　伊能氏的〔臺灣文化志〕和其他作品也都沒有解答。（編譯伊能氏作品的研究者當然也沒有解答）臺北市文獻會的林萬傳先生知道我關心「臺北」地名的由來與演變，近兩年來一直鼓勵我把它寫出來；由於我的研究工作多半是剋期完成的，這篇文章也就一直延宕。最近臺北市文獻會不少同仁很努力地埋首研究，似乎要建立篤實的學風；林先生再三催逼，我只好把尚未十分成熟的研究成果，奉獻出來，供給關心臺北史的朋友們參考。

貳、「臺灣」與「臺灣北路」二詞的形成

「臺北」一詞是由「臺灣」、「北方」兩個名詞組合而成，顧名思義應當是指「臺灣島」或「臺灣府」北部某一地區，但是，它也可能是指「臺灣縣」以北的地理區。無論是那一個範疇，「臺北」一詞晚於「臺灣」當無疑義。

「臺灣」一詞原指今臺南的安平一帶地方，是荷蘭人最早經營的地方，也是鄭延平王最早進駐的地方。由於此區開發最早，與外界接觸最頻繁，時日既久，寖假而成全島的代名詞。

延平王戶官楊英所撰的〔先王實錄〕中有幾則紀錄足以顯示「臺灣」一詞的範疇：

一、永曆十五年 (1661) 正月條：

> 前年何廷斌所進臺灣一圖，田園萬頃，沃野千里……近為紅夷占據城中[3]。

二、四月初一條：

> 黎明、藩主坐駕卽至臺灣外沙線……辰時天亮卽到鹿耳門線外[4]。

三、四月二十四日條：

> 藩以臺灣孤城無援……圍困待其自降……派提督馬信督轄兵札臺灣街守困之[5]。

四、五月初二日條：

---

[3]　〔先王實錄〕（〔八閩文獻叢刊本〕，陳碧笙校註，1981，福州），頁244。
[4]　同上，頁246。
[5]　同上，頁252。

藩主進駐臺灣，集文武各官，會審搜掠臺灣百姓銀兩、
盜匪粟石罪犯 …… 改赤崁地方爲東都明京，設一府二
縣，以府爲承天府，天興縣、萬年縣……改臺灣爲安平
鎮 6 。

　僅讀這幾則紀錄只見平面的記載，缺乏歷史的縱深，並不容
易了解全豹。

　康熙三十五年(1696)高拱乾梓行的〔臺灣府志〕「封域志·
建置」條略述了荷、鄭時代「臺灣」的變化：

荷蘭人居臺……建臺灣、赤崁二城，規制甚小，名城而
實非城。設市於臺灣城外，遂成海濱一大聚落……鄭成
功取臺灣，稍爲更張。

「沿革」條略述了延平王國三世更張的情況：

成功就臺灣土城居之，改臺灣爲安平鎮，赤崁爲承天
府，總名東都；設府曰承天府，設縣曰天興縣、萬年
縣……經嗣立，改東都爲東寧，改二縣爲二州，設安撫
司三；南北路、澎湖各一 7 。

　根據〔先王實錄〕和〔臺灣府志〕的紀錄，我們有以下的了
解：

　一、臺灣、臺灣城、臺灣街、臺灣外沙線是指荷蘭人所築
的熱蘭遮 (Zeelandia) 城堡以及城堡附近的自然地理區和新興聚
落。

　二、「臺灣」又泛指臺灣和臺灣附近的「田園萬頃，沃野千

6　同上，頁253。
7　高拱乾梓行，〔臺灣府志〕（〔中華大典〕，〔臺灣叢書〕，第一輯〔臺灣
　方志彙編本〕），頁5以及頁3-4。

里」。

三、鄭氏延平王朝已有了南北兩縣和南北二路各設一安撫司的措施。似乎已經有了「臺灣北路」的概念。

叁、「臺北」的原意是指臺灣府治（臺灣縣）
以北的地理區

康熙廿二年(1683)施琅克臺，次年設臺灣府，下轄臺灣、諸羅、鳳山三縣。

〔臺灣府志〕中有關三縣疆界的記載，顯示三縣之設，乃由於當時人已經有中、南、北三路的觀念，但是這種觀念不是地理的觀念。它的原文如下：

> 府治，東至保大里大腳山五十里爲界，是曰中路；人皆漢人……南至沙馬磯頭六百三十里爲界，是曰南路；磯以內諸社漢番雜處……北至雞籠山二千三百一十五里爲界，是曰北路，土番居多，惟近府治者，漢番參半……臺灣縣治附郭……[8]。

陳文達等纂修最早的〔臺灣縣志〕「封域志」也說：

> 臺灣爲附郭，以其地居三邑之中，故又名中路[9]。

很顯然的，這裏的中路並不是臺灣全島地理上的中路，而是以「漢人」爲中心的「三邑之中」，是文化、政治的中心，不是地理的中心。這裏所謂的北路占了全島三分之二以上的地區，撰

---

8 同上，頁 7 。
9 陳達等修，〔臺灣縣志〕（〔臺灣文獻叢刊〕本），頁 1 。

志稿的人寫得清清楚楚，所以這「北路」也不是臺灣全島地理上的北部，而是文化、政治中心的「臺灣縣」以北的地理區。

比〔臺灣縣志〕早三年(1724)，由諸羅知縣周鍾瑄主修的〔諸羅縣志〕「封城志·星野」條第一句就說：

> 諸羅僻在臺北[10]。

此處「臺北」指「臺灣縣之北」也是很明顯的。

周鍾瑄的「諸羅縣城隍廟碑記」說：

> 諸羅僻在海外臺灣之北[11]。

與周鍾瑄同時的北路參將阮蔡文有「祭淡水將士文」一篇，其序云：

> 淡水離雞籠二百一十里，夙號烟瘴，近臺北之極邊……
>
> 上以文熟諳海務，甲午改廈門參戎，乙未再調臺北，淡水在所轄之內[12]。

序文中所說的「乙未再調臺北」，就是指從廈門參將調任「臺灣北路參將」。

開闢之初臺灣最高的軍事長官是臺灣鎮守總兵官，下轄水陸十營，鎮標中、左、右三營駐劄臺灣府中路，臺灣水師中、左、右三營駐劄紅毛城，澎湖水師左、右營駐媽宮，又陸路二營，一為臺灣南路營，駐劄鳳山縣統領營地方；一為臺灣北路營，駐劄諸羅縣佳里興地方[13]。

10　周鍾瑄等修，〔諸羅縣志〕（〔臺灣文獻叢刊〕本），頁1。
11　同上，頁257。
12　同上，頁261–262。
13　參見〔臺灣府志〕「武備志·水陸營制」條，頁71-77。

臺灣的武備和文化、政治的情況一樣，都是以今天臺南一帶
爲重心，稱之爲中路。北路參將駐劄佳里興。就在今天臺南縣的
佳里鎮，雖說是北路，仍駐在今臺南縣境。

阮蔡文所說的淡水就是指今天的臺北地區，淡水就佳里興而
言，當然是「臺北」的「近極邊」之地了，因此阮蔡文所說的「
臺北」當然不是今天的「臺北」，而是指臺灣縣以北的諸羅縣地
區。

康熙六十年(1721)朱一貴起事，藍鼎元偕兄南澳總兵廷珍東
征，所作「紀荷包嶼」一文中謂：

　　辛丑秋，余巡臺北，從半線邊海而歸[14]。

半線卽今彰化。巡「臺北」止於今彰化，則今彰化以南爲昔
「臺北」之主體，而今「臺北」反爲昔「臺北」之極邊了。

藍廷珍爲藍鼎元的〔東征集〕作序云：

　　予憂臺北空虛，玉霖議於半線以上，設縣添兵，與陳君

　　少林修志時所見脗合[15]。

可見「臺北」太大了難以治理，必須分而治之。

「臺北」必須添兵、分治的要求，遠在設府之初便提出來
了，康熙四十九年陳璸任臺廈道，北上淡水搜捕海盜鄭盡心，「
調佳里興分防千總移駐淡水，增設大甲溪至淡水八里坌七塘」。
陳夢林纂修〔諸羅縣志〕時也主張「增置縣邑防戍」，「割半線
以上別爲一縣」，「設巡檢一員於淡水，分千把總於後壠、竹
塹」。藍鼎元與陳夢林也有類似的看法，他也曾直接向首任巡臺

---

[14]　藍鼎元，〔東征集〕，頁89。
[15]　同上，序之頁5。

御史黃叔璥提出建議[16]。

　　朱一貴起事，全島大亂，事平，黃叔璥、吳達禮同爲首任巡臺御史，他們的奏議自然特別受到中央重視，很快的就答應了[17]，可能是爲了「亡羊補牢」吧，中央核定的職位比他們要求的高些，「定諸羅分設縣曰彰化」，「其淡水係海岸要口，形勢遼濶，並增設捕盜同知一員」[18]。同知的品秩比巡檢高得多，但是同知「稽查北路、兼督彰化捕務，仍附彰化治」[19]。

　　雍正六年(1728)，巡臺給事中赫碩色和御史夏之芳又奏請「添設官員，以密防守」[20]，攝理臺灣知府主張「大肚溪以北……必宜更設一縣」[21]，閩浙總督劉世明於雍正八年(1730)底上疏主張將淡水捕盜同知「移駐竹塹，上可控制後壠以南，下可控制南嵌以北，並可管理大甲溪以北一切錢糧、訟詞……於竹塹再添設巡檢一員，民壯二十名，兼司獄事務，統聽該同知管轄」，對於今天的臺北地區則主張：

　　千豆門內北港、內北投莊並南港武勝灣、搭搭等處，直

16　此節參見拙著，「新莊巡檢之設置及其職權、功能——清代分守巡察之一個案研究（上）」，〔食貨月刊復刊〕，第11卷8期（臺北，民國70年11月），頁11-13。

17　黃叔璥，〔臺海使槎錄〕（史語所藏，乾隆元年刊本），卷1「賦餉」條自註云：「余奏准半線分設彰化縣，尚在經理，故仍三縣之稱。」，頁24B。
〔淡水廳志〕，卷8「職官表·官制」條謂雍正元年御史吳達禮奏設（中央圖書館臺灣分館藏，同治十年刊本），頁8B。
二人同爲第一任巡臺御史，當爲共同奏設。

18　〔世宗實錄〕，卷10「雍正元年八月乙卯」條。

19　〔淡水廳志〕，卷8「職官表」，頁1a。

20　〔雍正硃批諭旨〕，第六函第六册（臺北，臺灣文源書局影本），「雍正六年五月初六日巡視臺灣吏科給事中赫碩色及御史夏之芳奏摺之硃批」，頁5a。

21　賀長齡輯，〔皇朝經世文編〕，卷84「兵政門」收「臺灣知府沈起元：治臺灣私議」（臺北，文海出版社，〔近代中國史料叢刊〕，第731種影印本），頁19b。

　　抵鷄籠、淡水，山海環錯，圍繞數百里。民番雜居，應請

　　八里坌大社添設巡檢一員，給民壯四十名訓練調用[22]。

　　雍正九年(1731)，中央政府也依劉世明的奏議核可施行[23]。
從此以後，「淡水同知」「移駐竹塹」，臺北地區也在八里坌設
置巡檢，有了正式分守的官治組織。

　　設置了守土官之後今日的臺北地區，是否就是「臺北」呢？
其實不然！

　　淡水同知夏瑚在乾隆二十八年(1763)寫的「淡水公館記」中
說：

　　竹塹居臺北，後乃設官吏畫封圻而守之[24]。

　　乾隆三十年(1765)，臺灣知府蔣允焄重修在今臺南市北區自
強街之「德安橋」，居民勒碑記事，其碑第一句卽云：

　　按德安橋爲臺北諸、彰往來之衝[25]。

　　讀了以上官、民，北、南兩方面的紀錄，我們可以明確的知
道：直到乾隆中期，所謂的「臺北」仍是指「臺灣縣」之北，包
含諸羅、彰化、淡水等地的廣大地區，而不是今天以臺北盆地爲
中心的臺北地區。

　　上述的情況，當時的人似乎都習以爲常，沒有人懷疑它是不
是合理，直到陽湖進士、著名史學家趙翼因林爽文之變到福建之

<hr>

22　「乾隆八年二月二十八日閩浙總督那揭帖引劉世明奏疏」（〔明清史料〕，
　　　戊編第一本，頁60），又載：「大甲溪以北錢糧命盜等件，已於議震孫國重
　　　條奏案內歸併淡水同知管轄。」
23　同上，頁62。
24　〔淡水廳志〕，卷15「附錄一・文徵上」。
25　陳時夏撰，「大老爺蔣重修德安橋記」〔臺灣南部碑文集成〕〔臺灣文獻叢
　　　刊〕，第218種，頁70。

後，才以新的眼光來看臺灣劃分為中、南、北三路的問題。

肆、「臺北」一詞的檢討與「臺中」一詞的出現

　　乾隆五十一年(1786)冬臺灣發生了林爽文事變。事變的中心在當時仍稱「臺灣北路」，卻是今天的臺中縣與臺中市境內。

　　次年，中央政府先後派福建水師提督黃仕簡、陸路提督任承恩、閩浙總督常青、江南提督藍元枚、大學士福康安、名將海蘭察等東征。是年九月，命李侍堯繼任閩浙總督，主持後勤轉輸的工作，李侍堯赴閩的途中，特地到常州邀請名進士、史學家，曾任貴西道、安定書院主講的趙翼到福建幫助他。趙翼在福建年餘，對於臺事貢獻很大，他寫的〔皇朝武功記盛〕一書也詳細的記載了事件的經過[26]。趙翼的「移彰化縣城議」一文顯示了第一流史學家的學養與見識，他說：

> 康熙中，初取臺地，僅臺灣、鳳山、諸羅三縣地，鳳在
> 南，諸在北，臺灣居其中，又有鹿耳門海口通舟楫，故
> 就其地設府治。其後，北境日擴，閩人爭往耕，於是，
> 諸羅之北增彰化縣，彰化之北又增北路淡水同知，則府
> 已偏南。且舊時海口，僅一鹿耳門……今彰化之鹿港既
> 通往來，其地轉居南北之中……。

　　趙翼建議「彰化縣城宜移於鹿港，而以臺灣道及副將駐之」，他認為這樣「無事則指揮南北，聲息皆便；有事則守海口以通內

---

[26] 參見杜師維運，〔趙翼傳〕（臺北，時報出版公司，民國72年7月）。

地應援」[27]。趙翼並未親臨臺灣，竟然對於臺灣有這樣深刻的了解，真不愧爲一流史學家。只可惜趙翼的建議並沒有引起時人的共鳴。

其次論及臺灣形勢了解南北差異的是姚瑩。

姚瑩字石甫，安徽桐城人，嘉慶十三年（1808）進士、二十四年(1819)任臺灣海防同知，道光元年(1821)攝噶瑪蘭通判事，二年丁父艱內渡，三年春，里人方傳燧任臺灣知府，應邀渡臺襄助，五年內渡，十八年(1838)歷官至署臺灣道，在任五年，中逢鴉片戰爭，與臺灣鎭總兵官達洪阿協力防守，二十一年(1841)八月，英船犯雞籠，二十二年(1842)正月英船又犯大安港，都吃了不小的虧，英使控告二人「妄殺俘虜」，又說兩次英船之破，一是遭風擊碎，一是遭風擱沈，二人因而獲罪革職以平英人之怒，不久姚瑩又陞任廣西按察使，歿於官[28]。

姚瑩在臺灣的時間很長，又經歷過南、北要職，不僅熟習臺灣的情況，也有許多了不起的見解。他從臺灣縣到噶瑪蘭上任的時候，曾經仔細紀錄了他的路程，寫下一篇著名的「臺北道里記」，一開始他就說：

> 舊說臺灣南至瑯𤩝，北至雞籠，綿亙一千七百餘里；以
> 臺、澎爲中路，鳳山爲南路，嘉、彰、淡水爲北路。今
> 噶瑪蘭新闢，又過雞籠極北，越三貂大嶺，轉折而南，
> 至蘇澳爲界，計增幅員一百餘里，其南路依舊[29]。

27　趙翼，「移彰化縣城議」（〔臺灣方志彙編〕本，〔彰化縣志〕「藝文志」，頁397）。

28　參見楊雲萍，〔臺灣史上的人物〕（臺北，成文出版社，民國70年5月，初版）「姚瑩傳」，頁166。

29　姚瑩，「臺北道里記」（〔臺灣文獻叢刊〕第7種，〔東槎紀略〕，卷3，頁87）。又〔淡水廳志〕「文徵」收。

　　姚瑩認爲：「郡城雖云中路，實南偏也」[30] 道光二年(1822)，曾經應臺灣鎮總兵官觀善檄邀，上「臺灣班兵議」，主張將北路副將移駐竹塹，以便「中權淡水，南可以應彰化，北可以應艋舺、噶瑪蘭」，他認爲如此則「形勢始爲扼要，郡城可無北顧之憂」[31]。

　　姚瑩的時代比趙翼晚，目睹今天宜蘭地區的發展，知道昔日行政、軍事上的中、北路之分，已不足以因應「臺灣北路」的新形勢和發展上的需要，可惜也沒有引起當道的關切與更動。

　　道光十年至十二年間（1830-1832），周璽等纂修〔彰化縣志〕，全志相當強調「彰化居全臺之中」，茲摘錄數則於下：

一、「封域志‧山州」條：

　　全郡綿亘千有餘里而彰化適居其中[32]。

二、「封域志‧形勝」條：

　　邑治居全臺之中[33]。

三、「兵防志‧序」：

　　彰化居全臺之中，最爲扼要之所[34]。

四、「物產志‧序」：

　　彰屬居全臺之中[35]。

五、「風俗志‧衣服」條：

30　姚瑩，「改設臺北營制」（〔東槎紀略〕，卷１，頁７），又〔淡水廳志〕「武備志」附錄此文。

31　姚瑩，「臺灣班兵議」，〔東槎紀略〕卷４，頁101。

32　〔彰化縣志〕，頁５。

33　同上，頁19。

34　同上，頁187。

35　同上，頁309。

彰化地當全臺之中，故寒次於淡水[36]。

六、「邑志‧書後」：

夫就全臺之形勝而論，邑處其中，上連淡水，下達琅
璚，所謂常山之勢也[37]。

〔彰化縣志〕雖然竭力強調彰化在地理上是居全臺之中，但
是在軍備和行政上，彰化仍是「臺灣北路」，不但「北路協鎮
營，統馭彰、嘉、淡三屬之兵」[38]，連文職的最高長官乾隆三十
二年(1767)新設，「自淡水、彰化、諸羅一廳二縣，凡有民番交
涉事件，悉歸管理」的「北路理番同知」也駐在彰化[39]。綜前所
述，遲至道光年間，雖然大家公認彰化在地理上是「臺灣中路」，
但在行政、軍備上仍屬「臺灣北路」。

伍、沈葆楨賦予「臺北」現代意義

今日臺北地區最早的方志當推同治十年(1871)陳培桂等修的
〔淡水廳志〕。

〔淡水廳志〕把轄區內的溪分為南北兩路，把山分為中南北
三路[40]，並以廳治竹塹（今天的新竹市）為中心，把淡水廳轄區
分為淡北、淡南（或塹南），也稱今天的臺北地區為「淡北」[41]。

36　同上，頁284。
37　同上，頁486。
38　同上，「兵防志」，頁188。
39　同上「官秩志‧文秩」條，頁67。
40　陳培桂等修，〔淡水廳志〕（臺灣銀行經濟研究室，〔臺灣研究叢刊〕，第
　　46種）「封域志‧山川」條，頁36-39。
41　同上，頁71、136。

〔淡水廳志〕引述了姚瑩的若干文章，但是，全書絲毫沒有接納趙翼、姚瑩重新評估「臺北」一詞並試圖重新調整臺灣中、北路的劃分法的痕迹。

賦予「臺北」一詞現代意義的是同治十三年(1874)來臺的沈葆楨。

沈葆楨是福建侯官人，道光二十七年(1847)進士，曾任江西巡撫，福建船政大臣。

同治十三年(1874)日人藉口琅璹番人殺害海難琉球人事件出兵臺灣。六月，沈葆楨奉命東渡辦理臺灣海防事務並處理善後事宜，曾奏請「仿江蘇巡撫分駐蘇州之例，移福建巡撫駐臺」，進行開山撫番，在臺南、旂後建砲臺六座，整修臺灣府城，又為開墾臺灣東部，奏請「開豁舊禁」，包括：偸渡、入山、鐵器、大竹蓬諸禁[42]。

沈葆楨東渡的原因既為番人殺害琉球人事件，他認為要徹底解決這個問題必須開山撫番。山路既通，才可能撫番。同治十三年 (1874) 九月起便由海防同知袁聞柝開鳳山赤山庄至卑南的山路；提督羅大春開蘇澳至奇萊（今花蓮）的山路[43]。光緒元年(1875)正月起，又由總兵吳光亮開闢林圯埔、社寮至茅埔東達璞石閣（今玉里）的山路[44]。

沈葆楨到臺灣的情形又與姚瑩的時代不同，尤其是臺北地區

---

42 參見拙著，「臺北築城考」（〔臺北文獻〕，直字第66期，民國72年12月31日）。

43 沈葆楨，「南北路開山並擬布置琅璹旂後各情形摺」（〔臺灣文獻叢刊〕，第29種，「福建臺灣奏摺」，頁5）。

44 沈葆楨，「北路、中路開山情形摺」（〔臺灣文獻叢刊〕第29種），頁32。

的繁榮，已經逐漸有取代府城之勢了。 沈葆楨的任務是總觀全局，規劃全臺灣的未來，以鞏固海疆，加上沈比趙、姚位高權重，不必遵循臺灣以今天臺南地區爲中路的舊制陋規，逕自根據實際情形依地理區把臺灣分爲北、中、南三路。

光緒元年(1875)六月，沈葆楨上「臺北擬建一府三縣」摺，他認爲：1、淡、蘭政令皆統於臺灣府，鞭長莫及；2、臺北海口多，且「夾板、輪船、帆檣林立，洋樓、客棧闤闠喧囂」；3、人口大增、華洋雜處且「從教者漸多」；4、臺灣外銷最盛的靛、煤、茶、樟腦「皆出於淡北」，洋船盤運、客民叢集、風氣浮動，淡水同知半年駐竹塹衙門、半年駐艋舺公所「駕馭難周」；5、淡、蘭學子參加道考，詞訟上控或解郡勘轉不易，「官苦之，民尤苦之」，「就今日之臺之形勢策之，非區三縣而分治之，則無以書責成；非設知府以統轄之，則無以挈其綱領」，因此，他建議：改噶瑪廳爲宜蘭縣，改淡水廳爲新竹縣，另於艋舺（今臺北萬華）設淡水縣，雞籠則改爲基隆，設通判，總轄於臺北府，府治設於艋舺。

沈葆楨在奏摺中特別強調：

　　人事隨天時地利爲轉移，欲因陋就簡而不可復得矣！

對於百餘年來行政上的因循苟且，提出無情的抨擊[45]。

在建議臺北設一府三縣的同一天，他也另有一片建議「改駐南北同知」，請將原駐府城的南路理番同知移駐卑南，原駐鹿港的北路理番同知改爲中路，移駐水沙連，各加「撫民」字樣，也

45　同上，頁55-59。

就是要把「北路理番同知」改爲「中路撫民理番同知」[46]。

　　沈葆楨的建議在那年十二月都經中央核可施行[47]，臺灣中、北路地區的重劃，在行政上得以正式確立。

　　沈葆楨設計的「臺北府」包括了今天的臺北市、縣，桃、竹、苗、宜蘭和基隆等縣市，今天的臺北市、縣則歸「淡水縣」管轄。

　　光緒十年中、法戰起，劉銘傳東渡籌防，光緒十三年臺灣建省，是年十月與閩浙總督上「籌議臺灣郡縣分別添改裁撤大略情形」摺，「分彰化東北之境，設首府曰臺灣府，附郭首縣曰臺灣縣；將原有之臺灣府縣改爲臺南府，安平縣」，又在埤南設「臺東直隸州」，在花蓮設「直隸州判」並以「臺灣府」（今臺中）爲省會[48]。

　　臺灣北、中、南、東四區的行政區劃，從此大定。

　　光緒二十年(1884)，臺灣巡撫邵友濂建議把省會改設在「臺北府」[49]，也從此確定臺北的首府地位。

　　日人治臺之初，以臺北府爲臺北縣、以淡水縣爲淡水支廳，其後頗有分合改易。大正九年（民國九年，1920）九月全面改革地方行政制度，設臺北州，管轄今日臺北市、縣、基隆市、宜蘭縣地區。同時頒布臺北市制，於是年十月一日起施行，管轄淡水河以東、大直以南、中崙以西、公館以北的地區[50]。從此以後，

46　同上，頁60。

47　〔德宗實錄〕「光緒元年十二月癸未（二十日）」條。

48　〔劉銘傳撫臺前後檔案〕（〔臺灣文獻叢刊〕第276種），頁123-126。

49　同上，頁238-240。

50　參見王丙慶，〔臺北市發展史〕（臺北市文獻會，民國70年10月），第三章一般行政第一節第三項「日據時期之行政機關」，頁524-578。

「臺北市」一詞也確立了。

陸、結論

「臺北」一詞在康熙中期卽已出現，當時「臺北」不是一個地理區，而是一個文化、行政和軍備上的方位，它包含今由臺南縣佳里鎮以北的地區，康熙末期，由於諸羅實際縣治的北移，「臺北」乃指今天八掌溪以北的地區。因爲行政上的因循苟且，無視於臺灣北部地區的開發，直到乾隆、嘉慶、道光年間，在行政上「臺北」仍以今天的彰化爲中心。

乾隆末期的林爽文之變，使人們的視野擴及全臺，趙翼已經認爲「臺灣中路」早已偏南，「臺灣北路」實在是「臺中」，姚瑩也強調今日臺北的日趨重要和「臺灣中路」的偏南，道光年間所修的〔彰化縣志〕更一再強調它是「臺中」，可是都無法改變「臺北」以彰化爲中心的行政、軍事措施。

道光以後，臺灣北部由於茶和樟腦的拓展而更爲繁榮；文化日益提昇的結果，北部學者甚至極力爭取「開臺進士」的頭銜；由於對外貿易的發達，臺北與外人的關係也日趨繁雜，晚淸的中國政治本以涉外關係和自強改革運動爲主，臺北的政治地位也日形重要。

同治十三年(1874)，沈葆楨因琅𤩝事件而東渡，由於他的眼光遠，且比趙翼、姚瑩位高權重，乃根據地理的實際情況，把臺灣劃分爲北、中、南三區，「臺北」一詞才具有現代意義，在地理、人文和行政、軍備上都指「臺灣北部」而不再意味著以彰化

爲中心的八掌溪以北的地區。

　　劉銘傳遵循沈葆楨的方向，把臺灣分爲北、中、南、東四區，而以臺中爲省會，邵友濂建議要把省會遷移到臺北，更確定了臺北爲臺灣首善之區的地位。

　　日治時代「臺北」的轄區縮小，桃、竹、苗脫離了「臺北」，民國九年(1920)則增設了「臺北市」。光復之初，設八縣九省轄市，基隆市也脫離了「臺北」；民國三十九年(1950)九月，臺灣省實施「各縣市行政區調整方案」，全省劃分爲十六縣五省轄市，宜蘭縣又脫離了「臺北」，從此以後，「臺北」才成爲「臺北市」和「臺北縣」的專有名詞。

　　本文僅就「臺北」一詞的由來與演變立論，至於今日「臺北地區」各小地名的演變，則請俟諸他日。

　　　　　　——本文原刊〔臺北文獻〕直字第72期（民國74年 6 月25日出版）

老字據與臺灣開發史研究

壹、老字據是研究臺灣開發史最珍貴的史料

一、老字據的史料價值

二、老字據的分析價值

貳、日治時代蒐集老字據的目的與成果

一、總督府民政部殖產課

二、土地調查局

三、「臺灣慣習研究會」與「臨時臺灣舊慣調查會」

四、學者的個人成就

五、街莊志中的老字據

叁、光復以後老字據的蒐集與運用

一、早期的鼓吹者

二、「濁大計畫」和中央研究院民族學研究所的
努力

三、〔臺灣公私藏古文書彙編〕

四、〔張廣福文件〕的發現與尹章義的臺灣開發
史研究工作

五、吳學明與〔金廣福文件〕的發現

六、正在進行中的幾個蒐集、運用老字據的研究
計畫

肆、結論

壹、老字據是研究臺灣開發史最珍貴的史料

字據指契字、憑據，亦卽與人民生活的身分、財產、權益相關而可資爲憑證的各種公私文件。

老字據則指根據中國傳統的律令、習俗而發生的行爲所立的字據。

現代社會民法、刑法、行政法及其關係法相當齊備，財產登錄於國家機關的制度也極爲妥愼、精密。因此，現代之契字、憑據多爲官方所定頒的表格，縱使另立字據也相當簡要，多半止於記載「標的」本身，很少及於與標的相關的其他人或物以及相關的權利義務關係。

民國初年或淸代以前，習俗固然因時因地甚至因人而異，律令未若今日齊備，財產登錄制度亦未若今日之精密。因此，字據除了要將「標的」本身以及相關權利義務關係載入，甚至也要將「標的」的歷史以及與其他人或物之關係載入。

以房屋、土地等不動產爲例：現代之土地或建物所有權狀皆由地政機關發給，「標的」之標示以地號、建號以及面積爲主；傳統中國之土地、建物之所有權狀，則爲自撰或代書人所撰，「標的」旣無地號、建號，則必於字據上詳載面積、四至甚至有助

於辨識之人文、自然景物 。 至於在字據上詳細的紀錄債權、 繼承、共有等約定，說明土地移轉的歷史和所有權持有的情形，以補習俗、律令或登錄制度之不足，尤為常見之現象。

前述老字據大抵都是清代和清以前的產品，民國以後也並未全面斷絕，而呈現新、舊字據並存的情形。書齋（萬山千水樓）中藏有若干民國以後江西、 湖南、 浙江等地土地 、 房屋買賣的新、舊並存的字據，最晚的已至大陸淪陷前夕，可見新舊字據的過渡期相當長。

臺灣的情況與大陸略有不同。日治初期仍然有新、舊字據雜陳的現象，大正（民國元年至十五年， 1911-1926) 時期就為罕見。故而在研究臺灣史的場合，日治初期過渡型的字據我也視之為老字據。

老字據目下流行的名詞是「古文書」，據屈萬里先生的說法，這類詞語「和臭味」太重[1] ；方豪先生曾有改稱「舊文書」之議[2] ，漢和夾雜，亦不妥當；劉篁村稱之為「古字據」[3] ，似較可取；呂實強先生認為「古」字不妥[4] ，筆者認為呂先生所持的理由未必充分 ， 而且民間也習用「古契」一詞，但為免致紛擾起見 ， 改稱「老字據」。

<hr />

[1]　屈萬里先生批判某日人偽造漢籍時使用此一名詞 ， 此處援用 ， 不敢掠美，附誌於此。

[2]　王世慶，「臺灣地區族譜和古文書之蒐集與應用」（民國72年5月20日，臺灣地方史料的發掘與應用研討會──中研院民族所與中國民族學會主辦──上宣讀之論文，油印本），頁13。

[3]　劉篁村，「臺灣古字據集」（〔臺北文物〕，7卷4期）。該文乃抄錄明治時代刊本〔中和庄誌〕中已刊之老字據，並非劉氏藏品。抄錄或轉譯日治時代刊物中某一段，不說明出處而據為己作是當時流行的寫作方式。

[4]　王世慶，「臺灣地區族譜和古文書之蒐集與應用」。呂先生認為「古」「係指古史的上古、中古的古」。

　　王世慶先生協助美國亞洲學會臺灣史研究小組蒐集了五、六千件老字據，他將這些老字據：

> 大體分為㈠諭示、案册、布告，㈡房地契單，㈢租稅契
> 照，㈣財產分配分管契，㈤典胎及貸借契，㈥人事契
> 字，㈦訴訟書狀，㈧商事簿契，㈨水利契照，㈩「番」
> 字契，㈪文教文書，㈫其他等十二大類，各類之下再分
> 約六十種細目[5]。

王先生的分類法大體是形式分類，若非親自披檢細讀，無法知其實質內容。

　　分析過前述上起康熙，下迄日治時期的老字據之後，王世慶先生認為臺灣地區的老字據是：

> 一、研究地方開發史，拓墾史必需的資料，二、研究土
> 地制度史必需印證的資料，三、研究社會經濟史及土地
> 經濟的良好資料，四、研究財稅、金融、物價的資料，
> 五、研究法制史所必需的資料，六、研究財產分配及宗
> 族祭祀公業的資料，七、研究民族學的一個資料來源[6]。

字據既然涉及與人民生活相關的一切的身分、財產、權益的行為層面，當然就可以做為各種研究的資料，而且也不止臺灣一地為然。

　　筆者曾經利用大量的族譜和老字據為史料，研究臺灣的開發史，敝書齋也蒐藏了不少老字據，因此單就老字據與臺灣開發史的研究這一部分來談談老字據的價值。

5　　王世慶前引文，頁19。
　　　王世慶前引文，頁20-23，「古文書之研究利用價值」。

一、老字據的史料價值

蔡元培說：「史學本是史料學。」（「明清史料序」）；梁
啟超說：「史料爲史之組織細胞，史料不具或不確，則無復史之
可言。」（〔中國歷史研究法〕）

蒐集史料、考證史料、運用史料是史學工作者的基本功夫。
就史料的信度和效度而言，史學工作者則努力追求直接而原始的
史料。

臺灣的開發較晚，新開發的土地因爲涉及升科（繳納賦稅）
的問題，直到光緒十一至十五年（1886-1889）劉銘傳清賦以前，
隱田的數目遠大於升科田的數目；清賦雖然增出將近四倍的耕
地，可是日治初期清查的結果，又增出百分之七十左右（二十
五萬七千餘甲）。因此，若根據清代官方的紀錄研究臺灣的開發
史，恐有差之毫釐謬以千里之虞[7]。

由於字據涉及人們的權益，它所顯示的紀錄的眞實性高，時
序上也最遲，因此，得到某一時期有關某地開發的老字據，就可
以瞭解某地至遲到某一時期開發的情況。若能廣泛的蒐集某一地
區的老字據，就可以對某一地區的開放有更深、更廣泛的瞭解。

老字據通常是某一社會或經濟行爲階段性的結果，形成的過

7　王崧興在「八堡與臺灣中部的開發」（〔臺灣文獻〕，26卷4期與27卷1期
　　合刊本，民國65年3月）一文中引用陳秋坤在「十八世紀上半葉臺灣地區的
　　開發」（臺大碩士論文，民國64）一文中根據方志所列出的數據，在註釋中
　　謂：陳文第三章「利用方志所載耕地面積的增加數字，詳細分析臺灣農業區
　　域的開發方向和土地利用情形」。
　　顯然可見王、陳二氏對於臺灣開發史和土地陞科的情形缺乏基本的認識。實
　　際上方志所載田畝正是官方檔案中的陞科田畝數字，在隱匿得這樣嚴重的
　　情況下，如何可做爲分析的材料呢？又如何可以詳細分析呢？

程中必然有中介、談判、理論等現象，但是這個過程很難留下紀錄來（筆者藏有一份包含數件草約的古契，顯示了討價還價的過程），因此，老字據就臺灣開發史的研究而言，和官方的檔案、奏疏、方志等史料比較，顯然是信度、效度都高得多的直接而原始的史料。

二、老字據的分析價值

如前所述，臺灣各地耕地升科的少而隱田多，因此，在衙門中登記、繳稅而有憑證（契尾）的字據的比例就相當少。爲了維護自己的權益，一般人在權利轉移時，多半會要求連帶「上手契」（前此權利轉移的字據）一同轉移。假若一方土地經過合夥開墾、分割、買賣、鬮分（析產、繼承）、質典等過程，這一方土地的所有權移轉時，往往有十數件「上手契」，最「上手」的通常是開闢時各墾號的合同或政府頒下的墾照、諭示等公文或「墾批」（開墾同意書），這些「上手契」所顯示的就不止於土地所有權移轉的歷史了。

通常一片耕地或店地的所有權移轉字據會寫出土地座落於何處，一地地名的演變往往就呈顯於其中。次及土地的面積和四至，我們可以瞭解土地的分合和所有權人的鄰近關係。字據中也會顯示土地改變的情況，尤其是是否有水利灌溉設施、道路等，我們可以據此瞭解何時遭遇天災、人禍，何時鑿渠、設圳以及交通狀況。字據中也會顯示大租、小租、水租以及若干與物價相關的數據及其變化。字據中多半也有中人、見證人、公親、保甲、權益關係人、共業關係人（母親、兄弟、親族、合夥人等）的

記載，使我們得到有關社會、宗親和地方政治制度的史料以及家族成員之間的關係的史料。

　　最原始的「上手契」——老字據，對於臺灣的開發，往往能提供官書、檔案、方志等次級史料所無法顯示的訊息，譬如有關拓墾者的來源、身分、動機；拓墾組織的結構、資金的來源以及自發現目標區以致申請墾照、籌集資金、準備種籽、農具、農舍甚至於開墾之後的熟田和產品如何分配等等的資料。

　　更重要的是這些老字據也經常說明了新移民（漢人）和先住民（番人）之間的關係以及新移民如何在臺灣建立漢人社會的歷程。

　　以上所述，包含了老字據中所顯示的農業區和商工聚落（街市）的發展的分析價值。有些老字據則顯示聚落的發展過程，若干街市並非自然衍生的聚落，而是當時人精心籌劃的產物，雖沒有現代「都市計畫」之名，卻有「街市計畫」之實。有些老字據也顯示某一街市的機能、各行業的分布、配置、行會（郊）或其他街市組織的結構與功能，甚至災禍與重建、遷移的史實。

　　老字據所顯示的不僅是一屋一地的權利的移轉，往往也顯示與立據時代、地區相關的自然與人文現象。現代權益移轉的憑證往往只是一份簡單的表格，只顯示標的本身和標的在現行行政體系的某一點上，遠不及老字據內容的豐富與多彩多姿。

　　中國大陸各地的老字據是否具有上述的分析價值呢？筆者沒有機會從事調查、蒐集的工作，目前讀到的只是少許東北、華中地方的老字據，除了東北的與開發史有關外，其他的都只是權利轉移的憑移，不足以全面評斷其價值。但是，早在宋、元以前即已開發的中原、江南地區，恐怕很難得到像臺灣地區這樣富有分

析價值的老字據吧！若然，則臺灣地區的老字據在發展史上的史
料價值，就不只限於臺灣一地，或者也可以反映到整個漢文化和
漢人社會發展史的研究上。就這一點而言，老字據不僅是研究臺
灣發展史最珍貴的史料，也是研究中國發展史最珍貴的史料。

貳、日治時代蒐集老字據的目的與成果

　　前章所述老字據的史料價值與分析價值是以現代史學工作者
的態度與眼光所作的簡要分析。傳統的字據的擁有者自然視字據
爲身分、財產和權益的憑證，妥慎寶藏，當時的史學工作者或者
是習焉而不察，或者在方法上未若今人重視史料的蒐集、甄別與
運用，或者與今人的「史料」的觀念並不完全一致，所以我們在
清人所修的方志和著作中，很難見到稱引老字據的地方，甚至於
敍述一地的拓墾者亦然[8]。

　　甲午戰後，臺灣成爲日本的殖民地，老字據的價值也隨著滄
桑之變產生極大的變化。

　　日本人統治臺灣之初，即積極地以現代科學方法從事臺灣人
民與自然資源的認知工作，以便有效地統治臺灣。

　　關於人的方面，主要的是住民、戶口以及固有法律、習慣的
調查。關於資源方面的調查，首先是農事和其他產業調查，而最
主要的則是土地的調查。光緒二十一年（明治二十八，1895）六
月二日李經方在基隆外海將臺、澎移交給日本，七日日軍入臺
北，十七日日人舉行始政式。七月起總督府民政部殖產課即展開

8　〔淡水廳志〕，敍述新竹拓墾者王世傑即其一例。

臺北附近已占領區的產業調查，九月中又成立「地租調查委員會」和「法令取調委員會」。次年(1896)二月即實施占領區戶口調查，十二月成立了有關制度、文物、風俗、習慣的調查機關。

明治三十一年（光緒二十四，1898）七月十七日公布「臺灣地籍規則」以及「土地調查規則」，九月一日公布「臨時臺灣土地調查局官制」，五日起正式辦公。

一八九八年九月土地調查局正式展開工作以後，全臺各地便以新式的方法測量、新式的地籍規則管理，並以老字據驗證作爲換取新產權憑證的依據。從此以後，除了大租、水租和少數產權不明確的屋、地外，老字據和產權標的之間就沒有什麼關係了。土地調查局因此也蒐集了大量的老字據。

明治三十六年（光緒二十九，1903），日本政府爲了解決臺灣一田二主甚至三主、四主的土地所有權的複雜問題，達到一田一主的目標，而於是年十二月發布確認大租權的規則，以便消滅大租權。次年（1904）三月成立大租權調查委員會，並發行「大租權整理費公債」四百餘萬日元，做爲補償（臺灣同胞稱之爲買收）大租權的部分經費。

與大租權有關的老字據通常都是與該地拓墾之初產權直接相關的字據，也就是研究臺灣開發史最珍貴的史料。這類老字據在調查大租權時，大量湧現。此刻拿出來的話還能獲得一點補償，以後這些老字據就只剩下歷史價值而一文不值了。

明治三十八年（1905）三月，臨時臺灣土地調查局完成了它的時代使命而撤消。當局開始處理私有埤圳問題。原來臺灣的水利設施——埤、圳多半是由農業資本家投資開鑿，引水灌溉，收

取水租來維持。於是當局又調查並補償水租權，將所有的私有埤
圳於明治四十年（1907）全部改爲「公共埤圳」。所有有關埤、
圳——水利設施的老字據也都出籠了，這正是研究臺灣水田化運
動和水利發展史最珍貴的史料。

　　以上所述乃是老字據從所有權人所持有的物權憑證演變爲研
究資源的過程。日本人蒐集、研究這些老字據，主要的是爲了研
究如何有力、有效的統治臺灣；由於研究者的興味和研究的需要
而蒐集、研究老字據的學者並不很多。

一、總督府民政部殖產課

　　明治三十一年（1898）九月臨時臺灣土地調查局大規模、全
面調查、驗證臺灣全島有關土地的老字據之前，臺灣總督府民政
部殖產課早在明治二十九年(1896)開始調查臺灣產業狀況時，便
已重視老字據所透露的有關法制、習俗的訊息。殖產課的山田伸
吾在明治三十一年（1898）十月完成的〔臺北縣下農家經濟調查
書〕就引用了四十幾份老字據來說明大租、小租、番租、水租、
隆恩租、賣契、抄封田契，對於新莊、板橋、臺北三平野的開
發，提供了豐富的史料，尤其是大坪林五莊圳（在今新店市）和
劉厝圳（今樹林、新莊、三重、五股、蘆洲）的兩份合約，各含
數件老字據，對於臺北、新莊兩平野上灌溉系統形成的歷史提供
了相當完整的史料[9]。另外還有婚書、買子字、招壻養孫合約
字、招婚字、鬮書、分管合約字、轉質借銀字、買婢媒媚字等老

---

[9]　1980-1981年筆者首先利用這部分史料做爲「新莊志·卷首」（新莊市公所
　　出版，民國70年1月）和「臺北平原拓墾史研究（1697-1772）」（〔臺北
　　文獻〕，民國70年4月）二文中的材料。

字據來說明農人家庭成員的關係。

二、土地調查局

土地調查局在明治三十三年（1900）出版了〔土地調查提要〕、〔清賦一斑〕等書，三十四年（1901）出版了〔臺灣舊慣調查一斑〕等書，都收錄了大量老字據並加以註釋、解讀。土地調查局從明治三十一年至三十八年（1898-1905）出版了十幾種專書，收錄的老字據難以確計，其中與臺灣開發史關係最密切的是三十七年（1904）的〔大租取調書〕和三十八年（1905）的〔臺灣土地慣行一斑〕。〔大租取調書〕的〔附屬參考書〕經臺灣銀行經濟研究室臺灣文獻叢刊改題為〔清代臺灣大租調查書〕列為第 152 種出版，收錄了九百三十餘份老字據。〔臺灣土地慣行一斑〕除了收錄三百三十餘份老字據外，還引述了許多打官司的狀子、問訊的紀錄、判決書，使我們對於開墾時的社會、經濟情況有更深的了解[10]。該書最特別的是第一章「開墾的沿革」和第二章「開墾的行政」兩部分，詳盡地敘述了全臺各地何時、何姓、何人入墾何地，作者也概略地說明它主要的是依據老字據和實際調查的結果，可惜引述的老字據和官書、檔案並不多，他所引述的幾乎在其他書中都找不到，斷簡殘編令人有彌足珍貴之感；另一方面，對於研究發展史而重視原始資料的史學工作者而言，只讀到斷簡殘編而無從覓得全文、原件，實在是令人沮喪的事，又不免要埋怨他們淹沒史料了。

　　〔臺灣土地慣行一斑〕成於伊能嘉矩之手，其後〔大日本地

---

[10]　筆者在前述「臺北平原拓墾史研究」一文中（頁87-88）曾轉引該書所述雍正十三年（1735）業氏控告林天成「橫奪草地」的訴狀。

名辭書續篇·臺灣之部〕以及〔臺灣文化志〕的「拓殖沿革」中
有關何時、何姓、何人入墾何地的敍述多半脫胎於此。光復以後
許多方志、開發史的文章、書籍以及姓氏堂號考，幾百年前是一
家一類的書，凡是敍述何時、何姓、何人入墾何地而未曾註明出
處的，無不是譯述前述伊能嘉矩的作品以爲己作。楊碧川先生認
爲伊能嘉矩造就了許多臺灣史「權威」，可說是持平之論[11]。

三、「臺灣慣習研究會」與「臨時臺灣舊慣調查會」

　　總督府轄下各機構都設置了調查單位，土地調查局的工作順
利展開後，當局有意集中人力展開大規模的法律與習慣的調查，
做爲新制定法令的參考[12]。

　　明治三十三年(1900)十月，以司法、警察界人士爲主，聚合
了各單位官吏以及有興趣的人士，組成了「臺灣慣習研究會」，
以鈴木宗言爲幹事長，小林里平爲編輯主任，發行月刊〔臺灣慣
習記事〕直到四十年(1907)八月該會解散，共發行了八十號，停
刊後合併於「法院月報」[13]。〔臺灣慣習記事〕刊行的目的是爲
了提供行政、司法當局參考之用而研究調查臺灣固有的慣習、律
令，因此刊行的老字據並不多，其中最膾炙人口的是康熙四十八
年（1709）諸羅縣發給陳賴章墾號的「大佳臘墾荒告示」，這件
「世界稀有的古文書」原藏於洪文光之手，後來在析產時分配某
房而不知所終，日治末期池田敏雄，民國四十五年楊老師雲萍先

11　楊碧川，「研究臺灣史的基本書目㈠」，〔臺灣文藝〕，84期〔臺北，1983
　　年9月），頁215。
12　見〔臺灣慣習記事〕，1卷1期，發刊辭。
13　見終刊號，解散辭。

生都表示過相當的遺憾[14]，直到民國六十九年（1980）筆者在新
莊發現了一份包含陳賴章墾號和陳國起、戴天樞三墾號共立的一
份「合夥招耕，共相爲力」的合約（康熙四十八年十一月立約）
──今存最古的臺灣老字據──之後，才稍微彌補了這項遺憾。

「臺灣慣習研究會」採會費會員制，〔記事〕刊載政府法令而
得到若干補助。「臨時臺灣舊慣調查會」則是政府編列預算支應
的專責機構。如前所述，總督府有感於調查單位的分散，而成立
「臺灣慣習研究會」，日本本土的中央政府覺得臺灣的調查工作
進步緩慢，也有必要成立專責機構，加緊調查的腳步，調查會卽
是此一產品。明治三十三年(1900)二月東京帝大教授岡松參太郎
來臺設計並主持調查工作。是年十一月編成〔臺灣舊慣制度調查
一斑〕，次年日本政府下令依岡松的方案設置「臨時臺灣舊慣調
查會」，十月二十五日頒布〔臨時臺灣舊慣調查會規則〕，又將
岡松的書英譯，分致海外知名之士[15]。原來在臺灣從事調查工
作的日本人對此事頗不諒解，館森鴻有「臺灣舊慣制度一斑を讀
む」發表於〔臺灣慣習記事〕十一月發行的第十一號上，提出若
干問題，指摘岡松的「疏漏杜撰」，並譏諷岡松的計畫完成後「
必爲曠古之奇觀」[16]。同期雜錄中的「舊慣調查會規則發布せら
る」一文更指出該規則的公布，「使全臺官民上下同墜於五里霧
中」[17]。這是日治時代日臺關係的一個典型──日本民族臺灣人

14　楊雲萍，「有關臺北市的二三古文書」，〔臺北文物〕，5卷1期。
15　〔臺灣私法〕，敍言，2-3頁。王世慶前引文誤以爲岡松先以英文寫作而成
　　（頁13-14）。
16　同上，頁52。
17　同上，頁93。

對於日本本國的隔閡與拒斥。

　　「臨時舊慣調查會規則」第一條規定該會歸臺灣總督監督，「調查法制以及與農、工、商、經濟有關的舊慣」[18]，該會也以此爲依據分爲兩部，明治四十二年（1909）又新設起草、審議法案的第三部。調查會的待遇高、經費充足，調查面涉及全中國，但是他們的成就並沒有和經費的消耗成正比例的增長，當時的研究者也認爲「調查會」不及「研究會」的工作普及且深入。「調查會」比較明顯的成就是出版了〔清國行政法〕與三種番族調查報告。與本題相關的則是十三册的〔臺灣私法〕暨〔附錄參考書〕，〔附錄參考書〕中收錄老字據約兩千件左右，因爲分三回刊行，彼此重複之處不少，也有一些則是抄錄自「研究會」、「土地調查局」的出版品。

　　〔臺灣私法附錄參考書〕所蒐集的老字據，臺灣銀行經濟研究室將之分編爲物權、債權、商事、人事等四部分。分別列入臺灣文獻叢刊中（依序爲一五〇種、第七九種、第九一種和第一一七種）。

四、學者的個人成就

　　蒐集、運用老字據最多、最廣的當屬臺灣史巨擘伊能嘉矩先生，土地調查局的出版品有不少出自伊能之手，明治三十七年的〔臺灣蕃政志〕和昭和三年（民國十七年，1928）伊能氏歿後才出版的皇皇鉅著〔臺灣文化志〕都充分運用了老字據。

　　平山勳所編著的〔臺灣社會經濟史全集〕，在第二、六、七

---

[18]　同上，頁108。

分冊中收錄了關於臺北、宜蘭地區的老字據四、五十件，平山勳
曾發下宏願：

> 爲蒐集有關臺灣土地制度史之實證的研究資料，首先致
> 力蒐集臺北地方之土地契約書，以後將以遷居新竹等地
> 方的方式漸次南下，願以十年計畫，埋頭從事臺灣土地
> 制度史之實證的研究[19]。

這是何等的豪壯。後來時局變遷太快，平山勳的研究工作受
阻而沒有完成他的壯志。

石暘睢先生蒐集了不少老字據[20]。田井輝雄（戴炎輝）也承
繼日人法制史的研究法，廣泛的利用老字據研究鄉庄、保甲、團
練、墾隘、廟、番社、屯制以及地方官治制度[21]。光復之後，戴
氏代管了著名的「淡水新竹檔案」，更充實了他的研究成果，近
年應美國某大學之請，將該檔案製成微捲，方便了不少友邦學
者。近年又應美國亞洲學會臺灣史研究小組之請，將戴氏自藏的
臺灣中南部的老字據五百件和代管的屏東海豐鄭家的老字據一千
件提供給該小組，成爲〔臺灣公私藏古文書彙編〕第五、六、七
三輯中的主要部分（其中也有不少是筆者所提供的）。

張耀焜就讀臺北帝大農學科時，撰寫以「岸裏大社與臺中平
野之開發」爲題的畢業論文，蒐集了大量的老字據，並捐贈其中
的一一三一件給臺大，由臺大總圖書館寶藏，稱之爲〔岸裏大社
文書〕。筆者在撰寫「臺灣北部拓墾初期『通事』所扮演之角色

19　王世慶譯文見王世慶前引文頁15。
20　石暘睢，「家藏臺灣關係古文書目錄」〔民俗臺灣〕，卷1號。
21　參見戴炎輝，〔清代臺灣之鄉治〕（臺北，聯經，民國68年7月，初版）。

及其功能」[22] 一文時，曾經利用過這批史料，雖然是淺嚐則止，也頗訝於其豐碩。又，臺中州立圖書館也藏有不少老字據，光復之初該館將其「特藏品」借給臺灣省立博物館展覽，該館則謄錄存底[23]。近年臺中縣修志，既然有這樣豐碩的原手史料，比其他縣市修志的條件好得太多了，希望他們能充分運用這兩批史料，也做出豐碩的成果來。

此外，臺北帝大的村上直次郎則是研究「番仔契」的專家，蒐集了不少漢番對照的「番字契」，也有不少突出的研究成果。宋文薰先生在民國四十年(1951)曾發現嘉慶年間的「番仔契」，在文獻專刊二卷三、四期合刊本發表了「新港文書之一新例」一文，為番字使用的下限提出新的斷代。

其他的研究者尚多，零篇散簡就不一一介紹了。

五、街莊志中的老字據

日治時代修了不少地方志。昭和七、八年以後（民國二十一、二年）為了慶祝實行地方自治、籌備日人始政四十年慶典活動，今日臺北、桃園一帶有許多街莊也由街莊役場（地方政府）或相關機構修志。其中〔中和庄誌〕、〔板橋街誌〕、〔龜山庄全誌〕、〔蘆竹庄志〕、〔大園庄志〕、〔樹林鄉土誌〕都有「開闢」一章，也蒐集了不少老字據，由此可知老字據珍貴的史料價值，也深入了非專業性的街莊吏的心目中。

22　發表於〔臺北文獻〕，直字第59-60期合刊本（民國71年6月）。
23　臺灣省文獻會藏有抄本一份，自72年3月起在〔臺灣文獻〕（34卷1期起）以「臺灣中部地方文獻資料」為題陸續刊布。

叁、光復以後老字據的蒐集與運用

日治時代的學者，適逢歷史發展的巨變期，譬如土地所有權制度的現代化和新式財產登錄制度的發生，殖民統治者對於殖民地臺灣有認知的必要，加以學者們求知的興味，因而廣泛且深入地蒐集了大量老字據，把玩、研究、運用與刊行。

光復以後，學者大抵忙於消化日治時代學者們的研究成果，老字據未受到應有的重視[24]。譬如長於利用「淡新檔」和老字據等原始史料的戴炎輝先生所保存的千餘件老字據，直到王世慶先生主持〔臺灣公私藏古文書彙編〕的工作時才加以登錄整理。臺灣大學總圖書館典藏的大量的〔岸裏大社文書〕，由於臺大當局種種行政上的限制，未能納入〔臺灣公私藏古文書彙編〕之中，除了戴炎輝先生和筆者之外，也極少人去利用它，近年若干學院中的學者主持〔臺中縣志〕的纂述工作，似乎也未曾利用這批珍貴的開發史資料。

蒐集、運用老字據作研究固然不一定有重大收穫，不利用老字據作研究則易造成重大缺憾。以宜蘭的開發史研究爲例，許倬雲、廖風德、徐雪霞諸先生[25]在討論宜蘭的社會經濟發展的時

---

[24]　對於臺灣史料的蒐集、刊行有重大貢獻的臺灣史巨擘——先師方杰人先生到了晚年研究「鄭」時才逐漸重視老字據的價值；對於以譯述日人研究成果爲己作的學者而言，蒐集老字據則是費時、費力又不見有收穫的工作，當然更是計不及此。

[25]　許倬雲，"I-Lan in the First Half of the 19th Century"（〔中央研究院民族學集刊〕，第33期，1973）
廖風德，〔清代之噶瑪蘭〕（臺北，里仁書局，1982）
徐雪霞，「清代宜蘭的發展(1810-1895)」（〔臺北文獻〕，69期，1984）。

候，都認爲宜蘭開墾時行結首制而沒有「業戶」，他們知道楊廷理曾經極力反對「墾首」謀充「業戶」，他們也相信楊廷理「力裁業戶」的結果是使宜蘭成爲全臺唯一無業戶的地區，蔡淵絜先生則認爲宜蘭沒有「業戶」，均勻分配土地與財富，奠定了宜蘭經濟獲展的良基[26]。

其實，宜蘭有不少大地主，宜蘭的土地和財富並沒有「均勻分配」，宜蘭的社會經濟結構除了地理的差異外，也與臺灣各地沒有什麼不同，因爲宜蘭實際上和臺灣其他地區一樣有「業戶」，宣言宜蘭沒有「業戶」只是楊廷理以此自許罷了[27]，縱使楊廷理在任時能「力裁業戶」，又難保楊氏離任後不產生「業戶」？學者誤信官爺們的雄誇之辭又疏於現地調查(field work)[28]，固無足深責，但是，只要坐在書房中檢讀臺灣銀行經濟研究室彙刊重排的幾種日人蒐集刊行的老字據，便應該知道宜蘭確確實實是有「業戶」的。這樣簡單易得的證據何以前述學者們沒有見到呢？這就是他們忽略了老字據的史料價值與分析價值的緣故。

若說學者們全然忽略了老字據的史料價值的話，卻又不然。

一、早期的鼓吹者

光復之初，日治時代成名的學者如戴炎輝、楊雲萍諸先生仍

26　蔡淵絜，「清代臺灣的社會領導階層」（師大碩士論文，未刊，1980）。

27　楊廷理自稱「力裁業戶」可見其不易。許雪姬，「宜蘭開發史事探微——吳光裔事蹟考」（〔臺灣風物〕，31卷3期，1981）一文指出吳光裔等謀充業戶的話動由福建遠伸到京城大內，亦可見力裁業戶之難。

28　白長川，「蘇澳開拓史考」（〔臺灣文獻〕，35卷4期，1984）實地調查，即確知〔噶瑪蘭廳志〕中據楊廷理說詞而寫下的「臺中獨蘭無業戶」是錯誤的，並指出陳輝煌爲宜蘭「第一大業戶」（頁190）。

然對於老字據的蒐集與運用保持高度的興味，楊先生在〔臺北文物〕五卷一期（1956）發表「有關臺北市的二三古文書」一文，極力鼓吹老字據的史料的價值，次期臺北文物就刊行了若干臺北文獻會的〔會藏古文書〕，此後又陸陸續續刊行了不少。

民國四十九年(1960)出版有模範志書之譽的〔臺北縣志〕，卷五「開闢志」之末附錄了「開闢古契」五十件，其中若干還以原件照像製版以便覆按、保存，也是光復以後新修方志中相當突出的例子。〔臺北縣志〕由盛清沂先生擔任總編纂，此後的〔樹林鎮志〕、〔永和鎮志〕、〔中和鄉志〕都沿襲了〔臺北縣志〕的風格，收錄若干老字據。至於其他縣市志或文獻會的出版品也都或多或少的刊載、引用一些老字據。

民國五十年（1961）以前與運用老字據做研究成就較大的當以鄭津梁先生為代表，他的〔雲林沿革史略〕，分為五段，分別發表在四十一年十一月至四十二年十一月（1952-1953）的〔雲林文獻〕「創刊號」至二卷四期上，尤其是關於開墾史、土地、賦稅和水利制度，都充分的利用了老字據。張耀焜也發表「岸裏社與臺中平野之開發」一文於〔中縣文獻〕--期（民國四十四年，1955這是以他所蒐集的〔岸裏社文書〕為基本史料寫成的。

二、「濁大計畫」和中央研究院民族學研究所的努力

老字據的蒐集與運用，自民國六十年（1971）起有了新的風貌。

民國六十年(1971)張光直先生回國推動「臺灣省濁水、大肚兩溪流域自然與文化史科際研究計畫」（簡稱濁大計畫）包括地

形學、地質學、動物學、植物學、土壤分析、考古學和民族學，在國科會的資助下，於民國六十一年（1972）七月起展開研究工作。民族學部門注意到漢人的拓展史，並擬定計畫實地採訪散逸各地尚未發表的老字據和其他原始資料。

參與「濁大計畫」的王崧興先生，得到與施世榜開鑿的八堡圳有關的老字據三件，王先生抄錄了這三件老字據並略加引申就寫成了中、英文論文各一篇[29]。在「濁大計畫」的獎助和王先生的指導下，陳其南先生也完成了名為「清代臺灣漢人社會的建立及其結構」的人類學碩士論文，該文隨即改寫成「清代漢人的社會結構變遷及土著化過程」和「清代臺灣漢人社會的開墾組織及土地制度之形成」二文[30]。

王、陳二氏的論文運用資料缺乏辨識與批判的能力，論文中也常出現時、空錯亂的現象，可以說是相當粗糙的論文。可是一經利用老字據，就顯得與其他人類學者的論文大不相同。老字據的價值由此凸顯，使得中央研究院民族學研究所成為最重視老字據的研究機構，並投下相當人力與經費，運用他們所謂的「地方史料」做臺灣的人類學研究。

民國六十九、七十年（1980-1981），臺灣史學界興起了蒐集、運用老字據、族譜等原始史料作研究的風氣。民族所受到感染，於七十二年（1983）五月與民族學會共辦了「臺灣地方史料

29　王崧興，"Pa Pao Chün: An 18th Century Irrigation System in Central Taiwan"（〔中央研究院民族學研究所集刊〕，第33期）。
　　「八堡圳與臺灣中部的開發」（〔臺灣文獻〕，26卷4期與27卷1期合刊本）。
30　前者發表在〔中央研究院民族學研究所集刊〕，第48期。後者發表在〔食貨月刊〕，9卷10期。

的發掘與運用研討會」[31]，次年九月的「臺灣社會與文化變遷研討會」也分設歷史組。民國七十四年(1985)四月又以〔思與言〕雜誌出面召開「臺灣史研究的回顧與展望研討會」[32]。民國七十五年（1986）三月中國民族學會年會在民族所召開，也以老字據的展覽爲一項重要活動。

中央研究院所重視老字據的蒐集與運用，是近十年來最可喜的現象，相形之下，中央研究院各史學相關研究所和各大學歷史研究所、省市文獻會就太冷漠了。

三、〔臺灣公私藏古文書彙編〕

「濁大計畫」有了初步成果之後，「美國亞洲學會臺灣研究小組」對於老字據也產生了興趣。民國六十五年（1976）開始，展開蒐集、整理臺灣公私藏老字據的工作。實際的工作負責人是王世慶先生。七十二年(1983)止，前後七年間，蒐集了老字據原件五千六百五十一件。小組將文件先予裱褙，然後再用大型影印機影印五份，各自裝訂成冊，共分爲十輯，每輯各十二大冊，稱爲〔臺灣公私藏古文書影本〕，分別藏於中研究院史語所傅斯年圖書館、美國史丹佛大學胡佛研究所東方圖書館、哈佛大學哈佛燕京圖書館、美國國會圖書館及日本東洋文庫各一套。每輯另編〔臺灣公私藏古文書彙編目錄〕，其中一至六輯已由臺北市環球書社印行。

「臺灣小組」蒐集的老字據比日治時代蒐集刊行的總數量還

---

[31] 參見〔中國民族學通訊〕，第19期中所刊之「研討會紀錄」。
[32] 參見〔思與言〕，第23卷1期「臺灣史研究的回顧與展望研討會」專號。

多，成就至鉅，該小組原來還有標點、註釋、編印出版的計畫，
因爲經費的關係，已暫行擱置[33]。

四、〔張廣福文件〕的發現與尹章義的臺灣開發史研究工作

民國六十九年(1980)春天，筆者應臺北縣新莊鎭公所之請，
撰寫〔新莊發展史〕與〔新莊志〕，這是該「鎭」改制爲「市」的
慶祝活動之一。筆者向未涉足臺灣史領域，對於史料的保存狀況
也毫不了解，但是不願潦草塞責，希望能有比較多的時間和寬裕
的經費廣蒐史料來完成它。主持市政的鄭余鎭先生都慨然應允。
筆者先於是年七月一日出版〔新莊發展史〕應景，同時廣集史料。
一經涉入，筆者卽頗訝於日治時代刊印老字據數量之宏富，立卽
蒐集散布各書的老字據製卡備用，隨卽發現民間仍然寶藏了許多
老字據，只是未經發掘而已。甚至古董文物舖子裏也有不少老字
據待價而沽。

王世慶先生原任「省文獻會」採集組長，〔臺灣公私藏古文
書彙編〕的老字據多半是向公私收藏者借得，少數來自一般鄉
民。筆者默察形勢，王先生旣已掘羅殆盡，我們可以充分運用他
的成果；古董文物舖中的老字據，只要與臺北開發史有關的也盡
力蒐購（舖中多成堆計價，一堆中往往包含好幾個地區和家族的
老字據），只剩下民間保存的老字據比較困難。

筆者擬定了兩個計畫同時進行，一個是將新莊市區劃成若干
小區，挨家挨戶訪求；一個是根據方志、口碑和已經掌握到的檔

---

[33] 王世慶，「臺灣地區族譜和古文書之蒐集與應用」（〔中國民族學通訊〕，
　　19期）。

案、老字據，列出新莊地區的墾首、大地主的名單，再一一訪求。

　　挨家挨戶的訪求只有小區域才做得到；專題式的蒐求則必須以前人的成就爲基礎，這都是以前的學者們不易具備的條件。

　　經過半年的努力，我們的成果極爲豐碩，其中最重要的是〔張廣福文件〕的發現。張廣福是新莊地區最大、最重要的墾首、業戶和灌溉渠的開鑿者。〔張廣福文件〕多達二百餘件，其中包含林成祖（康、雍、乾三朝臺灣北部最著名、最有勢力的通事、墾首和大地主）的佃戶花名册和一份康熙四十八年的墾荒合同——今存最古的開墾合同——這是陳賴章、陳國起、戴天樞三墾號合夥開墾臺北平原的合同。合同中提到的一份「大佳臘墾荒告示」，日治時代已經在〔臺灣慣習記事〕上發表了。這份合同幫助我們了解臺北平野和桃園部分地區開發史的眞相[34]。

　　〔張廣福文件〕的發現使筆者更努力蒐集老字據做爲研究開發史的基本材料，研究範圍也由臺北、臺灣北部、臺灣中部而逐漸擴及全臺的開發史，其中比較重要的作品有「新莊志卷首」（1981年元月新莊市公所出版），「臺北平原拓墾史研究」1697-1772)」（以前書爲基礎，擴大區域增補史料而成，發表於〔臺北文獻〕53-54 期合刊本，1981年3月），「臺灣北部拓墾初期『通事』所扮演的角色與功能」（〔臺北文獻〕59-60 期合刊本，1982年6月）以及〔張士箱家族移民發展史——清初閩南士族移民臺灣之一個案研究（1702-1983)〕（專書，「張士箱家族拓展史研纂委員會」印行，臺北樹林，1983年7月）。

34　關於〔新莊志〕的詳情請參閱拙著，「方志體例的創新以及新史料的發掘與運用——以新莊志爲例」，〔漢學研究通訊〕，3卷3期，1984。

五、吳學明與〔金廣福文件〕的發現

　　王世慶先生和筆者的努力，受到學界的重視，也給青年學者相當大的啟示與鼓勵。

　　民國七十三年(1984)四月，盛清沂先生在「臺灣省文獻會」舉辦的「重修臺灣通志座談會」上以「欣聞重修臺灣通志」爲題發表演說，他在講辭中所提的第一個希望，就是盼望參與重修臺灣通志的同仁能重視老字據等第一手史料的蒐集與運用，他說：

> 環顧近來臺灣史的研究，已開始有新的突破。不止在舊
> 書堆中研究而已經深入民間來找尋第一手的直接史料。
> 這股風氣由本會同仁王世慶兄蒐集民間資料開其端，由
> 輔仁大學尹章義教授開展了這種研究風氣。此後，有些
> 青年學者，不甘後人，踵事增華，深入農村調查，情願
> 自掏腰包，尋找第一手史料，換取眞實的學術……有赴
> 湯蹈火萬苦不辭的勇氣[35]。

　　盛先生接著稱贊現任明志工專講師吳學明先生發現「金廣福文件」的成就。

　　七十二年（1983）四月，吳先生開始蒐集新竹東南北埔一帶「金廣福大隘」的開發史資料，先後在北埔地區得到三十餘件老字據。後來鍥而不捨的拜訪金廣福墾首姜家的後裔，又陸續得到八十餘件老字據和兩份田契總抄簿，七月間得到幾十本帳本和三本「給墾中簿」，八月間得到姜家族長的幫助，上姜家「堆滿厚厚灰塵」的「存放公物的閣樓」中，「逐一開箱尋找」，得到三

---

[35]　講辭刊載於〔臺灣文獻〕，35卷 2 期。

十三包老字據，其後，吳學明又兩次前往開箱，至九月底，總共
找到六百餘件老字據和近百冊帳本[36]。

　　吳學明利用〔北埔姜家史料〕完成了碩士論文「金廣福墾隘
與新竹東南山區的開發」（師大，1984）[37]。

　　〔北埔姜家史料〕的發現，是近年「專題式深度發掘法」蒐
集老字據、族譜等史料的範例。〔北埔姜家史料〕也成爲令人矚
目的史料，目前暫由中央研究院民族所整理、研究，某出版社
也有意整理出版，筆者深切盼望學界能廣泛的利用〔北埔姜家史
料〕，使我們對於臺灣開發史有更深厚的實證研究的成果。

六、正在進行中的幾個蒐集、運用老字據的研究計畫

　　民國六十九年（1980）〔張廣福文件〕的發現以及研究成果
的陸續發表；七十二年（1983）〔臺灣公私藏古文書彙編〕十輯
的初步完成；七十三年（1984）「金廣福文件」的發現以及研究
成果的陸續呈現，形成蒐集、運用老字據、族譜等原始資料研究
臺灣開發史的高潮，這個「新突破」正在如火如荼地發展，我們
期待他們能很快的將成果呈現出來。

　　首先提到的是中央研究院民族所有關北部竹苗地區的區域發
展研究，他們已經「蒐集到很多民間所保存的材料，希望能够利
用這些材料分析漢人社會在臺灣北部拓墾的組織型態以及寺廟、

36　吳學明曾於74年1月27日發表以「北埔姜家史料的發掘與金廣福史實的重
　　建」爲題的演講（講辭刊於〔臺灣風物〕，35卷3期，1985），詳細說明了
　　發現該史料的經過。
37　吳學明將碩士論文又改寫成若干論文，陸續發表在〔臺北文獻〕和〔史聯〕
　　等期刊上。

宗族的發展」[38]，其中包括「金廣福文件」、〔竹北六家林家文件〕和若干〔義民廟文件〕。若能邀請精於史學方法的學者參預，可能對於民族所的自我期盼有實質的幫助。

臺大歷史系的黃富三教授參與「財團法人臺灣省臺中市素貞興慈會」委託臺大的「霧峯林家歷史及宅園研究工作」建教合作計畫，主持歷史部分[39]，黃教授得到大量的霧峯林家的老字據、族譜等原始史料，對於我們了解霧峯林家和臺中地區的開發史必定產生巨大的貢獻。

成大的石萬壽教授自民國七十二年起，受國科會資助，進行「二仁溪開發史研究」計畫，曾在該地區進行六個月的「田野採集工作」[40]，我們也希望他有豐碩的收穫。

肆、結論

老字據是最原始、最珍貴的史料。

臺灣開發較晚而且隱田較多，養成人民保存「上手契」做為財產所有權的依據的習慣。

日治初期，現代不動產所有權制和財產登錄制度形成的過程中，政府和學者蒐集到大量的老字據，得以整理、刊布，成為研究臺灣史的重要資源。

---

[38] 莊英章曾於73年4月22日發表以「談人類學家的臺灣漢人社會研究」為題的演講，講辭刊於〔臺灣風物〕，35卷3期。此節引文在頁108。

[39] 〔漢學通訊〕，4卷4期（1985年12月）臺灣大學歷史研究所刊布的消息，頁228。

[40] 石萬壽，「二層行溪上游的開發與系譜」（民國74年12月29日在第三屆亞洲族譜學術研討會中宣讀的論文）。

　　光復之初，少數學者鼓吹蒐集、並運用老字據做爲研究臺灣史的基本史料卻成效不彰。

　　民國六十年（1971）之後，「濁大計畫」的研究成果，凸顯出老字據的價值。民國六十九年（1980）〔張廣福文件〕的發現和臺灣開發史研究成果的呈現；七十二年（1983）〔臺灣公私藏古文書彙編〕的完成；七十三年〔金廣福文件〕的發現和研究成果的呈現，使老字據的史料價值——特別是對於開發史研究的價值——受到學界的重視，蒐集、運用老字據研究臺灣史——特別是開發史——始蔚然成風。

　　目前臺灣北部、中部、南部各有相當大規模的開發史研究計畫正在進行，蒐集老字據的工作，在「專題式的深度發掘法」的運作下，都有豐碩的成果。這類計畫日多，從事蒐集、運用老字據的學者日多，假以時日，必能獲致更大的突破，臺灣開發史的研究也必能呈現嶄新的風貌。

　　　　——原文於民國七十四年九月十四日在聯合報文化基金會國學文獻館主辦的「臺灣地區開闢史料學術座談會」中宣讀。

族譜羣效用（Genealogy group utility）
與族譜之史料價值
—— 以臺灣發展史之研究為例

> 壹、緒論
> 貳、族譜在臺灣史研究運用上的現況與展望
> 叁、族譜史料的考證與批判
> 肆、結論

壹、緒論

漢人社會建立之前，臺灣無族譜可言。

康熙中、末期以後，漢移民大量東來，少數人攜譜同渡，若干人定居、立業後，回唐山故里抄譜或重修族譜；亦有不少人以遷臺始祖為肇基祖，在臺灣編修家譜。日治時代回唐抄譜、修譜，在臺修譜、續譜之風益盛[1]；1950年代以後，臺灣興起了編修族譜的熱潮，甚至出現了以集印族譜和販賣族譜為專業的出版

---

[1] 據王世慶、王錦雲，「臺灣公私藏族譜目錄初稿」（〔臺灣文獻〕，29卷4期，民國67年12月），清代編修族譜117種，而日治時代雖短，卻有240種。

社，同時也出現了「不論派系同與不同，福佬、客家均收編在內，而且多爲捐款或認購始加以編入，故內容不甚完整」[2]的「雜燴族譜」。是時，以文獻會工作人員爲主體的族譜研究者也不少，他們對於族譜本身的價值、編纂的方法和體例都有相當的闡釋，對於譜主一家的世系、事迹亦有較廣泛而確實的敍述[3]。

族譜本身的價值與社會功能已爲人所習知，族譜資料在纂修史志時的價值亦漸引起學者注意[4]，王世慶先生且再三撰文鼓吹，指出族譜可作爲「纂修史志時」研究移民史、開發史、氏族志、人物志、人口志、人口學及生命統計、家族制度、婚姻關係、祭祀關係之資料[5]。但是，運用族譜資料研究臺灣史事者並不多見，只有少數地方志纂修者（陳運棟、尹章義）、歷史人口學家（劉翠溶）、人類學家（王崧興、莊英章）曾加利用[6]，若干以豪紳爲主題的個案研究，則不可避免地運用了各該族族譜[7]。至

2　王世慶，「臺灣地區族譜編纂史及其在史料上的地位」，〔臺北文獻〕，直字第51-52期合刊本（民國69年6月），頁213。

3　如王詩琅、王世慶、毛一波、黃典權、盛清沂諸先生。

4　如衞惠林、陳紹馨、羅香林、張其昀諸先生。

5　王世慶先生為「猶他家譜學會」（The Genealogical Society of Utah）在臺灣調查、苑集族譜多年，瞭解尤深，所著「臺灣地區族譜編纂史及其在史料上的地位」（〔臺北文獻〕，直字51、52期合刊，民國69年6月），第三節「族譜資料在纂修史志時之應用」指出，族譜可作為研究移民史、開發史、氏族志、人物志、人口志、人口學及生命統計、家族制度、婚姻關係、祭祀關係之資料。又著「臺灣民間和田野所存清代史料及其價值」（〔臺北文獻〕，直字第55、56期合刊本，民國70年6月），第三節再度強調其說。

6　劉翠溶是臺灣的歷史人口學家，其作品以中國南方為主要對象。人類學家多僅利用房系資料。

7　例如 J.M. Meskill 在 "The Lins of Wufeng: The Rise of a Tai-wanese Gentry Family." (L.H.D. Gordon ed. *Taiwan Studies in Chinese Local History*, 1970, pp. 6-22)以及 *A Chinese Pioneer Family, The Lins of Wu-feng, Taiwan, 1729-1995*, p. 375, 1978)中，運用了霧峯林家的族譜。
又，林正子，「連橫〔臺灣通史〕，卷33「林占梅列傳——道咸同期北部臺灣の一豪紳——」（〔東洋文化研究所紀要〕，第91冊，東京，昭和57年12月），則運用了〔林恆茂家族譜稿〕。
至於 K. Ishikure "The Lins of Pen-Chino" *The Journal of The Braisdell Institute.* Vol. IX, No. 2, 1974, pp. 33-55)則僅有簡單的系統表足資利用。

於以族譜爲一般史料，廣泛地用來研究生活史實，尤其是臺灣拓墾史、發展史，則以筆者爲嚆矢[8]。

貳、族譜在臺灣史研究運用上的現況與展望

民國六十九年(1980)筆者正式獻身研究臺灣史之初，卽視族譜與老字據爲珍寶，這不僅由於族譜和老字據是史料價值極高的原始資料；更由於筆者在過去研究明代史、漢代史和中國史學史的歷程中，極少有機會接觸、運用族譜、老字據，相形之下，更易於體會族譜資料的可貴。因此，近年若干探討臺灣史的作品[9]，便大量而充分地利用臺灣公、私藏族譜（其中也包含國學文獻館

8　盛清沂，「欣見重修臺灣通志」，〔臺灣文獻〕，35卷2期（民國73年6月），頁8。盛先生又著「臺灣地區族譜與其開闢資料之探討」（聯合報文化基金會國學文獻館於民國74年9月14日舉辦之「臺灣地區開闢史料學術座談會」論文），頁103，再度論及。

9　筆者近年有關臺灣史作品依時序如下：
　①〔新莊發展史〕（新莊，新莊市公所，民國69年7月）。
　②〔新莊志〕，「卷首」（新莊，新莊市公所，民國70年1月）。
　③「臺北平原拓墾史研究（1697-1772）」，原刊〔臺北文獻〕，直字第53-54期合刊本（民國70年4月），頁1-190，今收入本論文集。
　④「新莊巡檢之設置及其職權、功能——清代分守巡檢之一個案研究」，原刊〔食貨月刊復刊〕，11卷8、9期（民國70年11、12月）。今收入本論文集。
　⑤「新莊縣丞未曾移駐艋舺考」，原刊〔臺北文獻〕，直字第57-58期合刊本（民國71年3月）今收入本論文集。
　⑥「臺灣北部拓墾初期『通事』所扮演之角色及其功能」，原刊〔臺北文獻〕，直字第59-60期合刊本（民國71年6月），頁97-251，今收入本論文集。
　⑦〔張士箱家族移民發展史——清初閩南士族移民臺灣之一個案研究(1702-1983)〕（樹林，張士箱家族拓展史研纂委員會，民國72年6月）。

的藏品）和作者個人田野工作所得「族譜羣」——記載同一家族
而來源不一的若干族譜。

由於對於大量族譜和族譜羣的分析與運用，筆者曾使分離百
年的張氏族人團聚，爲張氏撰列一長達八公尺六十的世系表並編
撰族譜[10]。

在筆者的作品中，也運用族譜資料，反映出下列歷史現象：

㈠社會領導階層的出身：譬如今臺中以北地區名通事、墾首
張達京[11]與林秀俊[12]皆爲儒生。今雲林大部分地區以及彰化部分
地區，臺北盆地三鶯走廊、大漢溪、淡水河以西的大墾戶張氏家
族爲士族，乾隆二十五年至三十五年間（1760-1770）且產生六名
舉人，科名之盛冠全臺[13]。

㈡漢人與先住民的婚姻關係：林秀俊之族譜中有明確的紀
錄[14]。

㈢移民的動機、遷徙路線、族羣的分布及其與社區的關係[15]。

㈣社會變遷及其適應[16]。

㈤社會階層的流動、家族社會地位的升降和個人在家族中地

10　參見民國72年1月9日的〔民生報〕與〔新生報〕，以及民國72年7月27日
　　的〔中國時報〕。

11　〔潮州大埔縣赤山樹德堂張氏族譜〕。參見「臺灣北部拓墾初期『通事』所
　　扮演之角色及其功能」。

12　〔漳浦龍社林氏宗譜〕。參見「臺灣北部拓墾初期『通事』所扮演之角色及
　　其功能」。

13　參見〔新莊志〕及〔張士箱家族移民發展史——清初閩南士族移民臺灣之一
　　個案研究(1702-1983)〕張氏族譜十餘種。

14　參見〔漳浦攀龍社林氏宗譜〕，筆者另以古契據中列名之 張鳳華之母氏，
　　說明張達京之婚姻關係。族譜中記載漢人娶番婦的紀錄很多。

15　參見〔張士箱家族移民發展史——清初閩南士族移民臺灣之一個案研究（
　　1702-1983）〕，第二章至第四章。

16　同上，第二章。家譜中明確的說明以及分析其紀錄體例。

位的升降[17]。

㈥家族成員間的關係：包括科考、祭祀、修譜、喪葬（特別是歸葬）、析產、避難等關係，特別是臺灣與大陸族人的往來關係[18]。

㈦科舉制度的社會、政治功能，特別是中央與邊陲之間的關係[19]。

㈧面對滄桑之變時，臺灣人民的困境及其調適[20]。

㈨顯示一個家族移民發展的過程、成就[21]。

㈩顯示今雲林、彰化以及臺北地區的拓墾史[22]。

以上數則，大抵皆史志所載尠而昔賢所難知者，皆因運用族譜資料而得以表出，至於蒐集個人傳記資料，以族譜資料說明臺灣府學、臺灣縣署、彰化縣學、彰化養濟局之整修、遷建、創立的過程[23]，澄清史志之謬誤者[24]，猶其餘事也。

在筆者近年有關臺灣史的寫作、出版計畫……族譜史料研究歷史人口學、生命統計、繼嗣（含養子）制度與中國家

17　同上，第三章。特別是科舉功名的影響和封贈，以及在宗廟中配享不祧的紀錄。張氏另有「張東興記歷代目錄」，專記祭祀、學田、共業事宜。

18　同上，第三、五章。

19　同上，第三章●

20　同上，第六章。又，第二章則說明明清之際的困局及其適應。

21　同上。

22　參見〔新莊志〕、「臺北平原拓墾史研究（1697-1772）」及〔張士箱家族移民發展史──清初閩南士族移民臺灣之一個案研究（1702-1983）〕。

23　同21，第三章。

24　如乾隆三十年（1765）刊本〔晉江縣志〕對於張方高功名的曲筆〔張士箱家族移民發展史──清初閩南士族移民臺灣之一個案研究（1702-1983）〕，頁81；以族譜資料糾正鄭長拓墾臺北之誤「臺北平原拓墾史研究（1697-1772）」，頁16，與〔臺灣通史〕「林成祖傳」之誤「臺北平原拓墾史研究（1697-1772）」，頁94。

族制度的關係、現代臺灣移民問題，並編製具有時代精神的族譜[25]。

　　族譜的史料功能正隨著族譜的蒐集、運用而日益發揚，族譜史料能開拓治史者的眼界與範疇是無庸置疑的。

叁、族譜史料的考證與批判

　　筆者以族譜資料爲史料，研究臺灣史，認爲族譜與其他史料一樣，必須通過嚴格的考證與批判。

　　由於製譜、刊譜的文化、社會、經濟背景不一，不查考族譜史料的時間、地域甚至家族間的差異性是很危險的[26]。在外部批評方面，筆者在前述已發表的論著中，根據「族譜羣」的比勘研究，指出若干族譜的違誤類型如下：

　　㈠生卒年的紊亂：例如抄譜者粗心抄錯行[27]，錯別字，以下葬、遷葬時間爲卒年、月、日等[28]。

　　㈡名字的紊亂：錯別字、同音字（假借字）[29]以及官章、學名、譜名、字、號分離造成紊亂[30]。

25　筆者所出版之〔張士箱家族移民發展史〕原爲〔張氏族譜〕之第一部分，因時間關係，先行出版。
26　運用同一本族譜作研究資料，由於條件認定和觀點的不同，都可能產生不同的結論，何況運用不同的、多量的族譜資料。
27　如〔中厝張家渡臺族譜〕，貳拾伍世「仰山公條」。
28　如林秀俊的卒年。參見「臺北平原拓墾史研究（1697-1772）」，頁95。此點與閩臺習俗有關。近年且有選定時辰、日期生產者。
29　此類現象很普遍。排版、校對錯誤尚不在其中。雜燴式族譜尤然。
30　〔中厝張家渡臺族譜〕貳拾伍世爲仰山公，仰山爲張方高之號，使中厝張家與崙背、莿桐張家難以合譜。

㈢製譜者誇張失實：除了攀龍附鳳、誇張祖德之外，以科舉功名最爲紊亂，例如譜中記載爲進士，往往爲捐納之貢生[31]（其實一檢地方志中的選舉志或題名錄卽知，但亦有方志反僞、族譜存眞[32]者）。

㈣製譜者能力不足造成違誤：例如〔漳浦攀龍社林氏宗譜〕記載林秀俊卒於乾隆三十六年(1771)，新修譜者將連橫〔臺灣通史〕中「林成祖傳」竄入，出現「林爽文之役，彰、淡林姓多株連，成祖亦逮京訊問，次子海門素有才，携巨金入京謀救……旣歸，年老猶日課農業……」的荒誕敍述。蓋林爽文之役起於乾隆五十一年(1786)冬，林秀俊早已化爲鬼魂矣！修譜者無能，雜燴式族譜〔西河林氏大族譜〕雜綴眾譜而照錄，臺灣省文獻會印行〔臺灣省開闢資料續編〕「林成祖傳」又錄〔西河林氏大族譜〕而失檢、再誤[33]。

以上所述，大抵爲手抄本或原刊本族譜的違誤，近時風行之雜燴式族譜，原已屬輾轉抄襲，加上製作、販賣者多以謀利爲目的，粗製濫造者多有，是以其違誤更甚，非不得已，不用爲宜。不過雜燴式族譜往往載有原譜提供者以及渠等之通訊住址，作爲吾人訪求原譜之索引則甚佳。

---

31   如〔樹德堂張氏族譜〕謂張達京之兄弟皆爲進士。參見「臺灣北部拓墾初期『通事』所扮演之角色及其功能」，頁213。

32   如乾隆三十年刊本〔晉江縣志〕對於張方高功名的曲筆；以族譜資料釘正鄭長拓墾臺北之誤，與〔臺灣通史〕「林成祖傳」之誤。

33   〔臺灣省開闢資料續編〕頁33。參見「臺北平原拓墾史研究(1697-1772)」，頁94及109。又「臺灣北部拓墾初期『通事』所扮演之角色及其功能」，頁189。

肆、結論

　　日治時代，日本人彙集了大量老字據，但是，卻幾乎從不涉及族譜資料。掌握老字據能掌握臺灣的土地、資源，能加深理解臺灣人民的土地所有權制、權利義務關係和行為模式，有助於日本人統治殖民地；反之，族譜研究可能引起臺灣人民的故國之思，有礙於日本人的統治，故而重老字據而輕族譜。光復以後，已經沒有前述的困擾。純就史料價值而言，以族譜為經，以老字據為緯，更能深刻、更真切的了解臺灣的歷史。

　　族譜之史料價值高，運用之範圍及其可能性亦廣，若能嚴予考證、批判，有效運用，不僅能擴大臺灣史的研究領域，對於臺灣史研究水準的提升，亦將發揮積極功能。

　　──本文原刊〔第二屆亞洲族譜學術研討會會議紀錄〕（臺北，聯合報文化基金會國學文獻館，民國73年9月初版）

清修臺灣方志與近卅年所修臺灣方志之比較研究

　　壹、我國方志的傳統及其特色

　　貳、清代所修臺灣方志的「修志專家」與篤實負責
　　　　的態度

　　　　一、我國修志人才與修志態度的大略情況

　　　　二、清代臺灣修志的人才

　　　　三、清代臺灣修志的態度

　　　　四、清代修志的艱辛過程與志稿

　　參、光復以後臺灣修志人才與修志態度

　　　　一、光復以後臺灣修志新形勢與新課題

　　　　二、臺灣省文獻會與臺灣省通志

　　　　三、各市縣文獻會與市縣志書

　　肆、結論

壹、我國方志的傳統及其特色

　　「方志」是與「國史」對稱的特殊名辭。

　　我國的「方志」具有以下幾項特色：

　　一、源遠流長：章學誠上溯「方志」至〔周官〕所謂「外史掌四方之志」，認爲晉〔乘〕、魯〔春秋〕、楚〔檮杌〕都屬於方志[1]。隋唐以後，中央政府開始注意方志的編纂，宋代修志之風頗盛，而且志、圖經、記和圖志諸名稱並呈，明中葉以後「郡邑莫不有志」，清初更詔令各省修志，限期完成[2]。民國以來，內政部數度通咨各省修志，近年內政部更規定「省志二十年纂修一次，市及縣（市）志十年纂修一次」[3]。「方志」綿延二千餘年，可謂源遠流長，如今方興未艾，漸成顯學，未來發展更難逆料。

　　二、數量多、分布廣：據陳正祥估計，「全世界現存的中國方志約達一萬一千種」，而且「全國古今的各級行政區劃，包括省、府、州、廳、縣，絕大多數都已修有志書」[4]。遠在西漢末年，東平王求太史公書，大將軍王鳳認爲「太史公書有戰國縱橫權譎之謀，漢興之初謀臣奇策，天官災異，地形阨塞，皆不宜在諸侯王」而不許[5]，當時人已經知道了解各地的歷史、人文和地理、物產，是中央控制地方不可或缺的利器。隋、唐有爲之君注

---

[1]　章學誠，「方志立三書議」，〔文史通義〕「附方志略例一」（臺北，國史研究室，民國62年4月，增訂二版），頁371，又如梁啓超亦持此說，見〔中國近三百年學術史〕（臺北，臺灣中華書局，民國51年1月，臺三版），頁298。其他各家不贅述。

[2]　參見陳正祥，〔中國文化地理〕，第二篇「方志的地理學價值」（臺北，木鐸出版社，民國72年，影刊再版），頁27-33。

[3]　參見民國七二年4月18日內政部「七十二臺內民字第一五三二三五號令」修正發布之「地方志書纂修辦法」第三條。

[4]　參見陳正祥，〔中國文化地理〕，頁23。

[5]　〔漢書〕，「宣元六王傳第五十」。

意方志的編纂以此，宋、元、明、清各朝重視方志，主要也是爲
了政治上的原因 ； 另一方面 ， 方志也是地方施政的主要參考資
料[6]， 明中葉以後既已「郡邑莫不有志」， 清代和民國以政令責
成有司修志，當然更形普及。

　　三、內容豐富龐雜：舉凡歷史沿革、政治、社會、經濟、天
文、地理、宗教、文藝無所不包。周憲文訝於方志內容的豐富龐
雜，認爲方志「無異是一定地方的百科全書」[7]。

　　方志源遠流長、數量多、分布廣、內容豐富龐雜，惟一時一
地的作者因時、地制宜，並順應著述條件和一己的能力、見識來
撰寫方志，因此，方志不僅卷帙規模懸殊，水準良莠不齊，甚至
體例亦因時、地、人而異，內容也各有詳略偏頗。

　　由於以上的特色，近世學者固然能就方志各取所需；各人由
於志趣不同，對於方志的性質與目錄學上的歸屬，也因而產生各
種不同的看法 。〔四庫全書〕將方志置於史部地理類[8]， 梁啟超
在史學與地理學之間置一 「方志學」[9]， 毛一波在「方志學與史
學」一文中則認爲張其昀、林超、畢慶昌、陳正祥等人「變方志
爲區域地理」，陳紹馨則「變方志爲區域研究」[10]， 毛一波自己
則認爲「自南宋以來，方志的內容已逐漸成爲史地並重的研究；
演至近代，已偏於歷史的敍述。所謂方志變爲歷史學的關係已經

6　參見陳正祥，〔中國文化地理〕，頁27-33。
7　周憲文，〔臺灣方志彙刊〕之「重刊贅言」，〔臺灣方志彙刊〕卷一；〔淡
　　水廳誌〕「卷首」（臺北，臺灣銀行經濟研究室，民國45年12月）。
8　〔四庫全書總目〕卷68-74。
9　參見梁啓超，〔中國近三百年學術史〕。
10　毛一波，〔方志新論〕（臺北，正中書局，民國63年12月），頁51-58。

濃得化不開了」[11]。

　　筆者在「方志體例的創新以及新史料的發掘與運用——以新莊志為例」一文中也曾說：

　　　　晚近的歷史家越來越重視人民的歷史，因為任何政治、社會、經濟、文化的活動都必須落實到羣眾的層面才有成功的可能。中國傳統的方志由於其地方史的特性，具有地域性的深入性格與階層性的深入性格，可以說早已具有地方人民史的傾向，所以才能成為近人研究中國社會、經濟史甚至於政治、文化史的重要資源[12]。

　　「方志學」成於章學誠之手，章本人也曾纂修幾部膾炙人口的方志，他修〔湖北通志〕，開宗明義凡例第一條即云：「方志為國史要刪。」[13]為畢沅撰「湖北通志序」也說：「方志為外史所領，義備國史取裁。」[14]他認為「家有譜、州縣有志、國有史，其義一也」[15]，「州縣志書，下為譜牒傳志持平，上為部府徵信，實朝史之要刪」[16]。

　　「方志為史部要刪」一語[17]，實在是深得我國正史傳統與方志傳統的精義。

　　我國自〔史〕、〔漢〕以來所形成的正史傳統中，紀、傳、表、志的體例不僅上集先秦古籍體裁之大成，更是後世方志體例

11　毛一波，「說方志」，〔方志新論〕，頁76。
12　刊於〔漢學研究通訊〕3卷3期，民國73年7月。
13　章學誠，「覆崔荆州書」，〔文史通義〕，頁548。
14　同上，頁590。
15　同上，「為張吉甫司馬撰大名縣志序」，頁553。
16　同上，「州縣請立志科議」，頁382。
17　章學誠，「為張吉甫司馬撰大名縣志序」，頁553。

的宗師。尤其「志」之一體，〔史記〕八書、〔漢書〕十志，後世順應歷史潮流志且日增，舉凡律歷、禮樂、天文、地理、藝文、刑法、祭祀、百官、輿服、祥瑞、釋老、選舉、兵術、部族，幾乎是無所不包，而形成所謂「百科全書式」的史籍。方志師承正史，自然也包羅萬象了。

上述史學傳統的形成，固然受到古代學術籠統性格的影響；在知識爆炸、學術專精的現代，自然面臨了強烈的挑戰；另一方面，史、志也受到中國儒學傳統的影響，所謂「一事之不知儒者之恥」，儒者只有博覽羣書，「於學無所不窺」了。其實，縱使在古代，一個上窮天文、下極地理的學者已屬曠世奇才，求諸學術專精的現代，當然更是難得[18]。

章學誠說「方志為國史要刪」，正是深刻了解方志傳統和體認方志使命的見解。

臺灣的方志是「中國方志大傳統」中的小支流，吾人研究、比較清修臺灣方志與近年所修臺灣方志，必須以前述中國方志的傳統為基礎。

如前所述，中國方志傳統尚在繼續發展中，體例隨時、地、人而更新，內容日新月異，以比較法研究方志，勢難就文采等人言人殊不易確定之項目比較其優劣，筆者謹就方志體例、修志人

18　服務於內政部，對於當代方志瞭解很深的宋伯元，民國72年9月22日在省文
　　獻會演講「漫談方志編纂問題」（講稿刊於〔臺灣文獻〕34卷4期）時，認
　　為現時臺灣方志宜於改進者，「部分內容過於專門，不易為一般人所能接
　　受，讀之索然無味，這些專門記載，如給真正專家來看，卻又覺得膚淺，到
　　底有幾多價值？不無疑問，個人認為大有商榷地餘地」。筆者認為學術專精
　　已經迫使方志面臨改弦易轍，必須做底改變體例、寫法的關頭了。

才與修志態度以及是否考證史實與引述資料是否說明出處等項，
說明諸志之差異，以供未來主持修志者參考。

　　取材則專注於官修方志，志稿與私修方志不與焉，近年刊行
若干鄉鎮志，內政部不予列管；筆者亦撰有〔新莊發展史〕與〔
新莊志〕兩書，是以不擬論述，茲將各方志列表於下：

一、清代方志

1.臺灣府志11卷	靳治揚主修、高拱乾纂輯	康熙35年序刊本
2.增修臺灣府志11卷	宋永清、周元文纂修	康熙57年刊本
3.重修福建臺灣府志21卷	劉良璧、錢洙、范昌治纂修	乾隆 7 年刊本
4.重修臺灣府志25卷	六十七、范咸纂修	乾隆12年刊本
5.續修臺灣府志27卷	余文儀纂修	乾隆29年刊本
6.諸羅縣志12卷	陳夢林纂修	雍正 2 年刊本
7.臺灣縣志10卷	陳文達纂修	康熙59年刊本
8.重修臺灣縣志15卷	王必昌纂修	乾隆17年刊本
9.續修臺灣縣志 8 卷	鄭兼才增補、薛錫熊再補	道光30年補刻本
10.鳳山縣志10卷	陳文達纂修	康熙59年刊本
11.重修鳳山縣志12卷	王瑛曾纂修	乾隆29年刊本
12.淡水廳志16卷	陳培桂主修、楊浚纂輯	同治10年刊本
附淡水廳志訂謬 1 卷	林豪撰	同治12年刊本
13.彰化縣志12卷	周璽纂修	同治12年刊本
14.澎湖廳志15卷	林豪纂修、薛紹元刪定	光緒19年刊本
15.噶瑪蘭廳志 8 卷	陳淑均纂修、李祺生續輯	咸豐 2 年刊本
16.恒春縣志24卷	屠繼善纂修	光緒20年修　修史廬精寫晒藍本
17.苗栗縣志16卷	沈茂蔭纂修	光緒19年修

二、光復後所修方志

1. 臺灣省通誌10卷*   臺灣省文獻委員會主修   民國39年至62年排印本

2. 臺北市志10卷*   臺北市文獻會主修   民國46年至69年排印本

3. 臺北縣志28卷   盛清沂總纂   民國49年排印本

4. 基隆市志20篇附1篇   朱仲西主修   民國43年至48年排印本

5. 桃園縣志8卷附1種   郭薰風主修   民國51年至58年排印本

6. 新竹縣志13卷   黃旺成主修   民國65年排印本

7. 苗栗縣志8卷   黃新亞等纂修   民國48年至67年排印本

8. 臺中市志5卷   王建竹等主修   民國57年至72年排印本

9. 嘉義縣志12卷   賴子清、賴明初等纂   民國65年至71年排印本

10. 臺南市志10卷   黃典權、游醒民主修   民國47年至72年排印本

11. 臺南縣志11卷   吳新榮主修   民國46年至49年排印本

12. 高雄市志11卷   趙性源、王世慶等纂修

13. 屏東縣志6卷   鍾桂蘭、古福祥主修   民國54年至60年排印本

14. 宜蘭縣志11卷   盧世標總纂   民國48年至54年排印本

15. 花蓮縣志20卷   駱香林主修、苗允豐纂修   民國62年至69年排印本

16. 臺東縣志4卷   羅鼎總纂   民國52年至53年排印本

17. 澎湖縣志12卷   李紹章、張默予等纂修   民國49年至67年排印本

   * 章義按：以上二志經歷多手，僅列機關名。

  ** 以上近年所修方志，缺略甚多，全志出齊者甚少。

貳、清代所修臺灣方志的「修志專家」與篤實員責的態度

一、我國修志人才與修志態度的大略情況

    修志以人才爲本。

　　修志者才高而具史識，自然易產生既富文采而又詳瞻有體的
方志；若修志者粗俗或一味以敷衍爲能事，則所修方志縱使卷帙
浩繁亦必訛謬百出、粗糙難耐，浪費國帑民財猶其餘事。梁啟超
認爲：「方志中什之八九，皆由地方官奉行故事，開局眾修，位
置冗員，鈔撮陳案，殊不足以語於著作之林。」[19] 又說：「方志
雖大半成於俗吏之手，然其間經名儒精心結撰或參訂商榷者亦甚
多。」[20] 名儒精心結撰或參預固未必皆善，「成於俗吏」之奉行
故事，則「不足以語於著作之林」必矣！但是，名儒受制於俗吏
則尤苦。章學誠是一代大儒，方志學成於章氏之手，章氏也曾「
精心結撰」若干方志。章氏曾謂修志者「人多庸猥，例罕完善」
[21]，他撰述〔湖北通志〕就曾受到這些小人俗吏的排擠。 他在「
方志辨體」一文中曾紀錄其事：

　　　　余撰湖北通志，初特督府一人之知，竟用別裁獨斷，後
　　　　爲小人讒毀，乘督府入覲之際，諸當道憑先入之言，委
　　　　人磨勘，向依督府爲生計者，祇窺數十金之利，一時騰
　　　　躍而起，無不關蒙弓而反射，名士習氣然也[22]。

　　俗吏不足以語修志，文人名士若無史學修養也不可修志。章
氏評論王鏊所修〔姑蘇志〕，認爲其中「荒謬無理，不直一笑」
之處多，許多都是「末流胥吏」「斷不出於是者」，所以章氏認
爲「文人不可與修志也」[23]。

　　近人李泰棻修〔綏遠通志〕，也受困於俗吏，既有感於「遭

19　參見梁啟超，〔中國近三百年學術史〕，頁299。
20　同上，頁300。
21　章學誠，「州縣請立志科議」，〔文史通議〕，頁381。
22　同上，「方志辨體」，頁583。
23　同上，「書姑蘇志後」，頁569-573。

實齋之厄」，復效劉知幾撰〔史通〕，發憤著〔方志學〕，據其
「序言」所記民國二十年前後修志狀況云：

> 卽至今日，內政部通咨各省，省政府轉飭各縣，催促修
> 志令急如火……組織志館，或借此以位置士紳，或借此
> 以任用私人……或以現任省府秘書長或廳長兼館長，以
> 各廳能草「等因奉此」之科員兼編纂，另聘一二老儒濫
> 竽總纂，大都設館而不編，編亦抄襲舊志，擇拾新材，
> 體例系統並無可觀，旣能完成，亦屬贅累[24]。

李泰棻認爲吾國方志良莠不齊，「甚且笑話雜出」，其原因在於
「中朝無所領導於先，方吏敷衍塞責於後，但有志書，不顧內
容」[25]。

　　以上所述，乃吾國修志用人之大致情況。

二、清代臺灣修志的人才

　　清代臺灣所修方志似與前述情況略有不同。先師方杰人先生
在「清初臺灣士人與地方志」一文中說：「清代以後，修志一
事，已被地方官吏和當地士紳用爲留名後世的工具……位置冗員
而立局。」但是，方先生發現臺灣的情況不盡相同，他說：「我
發覺在臺灣早期的幾部方志中擔任實際工作的人，幾乎全部是本
地人，並且是當時本地最優秀的人士。」[26] 方先生在該文「修志
士人總表」之後又說：「以上自康熙三十三年（1768）高拱乾創

24　李泰棻，「方志學序」（臺灣商務印書館民國57年，臺一版）。

25　同上。

26　方豪，「清初臺灣士人與地方志」，〔方豪六十自定稿〕上冊，頁621-622。

修〔府志〕到乾隆六年（1741）劉良璧重修〔府志〕，在短短的
四十七年內，臺灣士人參加修志工作的竟有三十二人之多，實可
驚奇。」[27]

　　其中「纂修志書在兩部以上」可稱之為「修志專家」的如下：

　　1.陳逸：〔諸羅縣志〕、〔鳳山縣志〕。

　　2.陳文達：高拱乾〔府志〕、周元文〔府志〕、〔鳳山縣
志〕、〔臺灣縣志〕。

　　3.金繼美：高拱乾〔府志〕、周元文〔府志〕。

　　4.洪成度：高拱乾〔府志〕、周元文〔府志〕。

　　5.林中桂：周元文〔府志〕、〔諸羅縣志〕、〔臺灣縣志〕。

　　6.李欽文：周元文〔府志〕、〔諸羅縣志〕、〔鳳山縣志〕、
〔臺灣縣志〕。

　　7.陳慧：〔諸羅縣志〕、〔鳳山縣志〕[28]。

　　前文發表十年後，方先生又發表「修志專家與臺灣方志的纂
修」一文，認為清修臺灣方志多出於「方志專家」之手。方先生
列舉的「方志專家」與作品確實可考者如下：

　　1.陳夢林：纂修「臺灣方志的楷模」──〔諸羅縣志〕之前
三年修過〔漳州府志〕，前九年參加〔漳浦縣志〕的纂修工作。

　　2.高拱乾：纂修〔臺灣府志〕之前九年主修〔安徽廣德州
志〕。

　　3.王珍、王禮：纂修〔臺灣縣志〕和〔鳳山縣志〕。

　　4.魯鼎梅、王必昌：續修〔臺灣縣志〕之前六年共同纂修〔

福建德化縣志〕。

5.范咸：纂修〔臺灣府志〕，並以此經驗纂修〔湖南通志〕。

此外，方先生認為王珍可能主修〔山東濰縣志〕；李元春著〔臺灣志略〕，又主修陝西〔朝邑縣志〕；周于仁刻郁永河所著〔渡海輿記〕，又主修四川〔安岳縣志〕[29]，都可稱為方志專家。

方先生列有張聯元一人，主修〔臺州府志〕；又「據說在日本內閣文庫有一部清刻〔臺灣府志〕，纂修人張聯元」，方氏「因兩書都未寓目，不敢斷定是否一人」[30]。

又，方先生論及蔣師轍應聘修〔臺灣通志〕的次年又應聘修河南〔鹿邑縣志〕，認為蔣氏「在臺灣的修志經驗必有助於〔鹿邑志〕」[31]。現在我們也知道，蔣師轍原就是「方志專家」，蔣氏來臺之前，早已修過〔臨朐志〕、〔江蘇水利圖說〕、〔江蘇水利全書〕和〔江蘇海塘志〕[32]，是真正的方志專家，可惜未能完成〔臺灣通志〕一書。

楊老師雲萍先生寫〔臺灣史上的人物〕，曾經闡揚臺灣第一個舉人王璋[33]，乾隆三年（1738）名舉人陳輝[34]，乾、嘉之際名

29　同上，「修志專家與臺灣方志的纂修」，頁647-658。

30　同上，頁657。方氏此說乃據朱士嘉所編〔中國地方志綜錄〕而言，毛一波在「臺灣府志六修說之誤」一文中，認為是朱士嘉誤張聯元修〔臺州府志〕為〔臺灣府志〕，見〔方志新論〕，頁157。

31　同上，頁657。

32　蔣師轍，〔臺游日記〕「自敍」云（見〔臺灣銀行臺灣文獻叢刊〕第六種，臺北，臺灣銀行經濟研究室，頁23）。方氏十餘年後又撰「蔣師轍與所修〔臨朐〕〔鹿邑〕二縣志」（〔中國地方文獻學會六十七年年刊〕，34-37頁），已據〔臺游日記〕、〔臨朐續志〕、〔鹿邑縣志〕等書修正其說。

33　楊雲萍〔臺灣史上的人物〕（臺北，成文出版社，民國70年5月，初版）頁106。

34　同上，頁108。

舉人潘振甲、洪禧等[35] 對臺灣方志的貢獻，在〔陳震曜傳〕稱陳為又一位「在我國大陸邊疆貢獻了半生心血的臺灣人」，陳震曜曾經參與薛志亮續修〔臺灣縣志〕的工作，並與曾署任彰化知縣的周璽主纂〔彰化縣志〕，「對於方志地圖的繪製，主張採用新法，貢獻尤多」[36]。

　　楊先生在「謝金鑾傳」中記述謝氏著〔蛤仔難紀略〕，並與鄭兼才主持續修〔臺灣縣志〕的事迹，認為其書可與陳夢林修〔諸羅縣志〕前後輝映，都是「大陸名學者纂修臺灣方志」[37]。

　　又有林豪，撰有〔東瀛紀事〕、〔澎湖廳志〕和未刊稿本〔淡水廳志〕，以及批評陳培桂〔淡水廳志〕的〔淡水廳志訂謬〕。楊先生認為「宦遊來臺的大陸人士，若以著述的數量論，林豪當被推為第一」[38]。

　　綜前所述，清代臺灣修志，非常重視人才的選聘，大抵皆以「大陸名學者」、「修志專家」和「本地最優秀的人士」、「修志專家」相結合[39]。再加上認眞、負責的態度，臺灣方志的表現就顯得特別凸出。

三、清代臺灣修志的態度

　　清代臺灣方志固然免不了也是「地方官吏和當地士紳用為留

35　同上，頁114。

36　同上，頁177。

37　同上，頁148。

38　同上，頁220。

39　鄭喜夫撰，「清代福建人士與臺灣方志」一文（〔臺灣風物〕，20卷2期，民國59年5月），條列十七種方志中，參與修志之「內地諸閩人士」數十人，包含本文列舉之修志專家與非專家，不贅引。

名後世的工具」，但是，臺灣地方官吏和士紳並不以敷衍的態度
來修志，他們希望留下以認眞、負責的態度所修的「良志」作爲
後世的表率；更重要的是臺灣爲初闢之地，地方官認爲方志攸關
治道，他們汲汲於修志，也是爲了行政上有所依據，不敢怠忽。

　　康熙五十六年(1717)陳夢林纂修的〔諸羅縣志〕「秩官志」
中，僅爲兩人立傳，其一張珽以「招徠墾闢」立傳，另一季麒光
以「首創臺灣郡志，綜其山川、風物、戶口、土田、阨塞；未及
終篇」而立傳[40]。〔諸羅縣志〕重其人之首創郡志，亦重其誌山
川、風物、戶口、土田、阨塞之有裨治道也。

　　今存第一部刻本的臺灣方志是首任臺灣知府蔣毓英所修的〔
臺灣府志〕[41]，高拱乾續修府志，貪前人之功而自稱「臺郡無
志，余甫編輯」[42]，早爲〔諸羅縣志〕所詬病[43]，但是蔣氏在凡
例中卻仍宣稱「較諸郡守蔣公毓英所存草稿，十已增其七、八」
[44]，自承以蔣〔志〕草稿爲藍本。

　　臺灣府首任知府和諸羅縣首任知縣都參與「首創臺灣郡志」
的工作，可知臺灣地方官之重視方志，實其來有自。

　　高拱乾雖蒙貪功、剽竊之譏，其〔續修府志〕較諸蔣〔志〕

───────────

40　〔諸羅縣志〕卷3「秩官志列傳」（〔臺灣文獻叢刊〕本，臺北，臺灣銀行
　　經濟研究室）。
41　上海圖書館藏。參見方豪，「高拱乾修臺灣府志校後記」，〔中華大典臺灣
　　方志彙編本〕頁290；以及潘君祥，「蔣毓英修臺灣府志」，〔中華文史論
　　叢〕，1982年第1期，頁311-312；以及毛一波，「第一部臺灣府志」，〔
　　東方雜誌〕復刊，18卷4期（民國73年10月），頁43-45。
42　高拱乾，「東寧十詠」之「自注」云（見〔中華大典〕本，頁270），又其
　　「凡例」亦云：「始入版圖，其時諸公勞心草創於郡志未遑修輯。」
43　〔諸羅縣志〕，卷3「秩官志列傳」。
44　參見高拱乾，「東寧十詠」。

頗有增補卻絕非虛語[45]。李中素稱其書「蒐輯之周洽、 辯駁之精
審、探攬之博奧、註疏之詳明」[46]， 頗爲中肯。是以康熙四十九
年(1710)、五十一年 (1712) 宋永清、周元文雖曾兩度增補，於
高〔志〕原稿少有變易。方先生稱周〔志〕「與高〔志〕同者十
之八九」[47]， 是以方先生爲〔中華大典〕之〔臺灣方志彙編〕點
校周元文「補修」之〔臺灣府志〕時，僅排印其增補部分。

　　康熙五十一年(1712)周元文重修〔府志〕，五十六年(1717)
〔諸羅縣志〕告成，五十八、九年 (1719-1720) 鳳山、 臺灣兩
〔縣志〕先後完稿，臺灣一府三縣志書由是齊備，洵屬臺灣三百
年來之一大盛事。

　　康熙五十三年 (1714) 周鍾瑄任諸羅縣事，「每思得所依據
以爲化理之本」，府志簡略且所載多爲早年草昧初開，法制未備
時景況，諸羅轄下「簿書期會日以繁、規劃營建日以多、聲明文
物日以盛」，有修志以「信今而傳後」的必要， 乃具書幣，遣
使迎聘漳浦陳夢林來臺主持纂修縣志的大事[48]。陳夢林 「焚膏繼
晷、綜核討究、存其所信、 去其所疑」[49]，成書十二卷，分別爲
封域、規制、秩官、祀典、學校、賦役、兵防、風俗、人物、物
產、藝文、雜記等十二志，凡四十七目，卷首有山川圖十一幅，
縣治、學宮各一幅，番俗圖十幅尤具特色。

45　方豪，「高拱乾修臺灣府志校後記」。
46　高〔志〕李中素「跋」。
47　周元文修〔臺灣府志〕（見〔中華大典〕本，頁171）。
48　周鍾瑄，〔諸羅縣志〕，「自序」（〔臺灣文獻叢刊〕，第141種，臺北，臺
　　灣銀行經濟研究室），頁3-4。
49　同上，頁4。

〔諸羅縣志〕於臺郡舊志多有訂正補充，卷一「封域志・山川目」後「附記」云：

> 右山川所紀，較郡志加詳，亦多與郡志異……兹卷或躬親游歷，或遺使繪圖，三復考訂，乃登記載。假而千秋百世陵谷依然，雖未敢謂毫髮無爽，亦庶幾得其大概云[50]。

其踏實、自信者如此。

〔諸羅縣志〕勤於採訪，徵文考獻、取精用宏，每有引述或折衷辨析處，必定註明資料來源，絕無苟且，是以無一語無來歷。每篇「撮其要於篇首」，文中有按語，每篇「前後以己意著論」、「編末輒附管窺」[51]。周鍾瑄認爲其書如醫者用藥，「紀事者其品味也，建議者其方也」，「皆確然可自信於心而共信於人」[52]。而全志之中「論曰」、附記、按語、撮要與正文皆釐然明晰，敍述與議論並陳，卻絕無混淆。至於「別見」、「附見」、「詳見」、「互見」分合之法，綱舉目張，有條不紊，體例之謹嚴，不讓朱彝尊之〔日下舊聞〕。

與陳夢林同任編纂的鳳山縣學廩生李欽文參與鳳山、臺灣兩縣修志時，與陳文達同任編纂；任分修的諸羅生員陳慧也同任〔鳳山縣志〕編纂；任編次的諸羅貢生林中桂亦任〔臺灣縣志〕編纂[53]，是以二〔志〕亦步亦趨於〔諸羅縣志〕，踵事增華。此

50　同上，頁17。
51　〔諸羅縣志〕，「凡例」，頁7-9。
52　周鍾瑄，〔諸羅縣志〕「自序」，，
53　詳各書卷首修志姓氏，並參閱方豪，「清初臺灣士人與地方志」一文。

後，臺灣行政區劃「有析置而無剏建」[54]，修志者有此宏規可資依循，乃成就臺灣優良之方志傳統。嘉慶十一年（1807）薛志亮續修〔臺灣縣志〕「凡例」云：

> 臺郡之有邑志，創始於諸羅令周宣子，其時主纂者則漳
> 浦陳少林也。二公學問經濟冠絕一時，其所作志書，樸
> 實老當，以諸羅爲初闢弇陋之地，故每事必示以原本，
> 至議論則長才遠識情見乎辭，分十二門，明備之中仍稱
> 高簡，本郡志書必以此爲第一也[55]。

光緒二十年（1894）唐景崧序〔澎湖廳志〕亦云：

> 臺灣志存者，莫先於諸羅亦莫善於諸羅，府志淑自諸羅
> 志，今澎湖志淑自府志，體例相嬗也[56]。

陳夢林撰述〔諸羅縣志〕，上承明末清初大儒顧炎武「寓經世致用於考據」之學，下啟臺灣方志之傳統，影響所及，一時著述如黃叔璥之〔臺海使槎錄〕等，莫不羣起倣效而形成一特殊之學風[57]。

乾隆九年（1744）鑲紅旗人戶科給事中六十七奉欽命巡臺，留意臺灣風俗，珍視海東文獻，先後編著〔臺海采風圖考〕、〔番社采風圖考〕以及〔使署閒情〕等書，又與范咸同纂〔重修臺

54　〔臺游日記〕卷3，蔣師徹語唐景崧云，頁85。
55　薛志亮，〔續修臺灣縣志〕（〔臺灣全誌〕，第8卷本），頁16-17。
　　方豪，「記新抄苗栗縣志兼論臺灣方志的型態」一文謂：「嘉慶〔臺灣縣志〕
　　「凡例」出謝金鑾、鄭兼才二人手；二人震於四庫全書之名，奉〔朝邑志〕
　　爲藍本，但又不能不承認〔諸羅縣志〕體例之精，所以只好說『胚胎出於朝
　　邑而規撫取諸少林』。」文見（〔六十自定稿〕，頁1045-1046）
56　林豪，〔澎湖廳志〕卷首，唐「序」（〔臺灣文獻叢刊〕，第164種，臺
　　北，臺灣銀行經濟研究室）。
57　詳拙著，「陳夢林與臺灣歷史考據學之形成」（待刊），此處不贅述。

灣府志〕，范咸自京來臺，沿途已蒐集了許多臺灣文獻，他們
也倣效〔諸羅縣志〕於各條之下列「附考」一項，〔重修臺灣府
志〕「凡例」云：「是志於各條下俱列附考，似於作志體例別創
一奇，亦以海外初闢之地，不得不互存以資參覈云爾。」[58]「凡
例」雖說「附考」「似於作志體例別創一奇」，其實〔諸羅縣
志〕早創其例，而鳳山、臺灣二志也繼踵之，只是「內郡」——
大陸學者如范咸等有所不知而已。

　　〔使署閒情〕卷三輯有范咸致書福建按察使覺羅雅爾哈善，
答覆有關「凡例」中附考部分的質疑云：

> 　侍等……立心不欲造作一字，非徵之文卽徵之獻……以
> 多得一質證卽多去一斑駁……來論云：「郡志與日下舊
> 聞稍有不同。」是也。不知海外之志與內郡不同，……
> 故侍等愚見：於正文每一條下各載以「附考」，明列出
> 處。此固向來志書體例所未有，而侍等毅然為之……侍
> 等所以徵引頗繁者，正欲後人有所參考折衷於是，而非
> 徒誇新奇可喜也[59]。

也就是說在臺灣習為故常的體例，在「內郡」卻以為是標新立
異。章學誠曾說：

> 　文士撰文惟恐不自己出，史家之文惟恐出於己，其大本
> 先不同矣。史體述而不造，史言出於己是為言之無徵，

58　六十七、范咸，〔重修臺灣府志〕，卷首「凡例」（〔臺灣文獻叢刊〕，第
　　105種，臺北，臺灣銀行經濟研究室），頁13

59　六十七輯，〔使署閒情〕（〔臺灣文獻叢刊〕，第122種，臺北，臺灣銀行
　　經濟研究室），頁97-98。

無徵且不信於後也[60]。

章學誠於方志可謂見多識廣，平日習讀一般未註明史料來源、無考證的方志，對於李文藻、周永年等合修〔歷城縣志〕（章義按：乾隆三十七年(1772)刊本）「無一字不著來歷」頗爲稱述[61]。梁啟超則謂：

> 注意方志之編纂方法，實自乾隆中葉始。李南澗歷城、諸城兩志，全書皆纂集舊文，不自著一字，以求絕對的徵信，後此志家，多踵效之[62]。

以章學誠之專精、梁啟超之淵博，前後百餘年，竟然沒有發現〔諸羅縣志〕以來，臺灣方志早已形成的傳統，實在是方志發展史上最可惜的一件事。

方杰人先生在「記新抄苗栗縣志兼論臺灣方志的型態」一文中，將臺灣方志分爲四型：

1.草創式：高拱乾、周元文所修兩種臺灣〔府志〕。

2.諸羅志型：范咸、余文儀二〔府志〕；諸羅、鳳山、彰化和魯鼎梅、薛志亮兩臺灣〔縣志〕；噶瑪蘭、澎湖二〔廳志〕。

3.淡水志型：〔淡水廳志〕、〔苗栗縣志〕。

4.采訪册型：各採訪册及〔恒春縣志〕。

此外，劉良璧等重修〔臺灣府志〕完全仿照通志，則自成一型[63]。采訪册型難以稱志，高拱乾、周元文修志在〔諸羅縣志〕

60　章學誠，「與陳觀民工部論史學」，〔文史通義〕附「方志略例補遺」，頁585。

61　章學誠，「報廣濟黃大尹論修志書」，〔文史通義〕，頁545。

62　梁啟超，〔中國近三百年學術史〕，頁304。

63　〔方豪六十自定稿〕，頁1047。

刊行之前，除了淡水志型的〔淡水廳志〕、〔苗栗縣志〕之外，幾乎所有的方志都是倣效〔諸羅縣志〕的諸羅志型，本文就不一一稱述，而僅論〔淡水廳志〕一書。

〔淡水廳志〕可以說是最爲人所詬病的臺灣志書。同治八年（1869），淡水同知陳培桂有感於道光年間鄭用錫與同治六年（1867）林豪各有志稿若干卷均未付梓[64]，遂聘侯官舉人楊浚於同治九年（1870）正月開局修志，是年十月完稿付梓。刊行之後，林豪卽撰〔淡水廳志訂謬〕一卷嚴詞糾彈。鈴村讓輯印〔臺灣全誌〕曾將其附刊於〔澎湖廳志〕之後[65]；臺灣銀行經濟研究室編印〔臺灣文獻叢刊〕，其第一七二種卽〔淡水廳志〕，亦刊〔淡水廳志訂謬〕以爲「附錄」，是以〔淡水廳志〕所謂的「誤謬」爲人所習知[66]。

其實細讀林豪「訂謬」，林豪已謂「培桂於全部皆不脫拙稿窠舊」[67]，又謂「大抵此書本鄭稿者不及十之一、二；本拙作者不下七、八」[68]。因此，〔淡志〕的誤謬實在是意見不同大於史實的謬誤。林豪訂謬主要在「詞義未當」[69]、「前後顛倒、詳略失宜」[70]，以及「漫無區別」[71]、「不知義例」[72]，涉及林稿本

---

64 〔淡水廳志〕，陳培桂「序」。
65 據該書「識言」謂，原本無刊行之意，旣刊〔淡水廳志〕後，「指摘其誤，辯說其妄無如此書者」，乃附刊於〔澎湖廳志〕之後，「以其著者同也」。
66 楊雲萍先生所撰「林豪傳」云：「陳培桂的『淡誌』之荒唐馬虎，現已爲多數人所知道，我也曾有文論及。」（見〔臺灣史上的人物〕，頁221）。
67 〔淡水廳志〕，「附錄」，頁473。
68 同上，頁480。
69 同上，頁461。
70 同上，頁464。
71 同上，頁468。
72 同上，頁469。

和陳刊本意見不同處十之八、九；眞正史實誤謬處十之一、二。

　　林豪閱歷廣、見識高、勤於考證，有林氏所修〔澎湖廳志〕、增修〔金門志〕以及所著〔東瀛紀事〕、〔海東隨筆〕、〔可炬錄〕、〔誦淸堂詩文集〕等書可資傍證。楊浚修志百餘日，僅能「就原稿點竄」[73]；陳培桂刪訂又重鄭而抑林，則正如林豪所指責，是犯了「偏、悖、私、蔽」的毛病[74]。章學誠「修志十議」謂修志有二便、三長、五難、八忌[75]，其中半數是偏、私的結果。陳培桂介入竹塹鄭用錫家與林占梅家的對立抗爭[76]，因而損及〔淡水廳志〕的價値，是很不值得的事。

　　〔淡水廳志〕既以林豪所撰志稿十五卷爲底本，楊浚、陳培桂增補改易、移置林稿也不少[77]，方杰人先生說：「自同治十年（1871）〔淡水廳志〕出，臺灣方志出現了一種新面目。」[78]

　　林豪纂修的〔澎湖廳志〕卻「仍舊是屬於諸羅志一派的」[79]。楊浚、陳培桂既背負了「就原稿點竄」的一切罪責，這種「新面目」的創造，楊、陳未嘗不能分享功勞。

　　〔淡水廳志〕依序分「圖」、「志」、「表」、「傳」、「

[73] 同上，頁463。
[74] 同上，頁461。
[75] 〔文史通義〕，頁524。章氏云：「修志有二便：地近則易覈，時近則迹眞；有三長：識足以斷凡例，明足以決去取，公足以絕請託；有五難：淸析天度難，考衷古界難，調劑衆議難，廣徵藏書難，預杜是非難；有八忌：忌條理混雜，忌詳細失體，忌偏尚文辭，忌粧點名勝，忌擅翻舊案，忌浮記功績，忌泥古不變，忌貪載傳奇。
[76] 關於此事可參看林正子所著，「連橫〔臺灣通史〕，卷33「林占梅列傳」——道咸同期北部臺灣の一豪紳」一文，第四節，〔東洋文化研究所紀要〕，第91册（1982年12月）。
[77] 詳見林豪「訂謬」一文。
[78] 〔方豪六十自定稿〕，頁1047。
[79] 同上。

考」五類，「挈以大綱，隸以細目」，有「自注」、「附記」、「論」、「按」、「撮要」，也有「別見」、「附見」、「詳見」、「互見」分合之法，每有引述或折衷較析處，必定註明資料來源，顯然是維持臺灣方志傳統，並參以章學誠方志學新法的結果[80]，〔淡水廳志〕的體例和內容為光緒十八年（1892）撰〔苗栗縣志〕所承襲，不久臺灣就割讓給日本，星移斗換，斷絕了「淡水志型」蔚為大國的希望，否則臺灣方志的新傳統可能就此出現。

綜前所述，諸羅修志固然盡心竭力、踏實負責而形成臺灣方志的良好傳統，縱使最為人所詬病的〔淡水廳志〕，經過鄭用錫、林豪、楊浚、陳培桂等人前後數十年的努力，也是相當紮實且具「新面目」，又富有開創臺灣方志新傳統潛力的方志。

〔諸羅縣志〕與〔淡水廳志〕固然各領一時風騷，方杰人先生在為臺灣方志分類時，也分述其他各志的創獲；毛一波認為同治光緒以後所修的方志「多有創意」，他特別注意到林豪所修〔澎湖廳志〕，認為「〔澎湖廳志〕直接規撫府志，間接模仿諸羅，而究其實，則處處均多有其創意的」，專撰「從澎湖廳志說到臺灣全面修志」一文，為林豪發揚，認為林豪「純全因時、因地而立言，以記事為本，所以有嶄新的見解，鐵似的主張」，「確為當時全面修志中的一個範本」[81]。可惜光緒十八年（1892）推行的全面修志工作未能完成，即因中、日戰爭而中斷，否則將有

80　〔淡志〕，「凡例」自述曾參酌章學誠之〔文史通義〕。故其書受章氏影響當無疑義。

81　該文收於氏之著〔方志新論〕，所引文句見該書頁139。

更多良佳方志和臺灣通志出現。

四、清代修志的艱辛過程與志稿

　　清代臺灣修志往往一稿、再稿甚至三稿、四稿，修志過程也備極艱辛，稿本多寡與修志過程雖然未必和方志良窳有必然關係（如陳夢林爲諸羅修志，即無稿本可資依憑）。由於清代並無類似今日「文獻會」的常設官方機構與經費，也沒有稿本必須送往中央政府和省政府審查的規定，清代方志的稿本和修志過程，似可略窺昔人修志嚴正、負責的態度。茲將臺灣方志纂修經過，與舊志稿本的關係列表如下，不再一一細述（無稿本及因襲關係者不列）。

方志名稱	纂修年代	纂修人	1. 與舊志稿本之關係 2. 重要編輯流程	備　　註
臺灣府志	康熙33年始修 34年脫稿	靳治揚修 高拱乾纂輯	或云采自康熙20年間王喜纂之臺灣志（已佚），或云采自康熙20餘年間季麒光臺灣郡志未完稿（已佚），今考實襲自康熙23年修，康熙27年完稿之蔣毓英纂輯臺灣府志。	1. 高志采自王志之說，首見乾隆6年劉良璧纂修之臺灣府志。 2. 高志采自季志稿之說，首見康熙56年周鍾瑄修陳夢林纂之諸羅縣志。 3. 高志凡例云：「較諸郡守蔣毓英所存草稿，十已增其七八。」據

				近人目睹蔣志云：「把蔣志和高志加以對照，可以發現蔣志的大部分內容都爲高志所承襲採用，其中大段照錄者比比皆是。」
臺灣府志	康熙49年始修康熙51年再補	宋永清、周元文修補	實增補高志而成。康熙49年宋永清第一次增補，康熙51年周元文再補。	本書亦非新刻。
福建臺灣府志	乾隆 5 年始修 6 年完成初稿	劉良璧纂修	此爲臺灣府志繼高志之後，第一次重修。	本書體例做自通志，內容遠較高志詳實。
臺灣府志	乾隆年12修	六十七、范咸纂修	因不滿劉志體例，合高、劉兩志而成。	
臺灣縣志	乾隆17年修	魯鼎梅修王必昌纂	此爲臺灣縣志第一次重修。	康熙59年陳文達曾纂輯臺灣縣志。
臺灣府志	乾隆25年修	余文儀修黃佾纂	與乾隆12年之范志，不僅凡例同，興圖同，內容也大致相同。	
鳳山縣志	乾隆29年修	王瑛曾纂修	此爲鳳山縣志第一次重修。	康熙58年已有王珍修、陳文達纂的鳳山縣志成書。
臺灣縣志	嘉慶 2 年始修道光元年參校增訂道光30年補刻	薛志亮修謝金鑾、鄭兼才纂修鄭兼才增補薛錫熊再補	此爲臺灣縣志第二次重修。本志編修過程及刊刻情形複雜，茲略述如下：1.嘉慶12年，鄭兼才與謝金鑾同修有初志稿。	

2. 鄭兼才攜 1.之副
稿返回內地，將
此予辛紹業等校
訂。
3. 謝金鑾亦將 1.之
副稿與陳庚煥修
訂。
4. 謝金鑾復修訂辛
紹業之批閱稿
5. 薛志亮將 1.之副
稿，託其侄薛約
在蘇州刊刻（薛
約自行加入自作
之臺灣竹枝詞20
首）
6. 道光元年，鄭兼
才參校諸本，合
成訂本，薛錫熊
再補，道光30年
補刻刊行。

| 噶瑪蘭廳志 | 道光11年始輯29年續輯 | 董正官修陳淑均原纂李祺生續輯 | 先是陳淑均於道光10至12年間，輯有廳志稿（八門十卷），14年，淑均內渡，18年再度返臺，先成廳志續補（二卷），復向蘭廳追索前稿，重新訂正，道光20年，成定本志稿（八卷十二門），皆未刊。道光29年，董正官令李祺生續輯（卷數分門仍同陳稿）咸豐2年梓行。 | |
| 淡水廳志 | 同治10年修 | 陳培桂纂修 | 原有道光年間鄭用錫、鄭用鑑鄭志稿及同治初年嚴金清修、林豪纂之嚴志稿。培桂抵任，復延侯官楊浚草創廳志稿。最後，培桂修改廳志稿成淡水廳志十六卷，梓行。 | 1. 楊浚草創之廳志稿，卽據鄭、嚴二稿修纂而成。
2. 楊浚廳志稿並不全同於陳志
3. 林豪因不滿陳培桂 |

				一再掠人之美，撰有淡水廳志訂謬一書，口誅筆伐。
澎湖廳志	光緒18年刪輯	潘文鳳修林豪原纂薛紹元刪輯	光緒４年，澎湖通判蔡麟祥與士紳蔡玉成議修廳志，聘金門舉人林豪主其事，先就乾隆31年胡建偉所輯澎湖紀略及道光12年通判蔣鏞所輯澎湖續編二書，刪繁舉要並加以新得資料，輯成廳志稿十五卷卷首一卷。光緒18年，潘文鳳應通志之需，再聘林豪重修，仍為十六卷。稿呈通志總局，唐景崧復囑薛紹元刪輯，成十四卷卷首一卷。光緒20年梓行。	1. 在胡建偉澎湖紀略之前，早有雍正年間周于仁的澎湖志略及雍正５年的胡格澎湖志略成書，唯周書已佚，現行本以周于仁、胡格澎湖志略通行。 2. 蔣鏞澎湖續編，道光９年已成書，後於道光12年經周凱批閱，方才梓行。 3. 薛紹元對林豪定本澎湖廳志稿，有增有減，兩者並不全同。
臺灣通志稿	光緒18年始修光緒21年未成	陳文騄修薛紹元纂	光緒 18 年（建省後５年），臺灣始修通志。首聘蔣師轍為總纂，主持編務。不久，蔣氏請辭，改由薛紹元任總纂。先是，六月由陳文騄、葉意深擬具纂修通志事宜六條。閏六月，正	當時已成之各州縣采訪冊如下；沈茂蔭纂修苗栗縣志潘文鳳修、林豪原纂、薛紹元刪輯澎湖廳志陳文緯修屠

式開局。九月，對有關志料的採訪事宜始規定修志事宜十四條，由布政使通令各屬，設立分局進行。又編成采訪冊式一種，頒行各屬。19年年底各地采訪冊大半繳到，有的增列項目，編成縣志似的，如恒春、苗栗是，有的內容簡單明瞭，如雲林、臺東采訪冊是。而總局的通志本身，直到光緒21年3月，成稿十之六七。

繼善纂恒春縣志
陳朝龍纂修新竹縣采訪冊
倪贊元纂修雲林縣采訪冊
盧德嘉纂修鳳山采訪冊
胡傳纂修臺東州采訪冊
　以上有傳本存世
楊士芳纂修宜蘭縣采訪冊
吳德功纂修彰化縣采訪冊
王廷楷纂修埔裏社廳采訪冊
蔡國琳（？）纂修安平縣采訪冊
　以上已佚
吳鸞旂纂修臺灣縣采訪冊
　近傳有抄本存世

苗栗縣　　光緒19年修　　沈茂蔭纂修　苗栗縣志不僅在體例上幾乎完全仿照淡水廳志，內容上也大致承襲之。

＊說明：本表為吾弟盧胡彬代製，並此致謝。

叁、光復以後臺灣修志人才與修志態度

一、光復以後臺灣修志新形勢與新課題

臺灣光復之後，百廢待興，但是，地方首長、賢達即有修志

之議。首倡者厥爲臺北縣。

民國三十五年(1946)十一月八日下午二時，臺北縣修志委員會第一次會議開議，出席的有黃純青、楊雲萍、林佛國、連溫卿、李建興、盧纘祥、潘光楷、李梅樹、林朝卿、陳炳俊諸先生，臺北縣長陸桂祥任主席，主席致詞略云：

> 修志一事，原爲艱鉅之工作，不僅關係地方文獻，且爲民族精神所寄託，尤以本省中經日本統治時代，我先民拓殖開荒之豐功偉烈，及五十年來在異族暴政之下含辛茹苦，悉被御用史家曲筆抹殺。茲幸故土光復，則文獻之重光與先民事蹟之闡揚，實刻不容緩。地方政府於此蓋責無旁貸，是以本人不度德量力，輒敢率先發起……近年以來……體例內容多所革新……際此時代新生之會，本省光復之始，以臺灣民族精神之昌皇，史實之光燦，暨晚近科學之發展，建設之進步，倘能於執筆之初，對史實之理董，文字之纂修，運以近代科學之方法及前志之良規，吾人幸生此時，幸有此土，實不難在志學上放一異彩。

此次會議同時決議「建議公署纂修省誌」[82]。

陸桂祥的談話，顯示光復後的臺灣方志學界面臨了新的形勢，產生了新的課題，也必須以新體例、新面貌示人，至今仍極具價值，析其要旨如下：

一、社會的繁複化與學術的分殊化已非傳統的修志方法所能應付，必須「運以近代科學之方法」加上「前志之良規」始克成功。

---

[82] 毛一波代黃純青作，「臺灣光復後的方志學界」（收於〔方志新論〕，頁203-223）之三「以臺北修志會議爲例」，頁205-207。

　　二、臺灣淪陷五十年，闡揚「我先民拓殖開疆之豐功偉烈」
和「在異族暴政之下含辛茹苦」，爲修志之主要目的。

　　三、對於「史實之理董，文字之纂修」必須特別注意。

　　關於第一點，國內學者已經展開各種嘗試，如浙大史地研究
所的「遵義新志」和西北聯大史地系的〔城固縣志〕。主持〔城
固縣志〕修志工作的唐祖培且有「建立方志三學」——方志科
學、方志文學、方志哲學——的主張。第二點是臺灣三百年史的
特殊形勢，也是臺灣修志的特殊課題。第三點與修志人才攸關，
是三十餘年來臺灣修志的一大問題，且待下文細述。

　　臺北縣修志委員會雖然沒有如期於三十六年(1947)光復節完
成縣志的編纂工作，但是，地方父老和縣政府重視修志的態度，
卻促使〔臺北縣志〕於民國四十九月(1960)正式出版，僅次於〔
基隆市志〕數月而已，而其「體大思精」[83] 卻非各志所能及。擔
任總纂的盛清沂先生，因其功績卓著，而於五十五年(1966)多季
起，在省文獻會負責「總閱」[84]〔臺灣省通志稿〕和增修志稿以
及草擬整修計畫的工作[85]，可惜「負責整修志稿事務的單位——
編纂組（組長爲王詩琅，同時也是整修三人小組成員之一）提出
意見」[86]，使盛先生有志難伸。

二、臺灣省文獻會與臺灣省通志

　　民國三十五年(1946)七月十六日行政院第七五一次院會通過

---

[83]　毛一波，「臺灣老作家王詩琅」，〔傳記文學〕46卷1期，（民國74年1
　　　月）頁91。

[84]　盛清沂，「欣聞重修臺灣通志」，（〔臺灣文獻〕，35卷2期，民國73年6
　　　月），頁6。

「各省市縣文獻委員會組織規程」，同年十月一日由內政部 公布。三十七年(1948)六月一日「臺灣省通志館」成立，七月七日召開顧問委員編纂聯席會議，推定顧問委員楊雲萍擬定省志體例綱目，八月底楊先生所擬綱目初成，經九月二日、二十四日、三十日三次編纂會議商定「臺灣省通志假定綱目」，計有三十六編另附資料、索引二編，共三十八編，子目千餘，發表於是年十月出刊的〔臺灣省通志館刊〕創刊號上。

三十八年(1949)七月一日，通志館改組爲「臺灣省文獻委員會」（以下簡稱文獻會）[87]，仍積極進行籌劃纂修省志工作。由林熊祥重新擬訂臺灣省通志凡例、綱目，經再三研討後於次年春擬妥凡例二十一則，綱目除卷首、卷尾外，凡十一卷，土地、人民、政事、經濟、敎育、學藝、人物、同胄、革命、光復、匪復等十一志、五十八篇，是年四月呈轉內政部核備，屢經磋商後，於四十年(1951)五月核定綱目凡十三卷、十一志、六十二篇。臺灣省通志凡例綱目核定後，發表於四十年(1951)五月刊行之〔文獻專刊〕第二卷第一、二期，即今〔臺灣通志稿〕之張本[88]。

林熊祥主張纂修省通志當重證據、除偶像、極務客觀敍述、

85　王世慶，「參與光復後臺灣地區修志之回顧及對重修省志之管見」，〔臺灣文獻〕，35卷1期（民國73年3月），頁12。

86　莊金德，「臺灣省通志稿增修的經過與整修計劃的擬定」，〔臺灣文獻〕，20卷2期（民國58年6月），頁179。

87　王世慶，「參與光復後臺灣地區修志之回顧及對重修省志之管見」，頁8。參見莊金德，「臺灣省文獻會設立的沿革」，〔臺灣文獻〕，19卷4期（民國57年12月）；以及盛清沂，「臺灣省通志纂修始末」，〔臺灣省通志〕，卷首上「序例‧綱目」之「附錄」，頁232。

88　同上，頁9。

定界線，力主以科學方法修志，對於日後通志稿之發展方向影響
極大[89]。

　　根據文獻會公布的資料，表列〔臺灣省通志稿〕各志各篇之
纂修者及出版年月如下[90]：

卷數及志名	篇　　　名	纂修及助修者	籍貫	簡　　歷	出版年月
卷　首　上	綱目圖疆域	楊錫福 施鶴翔	江都 鄂城	時任省文獻會編纂 時任省文獻會組員	40. 3
卷　首　中	史略	林熊祥	臺北	時任省文獻會副主委	40. 3
卷　首　下	大事記	陳世慶	臺中	時任省文獻會協纂	第1冊 39.12 第2冊 40.12 第3冊 48.6
卷1土地志	地理篇（地形）	林朝棨	臺中	國立臺灣大學教授	46.6
卷1土地志	地理篇（地質）	林朝棨	臺中	國立臺灣大學教授	
卷1土地志	地理篇（地名沿革）	王世慶	臺北	時任省文獻會組員	42.11
卷1土地志	氣候篇	陳正祥	浙江	國立臺灣大學教授	44.6
卷1土地志	生物篇（動物）	陳兼善	諸暨	國立臺灣大學教授	44.6
卷1土地志	生物篇（植物）	林崇智	龍溪	時任省文獻會委員	42.11
卷1土地志	勝蹟篇	陶文輝	紹興	名書畫家	48.6
卷2人民志	人口篇	陳紹馨	臺北	臺大教授兼文獻會委員	53.6
卷2人民志	氏族篇	廖漢臣	臺北	省文獻會編纂	49.6

89　〔方志新論〕，頁210-211。
90　表見〔臺灣省通志〕，卷5「教育志・文化事業篇・第一章文獻事業」，頁
　　37b-40b。

卷2 人民志	語言篇	吳守禮	臺灣	國立臺灣大學教授	43.12
卷2 人民志	禮俗篇	何聯奎	青田	時任省文獻會特約編纂	44.6
卷2 人民志	宗教篇	李添春	臺灣	國立臺灣大學教授	45.6
卷3 政事志	制度篇	涂序瑄	江西	教育部編纂	43.6
卷3 政事志	建置篇	黃水沛 雷一鳴	臺北 南安	時任省文獻會編纂 時任省文獻會編纂	47.6
卷3 政事志	行政篇	郭海鳴 王世慶	新竹 臺北	時任省文獻會協纂 時任省文獻會組員	46.6
卷3 政事志	司法篇	蔡章麟 戴炎輝 洪遜欣 陳世榮	臺灣 臺灣 臺灣 臺灣	國立臺灣大學教授 國立臺灣大學教授 國立臺灣大學教授 國立臺灣大學教授	第1冊 44 第2冊 49.6
卷3 政事志	財政篇	汪孝龍	四川	國立臺灣大學教授	51.6
卷3 政事志	社會篇	何健民	臺灣	新竹習藝所所長	49.6
卷3 政事志	衛生篇	李騰嶽	臺北	時任省文獻會委員（後升任為主委）	第1冊 41.3 第2冊 42.11
卷3 政事志	保安篇	賀嗣章	瀏陽	時任省文獻會編纂	48.6
卷3 政事志	防戍篇	趙良驤	四川	立法委員	48.6
卷3 政事志	外事篇	賴永祥 卜新賢	臺灣 臺灣	時任臺大圖書館組主任 時任臺大助教	49.6
卷4 經濟志	綜說篇	李 裕	遼寧	經濟新聞社社長	47.6
卷4 經濟志	水利篇	徐世大	浙江	國立臺灣大學教授	44.3
卷4 經濟志	農業篇	陳正祥 黃啟章 楊景文 王棨桂 張鼎芬	浙江	國立臺灣大學教授 國立臺灣大學教員 國立臺灣大學教員 國立臺灣大學教員 國立臺灣大學教員	44.6
卷4 經濟志	林業篇	林亮恭	江蘇	國立臺灣大學教授	43.11
卷4 經濟志	水產篇	葉屏侯	福建	鹽務局秘書	44.6

卷4 經濟志	礦業篇	林朝棨	臺灣	國立臺灣大學教授	49.6
卷4 經濟志	工業篇	陳華洲	福建	時任臺大教授	43.11
卷4 經濟志	交通篇	林平祥	臺灣	臺灣鐵路搬運公司副總經理	47.3
卷4 經濟志	商業篇	林恭平	臺灣	華南銀行高級專員	47.6
卷4 經濟志	金融篇	吳耀輝	臺灣	時任職臺灣銀行研究室	48.6
卷4 經濟志	物價篇	葉子謀	臺灣	時任職華南銀行研究室	47.6
卷5 教育志	教育制度沿革篇	張　易	雲南	省立師範學院教授	43.6
		王錦江（詩琅）	臺北	時任職臺北市文獻會	
卷5 教育志	教育行政篇	張　易	雲南	省立師範學院教授	46.12
		曹先錕	湖南	省立師範學院教授	
卷5 教育志	教育設施篇	張　易	雲南	省立師範學院教授	44.6
		黎澤霖	廣東	中學教員	
卷5 教育志	文化事業篇	張　易	雲南	省立師範學院教授	47.2
		黎澤霖	廣東	中學教員	
卷6 學藝志	哲學篇	曾天從	臺灣	國立臺灣大學教授	43.6
		林熊祥	臺北	時任省文獻會副主委	
卷6 學藝志	文學篇	徐坤泉	澎湖	時任省文獻會協纂	第1冊 41.12
		廖漢臣	臺北	時任省文獻會協纂	第2冊 47.6
				後升任編纂	第3冊 48.6
卷6 學藝志	藝術篇	杜學知	遼寧	教育部編纂	47.6
卷7 人物志	明延平郡王三世	黃水沛	臺北	時均任省文獻會編纂	第1冊 41.5
		雷一鳴	南安		
	歷代人物特行表	王詩琅	臺北	省文獻會組長	第2冊 51.12 第3冊 51.12
卷8 同胄志	綜說篇	衞惠林	陽城	國立臺灣大學教授	54.10
卷8 同胄志	泰雅族篇	余錦泉	宜蘭	國立臺灣大學教授	
卷8 同胄志	賽夏族篇	林衡立	臺北	中央研究院副研究員	

卷 8 同冑志	布農族篇	張耀錡	臺中	臺中中央書局總經理	
卷 8 同冑志	曹族㈠阿里山曹族篇	等合編			
卷 8 同冑志	曹族㈡沙魯族篇				
卷 8 同冑志	曹族㈢卡那布族篇				
卷 8 同冑志	排灣族篇				
卷 8 同冑志	魯凱族篇				
卷 8 同冑志	卑南族篇				
卷 8 同冑志	阿美族篇				
卷 8 同冑志	雅美族篇				
卷 8 同冑志	平埔族篇				
卷 9 革命志	驅荷篇	黎 仁		掃蕩日報主筆	43. 1
卷 9 革命志	拒淸篇	毛一波	四川	省文獻會委員	49. 6
卷 9 革命志	抗日篇	黃旺成	新竹	新竹縣文獻會主委	43. 12
卷10光復志	第一篇收復臺灣之先聲與準備工作第二篇臺灣受降	郭海鳴	新竹	時任省文獻會協纂	41. 6

　　根據前表分析，參與編纂〔省通志稿〕者凡六十二人，（另有文獻會助修四人），其中文獻會內編纂十七人（其中二人時爲組員），約占參與編纂者的百分之二十七強，會外特約編纂四十五人，占百分之七十三弱，特約編纂四十五人中有二十二人爲臺灣大學敎授，二人爲臺灣省立師範學院敎授，故宮博物院、敎育部、臺灣銀行、華南銀行等機構的專家藝術家共二十一人，可謂集當時專門人才之大成，足可比美淸代修志之重用「修志專家」與名學者。民國四十年(1951)三月最先編成出版「卷首上・凡例、綱目、圖表、疆域全一册」，爲愼重計，銘爲臺〔臺灣省通志稿〕，民國四十九年(1960)志稿大部分完成，民國五十四年(1965)十月，除地理篇之地質章未編外，其餘全部出版問世。全部志稿

凡十志、十一卷、五十九篇，分訂六十册，約一千一百萬言[91]。

　　若干參預者認爲〔臺灣省通志稿〕是一項「偉大艱鉅之修志工作」[92]，根據志稿整修而成的〔臺灣省通志〕卷五「教育志·文化事業篇」則自詡其「生物篇、地理篇、氣候篇、農業篇、同胄篇等，均富科學性與學術性；政事志、教育志、學藝志、革命志等各篇，多有文獻學之價值」[93]。前者籠統自美，後者自詡之餘則不免指責其他各志篇「不富科學性與學術性」或「少有文獻學之價值」。

　　其實若干專門名家在其本行出類拔萃，其作品卻未必符合方志的要求。譬如陳正祥爲地理學大師，然所修「農業篇」僅作地理性平面敍述，而忽略了方志中的農業具有強烈的人文性格，有時間的變化，是以全篇缺乏歷史的縱深。「同胄志」不僅廣泛、深入而艱辛的從事田野調查，更充分運用了日治時代的研究報告，可以說是「富科學性與學術性」，可是僅作現況描述也缺乏文化的綿延感和歷史的縱深。

　　〔臺灣省通志〕詡爲「多有文獻學之價值」的「革命志」，其中若干篇章，完全不說明史料來源，「敍事頗涉渲染，如小說家言」[94]，那裏還有什麼價值？至於〔省通志〕「自詡之餘」的各志、篇就不一一評述了。

91　參見王世慶，「參與光復後臺灣地區修志之回顧及對重修省志之管見」（收於〔方志新論〕，頁203-223）之三「以臺北修志會議爲例」，頁205-207。
92　同上。
93　見該書，頁48 b。
94　盛清沂，「臺灣省通志纂修始末」，頁337。以上評述多參考盛文，不一一詳註。

省文獻會在整修〔臺灣省通志〕之前，曾請盛清沂先生於「臺灣省文獻委員會編通志稿整修計畫書㈠」中，對〔志稿〕「作一客觀的審閱，列舉其缺失」。余未見其原文，謹據莊金德「臺灣省通志稿增修的經過與整修計畫的擬訂」一文的「摘要引述」摘錄於下[95]：

一、作者……文出多手內容不齊。

二、綱目凡例：本稿原定爲十一志、六十五綱目、二百六十餘子目，……十餘年來，幾經修改，多僅窺一隅，未綜全豹；乃至愈改愈離。既未能符合實際資料，復違背吾國方志體例，終至繁簡不調，缺略錯亂；時至今日，積深難返。至於凡例，亦多可議。

三、審核：本會志稿，雖泰半已呈請內政部察核。……然所涉者，僅及名例、文字、語氣之潤色；至於事實掌故之有否錯訛，實絕非局外人所能盡知。況本志係分批送察，其卷帙間之重複牴悟，缺略乖誤，更非察核諸公所得綜覽核閱。是以雖經察核，而仍難即行付梓者，其故在此。

莊金德在文中也坦率承認：「凡此缺失，皆爲客觀之事實，自毋庸諱言。」[96]

莊金德又引述盛先生分析其「致誤之由」如下：

一、志稿之編纂，綱目迄未固定；或隨意修改，穿插篇幅；要多各持己見，不綜全局。夫綱領既失，志文紊亂，自所必然。

95　莊金德，「臺灣省通志稿增修的經過與整修計劃的擬定」，頁172。
96　同上。

二、編纂期中，組織未臻健全；旣乏實際總攬之人，又
無統一編纂規定。文出七十餘人之手各自爲政，互不相
關；雖作者史重班馬，才高范陳，欲其不重複駁雜、牴
牾缺漏，豈其可哉！

三、編纂之始，値光復初期，屬筆爲史，人才缺乏。外
省學者每雅文詞，而昧於掌故；本省學者則嫻掌故，而
頓於文詞。前者之失，則失於內容空洞，後者之失，則
失於詞莫達意；然其失也，則無二致。雖曰人謀不臧，
抑亦環境使然。

四、本志之修也，旣無實際總攬之人，自難有總成核要
之語；問題之來，付諸大會片刻之討論；發言雖多，難
中肯綮；乃至錯謬相沿，愈蹈愈深。

五、志稿之編纂，手出多人，內容優劣，參差不齊；礙
於情面，一體收納；薰蕕同器，鮮顧後果，乃至積深難
返，一底於此。

　　盛先生的要求容或稍苛，大抵都是據事直書。正如盛先生所
言，內政部的察核「僅及名例、文字、語氣之潤色」，對於〔臺
灣省通志稿〕的梓行毫無助益；內政部不急於察核志稿，反而在
民國五十年(1961)八月以「臺⑸內民六六四〇七號函」，請省政
府轉飭省文獻會，〔臺灣省通志稿〕應改以民國五十年(1961)爲
斷代，並且要文獻會「盡速蒐集資料，將原有志稿予以增訂，隨
時送部察核」。省文獻會立卽遵照部令指示，指定人員研擬增修
計畫，幾經磋商，內政部要求省文獻會於五十四年(1965)底前完
成增修工作。茲表列省文獻會擬定的增修志稿篇名及負責纂修人

員如下：

完成年度	篇數	篇　　　　　　　名	纂　修　人
五十二年度	一	卷五教育志教育制度沿革篇	莊　金　德
	二	卷五教育志教育設施篇	莊　金　德
	三	卷四經濟志鑛業篇	林　朝　棨
	四	卷四經濟志林業篇	陳　漢　光
	五	卷三政事志保安篇	張　雄　潮
	六	卷四經濟志水產篇	曹　　　建
	七	卷四經濟志工業篇	張　奮　前
	八	卷三政事志社會篇	盛　清　沂
	九	卷三政事志建置篇	廖　漢　臣
五十三年度	一	卷三政事志制度篇	張　雄　潮
	二	卷五教育志文化事業篇	毛　一　波
	三	卷三政事志行政篇	王　詩　琅
	四	卷四經濟志交通篇	張　奮　前
	五	卷三政事志水利篇	廖　漢　臣
	六	卷五經濟志農業篇	陳　漢　光
	七	卷四經濟志金融篇	黃　玉　齋
	八	卷二人民志人口篇	莊　金　德
	九	卷三政事志財政篇	黃　玉　齋
	十	卷一土地志氣候篇	蔣　丙　然
五十四年度	一	卷四經濟志物價篇	黃　玉　齋
	二	卷五教育志教育行政篇	莊　金　德
	三	卷四經濟志商業篇	張　奮　前
	四	卷首下大事記	陳　漢　光
	五	卷三政事志衛生篇	莊　金　德
	六	卷十一匪復志	廖　漢　臣
	七	卷一土地志地理篇（地名沿革）	王　世　慶
	八	索引	

　　上列負責增修的人員，除林朝棨、蔣丙然爲臺大敎授外，其餘十一位均爲省文獻會編纂或組長。

　　嗣後擬增修的志稿續有增減：民國五十二年(1963)七月，呈請增列「地方自治」一篇；五十三年（1964）六月呈請取銷「建置」、「匡復」兩篇；同月呈請增列「政役」、「糧食」、「人事行政」三篇；同年九月，呈請暫緩增修「索引」一篇。綜計增列四篇，取銷兩篇，暫緩辦理一篇。其後，又將「役政」、「糧食」（改爲「地政」）、「人事行政」三篇改爲三章，增列於「行政篇」中[97]。

　　增修志稿雖如期完成，但是所遺留的問題更多。盛先生認爲「本志既未成書，增修何從？」[98] 姑不論增修稿的良窳，只說〔志稿〕與〔增修志稿〕之間的對立就難以收拾，盛先生說：

> 本稿原定斷限於民國三十九年(1950)，嗣奉內政部令，延長至五十年(1961)爲止。而主事者，竟分爲兩段成稿，各自爲書，遂至一卷之文，前後手出兩家，往往立意不同，取舍各異；甚至首尾重複，上下不貫，紊亂錯雜，莫此爲甚。且增修也，則所增未全；其略也，則所略不當，竟至合爲一書則不可，分爲兩書則俱敗[99]。

　　省文獻會在增修志稿的過程中，已經深知問題的嚴重，乃有暫停增修而與「徹底整理，予以重新改編」之議。民國五十五年(1966)十二月一日，文獻會成立整修小組，成員爲副主任委員李汝和、編纂盛清沂、編纂組長王詩琅等三人，並推盛清沂詳察

97　同上，惟遲至五十六年(1967)始油印完成。
98　同上，頁172。

原、增修志稿，草擬整修計畫。盛清沂急擬「臺灣省文獻委員會
編通志稿整修出版計畫書㈠」，經整修小組研討後，簡具「臺灣
通志稿整修出版報告」一份，於次年二月簽請省府主席核准在
案。

　　民國五十六年(1967)秋盛清沂完成「臺灣省文獻委員會編通
志稿整修出版計畫書㈡」，其中擬訂整修志稿的綱目及其字數分
配，經整修小組及駐會委員聯席會議研討修正後定案。盛清沂所
擬整修志稿的綱目除「卷首」、「卷尾」外，凡二十九卷、二
十八志，與盛先生於民國四十九年(1960)所完成之「臺北縣志綱
目」約略相同。以盛先生編纂〔臺北縣志〕之學術水平與行政經
驗自屬駕輕就熟。

　　民國五十七年(1968)初夏，負責整修志稿事務的編纂組提出
意見，認爲盛先生所擬綱目與核備在案之原志稿綱目大相逕庭，
恐須再行送請內政部核備，若然，則遷延時日當在半年以上，原
擬出版計畫，虞有妨礙，爰出調停之計，折衷二綱目，藉免再事
送審。遂由莊金德、張奮前負責重擬，其目凡十二卷（含「卷
首」、「卷尾」）一記、十志，子目七十二篇及「卷首」、「卷
尾」六項目，整修成書時，得七十五篇，「卷首」、「卷尾」四
項目[100]。參與整修者十七人除卷一「土地植物篇」由原修者省文
獻會退休之前副主任委員林崇智及會外特約編纂張慶恩二人合編
整修外，都是文獻會現任副主任委員、委員、編纂及組長，隨編

99　同上。
100　本節參考王世慶，「參與光復後臺灣地區修志之回顧及對重修省志之管見」
　　；莊金德，「臺灣省通志稿增修的經過與整修計劃的擬定」；盛清沂，「臺
　　灣省通志纂修始末」而寫成。

隨印，終於民國六十二年(1973)底全部出版問世，乃一線裝一百四十六冊，約一千九百五十八萬字之堂皇鉅編[101]。

　如前所述，〔臺灣省通志稿〕缺點雖多，〔臺灣省通志〕耗費龐大預算，整修出版後，學界觀感大抵以爲〔臺灣省通志〕反而不及〔臺灣省通志稿〕。

　民國七十三年(1984)清明節，筆者在〔中國時報〕特刊上發表「移植與回饋──臺灣與大陸的雙向關係」一文，對於〔臺灣省通志〕等書，曾作如下評論：

> 我人所修〔臺灣省通誌〕、〔臺北市志〕和若干縣市志書，除了卷帙浩繁之外，在修志方法、態度上和清修方志相角，應當是羞愧有加的，更談不上開創體例，氣魄雄渾了。

　七十四年(1985)元月，臺灣方志學界元老毛一波先生在一篇追悼王詩琅先生的文章中，對於〔臺灣省通志〕的批評更形尖銳：

> 至於〔臺灣省通志稿〕，亦眾手所成。所約撰述，多爲學者專家。平穩有餘，精深不足。耗時數年，規模粗具而已。詩琅荏苒數年，除自爲「人物志」等外，並統籌全局。惜初修、增修，多任意刪補。形式仍舊，而內容繁瑣。體積龐大，近於長篇。謂爲「臺灣省志」，正式則正式矣，似古無此官書者[102]。

　王世慶先生亦屢次聽說方杰人先生和楊雲萍先生都有「省通志稿比省通志好」的看法，曾應省文獻會之邀，發表以「參與光

101　同上，王氏引文。
102　毛一波，「臺灣老作家王詩琅」。

復後臺灣地區修志之回顧及對重修省志之管見」為題的演說，檢
討「省通志稿比省通志好」之原因如下：

> 第一、如前所述通志稿各志篇之編修，一半以上係聘請
> 臺灣大學、臺灣省立師範學院之教授及其他學者、專家
> 的編撰，所以專門的部門多由專門學者纂修。省通志之
> 增訂整修，則除植物篇外，其餘皆由會內同仁分擔編
> 纂。而會內編修人員有限，並非各志篇都有適當的人
> 選，但仍都由會內同仁分擔整修，故有些志篇並非都由
> 適當的人選擔任。自然無法比原修通志稿好。
>
> 第二、當時會內有的擔任較多的志篇整修者，其中有的
> 志篇幾乎未經增訂，甚至將原修志稿整篇照抄，但有的
> 也不自己抄，而另託同事抄錄，有的為趕工也請其他員
> 工抄寫，如此抄寫的水準亦不高，容易抄錯或抄漏。如
> 原志稿有錯字也無法修訂。
>
> 第三、增訂整修十五年間之資料（民國三十五年至五十
> 年，1946-1961），都由擔任之編修人員自己去搜集，但
> 未必都用功去搜集、取捨資料。
>
> 第四、校對比省通志稿差，錯字相當多，超過一般校對
> 工作之錯字標準[103]。

綜觀王先生指出的四點，其實不外修志人才太差與修志態度
敷衍苟且。清代臨事開局，自籌經費；今者有專責機構，由國家
編列大量預算支應，所得結果竟是如此，真令人興起何勝浩嘆之

103　發表於〔臺灣文獻〕35卷1期（民國73年3月），頁14。

感。

　　盛清沂先生也在省文獻會發表以「欣聞重修臺灣通志」爲題
的演講，末尾宣稱：

　　　　現在的臺灣省文獻委員會的委員及編纂人員，已非昔
　　　　比，多是壯年有學之士，說起修志經驗和學識，可以說
　　　　不會下於任何機關。這個工程浩大的重修通志，在會的
　　　　新舊同仁，黽勉以赴，不急功，不急事，互相研究切
　　　　磋。六年的時間，也不算太短。一面修志，一面充實自
　　　　己，沒有不成功的道理。自求多福，事在人爲，仍是不
　　　　可磨滅的眞理。所以這個工作大計，似乎也不必太仰賴
　　　　會外人士[104]。

　　盛先生的這一番話與當年批評〔臺灣省通志稿〕的尖銳態度
適成對比，大抵屬於門面之語，不可輕信。

　　所謂「修志經驗」有成功的經驗與失敗的經驗，以省文獻會
在增修〔省通志稿〕和整修〔省通志〕的經驗看來，不重視修志
人才和修志態度的輕率馬虎、敷衍了事，恐怕不是很成功的經驗
；若不記取教訓，則其重修通志成功的機會並不太大。

　　盛先生在臺北縣文獻會擔任〔臺北縣志〕總纂時，修成一部
毛一波先生譽爲「體大思精」的縣志，自是非常成功的經驗。同
一人以同樣、甚至更佳的史才、史學和史識，到省文獻會卻有志
難申，省文獻會在委曲盛先生之餘，是不是能成爲一個培養成功
的「修志專家」的機構，恐怕要看主其事者的擔當、見識和是否

---

[104]　盛清沂，「欣聞重修臺灣通志」（〔臺灣文獻〕35卷1期，73年3月），頁12。

有一心爲臺灣方志前途而不偏、不私，廓然大公的精神了。

三、各市縣文獻會與市縣志書

　　民國三十五年(1946)內政部公布「地方志書纂修辦法」及「各省市縣文獻委員會組織規程」後，法定省志三十年纂修一次，縣市志十五年纂修一次（已修正爲二十年、十年一次）。

　　省文獻會成立後，積極鼓勵各縣市從速設會修志，惟響應者無多，民國四十年(1951)僅臺南、高雄兩市及澎湖縣設置。

　　澎湖早於民國三十七年(1948)即曾組織「縣志編纂委員會」，四十年(1951)十月二十五日又搶先成立縣文獻會，次年二月即行撤銷[105]，四十七年(1958)再設「縣志編纂委員會」，完成少數篇章志稿後又廢，五十九年(1970)多重組「澎湖縣文獻委員會」直至改組[106]。如此時設時廢，可有可無，實爲臺灣文獻會之典型。

　　民國四十一年(1952)元旦總統昭告全國軍民推行社會改造運動及文化改造運動，內政部立即以「內地字第一一〇四二號函」，請省府轉飭各縣市依照「地方志書纂修辦法」第四條規定成立文獻會纂修志書，並「於文到一個月內，將各縣市文獻委員會成立情形，層報備查；並於三個月內，依照前項辦法第五條之規定，先行編擬志書凡例、分類綱目及編纂期限，層轉本部備案」[107]。

　　是年六月，省政府一面分知各已設立、或正籌備中之縣市政府，一面轉飭尚未籌設的縣市政府遵照。至此，縣市設會修志，

<hr>

[105]　〔臺灣省通志〕，卷5「敎育志‧文化事業篇‧第一章文獻事業」，頁74b。
[106]　澎湖縣政府編印，〔澎湖〕，（民國70年10月），頁1-51。
[107]　〔臺灣省通志〕卷5，頁49b-50a。

遂告決定。惟省府規定縣市文獻會只得設置專任人員三人，計編
纂組長一人、組員一人、雇員一人。於是桃園縣、臺中市、基隆
市、臺東縣、屏東縣、臺北市、雲林縣、南投縣、臺北縣、花蓮
縣、新竹縣、臺南縣、宜蘭縣等十三縣市相繼成立文獻會。次年
臺中縣、嘉義縣、苗栗縣、彰化縣、高雄縣等五縣亦設置，縣市
文獻會成立後多由縣市長兼任主任委員，而由議長兼任副主任委
員，唯新竹、花蓮兩縣，則由當地耆宿黃旺成、羅香林兩位先生
擔任主任委員。

　　各縣市文獻會相繼成立。似乎章學誠「州縣立志科」的理想
就此實現，全面修志的呼聲也隨之風起雲湧，若干人陶醉在修志
以留芳百世的美夢中，而不知修志必備若干條件。胡適在四十二
年(1953)一月六日下午出席臺灣省縣市文獻委員會茶會時，即席
指出文獻會應當做的工作，一是蒐集、保存、發表原料，二是訓
練、鼓勵人才。胡適強調「先訓練人才，從事收集資料，以後方
去編志」[108]。胡適不贊成「草率從事」、「急於編志」，主要是
因為他覺得當時省、縣市文獻會人才、史料兩缺。可惜時人一方
面迫於上憲的命令，一方面又急功好利，都聽不進去。

　　修志以人才為本。找得到人才的縣市，人才自會想法子創體
例、找史料，但是，能成就志書的到底是極少數。民國74年(1985)
初毛一波曾評論近年所修臺灣方志云：

　　　　在臺灣各縣市中，〔基隆市志〕，首先全部出版，所約
　　　撰者，多行政經驗，學識亦佳，在臺新方志中，堪稱佳

---

[108]　毛一波，「現階段的文獻工作」，〔方志新論〕，頁101。

構。次爲〔新竹縣志〕，資料豐富，不夠雅馴。再次則
爲〔臺北縣志〕，足符方志標準，體大思精，亦佳志[109]。

〔新竹縣志稿〕比〔臺北縣志〕先完成，但遲至六十五年
(1976)六月才根據內政部審定的「新竹縣志稿校正表」改了一些
錯別字，重新刊印，定名爲〔臺灣省新竹縣志〕。毛先生說它「
不夠雅馴」是客氣話。該志史料蒐羅甚勤，但乏修志人才運用，
所以修成的志書相當馬虎，甚至荒唐。譬如該志卷四「人民志」
頁九四論及蔡清琳事件，謂其「洩一時之忿而累及鄉黨」，反而
讚美相關的日本人「超乎民族意識之外，分別善惡……乃高度道
德心之表現」[110]，簡直忘記了今夕何夕，忘了當局鼓勵修志的目
的。

〔基隆市志〕的編纂過程嚴謹，編纂人素質也相當整齊，全
稿撰成後，更另聘學術權威人士擔任訂正評審，以求正確完善。
毛先生說「堪稱佳構」，但其書缺點也不少，比較嚴重的是其書
缺少一位總纂來審核各志，以致各志、各篇牴牾之處甚多。

〔臺北縣志〕「體大思精」、「足符方志標準」，可以說是
這一代的「模範方志」。筆者研究臺北史，詳讀數匝，毛先生所
言絕不爲過。其書體例雖有若干可議之處，考訂也有欠精審處，
到底瑕不掩瑜，當可毫無愧色入「著作之林」。

此外，臺南縣市兩〔志〕也頗值得稱述。臺南自古爲臺灣人
文薈萃之區，修志人才也多。臺南市文獻會成立最早，修志人員

---

109 毛一波，「臺灣老作家王詩琅」〔傳記文學〕，46卷1期，（民國74年1
月），頁91。

110 此例爲楊鏡汀先生指出。

陣容強大，發凡起例，頗有可觀處。民國四十八年(1959)已完成泰半，未能及時送審，民國五十年(1961)始完成「卷首」、「人物志」、「文教志」、「革命志」等稿。六十五年(1961)起恢復志書纂修工作，聘請專家分篇纂修，六十八年(1979)大抵完成。〔臺南市志〕之纂修失在人和，否則必更有可觀處。

　　〔臺南縣志〕在吳新榮先生主持下可謂「政通人和」，與臺南市適成對比。民國四十九年(1960)即將〔臺南縣志稿〕全部刊行。體例嚴謹，考訂精詳，皆同仁勤於蒐集史料，勇於周咨採訪之功，修志時從事田野工作，往往廢寢忘食，令人感動。卷末所附「索引」，不僅符合學術要求，更爲其他省市縣志表率，觀此，修志同仁之勇於任事、負責的態度，實爲當今各修志機構所當有。民國六十四年(1975)臺南縣政府續修縣志。六十九年(1980)竟將原志稿影印刊行，銘曰〔臺南縣志〕，志稿實無愧於縣志。

　　南投文獻會編纂志稿採即撰即印策，定名〔南投文獻叢輯〕，內容豐富、精審，惜無人爲之綜理，縣志難成。

　　臺北、高雄兩市近年相繼升格爲院轄市。高雄自明末至今，歷史發展之過程實爲史家良好體裁，可惜高雄近乎文化沙漠，歷來地方首長不重修志，文獻會又主持不得其人，雖有志書，尚未完成，亦無可稱述之處。

　　臺北市乃新興政治、文化中心，大學、學術研究機構林立，人才最盛，政府經費視臺北縣不啻天壤，理當有志如〔臺北縣志〕，甚且過之。

　　臺北市文獻會創立於四十一年（1952）六月，編印〔臺北文

物〕、〔臺北文獻〕，發行迄今，可謂根柢深厚。早期志稿纂修多聘請名學者擔任，計有方豪、洪炎秋、毛一波、盛清沂、王世慶、莊金德、郭海鳴、廖漢臣、黃耀鱗、王詩琅等人，不乏修志名家。市志編纂由王詩琅、王國璠先後主持，二人或長於文學，史、地皆非所長[111]。筆者研究臺北史，讀〔臺北市志稿〕與〔臺北市志〕，也有〔臺北市志〕遠遜於〔臺北市志稿〕之感，但也與〔臺北縣志〕不可同日而語。

〔臺北市志稿〕於民國五十九年大抵排印出版，薰蕕同器，水準不齊。五十一至五十九年又就志稿或略作修正，或一字不改（連錯字也不校改）出版，改稱〔臺北市志〕。民國六十三年起又續修市志。主其事者毫無章法條理，〔志稿〕、〔志〕、〔續修志〕混淆不清，如「社會志風俗篇」，本屬〔志稿〕，以完稿較遲，竟逕入〔市志〕。如「沿革志」，自〔志稿〕、〔志〕以至〔臺北市發展史〕，皆無視於他志之成果與學界研究之新發現，依然故我，浪費公帑，莫此為甚。再以前後主其事者最恣意自雄之「人物志」為例，上起清初、下迄民國六十一年，全志十一篇，為三百餘人立傳，除前兩篇少數傳記略示史料來源外，十分之九以上莫知所從出，當然更談不上考證了。

民國七十二年，臺北市文獻會根據〔臺北市志〕為臺北市立了若干臺北市已消失古蹟碑，樹之通衢，碑文竟自相牴牾、錯誤百出，其敷衍塞責，徒以消化預算為能事之心態表露無遺[112]。勒

---

[111] 如毛一波稱王詩琅為「老作家」，參見毛一波，「臺灣老作家王詩琅」。

[112] 參見拙著，「臺北市二十方古蹟碑文之商榷——兼論臺灣古蹟史實研究之危機」，〔臺北文獻〕，直字第67期（民國73年4月）。

石立碑，垂之久遠是何等大事，其草率如此。

〔臺灣省通志〕以及首都大邑之〔臺北市志〕如此，等而下之者自不必申論了。

肆、結論

比較清修臺灣方志與光復以後所修臺灣方志，再以光復以後所修臺灣各地方志自相比較，吾人可得以下結論：

一、修志人才與修志態度決定方志之良窳。

高才如陳夢林、林豪皆可突破時代限制，創新體例，建立方志傳統；若主持不得其人，態度又敷衍塞責，雖有專責機構，大量經費，網羅篤秀，成書雖卷帙浩繁，亦不足以言著作。

以同時、同地之臺北市與臺北縣比較，臺北縣之修志條件遠遜於臺北市，而〔臺北縣志〕修志時日雖短，其成就卻遠邁〔臺北市志〕而上，主其事者之才具與修志時是否秉持戒慎戒懼之態度於此更形明瞭。

二、修志動機決定方志之良窳。

清人修志，雖有上憲責成，但大抵或以方志為施政之張本；或欲藉修方志以留芳百世，修志時態度認眞、負責，修志人亦自奪、自信，如蔣師轍稍感不受敬重即拂袖而去，求之今日正不可得。故其志必求至佳至善，以免弄巧成拙。

今者，地方官憲施政不必借鏡方志；求名之人則利用大眾傳播工具以譁眾取寵，圖一時之快而乏久遠之計。是以修志或格於法規，或迫於上憲；修志者或以文獻會為靜養終老之所（民國五

十三年(1964)毛一波卽在〔臺灣風物〕十四卷一期發表「文獻會非養老院」一文），地方官以文獻會爲位置冗員、任用私人之處，其人在行政單位爲冗員，在以學術氣息較濃的文獻會又如何能擔當重任呢？更有甚者，以修志爲利藪，亟思飽攫多金而去，方志？方志云乎哉！

至於專門名家之學者，方志既然「耗工費時，不足以成名廣譽」[113]，卽難專志於此。若主其事者驕橫自恣，一味以修志爲結黨招朋以謀私利之工具，蔣師轍且不可得，又如何能得陳夢林、林豪其人？

三、內政部「地方志書纂修辦法」之束縛。

內政部所頒「地方志書纂修辦法」行之數十年，弊端百出，有百害而無一利。

「凡例」、「綱目」必先行核備，縱使有陳夢林、林豪之才，何從施展？以盛清沂總纂〔臺北縣志〕之才、學、識，其所擬「省通志綱目」受制於省文獻會編纂組者，卽以此爲藉口也。

縣市志稿送省文獻會審查，臺灣省文獻會纂修〔臺灣省通志〕且屢試屢敗，如何能審查縣市志書？何況縣市志書較省通志爲佳者所在多有！再請內政部「審定」，徒貽省文獻會以「局外人」之譏豈不令人扼腕[114]？若仍延省文獻人員審定[115]，自稿自審豈不可笑？以上規定，束縛「上駟」開創新局，對於「下駑」反成藉口，並成爲「劣志」之護身符，豈不痛哉？

113　盛清沂，「臺灣省文獻委員會編通志稿整修出版計畫書㈠」，轉引自莊金德，「臺灣省通志稿增修的經過與整修計畫的擬定」一文，頁174。
114　同註96。
115　毛一波，「試談縣市志假定綱目」，〔方志新編〕，頁105誌其事。此事在此間乃公開之秘密，省文獻會諸公多經歷其事也。

　　至於現行修志辦法規定「省志二十年纂修一次，市及縣（市）志十年纂修一次」，訂定辦法者憑空設想，全不顧及實情，光復四十年，文獻會設置三十餘年以來，一志難成之縣市所在多有，如何能要求「十年纂修一次」？徒法不足以自行，惡法不如無法，修志非盜跖事業，何不任由方志界揆其才能，自行發展？

　　以筆者爲例，六十九年七月刊行〔新莊發展史〕，七十年元月刊行「新莊志卷首──新莊（臺北）平原拓墾史」，七十一年六月〔新莊志〕全書完稿，不僅體例創新，發掘且運用了大量原手史料，參考了現代學界研究的成果，也運用了現代的學術理論與寫作方法，但是，該志若要送審，不蹈盛清沂先生之覆轍者幾希？因此，筆者對於參與纂修要核備、要送審的省、市志書的工作是敬而遠之的。

　　綜前所述，方志學發展至今已面臨極大危機，劣志充斥的結果，可能斷喪方志學的命脈，若再不改弦更張，不必如周憲文先生所謂「方志的時代畢竟已經過去」，臺灣的修志工作也會日漸沒落，這不是周先生所謂「故步自封」[116]的結果，反而是修志人才和修志態度倒退的結果。

──本文原刊〔漢學研究〕，3卷2期（民國74年12月）

116　周憲文，「重刊贅言」，刊在臺灣銀行經濟研究室編印的〔臺灣方志彙刊〕的每一種方志的「卷首」。

臺灣↔福建↔京師

——「科舉社羣」對於臺灣開發以及臺灣與大陸關係之影響

壹、導論

貳、科舉社羣的土著化與臺灣的開發

一、臺灣的學校與學額

二、科舉社羣的成長與漢移民的土著化

三、科舉社羣與臺灣的開發

叁、貢舉制度對於臺灣與大陸關係的影響

一、貢舉名額的爭取與臺士赴考

二、臺士在大陸的活動及其對二地關係的影響

肆、結論

壹、導論

〔摭言〕一書敍述唐代貢舉制度甚詳，嘗記唐太宗私幸端

門、見新進士綴行而出，喜曰：「天下英雄盡入吾彀中矣。」又
載詩云：「太宗皇帝眞長策，撫得英雄盡白頭。」[1]

〔摭言〕作者王定保生於唐末、五代[2]，所記李世民私幸端
門，不必確有其事，惟千餘年來，科舉制度充分發揮了選拔人
才，牢籠人心的功能則非虛語。

鄧嗣禹嘗論考試制度與政治、文化、社會風俗之關係，所謂
考試制度「普及文化，爲民族同化之工具」，又謂「考試統一思
想，兼助統一政治」[3]，尤中肯綮。

沈兼士認爲科舉制度以客觀標準挑選人才，使之參預國家政
治，又謂科舉制度「促進全社會文化的向上」，培植人民「對政
治興味底原動力而增加其愛國心」，沈氏以下所論尤爲精闢：

　　自兩漢以來，一直到清末，無論選舉、考試，均採分區
　　定額制度，使全國各地優秀人才，都有機會參加政府。
　　自宋代規定三歲一貢的定制以來，歷代沿襲，每歷三
　　年，必有大批應舉人，遠從全國各地集向中央政府所在
　　地一次，使全國各地的人才，都得有一次的大集合。這
　　樣不但政府和社會方面得以聲氣相通，卽全國各區域，
　　皆得有互相接觸和融洽的機會，而邊區遠陬，更易有
　　觀摩和刺激，足以增進政治上的向心力和文化上的協調

1　〔摭言〕（雅雨堂叢書本，收入臺灣藝文印書館〔百部叢書集成〕），卷
　　1、2。
2　余嘉錫，〔四庫提要辨證〕（臺北，藝文印書館本，四庫全書總目附），卷
　　17，「子部」八，「唐摭言條」。
3　鄧嗣禹，〔中國考試制度史〕（臺北，臺灣學生書局，民國71年4版），頁
　　338及343。

　　力，而促進國家政治方面的大一統[4]。

　　唐宋以來，契丹、女真、西夏、蒙、滿接踵而入中原，但見中國之擴大綿延而絕無分崩離析；固有賴雄才大略之君相以及國力充沛、文化之發達，然則，如何招徠遠人、撫輯新附、羈縻邊陲，如何將「儒漢文化」深植邊徼，如何凝聚邊陲國力於中央，其緣因紛云多端而科舉制度之功亦自不容忽略。

　　唐代新羅之士與中國士偕鳴，高麗、交趾登進士科者所在多有。遼、金、元、清開科取士，契丹、女真、蒙古、滿人初期則另設科條，繼則與天下士同試，無不同化；苗、猺、回民初有定額，久之，亦與漢人一例考試，無不開通[5]。

　　宋太祖開科取士，江南之士間道來歸則予以優容[6]。歐陽修、司馬光曾有「憑才取才與分路取人」之爭，歐陽氏以為：西北之人尚質，進士雖少而經學多，地雖近虜而「士多牢籠」[7]。宋高宗初駐揚州，念士人不能至行在，專設「引試官」主其事[8]。「分路取才」、「以考試配合政策」之機能主義取向於焉確定。

　　金太宗「急欲得漢士以撫輯新附」而開科取士[9]。蒙古窩濶臺欲問鼎中原，必得儒臣守成而後可，遂「隨郡考試」而得士四

---

[4]　沈兼士，〔中國考試制度史〕（臺北，考試院考試技術改進委員會，民國49年6月），頁190-191。

[5]　鄧嗣禹，〔中國考試制度史〕，第五章「結論·考試制度與文化之關係」部分。遼代事蹟見前註引沈書，頁137。

[6]　〔宋史〕（百衲本），「選舉志·科目」上，江南進士林松雷不中格亦賜三傳出身。

[7]　鄧嗣禹，〔中國考試制度史〕，第二篇第二章，頁160-163。引文見〔歐陽文忠集〕（四庫備要本，臺北，華中書局），卷113「論逐路取人劄子」。

[8]　〔宋史〕「選舉志·科目」下。

[9]　〔金史〕（百衲本），「選舉志」。

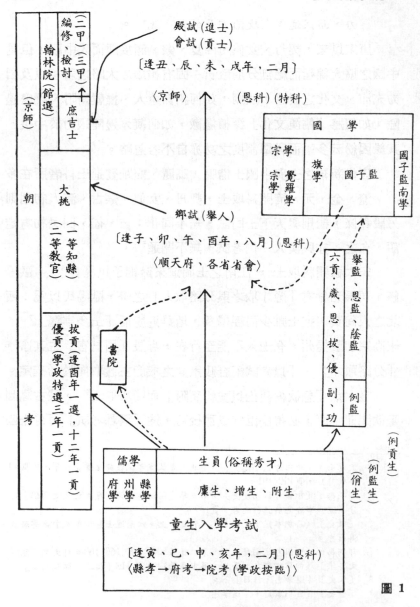

圖 1

千[10]。

　　元末羣雄並起，明玉珍「設科舉，策試進士」於巴蜀[11]。朱元璋設國子監於集慶[12]，吳元年（1363）設文武科取士[13]，洪武三年（1370）天下粗定，下詔設科取士，且「遣使頒科舉詔于高麗、安南、占城」[14]，是年八月卽行鄉試[15]。

　　洪武三年（1370）「設科取士詔」由待制王禕執筆，乃中國科舉制度史上重要的文獻，其中「中外文臣皆由科舉而選，非科舉者，毋得與官」[16]，大體決定了明初以迄淸末（1370-1905）中國取士任官的大方向。

　　淸人仿蒙古人未定鼎中原卽「隨郡取士」之法，未入關前已開科取士[17]，入關次年卽根據明代的制度訂定「科場條例」，是後隨時增改，日臻完備，彙載於〔大淸會典事例〕以及〔學政全書〕等官書中。

　　本文所要討論的是淸代與臺灣相關的科舉制度。

　　淸代所謂科舉實由「貢舉」、「學校」兩部分構成且以貢舉為主，茲以圖 1 示淸代科舉之「科名」及試程大要：

10　〔元史〕（百衲本），「選舉志」一「科目」；「列傳卅二‧耶律楚材傳」，頁 7。

11　〔明太祖實錄〕（校勘影印本，臺北：中央研究院歷史語言研究所，卷19）「丙午二月是月條」附「明玉珍傳」。

12　〔明太祖實錄〕，卷17，「乙巳九月丙辰條」。

13　〔明太祖實錄〕，卷22，「吳元年三月丁酉條」。

14　〔明太祖實錄〕，卷52，「洪武三年五月己亥條」。

15　〔明太祖實錄〕，卷55，「洪武三年八月是月條」。

16　〔明太祖實錄〕，卷52，「洪武三年五月己亥條」，詔書全文。又，〔明史〕卷21，亦收王禕開科舉詔，惟文字略有出入，此處引實錄。

17　劉錦藻，〔皇朝續文獻通考〕（十通本，臺北，臺灣新興書局），卷49「選舉考」。

　　科舉制度依層階循序而上，考生員（秀才）在縣治、府治；考舉人在順天府和各省省會，考進士則在京師。疏通「遺才」的拔貢、優貢和大挑舉人制度，都要在京師經過不同形式的「朝考」。國學在京師，真正入學就讀自然也得上京師。書院散處各地，是儒學、國學的輔助系統，不是授予「科名」的正式學校。嚴格的說，鄉試以上才是真科舉。

　　「科舉社羣」之人口結構及其流動又略如圖 2：

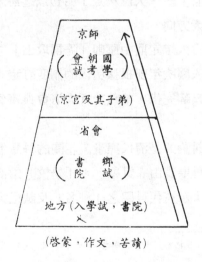

（啓蒙，作文，苦讀）

圖 2　「科舉社羣」之人口結構及其流動

　　循著科舉的層階，科舉社羣的成員如沈兼士所云「全國各地的人才」因而「大集合」於京師。加上科舉社羣的成員一旦「入仕」之後，京官留在京師；上自督撫、下至府州縣佐雜的地方官，都有廻避本籍甚至寄籍的規定（教官及特旨認可者除外）[18]，

18　〔欽定大清會典事例〕，卷7及卷39。

不僅形成人才的「上供」，也形成全國各地人才的「交流」，科舉制度因而促成全國性的文化、社會和政治的互動；對於各地的經濟活動，亦因時、地、環境不同而產生各樣的影響。

臺灣之「儒漢化」奠基於延平王國，入清而急遽開發，和中國本土的西南甚至湖北西南的施南府以及漢代即入中國版圖之海南島相較，臺灣的開發與「儒漢化」之速，都不可同日而語。其緣因固有多端，科舉制度與科舉社羣之影響，恐怕是吾人無法忽略的。

貳、科舉社羣的土著化與臺灣的開發[19]

一、臺灣的學校與學額

明永曆十五年（清順治十八年，西元1661年）鄭成功東渡臺灣。二十年（康熙四年，西元1665年）鄭經採陳永華之議「建聖廟、設學校以收人才」，「定兩州三年兩試，照科歲例開儒童。州試有名送府，府試有名送院，院試取中准入太學，仍按月月課。三年取中式者，補六官內都事，擢用陞轉」[20]。首任臺廈兵備道周昌（康熙二十三至二十五年任）入臺，「窃見偽進生員猶勤藜火，俊秀子弟，亦樂弦誦」[21]，顯然，延平王國已經奠定了「儒漢文化」移植臺灣的基礎。

19　開發一詞原意為將荒地開墾成熟。其引申義：自蠻荒到文明的歷程，包含文化、社會、經濟之變遷。

20　江日昇，〔臺灣外紀〕（〔臺灣文獻叢刊〕，第60種，臺北，臺灣銀行經濟研究室），頁236。

21　周昌，「詳請開科考試文」（高拱乾，〔臺灣府志〕卷10，「藝文志」）。

　　康熙二十二年（1683）施琅平臺，二十三年（1684）設臺灣府，臺灣、鳳山、諸羅三縣，設分巡臺厦兵備道兼理學政，領一府三縣，屬福建布政使司[22]。

　　首任臺厦道周昌，遼陽人，癸丑進士[23]，出身館閣[24]，以建學校、行考校為「海天第一要務」[25]。首任臺灣知府蔣毓英力贊之[26]，抵任之初即興辦府學、三縣學、社學、義學並整修學宮[27]，「觀風月課以勵士習並頒行鄉約以導民志」，繼則詳請立學校、建文廟、設教官[28]。當時的福建巡撫金鋐（康熙二十二年（1683）三月至二十五年四月任[29]）正在奏定賦額，他認為一面強調「人民凋殘」要求低稅；一面要求設立學校，必將影響稅負，「初闢之區，勤求生聚，衣食足而後禮讓崇，俟賦稅定議部

22　〔清聖祖實錄〕，「康熙廿三年夏四月十四日己酉條」。又詳〔臺灣府志〕。
23　高拱乾，〔臺灣府志〕「秩官志」。
24　周昌，「詳請開科考試文」，據閩撫金鋐批文。
25　周昌「詳請開科考試文」，引臺灣知府蔣毓英及臺、鳳、諸三縣會詳文。
26　高拱乾，〔臺灣府志〕，「藝文志·蔣郡守傳」。
27　周昌，「詳請開科考試文」所引三縣會詳文云：「自設立郡縣以來，憲臺與道臺月課、季考奬勵生童與夫卑縣等按季分題課業，士子蔚然興起，燦然有文章之可觀也。」又高拱乾，〔臺灣府志〕，「規制志」。
　　惟高〔志〕僅誌「建」臺、鳳二縣之年分，諸羅縣學則無，僅謂「規制未備」耳。近年言臺灣科舉、學校者據而分臺鳳與諸羅之興學的兩個年分，實則「興學」與「規制」與「請准」各不相同也。又余文儀，〔續修臺灣府志〕，繫府學於康熙廿四年。二說歧異，引起不少爭議。臺灣省文獻委員會出版之〔臺灣省通志〕「教育志」之「考選篇」與同志之「教育行政篇」、「制度沿革篇」以及〔臺灣省通誌〕卷首之「大事記」即各有主張。近年蔣毓英〔臺灣府志〕重刊，亦謂建於康熙廿三年。蔣〔志〕為高〔志〕之編本，早於高〔志〕，學者據而謂蔣、高為是者，是皆惑於「建」、「設」之異辭、請准之過程，忽略一府之縣與臺厦道「收人心」、「鼓士氣」之苦心以及維持學校於將墜之功也。
28　引周昌「詳請開科考試文」。
29　〔清聖祖實錄〕「康熙廿二年三月十四日癸巳條」、「廿五年四月初三日丁亥條」。

咨到日通詳會題」[30]。金鋐緩議之說，終抵不過新收國土——臺灣在現實上的迫切需要。

康熙二十三至二十五年初（1684-1686），經過臺灣府、三縣和臺廈道和福建總督、巡撫反覆詳議後奏請，遂於二十五年（1686）題准定案，正式設置府學及三縣學[31]。雍正元年（1723）彰化設縣[32]，三年（1725）議准設彰化縣學[33]。此爲臺灣設學之第一期（清代前期）。

名　稱	設置年代	沿　　　　革	備　　考
臺灣府學	康熙二十三年	光緒十三年臺灣建省改爲臺南府學	〔會典事例〕卷 374
臺灣縣學	康熙二十三年	光緒十三年臺灣建省改爲安平縣學	（澎湖廳附）同上
鳳山縣學	康熙二十三年		
諸羅縣學	康熙二十三年	乾隆五十二年林爽文之役改爲嘉義縣	〔高宗實錄〕乾隆五十二年十一月丙寅條
彰化縣學	雍　正　三　年	三年議准四年建學宮	〔世宗實錄〕雍正三年三月戊申條

清代各府學生員定額二十名。州縣則依戶口、稅負分爲大、中、小三級，大學十五名、中學十二名、小學八名[34]，再依各地

30　引周昌，「詳請開科考試文」，引金鋐批文。
31　〔大清會典事例〕，卷36「學校門」繫於康熙廿四年。〔續修臺灣府志〕「學校志」，謂康熙二十五年總督王新命、巡撫張仲舉題准。
32　〔清世宗實錄〕，「雍正元年八月初八乙卯條」。
33　〔世宗實錄〕，「雍正三年三月初十日戊申條」。
34　〔大清會典則例〕（四庫全書本）「學校」一，「學校考核・康熙十二年條」。

文化水平或其他條件調整額數。

首任臺廈道兼理學政周昌要求的學額是「照依各府大縣例，府學取進二十名，縣學各十五名，以鼓士氣」[35]。設學之議受阻後，蔣毓英在詳文中說：

> 迨自二十二年部選官員到任以來，蒙憲臺倡先育樂，月課生童；卑府按季考試，各縣亦董率課業……項閱建庠考試之行，多士洋洋動心……臺灣戶口，盡屬南閩之人，天資多有聰慧，機智多有明敏，一經學問，化同時雨，推廣其功名之路，鼓舞作興英才，不難乎濟濟也。此卑府身在地方，稔知風氣，絕非好為誇張，故聳聽聞。取進生員之額萬難減少，設因目前菁莪未盛，減定額數則大沮上進之人心[36]。

合計每科進學五十六名。雖然如此，在學額上，蔣毓英仍採較為妥協的態度，認定鳳山、諸羅為中學，周昌也依議和督撫商量[37]。康熙二十五年（1686）題准臺灣府學額如下：「歲進文武各二十名，科進文童二十名，廩膳二十名，增廣如之。歲貢以廩生食餼淺深為先後，一年貢一人。」臺灣、鳳山、諸羅三縣學額各如下：「歲進文武童各十二名，科進文童十二名，廩膳十名，增廣如之，歲貢二年貢一人。」[38]

雍正元年（1723）題准的彰化縣學額則依小學例：「歲進文武童各八名，科進文童八名。」雍正十三年（1735）才題准「設

35　引周昌，「詳請開科考試文」。
36　周昌，「詳請開科考試文」，引蔣毓英詳文。
37　周昌，「詳請開科考試文」。
38　余文儀，〔續修臺灣府志〕，「學校志」各學條下「入學定額」。

廩、增各十名，俟十年後出貢；嗣後四年貢一人」入學總數爲每
科六十四名[39]。

雍正元年以後至光緒元年（1723-1875）之間是臺灣儒學發展
史的第二期。此期既無施琅其人，也缺乏蔣毓英、周昌、陳璸一
類的幹才，臺灣政治失去恢宏的氣勢。此期行政機構的設、改，
多屬過渡型的「廳」與巡檢司，學校的設置亦然。

雍正元年（1723）設置的彰化縣，其轄區南鄰諸羅、北至鷄
籠山，包含蛤仔難（噶瑪蘭卽今宜蘭）和山後（花蓮、臺東），
爲了維持這樣遼濶地區的治安，同時增設「淡水捕盜同知」一
員，附彰化治。雍正九年（1731）淡彰分治，淡水廳管轄大甲溪
以北的地區[40]，嘉慶十六年（1811）又分設噶瑪蘭廳（通判）「
聽淡水同知就近控制」[41]，兩廳都是佐貳分守性質，不是正式地
方行政機構，兩廳學也成依附之局。

由於淡水同知原來「附彰化治」，雍正九年（1731）分治之
後，同知衙門仍在彰化，直到乾隆二十一年（1756）才移駐廳治
竹塹（今新竹市）。因此，淡水廳既沒有廳學也沒有學額，淡水
的生童也是「附彰化學」。乾隆十一年（1746）淡水人在淡水最
繁榮的新莊街（今臺北縣新莊市）設義學一所。乾隆二十八年（
1763），大墾首、貢生胡焯猷捐出自己的宅院設明志書院，又捐
水田八十甲爲學田[42]。乾隆三十一年(1766)舉人出身的同知李俊

39　余文儀，〔續修臺灣府志〕，「彰化縣學條」下，「入學定額」。

40　參見拙著，「新莊巡檢之設置及其職權、功能──清代分守巡檢之一個案研
　　究」之叁「八里坌巡檢的設置與新莊巡檢的確立」（收入本論文集）。

41　〔仁宗實錄〕，「嘉慶十六年十月十七日壬戌條」。

42　拙著，〔新莊發展史〕（臺北，新莊市公所，民國69年7月），第三章第三
　　節「繁榮而雅緻的新莊」。

原請設獨立的廳學移明志書院至竹塹，不果[43]。三十四年(1769)大墾首監生郭宗嘏再捐水田一百六十一甲，園二十九甲爲明志書院學租[44]，三十五年（1770）以郭宗嘏爲首的生童請求「就近考送」，同知宋應麟試辦了三科，三十八年（1773）同知宋學灝卻又以「無稟生保結」爲由，請求「仍歸彰化考送」[45]。四十六年（1781），明志書院移設竹塹，原址改設租館「仍聽生童照舊肄業」[46]。

嘉慶十五年（1810）總督方維甸因爲海氛不寧而撫臺，淡屬士紳向方呈請，經過再三詳議，於十九年（1814）題准，援江西蓮花廳例，於二十三年（1818）開考，准取進文童六名、武童二名，較小學學額爲低[47]。而嘉慶十六年（1811）又已經分設了噶瑪蘭廳，噶瑪蘭也不設專學，沒有學額而「附隸淡學」，歲、科各撥去一名[48]，實際上淡水只剩五名。遲至同治十年（1871）〔淡水廳志〕刊行時，雖然「人文日盛」「詳准淡設全學，蘭設半學」，而實際上仍以「尙未舉行」爲憾[49]。

噶瑪蘭廳自嘉慶二十二年起（1817）「附隸淡學」，在淡水學額中分撥一名。由於淡、蘭路途遙遠而艱險，赴考不易且取中稀少。屢經呈請，道光十九年（1839）臺灣道秉理學政姚瑩才決

43　陳培桂，〔淡水廳志〕，「學校志・學額門及書院門」。
44　〔明志書院案底〕（中央圖書館臺灣分館藏）。
45　陳培桂，〔淡水廳志〕，「學校志・學額門及書院門」。
46　〔淡水廳志〕，「學校志・書院門・明志書院租息條」。
47　〔淡水廳志〕，「學校志額門」。
48　陳淑均，〔噶瑪蘭廳志〕，「學校志・應試門附考」。
49　〔淡水廳志〕，「學校志額門」。〔大清會典事例〕，卷 374「福建臺灣學額」繫於同治十一年議准。又，此時淡水同知「以分地治民上請」，上級亦無改縣分治之意（詳〔淡水廳志〕，陳培桂「序」）。

定「援照澎湖廳例，將府、縣兩考併歸蘭廳，就近錄取，逕送道考」[50]，二十二年（1842）議准「以五名爲淡水額，編炎字號；以三名爲噶瑪蘭額，編束字號。各由該廳考取，逕送道試」[51]。此時，蘭額三名中之兩名由府額撥充。

同治十一年（1872），噶瑪蘭才議准設專學，議定額數是：淡水廳八名，廩增各六名；噶瑪蘭五名，廩、增各四名；均四年一貢[52]。

以上所述，乃淡水、噶瑪蘭兩廳爭取學額和設置專學的過程[53]。另有澎湖一廳，設於雍正五年（1727）[54]，乾隆三十二年(1786)通判胡建偉詳議請准，自是科起「另編澎湖字號，歲科取進在臺邑額內」[55]，但是「並未明著進額」[56]，直到道光八年（1828）才議准：「另設進額二名，照粵籍例附入府學取進。」[57]光緒年間，新政大行，臺灣設省分治，增設府縣學，澎湖也再興

50　陳淑均，〔噶瑪蘭廳志〕「學校志・廳試門附考」。
51　〔大清會典事例〕，卷374，「臺灣學額・道光廿二年條」。
52　〔大清會典事例〕，卷 374，「同治十一年條」。又據光緒〔臺灣通志稿〕（下同）「官師文職門噶瑪蘭訓導條」載：「楊承藩……同治十二年閏六月任，至是設噶瑪蘭專學。」（至是原文作四是，誤）。
53　噶瑪蘭設專學之經過，臺灣省文獻委員會出版之〔臺灣省通誌〕，卷首「大事記」失載。「教育志・教育行政篇」共載（廳學、學官皆失載）。「教育志・制度沿革篇」僅述淡水廳儒學而將噶瑪蘭置於第七目「其他府縣廳儒學」中，亦不知噶瑪蘭曾設廳學，「清代臺灣儒學一覽表」中亦無噶瑪蘭廳學。「教育志・考選篇」抄錄〔大清會典事例〕「臺灣學額」全篇，始含該廳學。又，該會印行〔清代臺灣教育史料彙編〕，第二章「儒學」，第八節「其他各縣廳儒學」列述澎湖、噶瑪蘭兩廳，恆春、苗栗、雲林三縣，編者按云：「其他各縣廳因設立短暫，未設有專學。」顯然編者亦不知噶瑪蘭廳曾設專學。且其所謂「設立短暫」云云，亦誤，淡、蘭二廳豈得謂之短暫？
54　林豪，〔澎湖廳志〕「職官志・官制門」。又，同書同志「文職表」，首任通判王仁，雍正六年五月任。
55　林豪，〔澎湖廳志〕「文事略・學校門」。
56　〔大清會典事例〕「臺灣學額・道光八年條」。
57　〔大清會典事例〕「臺灣學額・道光八年條」。

設學之議，但是，直到林豪修〔澎湖廳志〕的光緒十八年 (1892)
「亦未准行」[58]。

　　茲將清代中期設學情形列表於下：

廳　　名	設學年份	沿　　　　革	備考
淡　水	嘉慶二十二年 (1817)	雍正九年(1731)附彰化縣學，嘉慶二十二年(1815)爲半學同治十一年(1872)設全學	
噶瑪蘭	同治十一年 (1872)	嘉慶十六年(1811)撥淡水學額一名，二十二年(1817)附淡水學同治十一年(1872)設半學	
澎　湖		雍正五年(1728)設廳，乾隆三十二年(1767)附臺灣縣學年定額，道光八年(1828)學額二名	

　　光緒元年至二十一年割臺之年 (1875-1895) 止，是爲臺灣儒
學發展史之末期。同治十三年 (1874) 日本藉口牡丹社事件出兵
琅璚，沈葆楨受命保臺，此後，丁日昌、岑毓英、劉銘傳等羣彥
畢至，臺灣百政又恢復了康熙時代的開創精神。

　　同治十三年(1874)沈葆楨請於琅璚一帶設恆春縣，光緒元年
(1875) 又請添設臺北一府和淡水、新竹、宜蘭三縣。光緒元年
(1875)恆春設縣，由於該縣「草昧初開」，至光緒三年 (1877)
由丁日昌奏准依郴州猺童例，「於正額外量取一名，不必作爲定
額」。光緒十五年(1889)劉銘傳議准定額一名「附鳳山縣學」，
二十一年 (1895) 割臺前未改[59]。

　　臺北於光緒四年 (1865) 開府，五年 (1866) 淡水、新竹分

58　林豪，〔澎湖廳志〕「文事略·學校門」。
59　屠繼善，〔恆春縣志〕「學校志」。志末附恆籍廩附生。原作者按語云：「
　　各處志例，科甲以下不載，恆邑地僻番山，草昧初開，不能不寬以待之。」
　　共列名5人，其中2人「遊學」，1人年份不明，當爲學校志抨擊之「冒
　　籍」者。

治[60]。宜蘭先於光緒四年（1865）改設[61]。光緒四年（1865）議定臺灣四所儒學的名額：府學閩籍文童十三名、粵童五名。三縣各文童五名。府學閩籍廩、增生各二十名，三年兩貢；粵籍廩、增生各四名，四年一貢，三縣廩增生各四名，四年一貢[62]。

　　光緒十三年（1887）臺灣建立行省，在中部地方新設臺灣一府，臺灣、雲林、苗栗三縣。改原臺灣府爲臺南府、臺灣縣爲安平縣。光緒十六年（1890）議准學額：臺灣府閩籍十名、粵籍三名；閩籍廩增生各二十名，三年兩貢；粵籍廩增額各五名，四年一貢。臺灣縣額十名，廩、增各十名，三年一貢。雲林縣六名，廩、增各四名，四年一貢。苗栗縣二名，廩、增各二名，六年一貢[63]。新設的埔里社廳附臺灣縣學，基隆廳附淡水縣學[64]。光緒十五年（1889）臺灣府及三縣正式分治，臺灣府學、臺灣縣學乃於是年多先期設置[65]，雲林、苗栗亦於十六年（1890）設學[66]。全臺總計每科入學一五五名。

　　茲將清末設學情況列表於下：

60　參見拙著，「臺北設府築城考」肆「臺北開府之曲折過程與臺北府城之興築」（收入本論文集）。

61　光緒〔臺灣通志稿〕「官師志‧文職‧宜蘭縣知縣條」。

62　〔大清會典事例〕「臺灣學額‧光緒四年條」。

63　〔大清會典事例〕「臺灣學額‧光緒十三年條」。惟劉銘傳入「增設府縣請定學額摺」（光緒十六年閏二月初七日），光緒十六年三月十七日硃批禮部議奏。故定議之時當不早於此。

64　引劉銘傳，「增設府縣請定學額摺」。

65　光緒〔臺灣通志稿〕「官師志」載：「臺灣府教授、臺灣縣教諭之首任學官皆於光緒十五年十二月署理。」

66　〔臺灣通志稿〕「官師志」載：「臺灣府鳳山縣訓導，雍正十一年設，光緒十六年移雲林。」又，雲林縣首任訓導於光緒十六年十二月任。沈茂陰，〔苗栗縣志〕「學校志」。又職官表文職苗栗縣訓導首任楊克彰，光緒十六年署。光緒〔臺灣通志稿〕「官師志」誤書苗栗縣訓導爲苗栗縣知縣，楊克彰於十六年十二月署理。

地　名	設　學　年　份	沿　　　　革	
臺北府	光緒五年		
淡水縣	光緒五年		基隆廳附
新竹縣	光緒五年	淡水廳學改設	
宜蘭縣	光緒四年	噶瑪蘭廳學改設	
臺灣府	光緒十五年		
臺灣縣	光緒十五年		埔里社廳附
苗栗縣	光緒十六年		
雲林縣	光緒十六年		

二、科舉社羣的成長與漢移民的土著化

元人鄭廷玉曾以「秀才」爲題賦詩一首：

天子重英豪　文章敎爾曹；

萬般皆下品　惟有讀書高[67]。

雖非佳作，卻是數百年來最「社會寫實」、膾炙人口的一首詩。

內聖外王固然是「儒漢文化」的最高價值；成爲科舉社羣的一員，改善個人和家族的社會地位和經濟狀況更是普遍存在的

_____

[67]　鄭廷玉，〔宋上皇斷金鳳釵〕（影刊脈望館鈔校于小叙本，收入臺北：世界書局〔金元雜劇初編〕之四十八）。此詩也顯示了近數百年來中國重文輕武的強烈傾向。武科舉唐宋以來卽已有之，清代甚至成爲與文科舉並行的制度，但整個社會並不尊重武舉科名。有武科名的人，在臺灣就像在大陸各地一樣，固然有少數人有社會地位或影響力，但整個社會並不十分尊重他們，一般談考試制度的論述也是聊勝於無的略言幾句。本文並不刻意分割文、武科，但遇武科名時，自當另行說明。

慾望。「科舉」制度化之後，希冀者眾而得之者寡，科舉名額以
及分區配額，一直是各地科舉社羣努力爭取的對象，一般而論，
地方官也盡力爲轄區爭取名額，爲地方造福。

　　就中央政府而言，選拔人才、牢籠人心固然重要，如何利用
科舉制度換取地方資源和對於政權的效忠尤爲重要。因此，名額
的多寡首先和戶口錢糧結合，並依此劃分大、中、小學，名額依
序遞減，臺灣府、淡水廳、噶瑪蘭廳的學額問題，其關鍵即在
此。其次再依各地的文化水平以及戰亂、重大災禍時對中央政府
的支持、效忠的程度來彈性調整。另一方面，科舉的公平原則，
又不容許某一地區名額過度擴張。

　　在名額有限以及投考、考試的諸多限制與嚴密的防閑措施
下，自感實力不足或與「考場規條」有違礙之考生，經常有「冒
姓」、「冒籍」（通稱頂冒）的情況[68]。文風鼎盛、取中不易的
地區，士子常奔向取中較易的縣分「冒籍」投考。

　　在自然地理上，福建是大陸中國的邊疆，卻是海洋中國的中
央。泉州自唐宋以來就是數一數二的國際大港，其文風亦極盛，
遠在北宋時代，宰輔人數就高居全國第二，僅次於首都汴梁，南
宋、元、明、清三代更是人才輩出，是江南之外的另一個文化中
心[69]。因此，冒籍、冒姓名之風也很盛[70]。

68　〔大清會典則例〕，卷70「學校」三「考場規條」以及「生童戶籍」各條。
69　陳正祥，「中國文化中心的南移」，〔中國文化地理〕第一篇（臺北，木鐸
　　出版社，民國71年）。
70　參見拙著，〔張士箱家族移民發展史──清初閩南士族移民臺灣之一個案研
　　究（1702-1983）〕（臺北樹林鎮，張士箱家族拓展史研纂委員會，民國72年
　　7月），第三章第一節中所作的統計。以雍正年間晉江的貢生爲例，貢生62
　　人，冒籍他處得中者占 1/3，冒姓名者8人，同時冒姓又冒籍者4人，〔晉
　　江縣志〕「選舉志」上登錄的清清楚楚蓋以常態視之也。

　　鄭成功跨海東渡時所率領的不止是一批軍人，同時也是包含士、農、工、商各階層的一個完整的「儒漢社會」。因此，臺灣的「科舉社羣」在鄭成功時代即已形成。鄭經、陳永華設學校，則是爲臺灣的「科舉社羣」訓練新成員。延平王國時代「儒漢社會」的範疇僅限於今臺南一帶，加上閩、臺二地長期隔絕，臺灣的「科舉社羣」規模旣小且相當孤立。

　　施琅入臺，撫輯流亡是一時急務，而安撫「科舉社羣」在有識之士心中，更是「海天第一要務」，到底他們仍是「儒漢社會」的領導階層。因此，維持鄭氏諸學於不輟之外，更於康熙二十五年（1686）議定臺灣一府三縣新設學校及其學額。

　　首任臺灣知府蔣毓英在詳請「設學校開科考試」一文中說：「頃聞建庠考試之行，多士洋洋動心……在臺灣戶口，盡屬南閩之人，天資多有聰慧，機智多有明敏。」[71] 其實動心者豈止在臺灣的「南閩多士」，這些新設學額，更吸引了閩、粵兩省「不得意於有司」的學子。臺灣不僅成爲閩、粵移民的新天地，更成爲大陸學子的新樂園。

　　康熙三十一年（1692）高拱乾由於在泉州知府任上表現良好，皇上特別陞他爲臺廈道，他旣任主要「移出區」的泉州知府，對於臺灣的情況也相當瞭解，他一到臺灣就頒布了一個「初至臺灣曉諭兵民」的告示：

> 臺灣地氣和煖，無胼手胝足之勞而禾易長畝，較內地之終歲勤者，其勞逸大異……讀書之子，特設臺額，獲登賢書，較內地之人多額少者，其難易不同，此臺士之足

----

[71]　周昌，「詳請開科考試文」轉引蔣毓英詳文。

樂也[72]。

為防止冒籍、冒名以及倡優隸卒子孫應試，原有由鄉、保、廩生具保的規定。由於臺灣初設府、縣，讀書應考的人比較少，沒有人攻擊冒名、冒籍的弊端。諸羅知縣周鍾瑄更有「寄籍不必杜，藉其博雅宏通，爲土著之切磋可也」的說法，公然刊布在〔諸羅縣志〕上[73]，足以代表當時一般地方官對於寄籍者的寬大，甚至鼓勵的態度。

康熙三十六年(1697)郁永河爲探硫而東來，當時「儒漢文化」影響所及，大抵仍在今臺南一帶，他在〔裨海紀遊〕一書中有如下記載：

> 臺灣縣卽府治，東西廣五十里，南北衷四十里，鎮、
> 道、府、廳曁諸、鳳兩縣衙署、學宮、市廛及內地寄籍
> 民居多隸焉[74]。

郁永河又謂：「臺民皆漳、泉寄籍。」「諸羅、鳳山無民，所隸皆土著番民。」「大肚、牛罵、大甲、竹塹諸社林莽荒穢不見一人。」[75]「自竹塹迄南嵌八九十里，不見一人一屋，求一樹就蔭不得。」鷄籠、淡水在當時地方官心目中更是「絕域」。「人至卽病，病卽死」[76]。

縱使如此，已開發的「臺灣縣」卻又極爲富庶，他說：

> 近者，海內恆苦貧，斗米百錢，民多饑色，賈人責負聲

72　高拱乾，〔臺灣府志〕「藝文志」。
73　周鍾瑄，〔諸羅縣志〕「學校志・總論」。
74　郁永河，〔裨海紀遊〕，卷上。
75　郁永河，〔裨海紀遊〕，卷下。
76　郁永河，〔裨海紀遊〕，卷中。

日沸閭闐；臺郡獨似富庶，市中百物價倍，購者無各
色；貿易之肆，期約不愆；傭人計日百錢，趑趄不應
召；屠兒牧豎，腰纏常數十金……臺土宜稼，收穫倍蓰
……為賈販通外洋諸國則財用不匱。民富土沃，又當四
達之海，即今內地民人，福至而輻輳，皆願出於其市
[77]。

康熙四十年（1701）以後，閩西汀州和粵東之惠、潮移民開
始東移臺灣[78]。康熙五十年（1711）臺灣知府周元文〔申請嚴禁
偷販米穀詳稿〕載：「閩、廣之梯航日眾，綜稽簿籍，每歲以十
數萬計。」[79]也就是說有案可稽的移民每年便有十幾萬人。康熙
六十年（1721）隨兄來臺平朱一貴之亂的藍鼎元在〔覆制軍臺疆
經理書〕中也曾說：

國家初設郡縣，管轄不過百里，距今未四十年，而開
墾流移之眾延袤二千餘里，糖穀之利甲天下……北至淡
水、雞籠，南盡沙馬磯頭，皆欣然樂郊，爭趨若鶩[80]。
藍鼎元親履臺地，目睹了康熙末期「爭趨若鶩」的狂熱移民潮和
拓墾運動。在他心目中，狂熱的拓墾運動已然造就了「糖穀之利
甲天下」的臺灣府。

閩、粵兩地「不得意於有司」而有志追求科名和發展機運的
學子，更隨著移民潮和移民潮所造就的機運「羣間渡而東」，到

77　郁永河，〔裨海紀遊〕，卷下。
78　參見拙著，「臺灣北部拓墾初期『通事』所扮演之角色及其功能」，
　　收入本論文集。
79　高拱乾，〔臺灣府志〕「藝文志」。
80　藍鼎元，〔東征集〕，卷3。

臺灣來求發展。

康熙五十六年（1717）完成的〔諸羅縣志〕「風俗志・漢俗
考」載：

> 內地稍通筆墨而無籍者，皆以臺爲淵藪，訓蒙草地，或
> 充吏胥，報入比未久者，歲科猶與童子試，其姦猾而窮
> 無依者並爲訟師。

「訓蒙草地」是在鄉間爲童子師，「充吏胥」是在衙門充當
差役師爺，「訟師」則爲人寫狀子打官司，都是在大陸「不得意
於有司」，在臺灣仍然考不上的讀書人的出路，都是「科舉社
羣」的基層人物，「歲科猶與童子試」，對科舉仍然滿懷希望。

另一方面，久居臺灣的土著，「兒童五、六歲亦嘗令就學」，
稍長，目睹「巨賈列肆居廛，則金帛貨貝足相傲也；田舍翁多收
十斛，則菽麥穀粱足相傲也；吏胥舞文爲奸利，鮮衣美食則相
傲；強有力，竄名卒伍，躍馬彎弓又相傲」。一般人既然如此容
易謀生、創業、發財，而貧窮人家的子弟又不得不「爲農、商與
工、或吏胥而卒伍」。

〔諸羅縣志〕「學校志・總論」於此頗生感慨云：

> 于是，此邦視學之途爲迂而無用。

因此，「諸羅建學三十年，掇科多內地寄籍者。庠序之士，泉、
漳居半，興、福次之，土著寥寥矣！」[81] 這種現象不止於諸羅一
地，臺灣一府三縣皆然也。

關於生童戶籍問題，據〔大清會典則例〕，順治二年(1645)
順天鄉試已有「如父母墳墓向在北方卽繫土著」可以入籍應試的

81　〔諸羅縣志〕「學校志・總論」。

規定。康熙三十九年（1700）又有「在京冒籍生員，除入籍二十以上者不議」，除此之外，其他冒籍者按規定皆改歸原籍或遭黜革。康熙年間，臺灣寄籍者雖多，因爲地方官有「寄籍不必杜，藉其博雅宏通，爲土著之切磋可也」的諒解，是以也無人深究。朱一貴事變之後，中央認爲亂事之起，與吏治不無關係，故亟於整頓，寄籍問題也受到重視。

　　雍正五年（1727）七月，浙閩總督高其倬有「奏聞臺灣各學寄籍諸生宜歸本籍事」一摺，摘要於下：

> 臺灣府、縣各學所有生童歲、科二試……因臺地新闢，
> 讀書者少，多係泉、漳各處之人應試，進學之後，仍歸
> 本處居住……請嗣後歲、科兩試，應令道、府、各縣，
> 查明現住臺地，有田有產，入籍旣定之人，方准與考
> ……其泉、漳各處寄籍之人，一概不許冒濫[82]。

〔大清會典事例〕中也列入了雍正五年（1727）的禁令，並要求已經冒籍進學之文武諸生「限兩月內具呈自首」，改歸原籍[83]。

　　地方官是否樂於主動訪察「冒籍」？冒籍者既然「多係泉、漳各處之人」，臺灣人也是漳、泉人，只要臺灣府的士子不「攻揭」檢舉，又如何嚴格執行？倒是康熙四十年（1701）以後逐漸來臺的粵籍惠、潮移民子弟，始終無法正式參加考試。乾隆四年（1739）任巡臺御史的楊二酉頗不以爲然，當時的攝理臺灣道劉良璧說明問題所在云：

82　〔雍正朝硃批諭旨〕（影本，臺北，臺灣文源書局）第十九函，「雍正五年七月初八日高其倬奏摺」。

83　〔大清會典事例〕，卷 391，「生童戶籍·雍正五年條」。前引乾隆朝〔大清會典則例〕漏列此條。

粵民流寓在臺……其父兄雖只事耕耘，而子弟多有志誦
讀……但溯其本源，究屬隔省流寓，此臺童所以攻揭惟
嚴，不容與考，奮進未由，誠堪軫惜[84]。

粵童應考侵犯了閩童的名額，雜揉了制度上的省籍區分和實際上
的利害衝突。經過楊二酉的努力，終於奏准：「現粵童堪以應試
者計七百餘名，准其另編新字號應試。其取進額數，照小學例，
四邑通校，共取進八名，附入府學。嗣後有續出應試者，總以八
名為額。」至於廪、增則待取進漸多再議，鄉試附閩省而不附入
臺字號[85]。在既不影響三縣一廳學額，又不影響臺士鄉試的情況
下，解決了粵童入學問題。此後，粵生按各邑比例調配，另設一
榜，使得「隔省流寓」的脫法行為合法化，也使粵人在閩屬臺灣
府落籍，逐漸「土著化」，成為「臺灣人」。

　　乾隆二十年（1755）諸羅縣紳士所立的「嚴禁冒籍應考條例
碑」，可以說是臺灣「科舉社羣」的「羣體意識」高張，合力抵
制「冒籍應考」最具代表性的宣言，茲節錄於下[86]：

　　就地掄才，普天通例；冒籍頂考，功令森嚴。雍正五
　　年，特頒綸旨……法久弊生……我同人倡建文廟，卜地
　　庀材，數仞宮牆，幾將告竣。憤冒籍之縱橫，於甲戌
　　春，僉稟縣主徐批：查定例，入籍三十年，有廬墓、眷
　　產者，方准考試。臺地土著者少，流寓者多，冒籍之

84　「乾隆六年四月廿九日閩浙總督德沛題本」引攝臺灣道劉良璧詳文，〔明清
　　史料〕，戊編第一本（臺北，中央研究院歷史語言研究所），頁56。
85　范咸，〔重修臺灣府志〕，「學校志・學宮門・入學定額條」。
　　〔大清會典事例〕與范〔志〕皆繫於乾隆五年，揆諸前引德沛題本，議定當
　　在乾隆六年。
86　〔臺灣南部碑文集成〕（〔臺灣文獻叢刊〕，第28種），頁384-385。

弊，致難稽察。得諸生從公細查納卷，不惟弊可永杜，
所選皆諸山之彥矣。……是以前歲取士，悉屬本邑，冒
籍伎倆，源將絕矣。

第創始必求善繼，清革尤賴有資……公議廟外壙地甲
餘，贌佃耕作，年收稅銀，充爲清革公費。……

若正人君子不狥私情，勉出乃力，清釐頂冒……

一、過繼最易給口嗣後以娶妻爲入籍已定

一、新娶限口年戶册可憑爲入籍已定

一、內地搬眷限口年戶册可憑爲入籍已定

一、過縣遷移限三年戶册可憑爲入籍已定

一、每年議舉二人專司收稅公用上下輪流不得混冒。

　　　　　　　碑存今嘉義市延平街，字蹟不明者作「口」記。

碑文顯示冒籍、冒姓最常見的手法是「過繼」；除了內地考生
外，臺灣府轄下的考生也有「過縣」冒籍的情形。「碑」本身和
碑文都顯示諸羅「科舉社羣」的「羣體意識」和羣策羣力曾經產
生一定的成就。科舉制度在這一層面上，對於移民的「土著化」
和臺灣的「儒漢化」，顯然有相當強烈的效果。但是，「頂冒」
旣是全國各科場普遍存在的舞弊現象，臺灣一地也無從期待「正
人君子不狥私情」，將頂冒完全清除。

　　臺灣「科舉社羣」有科名者，據莊金德之統計，進士二十九
人（又武進士十人）；舉人二五一人（又武舉人二八四人）；貢
生九百六十人而例貢不與焉[87]。再者，光緒〔大清會典事例〕「

―――――――――――――

[87]　〔臺灣省通誌〕「敎育志·考選篇」。此乃莊氏據臺灣各方志所載算得。近
　　年學者據族譜、題名錄等資料又增出若干，此處不一一補入。

福建臺灣學額」條所載各屬學額共計一百五十五名，廩、增生合計二百九十四名而附生不與焉。

至於考生數，也有不少概略性的紀錄。乾隆四年（1878）楊二酉為粵籍士子爭取學額時曾謂：「粵童堪以應試者計七百餘名。」乾隆三十二年（1767）臺灣道張珽「建臺陽校士場屋記」云：「今臺中之懷鉛握槧者，每邑不下千人。」[88] 道光二十七年（1847）任臺灣道的徐宗幹嘗謂：「臺郡城內庠塾相望，晝夜時有書聲；此即各郡邑罕聞。閩、粵文童將近三千。」[89] 光緒四年（1878）閩浙總督何璟等奏臺北新設專學及學額分配情形時謂：「向來淡水廳試，文童約有一千三、四百人；噶瑪蘭廳試，文童約有六、七百人。惟赴郡……長途跋涉，旅費維艱；是以每遇歲、科試，人數尚不及廳試三分之一。」[90] 光緒十五年（1889）劉銘傳「恭報南北考試完竣摺」載：「兩棚所試，併計文童四千餘人，武童六百餘人。」[91]

考試人數比較精確的是道光末期的「將近三千」和光緒年間的「四千餘人」，但是，並不是每個人一啟蒙就學作文，學作文就應考。嘉慶二十年(1815)噶瑪蘭廳通判翟淦請考試詳文內稱：「應童子試者五十六名，初學作文者四十八名。」道光十一年（1831）楊德昭等「為蘭童進階」呈稱：「現入書院肄業者，陸

88　〔臺灣南部碑文集成〕，頁76。
89　徐宗幹，「上彭詠莪學使書」，收入丁曰健編，〔治臺必告錄〕（〔臺灣文獻叢刊〕，第17種，卷5「斯未信齋文集」）。
90　上海〔申報〕光緒四年十一月三十日轉載十一月初十日〔京報〕載「閩浙督何（璟）奏臺北新設專學分別改撥文武學額摺」（〔臺灣文獻叢刊〕，第247種）。
91　〔劉壯肅公奏議〕「建省略」（〔臺灣文獻叢刊〕，第27種）。

續有一百四十餘名，其未入書院在遠鄉教讀者有三、四十名，又有初學詩文漸可應試者六、七十名。」[92] 同治十一年(1872)噶瑪蘭通判王文棨詳稱：「應試文童六百餘名，初學作文者二百三、四十名。」[93] 上述數據一方面顯示蘭童的結構與成長，一方面也顯示應試率分別約略為百分之五四、六十及八十，其中自不包括士紳和對科名絕望之人。若以百分之六十計，則乾隆中期積極參加科舉活動者約當四千人，道光末大約五千人，而光緒中當在七千人左右。

臺灣的人口據陳紹馨之研究，清初約為二十萬，嘉慶年間二百萬至日據初為二百五十萬[94]，但是科舉名額卻與全國一致，未依比例增加（除卻光緒間新設行政區外）。臺灣科舉社羣的水準日高、競爭益形激烈。因此，臺灣一府三縣的新學額，在康熙、雍正年間吸引大量閩、粵學子來臺應考，逐漸成為臺灣科舉社羣的成員。乾隆初，社羣的羣體意識抬頭，且產生「排他意識」，加速了漢移民的土著化，也加速了臺灣的「中土化」、「儒漢化」。嘉慶以後，臺灣不再像康熙、雍正年間一樣，是寄籍頂冒的樂土，且有不少臺灣學子到大陸寄籍頂冒。乾隆中，王克捷、莊文進與閩士一體考中進士；道光三年（1823）臺灣舉人入京應考者達到十人。淡水鄭用錫在保障名額下取中進士，卻以「開臺

92　〔噶瑪蘭廳志〕「學校志·應試門附考」。

93　上海〔申報〕同治十一年六月初十日轉載是年五月十九日〔京報〕載「署閩浙總督文（煜）等奏臺灣府屬之淡水、噶瑪蘭二廳人文日盛，懇恩分別增廣學額、添設學校摺」中所引詳文。

94　陳紹馨，「臺灣人口史的幾個問題」，〔臺灣的人口變遷與社會變遷〕（臺北，聯經出版公司，民國74年，初版三刷），頁9-21。

進士」[95] 稱之，不久又有所謂開蘭、開澎進士，雖然「開臺進士」予人眞膺難辨、妄自尊大之感，卻也顯示乾、嘉以來日漸增強的土著意識，至此而生「臺灣意識」抬頭的跡象[96]。

三、科舉社羣與臺灣的開發

康熙二十五年（1686）臺灣一府三縣議定學額的時候，受到漢人社會農業文化影響的地區僅止於今臺南一帶。

今臺南一帶，在荷據時代招墾有二法，一是荷人招請「中國頭人」，由中國頭人招徠農民開墾；一是荷人直接招墾，給予耕牛、農具、種子乃至陂塘堤圳之費。前者可稱之爲「墾首制」，後者直屬荷人，稱之爲「王田制」。

延平王國時代，接收荷人王田或循荷人之法招墾的田稱爲「官田」。「鄭氏宗黨及文武官與士庶之有力者」仿頭人之法招墾、收租而「納課於官」者，爲「文武官田」，卽「私田」。另有營鎮之兵在營盤近處開墾的「軍屯」。

---

[95] 〔淡水廳志〕，卷9「列傳」二「先正鄭用錫傳」。此志乃遠紹鄭用錫稿本且在鄭氏鉅族影響下完成。楊雲萍先生撰「鄭用錫傳」，〔臺灣史上的人物〕（臺北，成文出版社，民國70年5月）亦謂廳志誤。

[96] 此乃就歷史發展之大方向而言，與若干個案不必相合。筆者曾撰〔張士箱家族移民發展史——清初閩南士族移民臺灣之一個案研究（1702-1983）。張家個案顯示張士箱父子康熙四十二年來臺，康熙五十八年重修官學時已成爲臺灣科舉社羣的領袖。第三代張源志居今雲林褒忠鄉，乾隆五十九年死在貴陽札佐巡檢任上，貴州人感念他，募款遣人護送靈柩回臺灣來。臺中霧峯林家移民始遷第一代於立業成家後，歸鄉展墓「奉骸骨而東遷」（〔臺灣霧峯林氏族譜〕），顯示林家植根於臺灣的決心。盛清沂在「臺灣族譜所見本島開闢史料」一文中引國學文獻館〔黃氏族譜〕：「渡臺當時有帶三位祖骸，其族兄弟亦帶有三位祖骸，兩人協安，將此六位祖骸，合葬於桃園市郊外，小地號赤塗埤仔。」這樣決斷的行爲，當非林、黃二族而已。
至於光緒年間東來如湘軍子弟之留臺者，早已成爲土著，而乃姪、乃孫光復後東來，竟成新移民者，亦不乏其例。

　　延平王國敗亡，鄭氏宗黨、文武官員、營鎮兵多安插內地，
士庶民人部分回歸本籍，留臺者成爲「臺士」、「土著」。人口
銳減，耕地抛荒，撫輯之外，招徠墾闢遂爲一時要政[97]。

　　康熙三十一年（1692）任臺廈道之高拱乾在「勸埋枯骨示」
中嘗謂：「臺灣地經初闢，田盡荒蕪，一紙執照，便可耕耘；旣
非祖父之遺，復無交易之價，開墾止於一方，而霸占遂及乎四
至，動連阡陌，遂及方圓。」這是高氏有感於當時「一坏之土難
求」，諭示「凡有未墾荒埔，果係官地，聽民營葬」而發[98]，其
辭難免誇張。旣然營葬「一坏之土難求」，則高氏所指亦必在今
臺南一帶。「一紙執照」便可耕耘，則其地必爲抛荒之官田、屯
田，而非民業，更不指今臺南以外地區。

　　今臺南縣六甲鄉赤山龍湖巖前，立有「孫太爺開租碑」，
孫太爺卽康熙六十一年至雍正四年（1722-1726）間任諸羅縣的孫
魯。碑文引赤山保民稟呈云：

　　　　我師平臺……僞兵逃回者多……千原俱蕪，始任諸邑縣
　　　　主李觀其抛荒無主……思惟赤山居民居多，故就我赤山
　　　　現耕之田暫爲會攤，以俟將來拓墾改正……厥後富豪
　　　　節次來臺稟請拓墾……曠土青埔盡爲業戶所墾無餘……
　　　　[99]。

雍正五年（1727）任巡臺御史之尹秦所述當時請墾情形亦謂：

　　　　有力之家，視其勢高而近溪澗淡水者，赴縣呈明四至，

97　參見拙著〔張士箱家族移民發展史──清初閩南士族移民臺灣之一個案研究
　　（1702-1983）〕，第二章第三節。
98　高拱乾，〔臺灣府志〕「藝文志」。
99　〔臺灣南部碑文集成〕，頁126。

請給墾單，召佃開墾[100]。

「墾戶」請得墾照後，必先籌措資金，預備耕牛、農具、種子與糧食，進而葺屋爲寮、結厝爲莊，召佃開墾。「墾首」則必備龐大資金與組織長才始得有效拓墾[101]。墾熟之後必須陞科，否則仍屬私墾[102]。

當然也有若干小規模的「墾首」或零星的拓墾者。

嘉慶年間任臺灣道的熊一本對於大、小墾戶間的關係有如下說明：

> 倘業戶殷實，資本豐盈，認墾甲數必盈千纍百，招佃領辦。雖以一、二人之名，有田陞科，難於影射；有租完賦，莫能抗延。若止准其數甲、數十甲小戶給墾，地多戶碎，曠日持久，萬難集事。況小戶必不經請於官，多觀望求附於親識之大戶，其田亦附近於大戶之田……弗爲之倡，事莫能成。墾熟之後請領印照，小戶亦必各執爲業，斷不肯甘匿其名而歸業於大戶；大戶亦不肯小戶得田而代其名以完賦[103]。

熊一本分析大、小墾戶之間的利害關係極其清晰。無論就維護地方安寧、陞科或考績而言，地方官當然是寧捨小戶而取大戶，更進一步以大戶羈縻小戶和零星拓墾者。因此，自鄭氏以來，「士庶之有力者」、「富豪」、「有力之家」，即成爲拓墾者的主力

---

100 尹泰，「臺灣田糧利弊疏」（〔淡水廳志〕，「附錄」一「文徵」上）。

101 參見拙著，「臺北平原拓墾史研究(1697-1772)」肆之一「小引」（收入本論文集）。

102 〔福建省例〕，十五「勸墾例」，「各屬墾陞田地應由道府結轉隨文清領墾照條」（〔臺灣文獻叢刊〕，第199種）。

103 熊一本，「條覆籌辦番社議」（收入〔治臺必告錄〕，卷3）。

104 。

　　科舉社羣的成員既是社會的領導層，由於科場條例的限制，除非特旨恩准或頂冒[105]，大抵都出身農人（含地主層），所謂「耕讀傳家」乃成爲科舉社羣的主要傳統[106]。他們到臺灣來尋求發展機會，除了學額之外，沃野千里也應當有相當吸引力。他們既以地方官爲師，經常往來唱和，關係良好，加上他們既有的社會地位、組織能力，並有一定的財力，從請領墾照、開墾到陞科的阻力也比較小。筆者近年所研究〔張士箱家族移民發展史〕就是「清初閩南士族移民臺灣」的一個個案。

　　張士箱，泉州晉江人，他的高祖張九韶是貢生，曾任湖廣宜城和廣東茂名知縣，子孫也多有「功名」。士箱的父親十四歲卽進惠安縣學（也是冒籍成功的例子），張士箱本人二十九歲入永春縣學，因冒籍被發現而除名，遂跨海東渡，三十歲補鳳山籍的臺灣府學生員。康熙五十八年（1719）鳳山修志，收士箱「娘嬌

104　參見拙著，「臺北平原拓墾史研究（1697-1772）」，又〔高宗實錄〕，「乾隆九年三月初十日戊子條」載：「朕聞臺灣地方，從前地廣人稀，土泉豐足，彼處鎮將大員無不創立莊產，召佃開墾以爲己業。且有客民侵占番地，彼此爭競，遂投獻武員，因而據爲己有者；亦有接受前官已成之產，相習以爲然者，其中來歷總不分明……此後臺郡大小武員創立莊產，開墾草地之處，永行禁止……。」〔大清會典事例〕「戶部田賦開墾・乾隆九年條」同。武員墾莊著名的是今臺中縣南部張國與藍廷珍「相習」的「藍張興莊」。
　　　至於施琅家的施候租則是接收鄭氏時代的既成田園所收的大租，「來歷總不分明」，非墾首、墾莊。關於文武官員與臺灣開發史的關係，異日有緣當另撰一文申論。

105　〔欽定大清會典則例〕「貢學下・試規門」中學額規定直隸長蘆商人另編商字號一名，廣東商人亦援例一名，不得超過兩名。臺灣則另設「郊籍」給商人，是比較特殊的例子。

106　張士箱家族乾隆初年在淡水海山莊（今臺北縣新莊市）有御賜「耕耘」匾額。今臺北縣蘆洲鄉田野美李宅（三級古蹟）正廳有「一般心而友兄弟必恭必敬，兩件事以傳子孫半耕半讀」一聯。

潮聲」詩一首。次年，參與臺灣縣修志，「藝文志」收士箱及其長子方高詩各一首。

康熙五十九年（1720），重建臺灣府學告成，立碑爲記，碑末詳列參與者十八人，張士箱、張方高父子列名其中。士箱父子五人雍正、乾隆初陸續成爲拔貢、歲貢。乾隆二十五年至三十五年（1760-1770）間張士箱的孫輩與曾孫輩考中六名舉人。乾隆三十三年（1768），士箱孫源俊與曾孫植華叔侄二人雙雙中舉，是轟動閩、臺兩地的盛事。士箱側室洪氏「親見嫡嗣登科入泮者二十餘人」，科名之盛，冠甲全臺。

乾隆十四年（1749）重修府學，十五年（1750）新建臺灣縣衙門、整建海東書院，士箱的次子方升以「素封之拔貢生」的身分「踴躍樂輸」，主持其事。十六年（1751）又回晉江故鄉進行興建祖祠、立學田的工作。此後張氏族人也積極的參與臺灣府學、彰化縣學的整建工作和其他社會事業，此處無法一一細述。

「素封」一辭見於〔史記〕「貨殖列傳」：「無秩祿之奉、爵邑之入而樂與之比者，命曰素封。」乾隆初年張家之富由此可知。張士箱家境富足，東渡中秀才後，縱使稱不上富豪，稱之爲「有力之家」當可無疑。

張家首先開墾的是濁水溪南、虎尾溪一帶的荒埔──布嶼稟，以現在西螺、崙背爲中心，將東起林內、莿桐、西螺、斗六、虎尾、西至麥寮、海豐，南至褒忠、元長、土庫的沃野招佃開墾，雍、乾之際又利用濁水溪、虎尾溪豐富的水源，開鑿了大有、八仔、鹿場和清濁等圳，灌田數萬甲。張家拓墾事業的順利和大租、水租事業經營的成功，使張家成爲「素封之家」。接

著，張家又夥同楊志申、吳洛等人（都是科舉社羣的成員），向
今天臺中縣南部地區、彰化和今天臺北縣新莊、樹林地區發展。

張家在今天三鶯走廊和新莊平原收購了著名通事賴科、林成
祖等已請墾和開發中的大片莊園，又向在今板橋、土城一帶的武
勝灣社、擺接社買入大量荒地，並且開鑿了福安陂、七十二分陂
和「圳長三十里」的「永安陂海山大圳」（此圳末端與三重埔番
業主君納等合作鑿成）。

由於張家在科舉和開墾兩方面成就卓越，而又熱心公益事
業，所以在國家檔案，閩、臺兩地方志和碑刻上都留下相當多的
紀錄。張家本身也保存了豐富的家族史料，如族譜、佃戶名冊、
帳冊、輪祀紀錄、墾照、合同和古契等老字據，使我們能比較深
入的瞭解「科舉社羣」在臺灣開發史上的地位[107]。

開發今天彰化地區的大功臣則是拔貢生施世榜，施家是開墾
彰化平原的墾首，他們所開鑿的施厝圳灌溉了當時彰邑十三保半
中的八保，因此俗稱八堡圳，施氏一門在科舉、開墾和其他事業
上也有相當的表現。民國六十年張光直回國推動「臺灣省濁水、
大肚兩溪流域自然與文化史科際研究計畫」（簡稱濁大計畫），
參與濁大計畫的王崧興得到了施世榜開鑿八堡圳的老字據三件，
王先生抄錄了這三件字據並略加敍述，在相當於發表新史料的狀
況下，發表了中、英文內容相近的論文各一篇，並沒有廣泛而深
入的蒐集史料來瞭解濁大開發史和施氏一門的歷史，至今想來猶
有令人不勝遺憾之感。

也有不少人合資、請墾時另立墾號名字，吾人不易覺察墾首

---

[107] 拙著，〔張士箱家族移民發展史〕，第三、四兩章。

身分。譬如拓墾今臺北縣新莊、泰山、五股一帶的「胡林隆」墾
號是由胡焯猷、林作哲、胡習隆合夥，由於胡焯猷捐獻明志書院
及書院學田，留下完整的〔明志書院案底〕，我們知道胡焯猷是
汀州永定貢生。開墾長道坑、八里坌、滬尾（淡水河口南北兩
岸）以及與直保中港厝莊等的「施茂」墾號，則由郭、林兩股組
成，也由於〔明志書院案底〕，我們才知道其中的郭即「監生郭
宗嘏」。（胡、郭捐設書院、捐置學田以及爭取設淡水專學事蹟
見本文貳之一）

　　也有若干墾照、告示以及其他史料中明白載明拓墾者的功
名。如參與新莊平原拓墾工作的楊道弘，雍正五年(1727)二月彰
化知縣張縞頒給的墾單，即明載「貢生楊道弘」，雍正八年（
1730）九月取得武勝灣社眸墾合約後，彰化知縣張與朱所頒給的
墾荒告示，則稱之爲「墾戶貢生楊道弘」。

　　雍正八年（1730）五月彰化縣知縣張與朱所給管業告示，也
直書業戶曾峻榮「即舉人曾天璽」，與施長齡墾號相鄰的墾首曾
天璽原爲文學生員，康熙五十三年（1714）改考武鄉試中舉。

　　與張士箱家族在彰化境內關係密切，且與張方大合夥入墾淡
北海山莊的吳洛也是貢生。乾隆十五年（1750）改建臺灣縣署時
與張方升同爲首事的「生員龔帝臣」亦是「墾戶」[108]。

　　約略計之前述施世榜、張士箱、胡焯猷、郭宗嘏等家族，開
墾了臺灣西部近半的土地，影響不可謂不大。「科舉社羣」對於
臺灣開發史的貢獻，由於開發史之實徵研究日漸充實，假以時日

108　本節節錄〔張士箱家族移民發展史〕，第二章第三節「士族與臺灣拓墾事業
　　發展的關係」，故所述不一一詳註史料來源，欲知詳情者煩請參閱原書。

必能呈現更清晰的面貌。

在申請墾照之前，有一個先決的條件，那就是荒地的發現與取得，這就與臺灣的先住民和「通事」有密切的關係了。

根據先占原則，臺地自屬散布全臺的各番社所有。荷蘭人初入臺灣，卽以 Cangan 布十五疋向新港社番買得赤嵌（Saccam）之地[109]，鄭氏入主，亦「不許混佔土民及百姓現耕物業」[110]。

藍鼎元在「與吳觀察論治臺灣事宜書」中謂：漢民之移墾臺地者，「全臺皆取之番」[111]。康熙末歷任臺灣知縣（四十一年，西元1702年）、臺廈道（四十九年，西元1710年）、福建巡撫（五十五年，西元1716年），親歷臺灣南北，熟悉風土民情的陳璸，認爲番民也是「天朝赤子」，主張「禁冒墾以保番產」，維護先住民的生存權與財產權。他說：

> 內地人民輸課，田地皆得永爲己業而世守之，各番社自本朝開疆以來，每年旣有額餉輸將，則該社尺土皆屬番產……且各社毗連，各有界址，是番與番不容相越，豈容外來人民侵佔[112]？

陳璸不僅根據先占原則說明番地所有權，更就「輸餉」的角度，在法理上進一步肯定各番社的土地所有權。這是有清一代「護番保產政策」的理論基礎。

109　〔バクヴイア城日誌〕，「一六二五年四月九日條」引〔臺灣報告〕村上直次郎譯註，中村孝志校註本；〔東洋文庫〕第170種，東京，平凡社，1982年10月，初版4刷，頁73。

110　延平王戶官楊英，〔從征實錄〕（影刊本，臺北，中央研究院歷史語言研究所），「永曆十五年三月十八日延平王令諭」。

111　收於丁曰健，〔治臺必告錄〕，卷1「鹿洲文集」。

112　陳璸，「條陳經理海疆北路事宜、禁冒墾以保番產」條，〔陳清端公文選〕，頁16。

政府厲行「護番保產政策」，番地只許「租與民人耕種」，
而不得買賣[113]，偶有侵耕、詐取，一經番人指控，卽斷還歸番，
政府且屢次淸釐番產而地歸原主，加上「養贍埔地」及「番屯」
制度相繼施行，使得平埔族人若非遷徙、漢化或自願放棄，終淸
之世，大都得以保有番產、番租與屯租[114]。根據淡水同知曾曰瑛
（乾隆十一至十三年任，西元 1746-1748年）的批斷而立的「奉
憲分府曾批斷東南勢田園歸番管業界」石碑，至今仍存[115]。又以光緒
十二年（1886）十一月大肚堡沙轆街（今臺中縣沙鹿鎮）所立之
「遷善社番勒索示禁碑」爲例：

> 本堡八張犂莊與該處遷善社比連，番民雜處，每有棍番
> 相傳套語，藉以民間置買田園，無論何地概屬番墾，是
> 以勒索習以爲常，名曰社規[116]。

據此，則「番民雜處」兩百載，番民之「所有權意識」強者，仍
謂「無論何地皆爲番產」，而以索「社規」爲常。

先住民本屬兼營漁獵與粗放農業之原始生產方式，一經改習
漢民族之農耕技術，將土地田園化、水田化，番社人力僅足以開
墾極少部分田園，故得容納大量外來人口——漢移民之拓墾者，
而漢墾者代納番餉又納拓墾權利金以及番租，更有助於番人經濟
生活之改善。

---

[113] 〔世宗實錄〕「雍正三年十一月癸亥條」；〔大淸會典事例〕列入「雍正二年條」。

[114] 參見前揭「新莊巡檢之設置及其職權、功能」一文伍之二「輯和民番關係」，特別是註151及註152兩條。臺北新莊地區劉世昌淸丈還番田一百九十一甲零，中和地區林成祖淸丈還番二百四十七甲零。

[115] 此乃臺北「石牌」地名之由來。碑在派出所旁溝邊，臺北市文獻會有意設碑林安置。

[116] 劉枝萬，〔臺灣中部碑文集成〕（〔臺灣文獻叢刊〕第151種）。

　　如陳璸所言，番社各有界址，越界必導致嚴重糾紛。反觀漢
民與番民，言語既不相通，風俗亦異，番民必不容漢民侵占番地
也！故漢民之東移臺灣拓墾者，除官地「一紙執照，便可耕耘」
外，皆必須得番社或番人之允諾，取得番契字，代輸番餉，納番
租與拓墾權利金始得開墾。

　　由於取得荒地情報，與番交涉以及代替有司踏勘荒埔，確定
是否合於頒發墾照、告示，皆有賴於通事，而通事必須稍通筆墨
[117]。如前章所述，若干東渡求取功名卻依舊向隅的讀書人，或充
吏胥、或訓蒙草地、或充訟師，至於日久而識番情、悉番語者，
則往往充任通事。「稍通筆墨」的通事，大抵是科舉制度的遺
珠，亦可視爲「科舉社羣」之一員。〔清高宗實錄〕乾隆十六年
（1751）閏五月條，引錄閩浙總督喀爾吉善等人之奏摺云：

　　　　茲臺灣鎮、道李有用、金溶因北路屢有生番戕害之案，
　　　　遂於通事內擇其熟識生番社目之人，令招撫各社土目到
　　　　郡，示以兵威，加以厚賞……通事林秀俊、張達京二
　　　　人，充北路通事數十年，田園、房屋到處散布，素與番
　　　　社勾結；今復假以事權，更非寧邊良法，臣等一面示知
　　　　鎮、道，嗣後不宜如此冒昧；一面密訪林秀俊等勾結民
　　　　番、盤剝致富實蹟，並此次聯絡生番土目有無假權愚弄
　　　　之處，俟有確據，再當妥辦[118]。

　　早期通事大抵爲兼習番漢語言、風俗之漢人，自然成爲番社
與官方交涉時之代表人，繼爲官方認可給牌而成爲官「役」，主

---

[117] 參見拙著，「臺灣北部拓墾初期『通事』所扮演之角色及功能」一文之肆「
　　　北臺拓墾初期『通事』與漢移民之關係」。
[118] 〔清高宗實錄〕，「乾隆十六年閏五月條」。

理各番社徵輸、差撥、徭役以及雜派、勒索事宜並從事瞭社貿
易、供應社番日用所需；維繫官府與番社之關係、維持地方治
安、抑止變亂。通事往往結件招夥,其數不一,故有社長、夥長、
主賬、書記、社人等名目,主事之人則稱頭家。通事必爲「識番
情復解番語」之人,皆娶番婦與番人結盟,與社番之關係密切甚
至利害一致、恩仇與共。故通事必兼顧官府、番社雙方之利益,
調和雙方關係,間或失職或爲官吏所不滿,則可能遭受懲罰或責
革;若苛虐過甚,爲番社所難堪,則易招殺身之禍,甚至造成番
亂。至若所謂「社棍」者,猶漢族社會遊猾之輩,本非常態[119]。

前揭〔高宗實錄〕所引閩浙總督奏摺所述可知:

一、林秀俊、張達京二人任北臺通事數十年,爲官方所依
賴,爲漢民所敬重又與番社關係良好。

二、林、張二人數十年間「勾結民番、盤剝致富」,以致田
園房屋到處散布。

三、由前二項可知,林、張二人是輕重權衡、拿捏得準的能
人,於公可調和民、番以至民、番與政府間之關係;於私則業績
不凡,終成鉅富。

林、張二人既爲一代著名通事、鉅富,所遺紀錄亦復不少,
筆者盡力蒐集,又訪得二人子孫,皆爲今臺北、臺中鉅族,並訪
得二人族譜,故於拙著「臺灣北部拓墾初期『通事』所扮演之角
色及其功能」一文中,各設專章敍述,茲將二人事迹略述於下:

林秀俊,漳州人,字茂春,號天成,又號成祖,生於康熙三

119　參見拙著,「臺灣北部拓墾初期『通事』所扮演之角色及其功能」一文之叁
「北臺拓墾初期『通事』與番社、政府間之關係」。

十八年，卒於乾隆三十五年（1699-1770）。來臺充通事之確實年
代無考。康熙五十九年（1720）卽與鄭維謙等人集資在淡水大加
臘（今臺北市區）、八芝連林（今士林）、滬尾（今淡水）、八
里坌（今八里）、興直（今新莊）等五處番社「貼納餉課」取得
開墾權。不久又進墾今板橋、永和、中和一帶平野，鑿大安、永
豐諸大圳。其子孫組成「林三合」墾號繼續開墾今新店安坑、臺
北內湖地區並各開鑿不少灌漑渠。康熙六十年（1721）林秀俊曾
有奉命入內山幽谷追蹤朱一貴黨人之紀錄。

　　林氏於雍正年間任大甲德化等五社通事，並代番社將濱海平
原瞨予漢移民墾耕之紀錄。又任後壠社、貓裡社通事，在今苗栗
一帶開墾「貓裡莊圳」。從林秀俊與人所立合同上所簽的花押看
來，字跡端正秀麗，〔漳浦攀龍社林氏宗譜〕在林秀俊名下有「
例勅授儒」四字，顯示林秀俊未曾得意場屋，卻一心向學，老死
不悔[120]，自爲臺灣「科舉社羣」之一員。

　　張達京，字振萬，號東齋，廣東大埔人，康熙二十九年生，
乾隆三十八年卒（1690-1773）。〔潮州大埔赤山樹德堂張氏族
譜〕中記載，張達京之父張仁在爲武舉。仁在生四子，其中長達
朝「歲進士」，三達富出嗣，四達標「恩進士」。歲進士指歲
貢、恩進士指恩貢。三人和他們的功名在〔潮州府志〕和〔大埔
縣志〕和臺灣方志裏都沒有紀錄。張達京在族譜中的紀錄是「功
加守府千總岸裏四社總通事」。筆者親見張達京任「代筆通事」
所寫的幾份合約原件，字跡也相當端正秀麗。

---

[120]　參見拙著，「臺北平原拓墾史研究（1697-1772）」肆之六「林天成、林成
　　　祖、林三合三墾號與何周沈墾號」。又參見前揭「通事」一文之柒「林秀俊
　　　之通事生涯及其與北臺拓墾之關係」。

　　張達京原居今彰化一帶，略識醫術，於康熙五十四年(1715)擔任居於今臺中平野的岸裡五社首任通事。張達京教導岸裡等社「飲食、起居、習尚、禮儀、倫理」，也教導他們「耕種、鑿飲、開關」。除了自家招佃開墾之外，張達京更於雍正十年（1732）聯合「六館業戶」「開圳分番灌溉換地招佃開墾」，以龐大資金開鑿了「樸仔籬口」大圳，幾乎通流灌溉了整個臺中平野。雍正九年（1731）底，大甲西社倡亂，張達京率岸裡各社番助官平亂，不僅得到上一趟北京「帶番面君」之榮，更增加不少土地。張達京死後，岸裡各社在今臺中縣神岡鄉社口萬興宮爲他立了「皇恩特功加副府張公諱達京長生祿位」，血食至今[121]。

　　張達京不僅字寫得端正，文章也還通順，並且和前述的施世榜家、張士箱家以及吳洛等捐貲重修彰化縣學，更捐獻可收租銀六十兩的田「一段」作爲白沙書院的學租[122]。因此，張達京自屬臺灣「科舉社羣」之活躍分子。

　　前述林秀俊、張達京都是通事兼大墾戶，其他著名通事如大鷄籠通事、淡水通事賴科，竹塹社通事陳喜，竹塹社社長、後壠等社通事鐘啟宗等人都開墾了大片土地，他們應該都「粗通文墨」，可惜都沒有更確切的史料來證實他們的出身。

　　昔賢嘗謂臺灣之史「以撫墾拓殖最爲偉觀」[123]。臺灣之開發居功最偉者自爲實際開墾之農民，惟其領導者厥爲「墾首」、「

121　參見拙著，「臺灣北部拓墾初期『通事』所扮演之角色及其功能」一文之捌「張達京之通事生涯及其與臺中平原拓墾之關係」。

122　〔彰化縣志〕，「藝文志・重修邑學說」以及「學校志・學租門」。

123　日儒尾崎秀真爲連橫〔臺灣通史〕所作「序言」中語（影刊正大十年本，臺北，衆文圖書公司）。

大墾戶」。除士紳、通事任墾首者外，商賈、吏役、文武官員當
亦不乏其人，商賈入官不便，官吏爲律令所限，難以公然參與，
或依當時習慣另立字號、或依附、或與士紳通事結夥，則名義既
正，資金易於籌措而又官私兩便，渠等亦多爲「科舉社羣」之成
員，身分隱瞞而覺察不易，若能有進一步的史料能證明其出身，
則使士紳、通事在臺灣開發史上的地位將更形突出。

　　總而言之，「科舉社羣」在有待開發之邊陲地區，與已開發
之中央地區相較，具有更積極的社會功能與經濟功能。「科舉社
羣」中的浮游羣一旦參與拓墾事業之後，便與臺灣的土地結合，
加速「土著化」，同時也引來更深厚的「儒漢文化」，促進臺灣
的儒漢化運動。

叁、貢舉制度對於臺灣與大陸關係的影響

　　科舉社羣與其他大陸移民一樣，在臺灣一段時日或稍有基礎
之後，往往返鄉探親、接眷、修譜、祭祖、捐獻或析產、定居，
甚至落葉歸根、死後歸葬。大抵都是基於家族意識、鄉黨情結甚
至衣錦榮歸的虛榮，並無強制力。但是，若要追求科舉社羣中的
中、上層地位，取得舉人、進士或拔貢、優貢的科名，則必須到
福建省會福州甚至京師——北京去參加考試，才可能達成心願。
在赴考的過程中，又可以順便滿足他的家族意識、鄉黨情結，更
能給家族、鄉黨帶來榮耀，任官者更不待申述。科舉社羣的成員
透過科舉制度，比一般人更緊密的和故鄉、省城、都城以及整個
中國結合在一起。

一、貢舉名額的爭取與臺士赴考

康熙二十五年（1686）歲次丙寅，議定臺灣一府三縣設學校及學額。次歲（1687）丁卯，適逢大比之年，福建提督張雲翼上疏：

> 其為士者，薦舉之榮未興，帖括之習未深，安能遽與八郡爭衡？臣見甘肅、寧夏生員，許另號額中，今臺灣合無准例於閩場中另編字號，額中一、二名，行之數科，俟其肄業者眾，造詣者精，仍撤去另號，勿復限以額數。

科場事宜向例應由督撫題請，張是提督，本不得疏請。由於試期迫近，中央為了鼓勵新附區的士子，乃依張雲翼之意「另編字號，額外取中舉人一名」[124]。

康熙三十五年（1696），分天下各省為上、中、下三等，各增解額，福建定為中省，解額自五十四（內含閩五十三、臺一）增為七十一。臺士乘機要求「撤去另號，勿復限以額數」，三十六年（1697）閩浙總督郭世隆以「至今已歷四科，人文日盛，學詣漸臻」請准「撤去另號，將臺灣所中舉人一名，歸入閩省額內，一體勻中」[125]。此後僅有康熙四十四年乙酉科臺灣縣附生王茂立中舉，四十七年壬午科則「分官卷者七人，未有雋者」而且「自後遂多撥科不與額」[126]。對於臺士而言，自是不小的打擊。

原來湖南士子必須赴湖北參加鄉試。雍正元年，中央認為洞

---

[124]　高拱乾，〔臺灣府志〕「藝文志」。
[125]　陳文達，〔臺灣縣志〕「選舉志・甲科門」。
[126]　謝金鑾，〔續修臺灣縣志〕「學校志・選舉門」。

庭湖水「浩瀚無涯，波濤不測」，爲免湖南士子「畏避險遠，裹
足不前」，決定在湖南另建試院，湖南、湖北分兩闈考試[127]，成
爲兩省分立的先聲；相形之下，「臺處重洋險遠，去省垣千里，
士之自重者不輕跋涉」，「倘仕進爲艱，則益肆情高曠，使國家有
遺才之憾」。雍正七年(1729)巡臺御史夏之芳將此情上奏，希望
仍編字號，於閩省額內取中一名[128]；福建巡撫劉世明也上疏云：

> 臺灣府屬應試生儒，原有另編字號取中之例。後因臺地
> 士子半係泉漳二府之人，希冀多中，故有撤去另編字號
> 之請。今冒籍者俱已改歸本籍，海外誦讀之士，競切觀
> 光；請仍照舊例另編字號，於閩省中額內取中一名，以
> 示鼓勵[129]。

兩說皆是，故議准臺灣五所儒學再編臺字號取中一名[130]。

雍正十三年(1735)，鄉試增額，大省三十、次省二十、小省
十名，巡道張嗣昌乘機請加臺額，經巡撫盧焯請准：「閩省解額
八十九名之外，將臺字號再加中一名，共取中九十名。」[131]臺灣
舉人名額遂以兩名爲常。

嘉慶八年(1803)起，海盜蔡牽、朱濆屢犯臺灣，大吏來臺者
日多，親睹「率義勇爲捍禦者，多薦紳庠士」，嘉慶十二年(1807)
蔡、朱入粵，糧儲道趙三元巡臺，「韙諸生能仗義」，乃言於督
監撫司，奏准增加府學廩、增生及四縣學學額一名，並於福建解

127　〔大清會典則例〕，卷67「貢舉下·中額門·雍正元年條」。
128　謝金鑾，〔續修臺灣縣志〕「學校志·選舉門」。
129　〔世宗實錄〕，雍正七年十二月二十一日辛酉條。
130　〔大清會典則例〕「雍正七年條」。
131　〔大清會典事例〕，卷348「鄉試·中額門·雍正十三年條」。謝〔志〕謂
　　「於閩省解額內，加取臺士一名」，誤。

額外「增福建臺灣府至字號舉人中額一名」[132]。所謂「現在有志觀光者不下千餘人」[133]，雖屬實情，但是，七十年來赴考者日增而名額始終未增也是實情。是以此舉一方面是獎勵臺士捍禦之功，另一方面也有激勵士氣，以防蔡、朱再擾臺灣之深意在焉。

遠在乾隆初年，楊二酉、德沛等人爲「隔省流寓」在臺的粵籍童生爭取考試機會時，對於鄉試名額曾有「粵生鄉試，俟數科以後，數滿百名，再請另編字號，取中一名」的成議。嘉慶十六年(1811)閩浙總督張師誠以粵生已達九十七名，題請另中一名，禮部認爲「十四年科考冊內，粵籍生員列入等第者僅止三十四名」「不得遽添中額，致各省客籍紛紛效尤」。道光八年(1828)「臺灣道冊報粵籍生員現計一百二十三名」，同時臺灣四縣「文風加盛，應試之人，倍多於昔，幾與內地大縣相同，而學額尚不及中縣之數」，遂請增四縣名額、定澎湖廳額並請「於臺灣閩籍中額三名之外，另編田字號加設粵籍中額一名」[134]，皆依奏議准[135]。

道光、咸豐之際，太平軍興，咸豐三年(1853)入南京，「各州紳民守城、禦賊及團練捐輸出力者，往往增額」[136]。爲籌措龐大軍費，乃議各省「捐貲保圉」，每捐銀三十萬兩增文、武鄉試定額一名。臺灣地方官以海外一郡，宜減其半上請，咸豐四年（

132　〔仁宗實錄〕「嘉慶十二年五月十五日丙辰條」。又參見謝〔志〕。

133　〔大清會典事例〕「鄉試·中額·嘉慶十二年條」。

134　「禮部爲內閣抄出閩浙總督爾準等奏移會」道光八年三月抄出「閩浙總督孫等奏加設臺灣粵籍學額並增廳縣學額摺」，〔明清史料〕戊編第二本（臺北，中央研究院歷史語言研究所），頁171-172。

135　參見〔大清會典事例〕，「鄉試中額門」、「福建臺灣學額」各項下「道光八年條」。又見〔宣宗實錄〕，道光八年十二月三十日乙未條。

136　〔大清會典事例〕，卷370「學額門·小序」。

1854）議准「十五萬兩以上，加定額一名」，且閩、粵籍分別計數[137]。結果閩人捐得十五萬兩，咸豐五年(1855)乙卯科起「加至字號永遠中額一名」[138]，不久又續捐四十八萬餘兩，咸豐八年（1858）議准：「福建臺灣紳商捐助軍餉，再加鄉試定額二名，自本年戊午科爲始，合前次定額一名，共作爲至字號定額三名。」[139]也就是說，從咸豐八年戊午科始，臺灣共有常額七名，其中閩籍六名、粵籍一名。

臺灣士子非常興奮，咸豐八年(1858)立「瀛東科名紀事碑」於學院口，其中有「前後百六十餘年，經文武大憲節次陳請，秋試方及三人；而乙卯至今，四年兩增，遂臻數倍。在國家獎義從優，兼寓育才之意；而草茅進身有藉，益塵効忠之忱。」[140]碑文說明科舉制度在選拔人才、牢籠人心之外的籌款效用，也顯出臺士努力爭取一百六十多年所得無幾的艱辛，以及一朝竟憑臺灣的經濟力量，四年之內就爭取到加倍名額的歡忻得意。惟此常額終清未改[141]。

會試取中是另一問題。只有舉人才能入京參加會試（特例極少），有資格應考者原本寥寥無幾，何況臺灣遠隔重洋，地迴萬里，赴京應考最爲不易。

康熙三十三年(1694)陳永華之子陳夢球中試。高拱乾〔臺灣

137　〔大清會典事例〕卷349「捐輸加廣定額門・咸豐四年條」。

138　〔大清會典事例〕「咸豐五年條」。

139　〔大清會典事例〕「咸豐八年條」。

140　〔淡水廳志〕「學校志・學額門・附錄」。

141　劉銘傳，「遵議臺灣建省事宜摺」（光緒十二年）學政部分擬「援照安徽赴江南彙考之例，仍歸福建應試，中額亦仍舊例」（〔劉壯肅公奏議〕，卷6），故十六年「增設府縣請定學額摺」未論及解額。

府志〕以下若干方志皆列其名爲臺灣進士，其實陳隸籍正白旗，當時臺灣也尚未設學校開科取士。

乾隆四年(1739)巡臺御史諸穆布、單德謨等奏稱：

> 臺灣一郡，世宗憲皇帝憫其重洋赴試，往返維艱，特頒諭旨，另編臺字號，每科取中二名，以故，臺郡之文風丕變，倍於曩時。但數年以來，中鄉試者有人，會選者未覯……查現在舉人已有八名，嗣後會試之期，臺郡士子照鄉試之例，於福省名額內編臺字號取中一名。

禮部覆議：

> 世宗……所以軫恤海外學子者，固已至優至渥矣。至會試取中額數，俱由臣部按省合計人數之多寡，請旨欽定。其邊地海疆來京會試，亦按省編號憑文取中，從無分府編號之例……非若鄉試之獨一省而論也。今臺郡士子遠隔重洋，會試往返固屬艱難，但查近科臺郡來京會試者，不過三、四人，若遽定中額一名，未免功名太易……將來臺郡士子來京會試果至十名以上之多，臣等再行奏聞，恭請欽定中額，以示鼓勵[142]。

臺灣鄉試，每科取中兩名，五科才十名，前後相距十五年，若一半人赴京會試，前後需三十年之久，積滿十人實非易事。

乾隆二十二年(1757)丁丑科，臺灣府諸羅附生王克捷（乾隆十八年(1753)癸酉舉人）竟然考上進士。二十八年(1763)王瑛曾重修〔鳳山縣志〕，在「選舉志・科目門・進士項」下議云：

142　劉良璧，〔重修福建臺灣府志〕「藝文志・題請會試額中部覆疏」。
　　〔大清會典事例〕，卷350「會試中額・乾隆三年條」。

　　臺郡風氣日上，文治炳蔚，無俟另編取中，而諸羅王克
　　捷已翹然獨破天荒矣。

得意之情溢於言表。

　　乾隆二十五年至三十五年之間（1760-1770），如前所述，臺
灣張士箱家考中六名舉人，其中最有希望取中進士的是張源義，
他曾參預續修〔臺灣府志〕和重修〔鳳山縣志〕的工作，〔福建
通志〕「國朝文苑傳」中有「張源義傳」，他考中乾隆三十五年
（1770）恩科舉人，次年，進京會試，抱病進場，還沒有考完就因
重病死在「京邸」[143]。

　　從乾隆三十一年（1766）鳳山廩生莊文進考中進士之後，四十
餘年無人取中，直到道光三年（1823）癸未科，臺灣舉人進京會試
者達十一人，禮部奏准：「臺灣取中一名。嗣後臺灣會試士子至
十名以上，於題請中額本內聲明。」[144]鄭用錫在保障名額之下，
脫穎而出，考中進士，所謂「開臺進士」，應當指首先利用臺灣
保障名額考中進士。

　　康熙二十六年至道光元年（1687-1821）的一百三十餘年中，
臺灣舉人只取中兩個進士；道光三年至光緒二十年（1823-1894）
的七十一年間，臺灣舉人取中二十六個進士。固然是由於臺灣文
風漸盛，士子水準提高；另一方面，臺灣經濟的發展、科舉社羣
的擴大，尤其是咸豐八年（1858）以後，臺灣舉額倍增，有資格參
加會試的士子也因而大增，使得進京會試的舉人經常在十人以上

143　〔留耕堂手抄本〕，「本房廿一世象岡公叁房安定公派下鑑湖張氏家乘·廿
　　六世源義條」。
144　〔大清會典事例〕，卷350「會試中額·道光三年條」。

而獲致特典，應當是關鍵性的因素。

二、臺士在大陸的活動及其對二地關係的影響

對於社會實態的體察是中國「士」的重要修養工夫。所謂「讀萬卷書不如行萬里路」，參與科舉活動連初步的入學考試都必須走相當的路程，要考取「秀才」就不容你不出門。

臺灣一地，考秀才最苦的是噶瑪蘭廳，「蘭陽距郡將千里往返二十六程，祇發一名耳；又必先試於竹塹，多一往返十二程，則跋涉已自困頓，加以籌措盤川、預料家計，約輸七、八十金」，因此，噶瑪蘭一直努力尋求設置專學。淡水廳在「附彰化學」時，「竹（指竹塹，今新竹）南人士越宿至矣，而艋川（今臺北）則無有應之者」[145]。

澎湖廳附臺灣學，必須渡海而至，和噶瑪蘭人一樣，「有皓首窮經，不得一預童子試者」，因此，地方官往往「資其盤費，再三勸諭」，並籌捐「小賓興」（地方官仿古禮晏請應舉之士謂之賓興。俗以鄉試為賓興、童子試為小賓興）經費。乾隆三十一年至三十六年（1766-1771）任通判的胡建偉，更在臺灣捐建澎湖試館，額曰「澎瀛書院」[146]。

臺士往大陸應鄉試則更屬不易，「各省應試生員貢監由學臣錄送入場，向例舉人一名額取三十名，嗣後加至百名」，乾隆七年（1742）大量削減各省送額，八年（1743）議准：「臺灣孤懸海外，其情形與內地不同，向來額中舉人二名，錄送鄉試者約五百

145　陳淑均，〔臺灣府噶瑪蘭廳志〕「學校志‧應試門附考」。
146　林豪，〔澎湖廳志〕「文事略‧學校門‧附賓興試館」。胡建偉幫助澎湖人上進，澎人頗為感念，血食至今。

人，今遵定額止送二百名，即應裁減過半……許學臣依額錄送之外，擇其文理清通者酌量增加。」[147]嘉慶年間「有志觀光者不下千餘人」。到底有多少人實際赴考則不易估算。不過，大海雖然難渡，科名的吸引力更大。除了前述張源義病死考場外，〔澎湖廳志〕「辛齊光傳」載：「少年力學，應鄉試十餘科，內渡遭風幾殆。」[148]咸豐九年(1859)臺灣舉人王獻瑤參加會試，「前次會試因道路梗塞折回，今又航海遭風以致遲誤。雖已滿三科覆試例限」，中央仍然「准其明年補行覆試」，王獻瑤雖未取中，此特典卻載入會典，成就一代佳話[149]。在臺灣縣任敎諭的福建德化人鄭秉才，前後十一次參加會試，嘉慶十二年(1807)因功擢升江西長寧知縣，鄭氏請閩督阿保林代奏：「該員有志觀光，情願仍改敎職以圖會試。」[150]

對於赴試遭風淹沒的士子，地方官則有請卹之例[151]。

對於鼓勵、幫助科舉社羣成員上進，全國各地幾乎都有各種官、私的補助章程和基金，臺灣各地也不例外，熱心的地方官更身先倡導、積極推動[152]。

對於應試士子在府城、省城、都城的落腳處，全國各地或由本地士紳、或由試場所在地官紳爲之措辦、設館[153]，否則暫居於書院、寺廟、旅邸或戚友家中。以澎湖爲例，在郡治「二府口」設有澎湖試館，又在省垣福州「南臺」地方買地創建「臺澎會

147　〔大清會典事例〕，「貢舉上‧送試門」。

148　林豪，〔澎湖廳志〕，「人物志‧文學列傳‧辛齊光傳」。

149　〔大清會典事例〕「貢舉上‧覆試門」咸豐九年條。

150　〔大清會典事例〕「貢舉上‧起送會試門」。

151　丁曰健，「鄉試各生赴省遭風淹沒請卹片」，〔治臺必告錄〕，卷7收。

152　如前述澎湖的例子；又徐宗幹勸捐鄉會試公費約，〔治臺必告錄〕，卷5「斯未信齋文集」收。

153　何炳棣，〔中國會館史論〕，第二章及第三章。

館」，「於是，臺澎諸生應鄉試者，甫登岸時，得以休息，行李
咸稱便云」[154]。

光緒初，新增臺北一府，「每屆應鄉試者約八百餘名，應會
試者二十餘人」，臺灣士紳乃籌設「全臺培元局」，在省城貢院
左近建臺南、臺北兩郡試館，並在都城購建「全臺會館」[155]。

光緒十三年(1887)臺灣建省，不久就割讓給日本，而科舉制
度也隨之停辦，「臺灣會館」大約也和其他會館一樣消蝕了[156]。

至於像張士箱家人那樣，在析產的時候，仍然保存晉江老家
的「鳳翥軒書房一座，以為子孫讀書併親朋往來客所」的情形應
當也不少[157]。但是由泉州至福州，仍需另備落腳處。

張家在乾隆二十五至三十五年間 (1760-1770) 有六人中舉，
此前有拔貢一人進京朝考，張士箱長子方高在乾隆二十年(1755)
也因「政績卓異」而受召入京覲見，因此，張家在京城備有「京
邸」。

乾隆末，林朝英以歲貢捐貲授中書[158]。道光中，鄭用錫戮力
於竹塹城工，敘同知銜，「復捐京秩」入都供職[159]。淡水巨室林
占梅，「進士黃驤雲（章義按：官工部營膳司郎中）奇之，妻以女，年
十一挈遊京師，出入縉紳門，學乃日殖」[160]。臺灣（今臺南）施

<hr>

154　〔澎湖廳志〕「文事略·學校門·附賓興試館」。
155　劉璈，「稟籌辦全臺鄉會試館賓興及育嬰等濟義倉各事宜由」（光緒九年），
　　　又「咨覆收支各項善舉經費由」（光緒十年）〔巡臺退思錄〕（〔臺灣文獻
　　　叢刊〕，第21種）。
156　何炳棣，〔中國會館史論〕，第三章、第六章。
157　拙著，〔張士箱家族移民發展史〕，第五章所引「同治元年上淡水海山庄業
　　　戶張長發戶下張東園叁房鬮書」。原件影本附於卷首。
158　謝金鑾，〔續修臺灣縣志〕，「選舉志·選舉門·歲貢」。
159　〔淡水廳志〕，卷9「列傳」二「先正·鄭用錫傳」。
160　連橫，〔臺灣通史〕「林占梅列傳」。

瓊芳，朝考未酬，「留邸都中」，其子施士洁，光緒二、三年（1876-1877）連捷成進士，官內閣中書[161]。光緒四年（1878）板橋林維源賑山西、河南水災，捐洋五十萬元，丁日昌以臺人最重京官，請求格外獎勵，賞林維源「三品卿銜並一品封典」[162]。光緒十年(1884)，中法戰起，林維源再報効洋銀二十萬元，要求劉銘傳附片「請獎京秩」[163]。

就前述臺灣社會重京官，科舉社羣的成員願捐貲出入都門的情形看來，臺士的「京邸」應當也不在少數。

除了遊歷、考試、出仕之外，臺士在大陸還有些什麼活動呢？以張士箱及其子孫爲例，他們回大陸之後，主要是以臺灣的貲力，在故鄉獻款購地，從事修築大、小宗祠，置祠田，修族譜等與祭祀相關的活動。竹塹的鄭用錫和澎湖的蔡廷蘭二人在取中進士之後，也都到金門故居修建宗祠、獻匾、重修族譜（筆者曾往金門蒐集資料、調查現況）。

同治元年(1862)在臺灣淡水（今臺北）的張家後人的一份析產合約中，有六項規條，也呈現了某些現象：第一條顯示他們在故里仍有部分田產。第二條顯示在故居有一座名叫「鳳翥軒」的書房，可供讀書待客之用。第三條顯示晉江祖厝的房產，在臺子弟也有分。第四條要求諸子依往例辦理晉江年節忌辰的禮拜、掃墓、整修風水等工作。第五條要求諸子善待故鄉戚友來臺者，

---

161 黃典權，〔臺南市志〕「人物志・施瓊芳・施士洁傳」。
162 「直督李等奏紳士捐輸鉅款全數繳清遵旨擬請破格優獎摺」，〔申報〕光緒五年七月廿一日錄七月初九日〔京報〕。
163 劉銘傳，「林維源尤捐巨款請獎京秩片」，〔劉壯肅公奏議〕，卷八「理財略」收。

遇有故鄉的紅白應酬，由直東人處理，不可退縮不理。第六條，
諸子要分擔泉州尼姑的齋糧和救濟乞丐的經費[164]。臺灣的張家子
弟回故鄉時，也積極參與當地的社會和經濟活動；臺灣有械鬥、
戰亂的時候，大陸更是最佳的暫避地[165]。以上所述，當是合乎中
國家族制度的普遍現象。

　　振興文教也是臺灣士子利用臺灣財富貢獻於大陸的另一途
徑。除了捐獻學田，捐款給書院外，張家的舉人張源義爲王士
讓刻「儀禮糾解」，以廣流傳，又體恤舉人方犲，「並爲刻集以
傳」，以上事蹟都載於〔福建通志〕「文苑」各人傳記中[166]。蔡
廷蘭也連絡施瓊芳等人，捐貲爲歿於任內的臺廈道周凱刊行〔內
自訟齋文集〕[167]。嘉慶十二年(1807)鄭兼才爲〔續修臺灣縣志〕
撰「陳思敬傳」云：

> 思敬生於郡城鎮北坊，及長歸祖籍，補同安學弟子員…
> …。而臺灣爲先世起家之地，田園廬墓咸在，以是頻往
> 來鳳邑，產業爲思敬手創者，又悉與諸弟姪共之。其周
> 待至親，不以海外異也[168]。

　　清季北臺名士吳子光亦是另一個典型的例子。吳子光（嘉慶
二十四年至光緒九年，西元 1819-1883 年）[169]，原籍廣東嘉應。
乾隆四十四年(1779)其祖父吳鳴濬來臺經商，十載而富，返鄉娶

164　〔張士箱家族移民發展史〕，第五章。
165　參見拙著，〔張士箱家族移民發展史〕第四章。
166　參見〔張士箱家族移民發展史〕，引第三章第二節。
167　〔澎湖廳志〕，「人物上・文學蔡廷蘭傳」。
168　謝金鑾，〔續修臺灣縣志〕，卷3〔學志・行誼門・陳思敬傳〕。
169　吳子光卒年據鄭喜夫〔吳芸閣先生年譜初稿〕（五），〔臺灣風物〕，卷32
　　　2 期。

妻、捐監、興宅、置腴田二百頃，再度來臺墾殖，與今臺中平野
的岸里大社酋長「交稱莫逆」，「全臺故番地」，因而「營產業
於社口等處」，成爲日後吳家的「續命田」[170]。其父吳纘謨倜儻
好客，耗盡家貲後「與其子先後至臺」[171]，亦卒於臺灣。吳子光
定居於今苗栗縣銅鑼鄉樟樹村之雙峯山，舌耕於北臺彰、淡各
地，是當時臺北科舉社羣中的活躍分子。受知於臺厦道徐宗幹（
1848-1854)成爲臺灣府學廩生[172]，「渡海十餘遭」[173]，始於同治
四年（1865）名登虎榜，同治十年（1871）〔淡水廳志〕卷首列
名採訪第二，籍隸本廳；「選舉表」稱其爲銅鑼人，府學「粵
籍」[174]。光緒二年(1876)赴會試，爲風所阻，自敍傳中頗以「終
身未至燕臺與四海九州之士一試薄技，以榮詞館爲憾」[175]。若就
吳子光曾「渡海十餘遭」追求科名而言，當不至中舉十一年始赴
會試，且一受風阻輒止。前引雍正間巡臺御史夏之芳語云：「仕
進爲艱……肆情高曠。」吳子光之意或在此也。

　　筆者在張士箱的族人中也發現不少類似陳思敬、吳子光等人
往來於臺灣、大陸兩地的例子，在當時臺灣科舉社羣中應當是相
當普遍的現象。

　　在行政上，臺灣是福建的一府，光緒十三年(1887)建省時，
仍以「福建臺灣」稱之；「臺灣府人」十之八、九來自八閩，十

170　吳子光，〔一肚皮集〕，卷4「先大父禹甫公家傳」（〔臺灣文獻叢刊〕，
　　　第36種改名〔臺灣紀事〕「附錄」4收）。
171　同上，「先考守堂家傳」。
172　同上，卷3「寄徐次岳仲山孝廉書」述徐氏歷代聞人，至徐宗幹謂：「光昔
　　　受公知補廩，屢以雋才相推許也。」惟其入學年份不詳。
173　同上，卷2「寄座主丁亦夫子書」。
174　詳〔淡水廳志〕。
175　〔一肚皮集〕，卷5「芸閣山人別傳」。

之一、二來自粵東及他省。由於制度的限制，科舉社羣必須土著化，也必須往省城應考，往來於臺、閩、北京之間。因此，臺灣與大陸兩地之科舉社羣關係密切，較諸農民之遷徙不易，自不可同日而語。

肆、結論

　　本文的研究顯示，科舉制度對邊陲地區影響最大的四個特質是：

　　甲、學校的設置與生員名額的訂定，尤其是鄰近新學、新額地區，屬於「科舉人口」高密度、高水準的地區，如閩南與臺灣的關係時，能吸引大量科舉人口進入邊陲區，加速邊陲經濟、文化的發展。

　　乙、生童戶籍的規定，加速科舉社羣成員的「土著化」。一旦土著科舉社羣壯大，產生羣體意識，排斥「頂冒」後，「土著化」的趨勢就益爲明顯。

　　丙、循序上考的規定使得追求科名的土著必須到省城、都城考試，強化了中央與邊陲的關係，增進邊氓對中央的向心力。試邸、試館的出現更能說明這種情勢。

　　丁、以儒家經籍爲考試範圍，加速邊陲地區的「儒漢化」和「中土化」。

　　本文的研究也顯示科舉社羣的形成與擴大，對於邊陲地區——臺灣社會的影響如下：

　　甲、科舉社羣與其他移民同時移入，甚至領導其他移民移

入，使臺灣的移墾社會，同時具備精緻與粗獷雙重性格；士大夫
與豪強同爲移墾社會的領導階層，使邊陲社會比中土儒漢社會更
爲複雜。

　　乙、科舉社羣在傳統中國社會中的優越地位、經濟力、適應
力隨著成員的移入，加速了邊陲地區──臺灣的開發。

　　此外，科舉制度對於中央與邊陲關係之影響如下：

　　甲、移出區與移入區之關係原來依恃家族意識與鄉黨情結來
維繫。科舉制度循序上考的強制性和獲取科名之後衣錦還鄉的榮
耀感，使移入區與移出區之關係更爲密切。

　　乙、科舉社羣的成員以故鄉的貨財、人力投入臺灣的拓殖事
業，又以邊陲──臺灣的經濟力回饋於家族與故鄉的建設、文敎
與救濟事業。尤其是是了爭取增加科舉名額，邊陲人民更要奉獻
人力、物力給中央政府。

　　丙、邊陲──臺灣的科舉社羣成員好爲京官，爲求高階科
名，循序上考、觀光上國，與省城、京師的士大夫交遊，提升邊
陲地區的文化水平，增進邊陲人民對中央的向心力。

　　漢人移民菲律賓較臺灣爲早，漢人社區之建立也比臺灣早
四、五十年，同樣有過屠殺、排斥的慘痛經濟，可是，菲律賓始
終爲僑區，而漢人卻在臺灣殖民成功。陳紹馨先生認爲：「兩地
之華人移民幾乎具有同一發展類型。」而「鄭成功抵臺後，其所
採取之政治社會政策，爲本島華人人口大增之原因」[176]。陳奇祿
先生進一步分析其原因謂：「移民之能否成功，數量並不是最重

---

[176]　陳紹馨，「西荷殖民主義下菲島與臺灣之福建移民──分析其發展類型與類
　　　似點」，〔臺灣的人口變遷與社會變遷〕，頁23-33。

要的因素，其政治控制也不是最主要的因素。移民能否成功，端在其社會文化條件。鄭成功的寓兵於農，使與他同來的人在臺灣的土地上生根，是我們漢人在臺灣拓展成功的主要基礎。」[177]

　　兩位陳先生的分析非常精闢，對於本文之寫作啟發極大。但是，我們深一層討論：一、延平王國敗亡時，臺灣總人口不超過十二萬，活動區也僅止於今臺南附近，而清廷及地方大吏都有棄臺之論，鄭氏的成就如何得以延續？二、荷蘭人據臺之前，即有少數漁民、商人和漂流民至此，為先住民所同化，直到康熙三十六年(1697)先住民仍多於漢人，知府高拱乾在漢人集中的臺灣府城內，仍有「樓船將帥懸金印，郡縣官僚闢草堂；使者莫嫌風土惡，番兒到處繞車旁」的感慨。何以康熙末期竟然發生狂熱的移民潮，二十年間開闢千里沃野？三、東南亞地區，菲律賓、印尼等國有相當規模之漢人社會，而且菲、印政府常有強制華人土著化的行動，而當地華人及吾人仍多以僑區視之？四、新加坡是華人占絕對優勢的社會，何以另建一國？除卻重洋險阻之外，是否有其他因素？五、上述地區與臺灣同為閩、粵人之移入區，移出區既然相同，何以移入區的發展類型如是懸殊？

　　要解釋前述現象，顯然二陳先生的「政治社會政策說」與「社會文化條件說」都不能忽略。而科舉制度同時具備了政治、社會、文化甚至經濟條件。

　　清廷的遷界、封境政策和延平王國的退縮、保守政策，已經使臺灣（今臺南地區）成為相當孤立的漢人社會，設若施琅未能

---

[177]　陳奇祿，「中華民族在臺灣的拓展」，〔民族與文化〕（臺北，黎明出版事業公司，民76年6月，4版）。

平臺或雖平臺而未收入中國版圖，則臺灣勢必繼菲律賓、印尼成
爲另一個僑區，或如新加坡之另立一國。

　　新設一府三縣學的生員名額吸引大陸漢人社會的精英「羣間
渡而東」，這是其他漢人移殖區所缺乏的特色。科舉社羣的成
員在傳統儒漢社會的領導地位，使他們在大陸比較易於招募拓墾
者，雄厚的資金，與官方的密切關係，良好的眼光和經營能力，
加上臺灣千里沃野的誘惑，使若干科舉社羣的成員爲墾首、墾
戶，積極推動臺灣的拓墾運動，使移民漸更形熱絡，臺灣遂能在
短期內急遽開發成爲「糖穀之利甲天下」的一府。

　　科舉社羣的形成與擴大，以及科舉制度中籍貫的限制，和以
儒家經典做爲考試題材的規定，促進大陸移民的土著化，也促進
了臺灣的儒漢化、中土化。

　　何炳棣認爲「我國制度之中，對籍貫觀念之形成影響最大的
莫如科舉」[178]，另一方面，科舉制度中循階而上，由縣治、府治
而省城、京城的考試制度，卻又使得臺灣的科舉社羣，不僅在臺
灣島內交流，也和大陸的科舉社羣產生強制性的、密不可分的關
係，使得臺灣科舉社羣的成員勇於歸鄉、入省與進京，強化了中
央和邊陲的關係。

　　如本文「導論」所述，科舉制度曾經影響過新羅、高麗和交
趾，明清兩代也不乏以科舉制度影響藩屬的實例。顯然，假若沒
有以政治強制力爲基礎的科舉制度，就無法使那些地區儒漢化、
中土化，也就無法發揮其強化中央與邊陲關係的功能。再比較數
百年來中土與外蒙、西藏的關係，以及中國西南內部邊陲地區和

178　何炳棣，〔中國會館史論〕，第一章。

海南島的發展，則科舉制度與科舉社羣對於臺灣的影響，更有其
積極意義。

⋯⋯本文原刊〔近代中國區域史研討會論文集〕（上）

（臺北，中央研究院近代史研究所，民國75年12月）

臺灣研究叢刊

臺灣開發史研究

1989年12月初版 定價：新臺幣480元
2009年11月初版第五刷
有著作權・翻印必究
Printed in Taiwan.

著　　者 尹　章　義
發 行 人 林　載　爵

出　　版　　者 聯經出版事業股份有限公司
地　　　　　址 台北市忠孝東路四段555號
總　　經　　銷 聯合發行股份有限公司
發　　行　　所：台北縣新店市寶橋路235巷6弄6號2F
　　　電話：（02）29178022
台北忠孝門市：台北市忠孝東路四段561號1F
　　　電話：（02）27683708
台北新生門市：台北市新生南路三段94號
　　　電話：（02）23620308
台中分公司：台中市健行路321號
暨門市電話：（04）22371234　ext.5
高雄辦事處：高雄市成功一路363號2F
　　　電話：（07）2211234　ext.5
郵政劃撥帳戶第0100559-3號
郵撥電話：　27683708
印　刷　者　世和印製企業有限公司

行政院新聞局出版事業登記證局版臺業字第0130號

本書如有缺頁，破損，倒裝請寄回聯經忠孝門市更換。　ISBN　978-957-08-0093-7 (精裝)
聯經網址 http://www.linkingbooks.com.tw
電子信箱 e-mail:linking@udngroup.com

國家圖書館出版品預行編目資料

臺灣開發史研究 / 尹章義著.
 --初版 . --臺北市：聯經，1989年
 594面；14.8×21公分 . -- (臺灣研究叢刊；13)
 ISBN　978-957-08-0093-7(精裝)
 〔2009年11月初版第五刷〕

 1.臺灣－歷史

673.22　　　　　　　　　　　　　84002681

臺灣研究叢刊

臺灣早期歷史研究	曹永和著
清代臺灣之鄉治	戴炎輝著
臺灣的人口變遷與社會變遷	陳紹馨著
臺灣農業發展的經濟分析	李登輝著
光復前臺灣之工業化	張宗漢著
臺灣土著民族的社會與文化	李亦園著
臺灣民間信仰論集	劉枝萬著
臺灣土著社會文化研究論文集	黃應貴主編
日據時代臺灣之財政	黃通、張宗漢、李昌槿編
臺灣歌仔戲的發展與變遷	曾永義著
臺灣開發史研究	尹章義著
臺灣鳥類研究開拓史	劉克襄著
戰後臺灣農民價值取向的轉變	廖正宏、黃俊傑著
臺灣土著文化研究	陳奇祿著
清代臺灣社會經濟	王世慶著
協力網絡與生活結構——台灣中小企業的社會經濟分析	陳介玄著
貨幣網絡與生活結構	陳介玄著
台灣地區開闢史料學術論文集	國學文獻館編
台灣產業的社會學研究	陳介玄著
茶、糖、樟腦業與臺灣之社會經濟變遷	林滿紅著
台灣日治時期的法律改革	王泰升著
頭家娘：台灣中小企業「頭家娘」的經濟活動與社會意義	高承恕著